Werner Schell

Staatsbürger- und Gesetzeskunde für die Krankenpflegeberufe in Frage und Antwort

Eine Lern- und Prüfungshilfe für Krankenpflegepersonen und sonstiges nichtärztliches Fachpersonal

3., überarbeitete Auflage

Georg Thieme Verlag Stuttgart 1977

Werner Schell, Amtsrat, 4040 Neuss, Harffer Str. 59

CIP-Kurztitelaufnahme der Deutschen Bibliothek

Schell, Werner
Staatsbürger- und Gesetzeskunde für die Krankenpflegeberufe in Frage und Antwort : e. Lern- u. Prüfungshilfe für Krankenpflegepersonen u. sonstiges nichtärztl. Fachpersonal. – 3. überarb. Aufl. – Stuttgart : Thieme, 1977.
1. u. 2. Aufl. u. d. T.: Schell, Werner: Staatsbürger- und Gesetzeskunde für das Krankenpflegepersonal in Frage und Antwort.
ISBN 3-13-517603-7

1. Auflage 1974
2. Auflage 1976
(Die 1. und die 2. Auflage erschienen unter dem Titel "Staatsbürger- und Gesetzeskunde für das Krankenpflegepersonal in Frage und Antwort").

Druck: Druckhaus Dörr, Inh. Adam Götz, Ludwigsburg

ISBN 3 13 517603 7 5 4 3 2 1

Vorwort zur 3. Auflage

In der 3. Auflage wurden eine Reihe von Ergänzungen bzw. Änderungen vorgenommen, die auf Grund zwischenzeitlich erfolgter Gesetzesänderungen notwendig geworden waren (z.B. Adoptionsrecht, Eherecht, § 218 StGB, Gesetz über den Beschäftigungs- und Arbeitstherapeuten, Arzneimittelgesetz, Jugendarbeitsschutzgesetz, Arbeitsstättenverordnung, Strahlenschutzverordnung).

Durch die Neuregelungen des Arzneimittelrechts sowie notwendige Umgestaltungen der Sozialgesetze mußten im übrigen einige Abschnitte des Buches völlig neu gestaltet werden. Das Buch wurde damit nicht nur auf den neuesten Stand der Gesetzgebung gebracht, sondern es wurde auch der durch das Sozialgesetzbuch –Allgemeiner Teil– vorgegebenen neuen Systematik angepaßt.

Nach Redaktionsschluß sind nach heftigen Debatten in den gesetzgebenden Körperschaften und in der Öffentlichkeit einige Sozialgesetze (u.a. Krankenversicherungs-Kostendämpfungsgesetz – BGBl. I S. 1069 –) verabschiedet worden, deren wesentliche Regelungen leider nicht mehr in den Text dieser 3. Auflage eingearbeitet werden konnten. Diese Änderungen werden zum 1.7.1977 in Kraft treten. Sie sollen bewirken, daß die Rentenversicherung entlastet wird und die Kosten im Gesundheitswesen eingeschränkt werden.

Einige der Neuregelungen des Sozialrechts sollen im Rahmen dieses Vorwortes wie folgt skizziert werden:
Wer der gesetzlichen Krankenkasse den Rücken kehrt, wird in Zukunft nicht mehr in die beitragsfreie Krankenversicherung der Rentner aufgenommen.
Bei der Abnahme von Arznei-, Verband- und Heilmittel hat der Versicherte 1 DM für jedes verordnete Mittel an die abgebende Stelle zu zahlen. Die Selbstbeteiligung entfällt bei Leistungen aus der Mutterschaftshilfe, bei Leistungen für unterhaltsberechtigte Kinder und in besonderen Härtefällen. Zuschüsse der Krankenkassen zu den Kosten für Zahnersatz und Zahnkronen dürfen 80% der Kosten nicht übersteigen. Häusliche Krankenpflege kann gewährt werden, wenn Krankenhauspflege geboten, aber nicht ausführbar ist, oder Krankenhauspflege dadurch nicht erforderlich wird. Häusliche Krankenpflege wird insoweit gewährt, als eine im Haushalt lebende Person diese nicht durchführen kann. Ggf. sind die Kosten für eine selbst beschaffte Krankenpflegeperson in angemessener Höhe zu erstatten.
Werden Verwandte und Verschwägerte bis zum 2. Grade als Haushaltshilfen eingesetzt, kommt eine Kostenerstattung nicht mehr in Betracht, ausgenommen sind Fahrkosten und Verdienstausfall.

Wer im Rahmen der Mutterschaftshilfe zu den Vorsorgeuntersuchungen geht, erhält 100 DM.
Kuren werden nur noch nach näheren Satzungsbestimmungen gewährt. Sie müssen im übrigen vom Vertrauensarzt befürwortet sein und dürfen nur im Inland durchgeführt werden.
Die kostenfreie Mitversicherung von Familienangehörigen ist eingeschränkt worden.
Waisen mit Einkommen über 1000 DM im Monat erhalten keine Rente mehr.
Die Grenzen für den rentenunschädlichen Zuverdienst werden nicht mehr erhöht.
Wesentliche andere Änderungen betreffen unmittelbar die Krankenkassen, die Ärzte, Zahnärzte, Apotheker, Krankenhäuser und die Pharmaindustrie als Vertragspartner, die Versicherten aber nur mittelbar über die Beitragsentwicklung.
Abschließend sei noch bemerkt, daß das voraussichtlich am 1.1.1978 in Kraft tretende sog. „Steuerpaket" eine Erhöhung des Wohngeldes und der staatlichen Kindergeldzahlungen (2. Kind 80 DM, 3. und jedes weitere Kind 150 DM) bringen wird.

Neuss, im Juni 1977 *Werner Schell*

Vorwort zur 1. Auflage

Während meiner Lehrtätigkeit an verschiedenen Krankenpflegeschulen im Land Nordrhein-Westfalen habe ich immer wieder feststellen müssen, daß die Schülerinnen und Schüler in der Krankenpflege häufig nach einer geeigneten Lern- und Prüfungshilfe für das überwiegend wenig beliebte Fach "Staatsbürger- und Gesetzeskunde" suchten. Die daraus resultierende Unsicherheit wird im allgemeinen dadurch noch verstärkt, daß weder Schulen noch die Fachdozenten in der Lage sind, die Prüfungsanforderungen für dieses Fach mit ausreichender Genauigkeit abzustecken. Lernziele sind nicht verbindlich festgelegt.

Welche unterschiedlichen Anforderungen in der BRD gestellt werden, hat eine von mir durchgeführte Rundfrage bei den Gesundheitsbehörden der Länder und einer Reihe von Krankenpflegeschulen deutlich gezeigt. Das Unterrichtsangebot unterliegt nach den mir vorliegenden Rahmenlehrplänen so starken Schwankungen, daß eine gewisse Standardisierung zwingend geboten erscheint. Dies um so mehr, weil in einigen Fällen bestimmte Themen völlig unzureichend oder überhaupt nicht angeboten werden.

Ich habe mich daher veranlaßt gesehen, den Wissensstoff der "Staatsbürger- und Gesetzeskunde" mit einem möglichst umfassenden Informationsangebot "in Frage und Antwort" zusammenzustellen, um so die vielfach gewünschte Hilfe möglichst vielen Auszubildenden an die Hand zu geben und vielleicht auch den Lehrenden und Prüfenden ein wenig den Rahmen des Lehr- und Prüfungsstoffes abzustecken.

Das Inhaltsverzeichnis kann daher durchaus als Lehrplan für die Schülerinnen und Schüler in der Krankenpflege dienen.

In diesem Informationsangebot konnte natürlich nicht auf "aktuelle politische Gegenwartsfragen" eingegangen werden. Diese Fragen stellen sich bekanntlich immer wieder neu und sollten daher je nach Bedeutung und erforderlicher Kritik in den Unterricht sinnvoll mit einbezogen werden. Eine Standardisierung ist insoweit weder möglich noch wünschenswert. Es mußten auch einige landesspezifische Sonderregelungen (z.B. Unterbringungsgesetze, Krankenhausgesetze) unbeachtet bleiben. Sie sollten jedoch nach ihrer Bedeutung für die angesprochene Gruppe in den Unterrichtsplan aufgenommen werden.

Die Abhandlung über das Recht der Medizinalpersonen wurde im wesentlichen auf die Berufe beschränkt, für die bundesgesetzliche Regelungen vorliegen. Weitergehendere Informationen werden in der Regel im Berufskundeunterricht vermittelt.

Wenn auch dieses Taschenbuch ursprünglich nur für die Krankenpflegeschülerinnen und -schüler konzipiert war, so sollen doch mit dieser Lern- und Prüfungshilfe auch die sonstigen nichtärztlichen Fachberufe angesprochen sein. Das Taschenbuch ist aber auch geeignet, dem praktisch arbeitenden ärztlichen und nichtärztlichen Personal eine wertvolle Hilfe bei der Lösung von auftretenden Fragen des beruflichen Alltags zu sein. Daher wurden weitgehend genaue Angaben über die Fundstellen der angesprochenen Vorschriften in das Abkürzungsverzeichnis bzw. in den Text mit aufgenommen.

Hinweise, die einer Verbesserung dieses Taschenbuches dienen, werden gerne entgegengenommen.

Neuss, im Herbst 1974 *Werner Schell*

Inhaltsverzeichnis

Abkürzungsverzeichnis

ABO	Verordnung über den Betrieb von Apotheken vom 7.8.1968 (BGBl. I S. 939) i.d.F. vom 19.8.1974 BGBl. I S. 2060)
AFG	Arbeitsförderungsgesetz vom 25.6.1969 (BGBl. I S. 582) i.d.F. vom 28.12.1976 (BGBl. I S. 3876)
AG	Amtsgericht(e)
AMG	Gesetz über den Verkehr mit Arzneimitteln vom 24.8.1976 (BGBl. I S. 2448)
ApG	Gesetz über das Apothekenwesen vom 20.8.1960 (BGBl. I S. 697) i.d.F. vom 24.8.1976 (BGBl. I S. 2482)
ArbGG	Arbeitsgerichtsgesetz vom 3.9.1953 (BGBl. I S. 1267) i.d.F. vom 3.12.1976 (BGBl. I S. 3297)
AusbOSchw	Ausbildungs- und Prüfungsordnung für Krankenschwestern, Krankenpfleger und Kinderkrankenschwestern vom 2.8.1966 (BGBl. I S. 462)
AZO	Arbeitszeitordnung vom 30.4.1938 (RGBl. I S. 447) i.d.F. vom 19.8.1975 (BGBl. I S. 2287)
BAG	Bundesarbeitsgericht
BAT	Bundesangestelltentarif vom 23.2.1961 i.d. jeweils geltenden Fassung
BAföG	Gesetz über individuelle Förderung der Ausbildung BGBl. I. S. 989) i.d. Neufassung vom 9.4.1976 (BGBl. I. S. 989) i.d.F. V. 26.4.1977 (BGBl. I. S. 653)
BÄO	Bundesärzteordnung vom 2.10.1969 (BGBl. I S. 1857) i.d.F. vom 26.3.1975 (BGBl. I S. 773)
BAnz.	Bundesanzeiger
BBiG	Berufsbildungsgesetz vom 14.8.1969 (BGBl. I S. 1112) i.d.F. vom 7.9.1976 (BGBl. I S. 2658)
BetrVG	Betriebsverfassungsgesetz vom 15.1.1972 (BGBl. I S. 13)
BfA	Bundesversicherungsanstalt für Angestellte in Berlin
BFH	Bundesfinanzhof in München
BGA	Bundesgesundheitsamt in Berlin
BGB	Bürgerliches Gesetzbuch vom 18.8.1896 i.d.F. vom 9.12.1976 (BGBl. I S. 3323)
BGBl.	Bundesgesetzblatt
BGH	Bundesgerichtshof in Karlsruhe
BGR	Bundesgesundheitsrat
BKGG	Bundeskindergeldgesetz i.d. Neufassung vom 31.1.1975 (BGBl. I S. 413) i.d.F. vom 18.8.1976 (BGBl. I S. 2213)
BMJFG	Bundesminister(ium) für Jugend, Familie und Gesundheit in Bonn

BPflV	Verordnung zur Regelung der Krankenhauspflegesätze vom 25.4.1973 (BGBl, I S. 333/419) i.d.F. vom 23.6.1976 (BGBl. I S. 1675)
BRD	Bundesrepublik Deutschland
BRH	Bundesrechnungshof
BSeuchG	Gesetz zur Verhütung und Bekämpfung übertragbarer Krankheiten beim Menschen vom 18.7.1961 (BGBl. I S. 1012) i.d.F. vom 9.6.1975 (BGBl. I S. 1321)
BSG	Bundessozialgericht in Kassel
BSHG	Bundessozialhilfegesetz vom 30.6.1961 (BGBl. I S. 815) i.d. Neufassung vom 13.2.1976 (BGBl. I S.289)
BtM-G	Betäubungsmittelgesetz i.d.F. vom 2.3.1974 (BGBl. I S. 469)
BtMVV	Betäubungsmittelverschreibungsverordnung vom 24.1.1974 (BGBl. I S. 110)
BUrlG	Bundesurlaubsgesetz vom 8.1.1963 (BGBl. I S. 2) i.d.F. vom 29.10.1974 (BGBl. I S. 2284)
BVerfG	Bundesverfassungsgericht in Karlsruhe
BVerwG	Bundesverwaltungsgericht in Berlin
BVG	Gesetz über die Versorgung der Opfer des Krieges (Bundesversorgungsgesetz) in der Neufassung vom 22.6.1976 (BGBl. I S. 1633)
DAB	Deutsches Arzneibuch (Verordnung über das DAB vom 7.8.1968 – BGBl. I S. 913 – i.d.F. vom 30.7.1976 – BGBl. I S. 2065)
DDR	Deutsche Demokratische Republik
GesVG	Gesetz über die Vereinheitlichung des Gesundheitswesens vom 3.7.1934 (RGBl. I S. 531; BGBl. III 2120–1; für NW: SGV NW 2120)
GesGKr	Gesetz zur Bekämpfung der Geschlechtskrankheiten vom 23.7.1953 (BGBl. I S. 700) i.d.F. vom 2.3.1974 (BGBl. I S. 469)
GG	Grundgesetz vom 23.5.1949 (BGBl. I S. 1) i.d.F. vom 23.8.1976 (BGBl. I S. 2383)
GOÄ	Gebührenordnung für Ärzte vom 18.3.1965 (BGBl. I S. 89)
GVjgS	Gesetz über die Verbreitung jugendgefährdender Schriften in der Neufassung vom 29.4.1961 (BGBl. I S. 498) i.d.F. vom 2.3.1974 (BGBl. I S. 469)
GV. NW	Gesetz- und Verordnungsblatt des Landes Nordrhein-Westfalen
HebG	Reichshebammengesetz vom 21.12.1938 (RGBl. I S. 1893) i.d.F. vom 2.3.1974 (BGBl. I S. 469)
HeilprG	Heilpraktikergesetz vom 17.2.1939 (RGBl. I S. 251) i.d.F. vom 2.3.1974 (BGBl. I S. 469)

HeimG	Gesetz über Altenheime, Altenwohnheime und Pflegeheime für Volljährige (Heimgesetz) vom 7.8.1974 (BGBl. I S. 1873)
i.d.F.	in der Fassung
IGV	Internationale Gesundheitsvorschriften vom 25.7.1969 (vgl. Gesetz vom 1.7.1971 – BGBl. I S. 865 – i.d.F. vom 2.3.1974 – BGBl. I S. 469 –)
JASchG	Jugendarbeitsschutzgesetz in der Neufassung vom 12.4.1976 (BGBl. I S. 965)
JGG	Jugendgerichtsgesetz i.d. Neufassung vom 11.12.1974 (BGBl. I S. 3427)
JSchG	Gesetz zum Schutz der Jugend in der Öffentlichkeit in der Neufassung vom 27.7.1957 (BGBl. I S. 1058) i.d.F. vom 2.3.1974 (BGBl. I S. 469)
JWG	Jugendwohlfahrtsgesetz in der Neufassung vom 25.4.1977 (BGBl. I S. 633)
KHG	Gesetz zur wirtschaftlichen Sicherung der Krankenhäuser und zur Regelung der Krankenhauspflegesätze vom 29.6.1972 (BGBl. I S. 1009) i.d.F. vom 17.6. 1976 (BGBl. I S. 1666)
KrPflG	Krankenpflegegesetz vom 15.7.1957, neu bekanntgemacht am 20.9.1965 (BGBl. I S. 1443) i.d.F. vom 4.5.1972 (BGBl. I S. 753)
KSchG	Kündigungsschutzgesetz, neu gefaßt am 25.8.1969 (BGBl. I S. 1317) i.d.F. vom 5.7.1976 (BGBl. I S. 1769)
KVB	Krankenversorgung der Bundesbahnbeamten
LAG	Lastenausgleichsgesetz, neu gefaßt am 1. 10. 1969 (BGBl. I S. 1909) i.d.F. vom 18.12.1975 (BGBl. I S. 3091)
LMBG	Gesetz über den Verkehr mit Lebensmitteln, Tabakerzeugnissen, kosmetischen Mitteln und sonstigen Bedarfsgegenständen (Lebensmittel- und Bedarfsgegenständegesetz) vom 15.8.1974 (BGBl. I S. 1945) i.d.F. vom 24.8.1976 (BGBl. I S. 2481)
LVA	Landesversicherungsanstalt(en)
MdB	Mitglied(er) des Bundestages
MdL	Mitglied(er) des/der Landtage(s)
MG	Milchgesetz vom 31.7.1930 (RGBl. I S. 421) i.d.F. vom 2.3.1974 (BGBl. I S. 469)
MSchG	Mutterschutzgesetz vom 24.1.1952 (BGBl. I S. 69) i.d.F. vom 2.3.1974 (BGBl. I S. 469)
NJW	Neue Juristische Wochenzeitschrift
NW	Nordrhein-Westfalen
OVG	Oberverwaltungsgericht(e)
PersVG	Personalvertretungsgesetz vom 15.3.1974 (BGBl. I S. 693), Personalvertretungsgesetze der Länder

PStG	Personenstandsgesetz, neu gefaßt am 8.8.1957 (BGBl. I. S. 1126) i.d.F. vom 2.7.1976 (BGBl. I S. 1759)
RGBl	Reichsgesetzblatt
RöV	Verordnung über den Schutz vor Schäden durch Röntgenstrahlen vom 1.3.1974 (BGBl. I S. 173) i.d.F. vom 13.10.1976 (BGBl. I S. 2932)
RVO	Reichsversicherung vom 19.7.1911 i.d.F. vom 28.12. 1976 (BGBl. I S. 3871)
SchwbG	Gesetz zur Sicherung der Eingliederung Schwerbehinderter in Arbeit, Beruf und Gesellschaft (Schwerbehindertengesetz) in der Bekanntmachung der Neufassung vom 29. 4. 1974 (BGBl. I S. 1005) i.d.F. vom 29. 10. 1974 (BGBl. I. S. 2885)
SGB	Sozialgesetzbuch – Allgemeiner Teil – vom 11.12.1975 (BGBl. I S. 3015)
SGG	Sozialgerichtsgesetz i.d. Neufassung vom 11.12.1975 (BGBl. I S. 3015) i.d.F. vom 23.12.1976 (BGBl. I S. 3869)
Soz.Vers.	Sozialversicherung
StGB	Strafgesetzbuch vom 15.5.1871 (RGBl. S. 127) i.d. Neufassung vom 2.1.1975 (BGBl. I S. 1) i.d.F. vom 23.12.1976 (BGBl. I S. 3869)
StPO	Strafprozeßordnung, neu gefaßt am 17.9.1965 (BGBl. I. S. 1374) i.d.F. vom 18.8.1976 (BGBl. I S. 2181)
TVG	Tarifvertragsgesetz i.d.F. vom 29.10.1974 (BGBl. I S. 2884)
UNO	Vereinte Nationen
VG	Verwaltungsgericht(e)
VwVfG	Verwaltungsverfahrensgesetz vom 25.5.1976 (BGBl. I S. 1253)
WGG	2. Wohngeldgesetz i.d.F. vom 11.12.1975 (BGBl. I S. 1863/BGBl. 1975 S. 3015)
WHO	Weltgesundheitsorganisation (World Health Organization)
ZheilKG	Zahnheilkundegesetz vom 31.3.1952 (BGBl. I S. 221) i.d.F. vom 18.3.1975 (BGBl. I S. 705)
ZPO	Zivilprozeßordnung, neu gefaßt am 12.9.1950 (BGBl. I S. 533). i.d.F. vom 3.12.1976 (BGBl. I S. 3281)

A Grundbegriffe des Rechts

1. Was versteht man unter Recht?
Das Recht ist die Ordnung, die das Zusammenleben der Menschen durch Gebote, Verbote und Gewährungen bindend regelt. Mit dieser Rechtsordnung stehen moralische Werte, die das gesamte Verhalten eines Menschen nach dem Maßstab seines Gewissens bestimmen, sowie das Sittengesetz, das aus der Lebensgewohnheit entstandene Umgangsformen innerhalb einer bestimmten Gesellschaft wiedergibt, in enger Beziehung.

2. Was ist die Aufgabe des Rechts?
Das Recht hat die Aufgabe, das Zusammenleben der Menschen in einer Gemeinschaft näher zu regeln und insbesondere Ungerechtigkeit und Willkür auszuschließen und damit Frieden und Ordnung zu garantieren.

3. Was sind Rechtsnormen?
Hierunter versteht man all die Vorschriften, die als geschriebene oder ungeschriebene Rechtssätze in ihrer Gesamtheit unsere Rechtsordnung ausmachen.

4. Was ist objektives und was subjektives Recht?
Das objektive Recht bezeichnet die Gesamtheit aller Rechtsnormen. Das subjektive Recht gibt dem einzelnen Menschen die Berechtigung, ein Tun oder ein Unterlassen zu verlangen (z.B. Anspruch nach § 2 KrPflG).

5. In welchen Formen tritt das Recht in Erscheinung (Quellen?)
Verfassungen, Gesetze, Rechtsverordnungen, Satzungen, Gewohnheitsrecht und Völkerrecht.

6. Was ist eine Verfassung?
Die Verfassung ist die rechtliche Grundordnung des Staates. Sie gibt Bestimmungen über die Grundlagen des Staates, die obersten staatlichen Organe, die Ausübung der staatlichen Funktionen und über das Verhältnis zwischen Staat und Staatsangehörigen. Die Verfassung kommt durch einen Akt der verfassungsgebenden Gewalt zustande. Sie ist im allgemeinen nur unter erschwerten Bedingungen abänderbar. In der Ordnung der Rechtsquellen steht die Verfassung an der Spitze (z.B. Grundgesetz, Länderverfassungen).

7. Was ist ein Gesetz?
Unter Gesetz versteht man die in den vorgeschriebenen Formen von den verfassungsmäßig zuständigen Gesetzgebungsorganen erlassenen Rechtssätze (z.B. KrPflG., BSeuchG., AMG).

8. **Was ist eine Rechtsverordnung?**
Diese enthält genau wie ein Gesetz Rechtsnormen, die aber nicht von der gesetzgebenden Gewalt, sondern von der vollziehenden Gewalt des Staates (Regierung, Ministerium) erlassen worden sind (z.B. AusbOSchw). Voraussetzung zum Erlaß einer Rechtsverordnung ist, daß eine ausdrückliche Ermächtigung vorliegt aufgrund der Verfassung oder aufgrund eines auf dem verfassungsmäßigen Wege zustande gekommenen Gesetzes. Die Grenzen der Rechtsverordnung müssen nach Inhalt, Zweck und Ausmaß festgelegt sein.

9. **Was sind Verwaltungsverordnungen?**
Verwaltungsverordnungen sind Dienstanweisungen des Ministers an nachgeordnete Dienststellen, also Durchführungsvorschriften der obersten Behörden zu Gesetzen und Rechtsverordnungen.

10. **Was ist eine Satzung?**
Satzungen werden von rechtsfähigen Körperschaften (z.B. Gemeinden, Kreise), Anstalten (z.B. Sparkassen) und Stiftungen als Rechtssätze mit örtlich begrenztem Wirkungskreis erlassen. Satzungen regeln Selbstverwaltungsangelegenheiten ihres Geltungsbereichs innerhalb des vom Gesetzgeber zugelassenen Rahmens (z.B. Satzung über die Regelung der gemeindlichen Müllabfuhr bzw. über den Kanalanschluß).

11. **Was versteht man unter Gewohnheitsrecht?**
Gewohnheitsrecht ist ungeschriebenes Recht. Es ist durch langandauernde Übung Rechtsüberzeugung und so vollkommen zum Gemeingut des Volkes geworden.

12. **Was ist das Völkerrecht?**
Recht, das die Beziehungen zwischen selbständigen Staaten regelt (z.B. Unverletzlichkeit der Diplomaten und die Freiheit der Meere). Es beruht im wesentlichen auf von den einzelnen Staaten miteinander abgeschlossenen Staatsverträgen. Die "allgemeinen Regeln des Völkerrechts" gehen den Gesetzen vor und sind in der BRD unmittelbar geltendes Recht. Dagegen werden die "besonderen Regeln des Völkerrechts" erst durch Beschluß der gesetzgebenden Organe zu innerstaatlichem Recht.

13. **In welche Gebiete wird die allgemeine Rechtsordnung eingeteilt?**
Die Rechtsordnung umfaßt eine Reihe von Rechtsgebieten, die sich nach Inhalt und Gegenstand unterscheiden. Die wichtigste Unterscheidung innerhalb der allgemeinen Rechtsordnung ist die zwischen privatem und öffentlichem Recht.

14. **Was umfaßt das Privatrecht?**
Das Privatrecht, auch bürgerliches Recht oder Zivilrecht genannt, enthält die Rechtssätze, die das Zusammenleben der Menschen untereinander als gleichberechtigte Partner regeln. Soweit der Staat

im privaten Recht auftritt, bezeichnet man ihn als Fiskus (= fiskalisches Handeln).

15. Welche privatrechtlichen Gesetze sind zu unterscheiden?
Insbesondere BGB, Handelsgesetzbuch, Aktiengesetz, Wechselgesetz, Scheckgesetz.

16. Welche Rechtsverhältnisse regelt das öffentliche Recht?
Das öffentliche Recht regelt die Rechtsbeziehungen des Staates und der öffentlich-rechtlichen Verbände (z.B. Gemeinden, Soz. Vers.Träger) zu den einzelnen Menschen und die Rechtsverhältnisse zwischen Trägern öffentlicher Gewalt untereinander. Es ist gekennzeichnet durch ein Über- und Unterordnungsverhältnis.

17. Welche Rechtsbereiche müssen dem öffentlichen Recht zugeordnet werden?
Staatsrecht, Völkerrecht, Kirchenrecht, Strafrecht.

18. Wie unterscheiden sich privates und öffentliches Recht voneinander?
Wenn eine Pflicht durch den Befehl eines anderen begründet wird (z.B. eines Polizeibeamten), handelt es sich um öffentliches Recht (= Zwang). Entsteht die Verpflichtung auf freiwilliger Unterwerfung (z.B. Abschluß eines Kaufvertrages), kommt privates Recht in Betracht.

19. Können privatrechtliche und öffentlichrechtliche Vorschriften miteinander verbunden sein?
Ja, u.a. im Miet- und Arbeitsrecht, im Ehegesetz.

20. Was ist eine juristische Person?
Im Gegensatz zu natürlichen Personen (Menschen) versteht man unter einer juristischen Person eine Menschenvereinigung oder auch eine Vermögensmasse, der durch Verleihung Rechts- und Handlungsfähigkeit beigelegt ist. Die juristische Person ist Träger von Rechten und Pflichten; sie handelt durch ihre dazu berufenen Organe.

21. Welche Arten juristischer Personen gibt es?
Juristische Personen des öffentlichen Rechts (BRD, Länder, Gemeinden, Krankenkassen, Kirchen u.a.) und juristische Personen des privaten Rechts (eingetragene Vereine, GmbH., Genossenschaften u.a.). Die juristischen Personen des öffentlichen Rechts werden auch nach Anstalten, Körperschaften und Stiftungen unterschieden.

B Allgemeines Staatsrecht

1. **Was ist Staatsrecht?**
Das Staatsrecht stellt einen Teil der allgemeinen Rechtsordnung dar, nach der sich das Leben innerhalb eines Staates vollzieht. Das "Allgemeine Staatsrecht" gibt eine Übersicht über die Erscheinungsformen und Einrichtungen eines Staates, die für alle Staaten in mehr oder weniger großem Maße gemeinsam gelten. Das "Besondere Staatsrecht" umfaßt alle verfassungsrechtlichen Normen, die in einem bestimmten Staat Geltung haben.

2. **Was versteht man unter einem Staat?**
Man spricht von einem Staat, wenn eine seßhafte Bevölkerung (Staatsvolk) innerhalb eines bestimmten Teiles der Erdoberfläche (Staatsgebiet) unter einer souveränen Gewalt (Staatsgewalt) zusammengeschlossen ist.

3. **Wer gehört zum Staatsvolk?**
Hierzu gehören alle, die mit dem fraglichen Staat durch das Band der Staatsangehörigkeit verbunden sind.

4. **Wie unterscheiden sich die Begriffe Staatsvolk und Nation?**
Unter "Nation" versteht man die Menschengruppe, die sich ihrer Einheit infolge ihrer Eigenart bewußt ist, bedingt durch gemeinsame Abstammung, Sprache, Sitte usw. Die Nation ist eine Art historische Gemeinschaft. Ein Staatsvolk kann national verschieden zusammengesetzt sein (z.B. Schweiz, Belgien, USA).

5. **Was bedeutet die Staatsangehörigkeit für den einzelnen?**
Sie ist ein Rechtsverhältnis zwischen dem Staat und dem einzelnen Menschen, aus dem sich ein Anspruch auf die ihm zustehenden Rechte (z.B. Grundrechte, Wahlrecht, Schutz im Ausland) auf der anderen Seite aber auch Pflichten ergeben (z.B. Steuerpflicht, Meldepflicht, Wehrpflicht). Die Rechte und Pflichten der Staatsangehörigen, die in der Regel auch weitgehend auf Ausländer und Staatenlose Anwendung finden, werden vom Staat durch Gesetze bestimmt.

6. **Auf welchen Grundsätzen beruht der Erwerb der Staatsangehörigkeit?**
Beim Abstammungsprinzip erhalten die Kinder ohne Rücksicht auf den Geburtsort die Staatsangehörigkeit der Eltern (z.B. BRD). Nach dem Territorialprinzip wird Staatsangehöriger, wer innerhalb des Staatsgebietes geboren wird. In einigen Staaten besteht eine Mischung dieser Systeme. Darüber hinaus kann Staatsangehörigkeit

durch Legitimation, Eheschließung und Einbürgerung erworben werden.

7. **Wie teilt man die Rechte des Staatsangehörigen im wesentlichen ein?**
Man unterscheidet zwischen den politischen Rechten (aktives und passives Wahlrecht, Stimmrecht bei Volksbegehren und Volksentscheid, Recht zur Bekleidung öffentlicher Ämter) und den Grundrechten (Menschen- und Bürgerrechte).

8. **Welche Aufgabe hat das Wahlrecht?**
Das Wahlrecht hat die Aufgabe, den Staatsbürgern einen bestimmten Anteil an der Staatsgewalt zu gewährleisten. Das Volk wählt seine Volksvertretung und wirkt so an der staatlichen Willensbildung mit.

9. **Wie ist das Wahlrecht aufzugliedern?**
Es ist zwischen dem aktiven Wahlrecht (Recht zu wählen) und dem passiven Wahlrecht (Fähigkeit gewählt zu werden) zu unterscheiden.

10. **Nach welchen Wahlgrundsätzen kann sich eine Wahl vollziehen und was bedeuten diese Grundsätze?**
Das Wahlrecht kann öffentlich oder geheim, allgemein oder beschränkt, unmittelbar oder mittelbar, gleich oder ungleich, frei oder unfrei sein. Das bedeutet: "Geheim" ist das Wahlrecht, wenn mit verdeckten Stimmzetteln gewählt wird. Beim "allgemeinen" Wahlrecht sind alle Staatsbürger stimmberechtigt. Das Wahlrecht ist direkt, wenn die Wähler "unmittelbar" den Vertreter wählen. "Gleich" ist das Wahlrecht, wenn jede abgegebene Stimme gleich bewertet wird. "Frei" ist das Wahlrecht, wo keine Wahlpflicht besteht.

11. **Welche Wahlsysteme können zur Anwendung gelangen?**
Es ist zu unterscheiden zwischen der Mehrheitswahl und der Verhältniswahl. Bei der Verhältniswahl werden die Abgeordnetensitze entsprechend dem Stärkeverhältnis der an der Wahl beteiligten Parteien verteilt. Bei den anderen Systemen steht der Kandidat selbst im Vordergrund (Personenwahl).

12. **Was versteht man unter Volksbegehren und Volksentscheid?**
Unter Volksbegehren versteht man das Recht der Staatsangehörigen, Gesetzentwürfe vorzulegen und hierüber durch das Parlament oder durch Volksabstimmung entscheiden zu lassen.

13. **Was versteht man unter den Menschenrechten?**
Die Menschenrechte beruhen auf der Achtung vor der Würde, Freiheit und Unverletzlichkeit des Menschen. Sie sind als vor- und überstaatliche Rechte zu betrachten, d.h. nicht als vom Staat

anerkannte bzw. verliehene Rechte, sondern als naturgegebene und unveräußerliche Rechte. Sie sichern dem Menschen eine bestimmte Freiheitssphäre. In diese Freiheitssphäre darf der Staat nur dann eingreifen, wenn Rechte anderer Staatsangehöriger, das Gemeinwohl oder der Bestand des Staates verletzt oder gefährdet werden. Heute findet man die Nennung der Menschenrechte in fast allen Verfassungen der Kulturstaaten.

14. Welches sind die Meilensteine in der geschichtlichen Entwicklung der Menschenrechte?

Magna Charta (Libertatum) = Großer Freiheitsbrief von 1215, Petition of Rights von 1628, Habeas-Corpus-Akte von 1679, Bill of Rights von 1689, Unabhängigkeitserklärung in Amerika und Deklaration der Menschenrechte von 1776, Erklärung der Menschenrechte nach Ausbruch der Franz. Revolution von 1789, Verkündung von Menschenrechten durch die Frankfurter Nationalversammlung 1848, Allgemeine Erklärung der Menschenrechte durch die Vereinten Nationen 1948, Straßburger Konvention zum Schutz der Menschenrechte von 1950.

15. Was versteht man unter dem Staatsgebiet?

Als Staatsgebiet bezeichnet man den Raum, auf dem der Staat seine Staatsgewalt ausübt und der mit seinen Bodenschätzen, Flüssen, Seen und Häfen die wirtschaftliche Grundlage für seine Bewohner darstellt.

16. Was umfaßt das Staatsgebiet?

Die Erdoberfläche nebst einem Küstenstreifen von 3 Seemeilen (rd. 5,5 km; manche Staaten beanspruchen sogar einen größeren Meeresstreifen), das Erdinnere (Bergwerke, Tunnel), der Luftraum (nicht Weltraum) über der Erdoberfläche (Luftverkehr) sowie u.a. Kriegsschiffe (überall), Handelsschiffe (außerhalb der Dreimeilenzone) bzw. überseeische Besitzungen, Kolonien und Inseln.
Das offene Meer ist staatsgebietslos.

17. Was besagt der Begriff der Gebietshoheit?

Sie ist die völkerrechtlich anerkannte Befehls- und Zwangsgewalt über jeden, der sich im Gebiet des Staates aufhält. Kein fremder Staat darf die Gebietshoheit beeinträchtigen.

18. Welche Personen und Räume werden nicht von der Gebietshoheit des Staates erfaßt?

Die exterritorialen Personen (diplomatische Vertreter mit Familien, Staatsoberhäupter während eines offiziellen Besuchs u.a.) und die entsprechenden Räume, die so behandelt werden, als ob sie sich außerhalb des Staatsgebietes befänden.

19. Was versteht man unter der Staatsgewalt?

Unter Staatsgewalt versteht man die dem Staat zustehende

höchste Befehls- und Zwangsgewalt über Land und Menschen. Der Staat kann seine Anordnungen mit Zwang durchsetzen.

20. **Was besagt die Lehre von der Gewaltenteilung?**
Die Einteilung der Staatsgewalt nach den verschiedenen Betätigungsarten (Funktionen) bezeichnet man als die Gewaltenteilung. Es werden im allgemeinen die gesetzgebende, vollziehende und rechtsprechende Gewalt unterschieden. Man spricht auch von Legislative, Exekutive und Judikative. Die Gesetzgebung wird als die den anderen Funktionen übergeordnete Gewalt angesehen.

21. **Was bezweckt die Gewaltenteilung?**
Durch die Gewaltenteilung soll die Zusammenfassung der Staatsgewalt in einer Hand verhindert und damit einem Mißbrauch vorgebeugt werden. Es findet eine gegenseitige Kontrolle statt.

22. **Wer ist als Träger der Staatsgewalt anzusehen?**
Träger der Staatsgewalt ist entweder ein einzelner oder eine Vielheit von Menschen. In der Demokratie ist das Volk in seiner Gesamtheit Träger der Staatsgewalt.

23. **Was bedeutet die staatliche Souveränität?**
Souveränität ist die nicht abgeleitete oberste Macht des Staates, innerhalb des Staatsgebietes alle Angelegenheiten selbständig zu regeln und nach außen unabhängig aufzutreten. Ein freiwilliger Anschluß an zwischenstaatliche Organisationen (z.B. UNO) beeinträchtigt die staatliche Souveränität nicht.

24. **Welches sind die Grundaufgaben, die ein Staat zu erfüllen hat?**
Dem Staat obliegt die Förderung des Gemeinwohls; insbesondere: Schutz der Staatsbürger, Aufrechterhaltung der Sicherheit und Ordnung, Pflege von Wohlfahrt und Kultur, Überwindung sozialer Gegensätze.
Über die Aufgaben des Staates und seiner Rechtfertigung haben sich mehrere Theorien gebildet (z.B. ethische Theorie, Lehre vom christl. Staat, Machttheorie von Machiavelli, Theorie des Wohlfahrtsstaates).

25. **Welche Anforderungen sind im wesentlichen an den Rechtsstaat zu stellen?**
Der moderne Staat ist im Gegensatz zum Polizeistaat oder totalitären Staat Rechtsstaat, d.h. jeder Staatsakt muß auf eine staatlich gesetzte gültige Rechtsnorm zurückführbar sein (= Gesetzesstaat). Im einzelnen müssen folgende Merkmale vorliegen:
Die Freiheit des einzelnen muß durch Grund- und Freiheitsrechte gewährleistet sein. Alle staatlichen Organe müssen sich den Gesetzen unterordnen. Der Gesetzgeber muß beim Erlaß von Gesetzen an die Verfassung gebunden sein. Von der Verwaltung erlassene Rechtsverordnungen müssen auf Ermächtigung durch ein Gesetz

beruhen und sich im Rahmen dieser Ermächtigung bewegen. Die Richter dürfen nur dem Gesetz unterworfen und unabhängig von Weisungen tätig sein. Die Verwaltung muß gesetzmäßig sein und ihre Maßnahmen der gerichtlichen Kontrolle unterwerfen.

26. Was versteht man unter einem sozialen Rechtsstaat?
Der soziale Rechtsstaat trachtet danach, soziale Gerechtigkeit zu verwirklichen (Sicherung des Lebens, Gesundheit, Eigentum, Wohnung, Kleidung, Krankenversorgung, Bildung). Er garantiert zwar den freien Wettbewerb, greift aber ein, um unsoziale Ergebnisse dieses Wettbewerbs zu mildern oder zu beseitigen.

27. Was versteht man unter Staats- bzw. Regierungsformen?
Unter Staatsform versteht man die Bestimmung darüber, wem die höchste Macht im Staat zusteht und in welcher Weise die Staatsgewalt gehandhabt wird. Die Regierungsform besagt, wie die Staatsgewalt durch die Staatsorgane ausgeübt wird.

28. Welche Hauptstaatsformen unterscheidet man?
Einherrschaft (einzelner nach Berufung, Diktator, Monarchie) und Vielherrschaft (Klassenherrschaft, Volksherrschaft).

29. Wie lassen sich die unterschiedlichen Merkmale der Staatsformen schaubildlich darstellen?

Einherrschaft

Einzelner nach Berufung	Diktator	Monarchie (Fürstenherrschaft)

Monarchie (Fürstenherrschaft) →

- Absolute Monarchie (uneingeschränkte Macht)
- Beschränkte Monarchie (Mitwirkung anderer); und zwar:
  - Ständische Monarchie (Adel, Geistlichkeit, Stadtbürger)
  - Konstitutionelle Monarchie (Volk wirkt durch eigene Vertretung in einem bestimmten Umfange mit)
  - Parlamentarische Monarchie (Das Parlament ist hier der stärkste Faktor im Staat, nicht mehr der Monarch).

Vielherrschaft (Republik)

Klassenherrschaft
↓
Aristokratische Republik
(Adel, Geistlichkeit, Grundbesitzer)

Sozialistische Republik
(Parteidiktatur)

Militärherrschaft

Volksherrschaft
(Demokratie)
↓
Unmittelbare Demokratie
(nicht mehr praktikabel)

Mittelbare Demokratie

Parlamentsrepublik
(Regierung ist von Volksvertretung abhängig)

Präsidentschaftsrepublik
(Parlament und Regierung sind voneinander unabhängig)

30. Wodurch kann die staatliche Ordnung (Staatsform) geändert werden?
Durch Reformen, Fortentwicklung, Revolution (Umsturz durch die Masse des Volkes) und Staatsstreich (Gewalt von oben).

31. Was ist ein Einheitsstaat?
Die höchste Gewalt liegt beim unitarischen oder Einheitsstaat bei einheitlichen, für das ganze Staatsgebiet zuständigen Organen. Es bestehen keine staatsrechtlichen Bindungen zu anderen Staaten.

32. Was ist ein Bundesstaat?
Der Bundesstaat oder föderalistische Staat ist die festeste Staatenverbindung. Seine Merkmale bestehen darin, daß sich mehrere selbständige Staaten zu einem neuen übergeordneten Staat verbunden haben, Zuständigkeiten des Gesamtstaates und der Gliedstaaten in der Verfassung exakt abgegrenzt sind, die oberste Gewalt dem Gesamtstaat zusteht, die Gliedstaaten Einfluß auf die Leitung des Gesamtstaates haben. Im Bundesstaat bestehen zwei Staaten auf demselben Gebiet, zwei Staatsgewalten erstrecken sich auf denselben Raum und dieselben Menschen. Die Gliedstaaten sind allerdings nicht souverän. Bundesstaaten sind u.a.: BRD, USA, Schweiz.

33. Welche völkerrechtlichen Verbindungen von Staaten kennen wir u.a.?
Staatenbund (z.B. Deutscher Bund von 1815-1866) sowie Bündnis oder internationale Organisationen (z.B. EG, NATO, UNO).

C Bundesstaatsrecht

Deutsche Verfassungsgeschichte, Entstehung der BRD und DDR

1. **Wie stellt sich die Verfassungsgeschichte Deutschlands in groben Zügen dar?**
   a) Volksstaat der Germanen und Königreiche der Franken (bis 10. Jahrhundert),
   b) Heilige Römische Reich deutscher Nation (962 bis 1806),
   c) Rheinbundzeit und die Reformen in Preußen (1806 bis 1813),
   d) Deutscher Bund (1815 bis 1866),
   e) Norddeutscher Bund (1866 bis 1870),
   f) Deutsches Kaiserreich (1871 bis 1918),
   g) Weimarer Republik (1919 bis 1933),
   h) Diktatur Hitlers (sog. III. Reich von 1933 bis 1945),
   i) Besatzungsregime und BRD sowie DDR.

2. **Welches Ereignis hatte Ende Januar 1933 eine wesentliche Veränderung der Weimarer Republik eingeleitet?**
   Am 30.1.1933 beauftragte der Reichspräsident von Hindenburg Adolf Hitler mit der Regierungsbildung.

3. **Welche Bedeutung und Wirkung hatte das vom Reichstag am 24.3.1933 beschlossene "Gesetz zur Behebung der Not von Volk und Reich"?**
   Durch dieses Ermächtigungsgesetz wurde die Reichsregierung in die Lage versetzt, selbst Gesetze zu erlassen, auch verfassungsändernde. Das zunächst auf 4 Jahre begrenzte Gesetz wurde später auf unbegrenzte Zeit verlängert.

4. **Welche weiteren Gesetze festigten u.a. die Macht Hitlers?**
   Gesetz gegen die Neubildung von Parteien vom 14.7.1933 (NSDAP war die einzige zugelassene Partei), Gesetz über den Neuaufbau des Reiches vom 30.1.1934 (die Länder wurden beseitigt), Gesetz über das Staatsoberhaupt des Deutschen Reiches vom 1.8.1934 (das Amt des Reichspräsidenten wurde mit dem des Reichskanzlers verbunden). Mit diesen und anderen Gesetzen waren die Grundlagen der Weimarer Republik als Demokratie zerstört.

5. **Welches militärische Ereignis im Jahre 1945 leitete in Deutschland eine neue staatsrechtliche Entwicklung ein?**
   Die bedingungslose Kapitulation der Deutschen Wehrmacht am 8.5.1945. Deutschland wurde zunächst in 4 Besatzungszonen und Berlin in 4 Sektoren eingeteilt.

6. **Welches Gremium der Siegermächte übernahm die Aufgaben der obersten Gewalt?**
Der "Alliierte Kontrollrat". Für Berlin war eine aus 4 Kommandanten bestehende Kommandantur zuständig (seit 1948 ohne Sowjets).

7. **Wann und mit welchem Ergebnis fand die Potsdamer Konferenz statt?**
Die Konferenz vom 17.7. - 2.8.1945 führte zum Potsdamer Abkommen, indem u.a. die Grundsätze für die wirtschaftliche und politische Behandlung Deutschlands festgelegt wurden.

8. **Was geschah, als die Konferenz der 4 Außenminister in London, eine einheitliche Lösung für Deutschland zu finden, im Nov./Dez. 1947 ohne Ergebnis blieb?**
Vertreter der westlichen Besatzungsmächte und der 3 Benelux-Staaten einigten sich im Juni 1948 in London auf ein politisches und wirtschaftliches Programm für Westdeutschland. Vorausgegangen war bereits eine uneinheitliche Neuformierung der Länder in den 3 westlichen Besatzungszonen (= Dezentralisation und Stärkung der kommunalen Selbstverwaltung).

9. **Welchen Inhalt hatten die Vereinbarungen der westlichen Siegermächte auf ihrer Londoner Konferenz im Juni 1948?**
Die in 3 Dokumenten (sog. Frankfurter Dokumente) zusammengestellten Vereinbarungen enthielten u.a. die Ermächtigung, eine "Verfassungsgebende Versammlung" einzuberufen, die eine Verfassung erarbeiten sollte. Die Schaffung eines demokratischen Staates des föderalistischen Typs wurde u.a. zur Auflage gemacht.

10. **Wie haben die westdeutschen Ministerpräsidenten auf diese Dokumente reagiert?**
Sie erklärten in den Beschlüssen der Koblenzer Konferenz vom 8. - 10.7.1948, von der ihnen erteilten Ermächtigung Gebrauch machen zu wollen. Sie brachten jedoch zum Ausdruck, daß es sich bei der vorgesehenen Neuordnung Westdeutschlands nur um ein Provisorium handeln könne. Dem gesamten deutschen Volk sollte es vorbehalten bleiben, in freier Selbstbestimmung eine endgültige Entscheidung zu treffen.

11. **In welcher Weise fand die Meinung der Ministerpräsidenten über das "Provisorium" ihren Niederschlag?**
Sie beschlossen, keine "verfassungsgebende Versammlung" einzuberufen, sondern einen "Parlamentarischen Rat" zu wählen, der anstelle einer Verfassung ein "Grundgesetz" ausarbeiten sollte.

12. **Wie wurde der Parlamentarische Rat gebildet und wann nahm er seine Tätigkeit auf?**
Er bestand aus 65 Abgeordneten, die von den Landtagen entsandt

wurden. Hinzu kamen 5 Berliner Vertreter mit beratender Stimme. Der Parlamentarische Rat trat zum erstenmal am 1.9.1948 zusammen.

13. **Wann kam das Grundgesetz (GG) zustande?**
Am 8.5.1949 beschloß der Parlamentarische Rat mit 53:12 Stimmen das Grundgesetz. Die Genehmigung durch die Militärgouverneure erfolgte am 12.5.1949 mit einigen Vorbehalten. Vom 18. bis 21.5.1949 beschlossen die Volksvertretungen der Länder die Annahme des Grundgesetzes. Am 23.5.1949 wurde die Annahme des Grundgesetzes vom Parlamentarischen Rat in einer feierlichen Sitzung festgestellt. Es trat daraufhin am 24.5.1949 in Kraft (= Geburtsstunde der BRD).

14. **Wann folgte nach Inkrafttreten des Grundgesetzes die Konstituierung der obersten Bundesorgane?**
Nachdem das deutsche Volk am 14.8.1949 den ersten Bundestag gewählt hatte, erfolgte die konstituierende Sitzung am 7.9.1949. Am 12.9.1949 wurde der Bundespräsident (*Th. Heuß*) von der Bundesversammlung gewählt. In der Sitzung des Bundestages am 15.9.1949 erfolgte die Wahl des ersten Bundeskanzlers (*K. Adenauer*), der dann am 20.9.1949 seine Bundesregierung vorstellte. Nunmehr war auch die praktische Anwendung des Grundgesetzes möglich.

15. **Hatte die BRD mit dem Tage ihrer Errichtung schon ihre Souveränität erlangt?**
Das Besatzungsstatut, das am 21.9.1949 in Kraft trat, stand der Souveränität entgegen. Die Handlungsfähigkeit der BRD war wesentlich eingeschränkt (u.a. Auswärtige Angelegenheiten, Außenhandel, Vorbehalte im Gesetzgebungsverfahren).

16. **Welche Bedeutung hatte der Deutschlandvertrag vom 26.5.52?**
Der Deutschlandvertrag, der das Besatzungsstatut aufhob, trat am 5.5.1955 in Kraft. Er brachte der BRD die Souveränität (ausgenommen sind Fragen über Berlin, über die Wiedervereinigung Deutschlands und den künftigen Friedensvertrag).

17. **Was sagt das Grundgesetz über seine Gültigkeit?**
Das Grundgesetz verliert dann seine Gültigkeit, sobald vom gesamten deutschen Volk nach vorausgegangener Wiedervereinigung eine Verfassung in freier Entschließung angenommen und in Kraft getreten ist.

18. **Welche Entwicklung hat der sowjetisch besetzte Teil Deutschland genommen?**
Nach der Errichtung der BRD wurde in der SBZ am 7.10.1949 die "Deutsche Demokratische Republik", ein sozialistischer Staat mit starken Bindungen an die UdSSR, gebildet. Alle Macht geht nach der Verfassung vom 6.4.1968 von den Werktätigen aus.

In der Verfassung ist das Recht auf Schutz der Gesundheit und der Arbeitskraft als eines der Grundrechte verankert. Das sozialistische Gesundheitswesen hat staatlichen Charakter, d.h., alle Einrichtungen des Gesundheitsschutzes unterstehen zentraler Lenkung und Kontrolle.

Die Volkswirtschaft vollzieht sich nach dem Grundsatz der Planung und Leitung (Planwirtschaft).

19. Wie kann man die Staatsorgane der DDR schaubildlich darstellen?

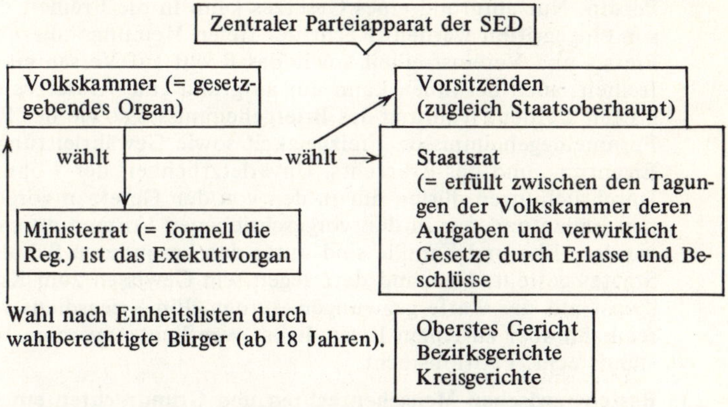

20. Woran ist bislang eine Wiedervereinigung Deutschlands bzw. der Abschluß eines Friedensvertrages gescheitert?
An den gegensätzlichen Auffassungen der Siegermächte. Die UdSSR besteht darauf, Friedensverträge mit 2 deutschen Staaten abzuschließen.

Grundrechte

21. Warum hat man die Grundrechte in der BRD an den Anfang des Grundgesetzes gestellt?
Sie wurden mit Rücksicht auf ihre besondere Bedeutung und zur Charakterisierung des erfolgten Wandels der Staatsauffassung an den Anfang des Grundgesetzes gestellt (= der Staat ist um des Menschen willen da, nicht der Mensch um des Staates willen).

22. Welche Grundrechte werden u.a. durch das Grundgesetz garantiert?
Die Unantastbarkeit der Menschenwürde als Leitgedanke für die übrigen Grundrechte. Jeder hat das Recht auf Leben (die Todes-

strafe ist abgeschafft) und körperliche Unversehrtheit. Freie Entfaltung der Persönlichkeit; alle Deutschen haben das Recht auf freie Wahl des Berufes, des Arbeitsplatzes und der Ausbildungsstätte. Die Gleichheit vor dem Gesetz; vor dem Gesetz sind Arm und Reich, Groß und Klein, Angehörige verschiedener Rassen und Religionen, Männer und Frauen usw. gleich. Die Garantierung der Freiheit des Glaubens, des Gewissens, der Freiheit des religiösen und weltanschaulichen Bekenntnisses. Die Proklamierung der Freiheit der Kunst, der Forschung und der Lehre. Die Freiheit der Person. Nur aufgrund eines Gesetzes kann in die Freiheit der Person eingegriffen werden. Recht der freien Meinungsäußerung. Presse- und Vereinsfreiheit sowie das Recht auf Versammlungsfreiheit; auch bei ihnen kann nur aufgrund eines Gesetzes eingegriffen werden. Wahrung des Briefgeheimnisses sowie des Post- und Fernmeldegeheimnisses. Freizügigkeit sowie Gewährleistung des Eigentums und des Erbrechts. Unverletztlichkeit der Wohnung. Durchsuchungen dürfen nur in den von den Gesetzen vorgesehenen Fällen und nur in den vorgeschriebenen Formen durchgeführt werden. Ehe und Familie sind unter den besonderen Schutz des Staates gestellt. Niemand darf gegen sein Gewissen zum Kriegsdienst mit der Waffe gezwungen werden. Ein Kriegsdienstverweigerer kann aber zu einem Ersatzdienst verpflichtet werden. Widerstandsrecht. Petitionsrecht.

23. Besteht zwischen Menschenrechten und Grundrechten ein Unterschied?
Die Bezeichnung “Grundrechte” steht als Zusammenfassung für Menschenrechte (z.B. Recht auf Leben, körperliche Unversehrtheit, Glaubens- und Gewissensfreiheit) und Bürgerrechte (z.B. Versammlungsfreiheit, Freizügigkeit, freie Berufswahl).

24. Welche rechtliche Bedeutung kommt den Grundrechten zu?
Die Grundrechte stellen keine bloßen Programmsätze (wie nach der Weimarer Verfassung) dar. Sie binden sowohl Gesetzgebung als auch vollziehende Gewalt und Rechtsprechung. Es sind subjektiv öffentliche Rechte gegen den Staat mit Anspruchscharakter. Wird jemand in seinen Rechten verletzt, so kann er den Rechtsweg in Anspruch nehmen.

25. Was gilt für die gesetzliche Einschränkung von Grundrechten und welche Grenzen sind hierfür gezogen?
Die Möglichkeit zu Eingriffen in die Grundrechte und damit zu einer Entwertung dieser Rechte sind weitgehend eingeschränkt. Bei den einzelnen Grundrechten ist festgelegt, ob und inwieweit sie dem Gesetzgeber eine Eingriffsmöglichkeit geben. Einige Grundrechte können durch Gesetze näher bestimmt werden und in bestimmten Fällen in der Ausübung eine Einschränkung erfahren.

Soweit nach dem Grundgesetz ein Grundrecht durch Gesetze oder aufgrund eines Gesetzes eingeschränkt werden kann, muß das Gesetz allgemein und nicht nur für den Einzelfall Geltung haben. Das Gesetz muß außerdem das Grundrecht unter Angabe des Artikels nennen. Eine Änderung des Grundgesetzes, durch welche die in Art. 1 niedergelegten Grundsätze berührt werden, ist unzulässig. Der Wesensgehalt eines Grundrechtes darf nie angetastet werden.

26. Wie kann man die "Beschränkung" der Grundrechte schaubildlich darstellen?

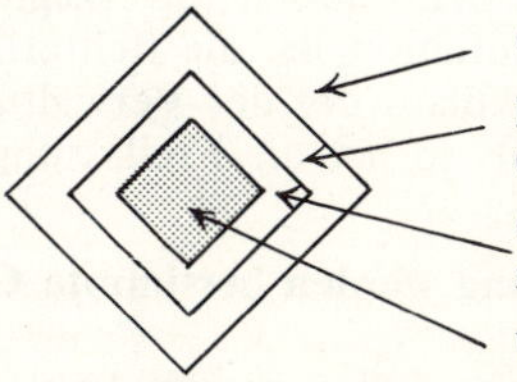

27. Inwieweit enthält das Grundgesetz besondere Freiheitsgarantien?
Die Freiheit der Person kann nur aufgrund eines Gesetzes und nur unter Beachtung der darin vorgeschriebenen Form beschränkt werden. Über die Zulässigkeit und Fortdauer einer Freiheitsentziehung hat nur der Richter zu entscheiden. Bei jeder nicht auf richterliche Anordnung beruhenden Freiheitsentziehung ist unverzüglich eine richterliche Entscheidung herbeizuführen.

28. Durch welches Gesetz ist u.a. das Verfahren bei Freiheitsentziehungen geregelt?
Gesetz über das gerichtliche Verfahren bei Freiheitsentziehung vom 29.6.1956 (BGBl. I S. 599) i.d.F. vom 15.8.1974 (BGBl. I S. 1942).

29. Was versteht man unter einer Freiheitsentziehung?
Es ist die Unterbringung einer Person gegen ihren Willen oder im Zustande der Willenlosigkeit in einem Gefängnis, einem Haftraum, einem Arbeitshaus, einer abgeschlossenen Verwahranstalt, einer abgeschlossenen Anstalt für Fürsorge, einer abgeschlossenen Krankenanstalt oder einem abgeschlossenen Teil einer Krankenanstalt.

30. Wer kann eine Freiheitsentziehung anordnen?
Nur das Amtsgericht auf Antrag der zuständigen Verwaltungsbehörde nach den Vorschriften des Gesetzes über die Angelegenheiten der freiwilligen Gerichtsbarkeit vom 20.5.1898 (RGBl. I S. 771) i.d.F. vom 20.12.1974 (BGBl. I S. 3651). Das nähere Verfahren bei der Einweisung von gemeingefährlichen psychisch Kranken ist in Ausführungsgesetzen der Länder geregelt (z.B. PsychKG des Landes NW vom 2.12.1969 – GV.NW S. 872 – i.d.F. vom 3.12.1974 GV. NW S. 1504 –).

31. In welcher Form wird die Freiheitsentziehung angeordnet?
Durch einen mit Gründen versehenen Beschluß; im allgemeinen, nachdem der Betroffene mündlich angehört worden ist. Die Unterbringung in einer abgeschlossenen Krankenanstalt darf im übrigen nur nach Anhörung eines ärztlichen Sachverständigen erfolgen. Gegen die Entscheidung des Gerichts findet die sofortige Beschwerde statt, die jedoch bei entsprechender Anordnung des Amtsgerichts keine aufschiebende Wirkung hat.

32. Wie ist zu verfahren, wenn eine Verwaltungsbehörde ohne richterliche Anordnung eine Freiheitsentziehung veranlaßt hat?
Die zuständige Verwaltungsbehörde hat unverzüglich die richterliche Entscheidung herbeizuführen. Ist die richterliche Freiheitsentziehung nicht bis zum Ablauf des der Verwaltungsmaßnahme folgenden Tages angeordnet, so hat die Freilassung des Betroffenen zu erfolgen.

33. Unter welcher Voraussetzung werden bestimmte Grundrechte verwirkt?
Wer die Freiheit der Meinungsäußerung, die Lehrfreiheit, die Versammlungsfreiheit, die Vereinigungsfreiheit, das Brief-, Post- und Fernmeldegeheimnis, das Eigentum, das Asylrecht zum Kampf gegen die freiheitliche demokratische Grundordnung mißbraucht, verwirkt diese Grundrechte.

34. Wer spricht die Verwirkung von Grundrechten aus?
Das Bundesverfassungsgericht.

Bund und Länder

35. Was wird im wesentlichen im zweiten Abschnitt des Grundgesetzes, der sich mit dem Bund und den Ländern befaßt, geregelt?
Aufbau des Bundes, insbesondere die Staatsform und Rechtsstaatlichkeit. Mitwirkung der Parteien bei der politischen Willensbildung des Volkes. Verhältnis des Bundes zu zwischenstaatlichen Einrichtungen. Die Bedeutung des Völkerrechts im Verhältnis zum Bundesrecht. Die Neugliederung des Bundesgebietes.

36. Was sagt das Grundgesetz über die Staatsform der BRD?
Nach den im Art. 20 Grundgesetz niedergelegten Grundsätzen ist die BRD eine mittelbare Demokratie, die in der Form eines sozialen Bundesstaates organisiert ist. Sie entspricht den Anforderungen eines Rechtsstaates.

37. Wer ist der Träger der Staatsgewalt?
Alle Staatsgewalt geht vom Volk aus. Das Volk wird allerdings unmittelbar nur bei Wahlen und Abstimmungen tätig, während die Staatsgewalt sonst durch besondere Organe der Gesetzgebung, der vollziehenden Gewalt und der Rechtsprechung ausgeübt wird.

38. Wie kann man die Gewaltenteilung in der BRD schaubildlich darstellen?

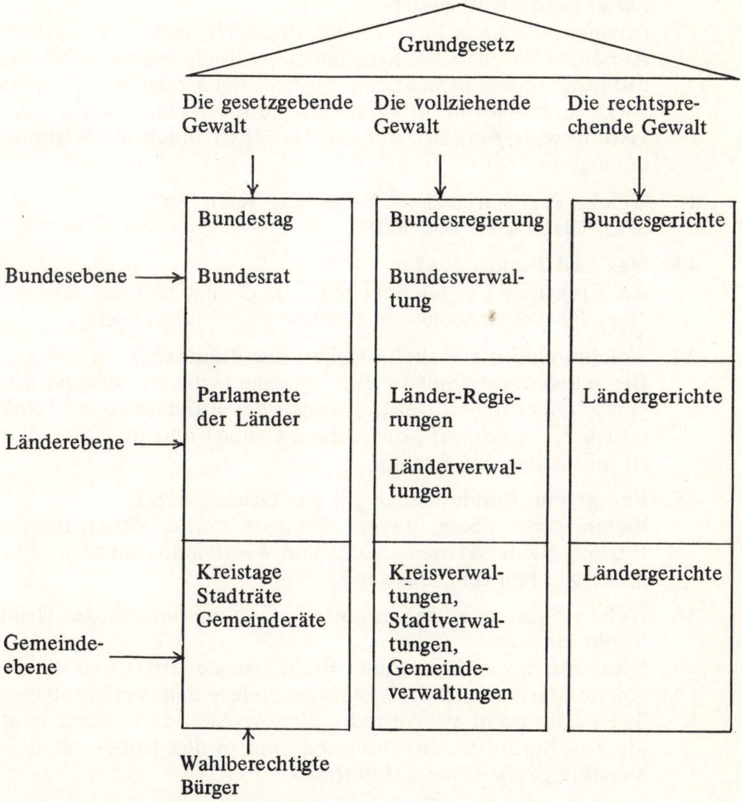

39. Worin liegt die allgemeine Bedeutung der Parteien?
Die Parteien, deren Gründung frei ist, haben die Aufgabe, bei der politischen Willensbildung des Volkes mitzuwirken. Sie stellen u.a. Kandidaten für die Wahlen zu den Gemeinde- und Kreisvertretungen, zu den Landtagen und zum Bundestag auf und nehmen in vielfältiger Weise Einfluß auf das politische Geschehen. Ihre Ziele legen sie in Programmen nieder.

40. Welche Voraussetzungen stellt das Grundgesetz für das Bestehen und Wirken der Parteien auf?
Die innere Ordnung der Partei muß demokratischen Grundsätzen entsprechen. Über die Herkunft ihrer Mittel müssen sie öffentlich Rechenschaft geben (vgl. auch Parteiengesetz vom 24.7.1967 – BGBl. I S. 773 – i.d.F. vom 24.7.1974 – BGBl. I S. 1537 –).

41. Welche Folgerungen können aus der Verfassungswidrigkeit einer Partei gezogen werden?
Parteien, die nach ihrer Zielsetzung oder nach dem Verhalten ihrer Anhänger darauf ausgehen, die freiheitlich-demokratische Grundordnung zu beeinträchtigen, zu beseitigen oder den Bestand der BRD zu gefährden, können vom Bundesverfassungsgericht für verfassungswidrig erklärt werden. Damit ist ihnen die Wirkungsbasis entzogen.

42. Welche Parteien sind im Bundestag vertreten?
SPD, CDU, CSU und FDP.

43. Was sind Fraktionen?
Als Fraktionen bezeichnet man die Gesamtheit der Mitglieder eines Parlaments, die der gleichen Partei angehören.

44. Welches sind die Hoheitszeichen des Bundes?
Die schwarz-rot-goldene Bundesflagge (schwarz-rot-gold als Symbol eines freiheitlichen Deutschlands), das Bundeswappen (einköpfiger schwarzer Adler auf gold-gelbem Grund) und das Bundessiegel (Bundesadler mit Kranz).

45. Für welche Bundesländer gilt das Grundgesetz?
Baden-Württemberg, Bayern, Bremen, Berlin (West), Hamburg, Hessen, Niedersachsen, Nordrhein-Westfalen, Rheinland-Pfalz, Schleswig-Holstein, Saarland.

46. Welche Sonderstellung nimmt im Geltungsbereich des Grundgesetzes Berlin ein?
Hinsichtlich der Beteiligung Berlins an der BRD haben die Militärgouverneure am 12.5.1949 insbesondere den Vorbehalt gemacht, daß Berlin nicht vom Bund regiert werden darf. Auch besitzen die von Berlin in den Bundestag und in den Bundesrat delegierten Vertreter kein volles Stimmrecht.

47. Wie ist die Erfüllung der Staatsaufgaben zwischen Bund und Ländern abgegrenzt?
Die Ausübung der staatlichen Befugnisse und die Erfüllung der staatlichen Aufgaben ist Angelegenheit der Länder, soweit nicht das Grundgesetz eine andere Regelung trifft oder zuläßt (= Kompetenzvermutung für die Länder).

48. Welche Regelung besteht in der Anwendung des Bundesrechts im Verhältnis zum Landesrecht?
Bundesrecht bricht Landesrecht.

49. Was besagt das Grundgesetz über die verfassungsmäßige Ordnung in den Ländern, Kreisen und Gemeinden?
Die verfassungsmäßige Ordnung in den Ländern muß den Grundsätzen des republikanischen, demokratischen und sozialen Rechtsstaates entsprechen. In den Ländern, Kreisen und Gemeinden muß eine aus allgemeinen, unmittelbaren, freien, gleichen und geheimen Wahlen hervorgegangene Volksvertretung bestehen. Den Gemeinden muß im übrigen das Recht gewährleistet sein, alle die örtliche Gemeinschaft betreffenden Angelegenheiten im Rahmen der Gesetze in eigener Verantwortung zu regeln.

50. Wie äußert sich das Grundgesetz über das Völkerrecht?
Die allgemeinen Regeln des Völkerrechts (z.B. Behandlung der exterritorialen Personen) sind Bestandteil des Bundesrechts. Sie gehen den Gesetzen vor und binden alle Rechtsunterworfenen des Bundesgebietes.

51. Wie äußert sich das Grundgesetz zu friedensstörenden Handlungen?
Handlungen, die geeignet sind und in der Absicht vorgenommen werden, das friedliche Zusammenleben der Völker zu stören – vor allen Dingen die Vorbereitung eines Angriffskrieges – sind verfassungswidrig. Dazu gehört auch, daß zur Kriegsführung bestimmte Waffen nur mit Genehmigung der Bundesregierung hergestellt, befördert und in den Verkehr gebracht werden dürfen.

52. Welche Konventionen, denen die BRD mit Gesetz über den Beitritt zu den vier Genfer Rotkreuz-Abkommen vom 12.8.1949 vom 21.8.1954 (BGBl. II S. 781) beigetreten ist, befassen sich insbesondere mit der Verbesserung des Loses der Verwundeten und Kranken im Krieg?
Genfer Abkommen
a) zur Verbesserung des Loses der Verwundeten und Kranken der Streitkräfte im Felde,
b) zur Verbesserung des Loses der Verwundeten, Kranken und Schiffbrüchigen der Streitkräfte zur See,
c) über die Behandlung der Kriegsgefangenen und
d) zum Schutze von Zivilpersonen in Kriegszeiten.

53. Welche Vorschriften enthält u.a. das Abkommen zum Schutze von Zivilpersonen für das in Zivilkrankenhäusern tätige Personal?
Es ist zu schonen und zu schützen. Das Personal wird mittels einer Ausweiskarte und einer Armbinde (am linken Arm zu tragen) gekennzeichnet.

54. In welcher Form wird durch das Abkommen zum Schutze von Zivilpersonen in Kriegszeiten der Schutz von Zivilkrankenhäusern sichergestellt?
Sie dürfen unter keinen Umständen das Ziel von Angriffen sein. Sie sind aus diesem Grunde mit einem Schutzzeichen zu kennzeichnen.

55. Wer ist nach dem Grundgesetz für die Pflege der Beziehungen zu auswärtigen Staaten zuständig?
Die Pflege der Beziehungen zu auswärtigen Staaten ist eine Angelegenheit des Bundes. Die völkerrechtliche Vertretung des Bundes obliegt dem Bundespräsidenten, der im Namen des Bundes die Verträge mit auswärtigen Staaten schließt und die Gesandten beglaubigt und empfängt.

56. Durch welche Verträge hat die BRD 1972 ihr Verhältnis zu den Staaten des Ostblocks u.a. neu geordnet?
Moskauer Vertrag, Warschauer Vertrag, Grundvertrag zwischen BRD und DDR.

57. Von welchem Leitgedanken geht das Grundgesetz hinsichtlich der zwischenstaatlichen Einrichtungen aus?
Durch Gesetze kann der Bund Hoheitsrechte auf zwischenstaatliche Einrichtungen übertragen. Zur Wahrung des Friedens kann sich die BRD einem System gegenseitiger kollektiver Sicherheit einordnen. Zur Regelung zwischenstaatlicher Streitigkeiten wird der Bund Vereinbarungen über eine internationale Schiedsgerichtsbarkeit beitreten.

58. Welchen internationalen Institutionen gehört die BRD u.a. an?
Dem Europarat (Ziel: engere Verbindung zwischen den Mitgliedern), der NATO (Ziel: Erhaltung des Friedens und Beistandes), der EG (Ziel: Gemeinsamer Markt und gemeinsame Wirtschaftspolitik), der Montanunion – EGKS – (Ziel: Gemeinsamer Markt mit Kohle und Stahl), der EURATOM (Ziel: schnelle Bildung und Entwicklung von Kernindustrien), der OECD (Ziel: Förderung des Wirtschaftswachstums), der UNO (Ziel: Sicherung des Weltfriedens und Herstellung freundschaftlicher Beziehungen zwischen den Völkern der Erde) und den Sonderorganisationen wie z.B. UNICEF, UNESCO und WHO.

59. Welche Konventionen und Abkommen hat der Europarat u.a. mit verbindlicher Wirkung für die Staaten, die sie ratifiziert haben, verabschiedet?
Die Konvention zum Schutz der Menschenrechte und Grundfreiheiten, das europäische Fürsorgeabkommen, das Abkommen über den Austausch von Kriegsversehrten zur Heilbehandlung, das Abkommen über den Austausch von Heilmitteln menschlichen Ursprungs (Blutbank), das Europäische Arzneimittelbuch.

60. Welche Aufgabe hat der Internationale Gerichtshof in den Haag?
Streitigkeiten zwischen den Staaten friedlich beizulegen und Rechtsgutachten abzugeben.

61. Welche sonstigen überstaatlichen Organisationen gibt es u.a. noch?
EFTA, GATT, COMECON, Warschauer Pakt, Arabische Liga, SEATO-Pakt, CENTO-Pakt, britisches Commonwealth.

62. Wie kann man den Aufbau der staatlichen Organe der BRD schaubildlich darstellen?

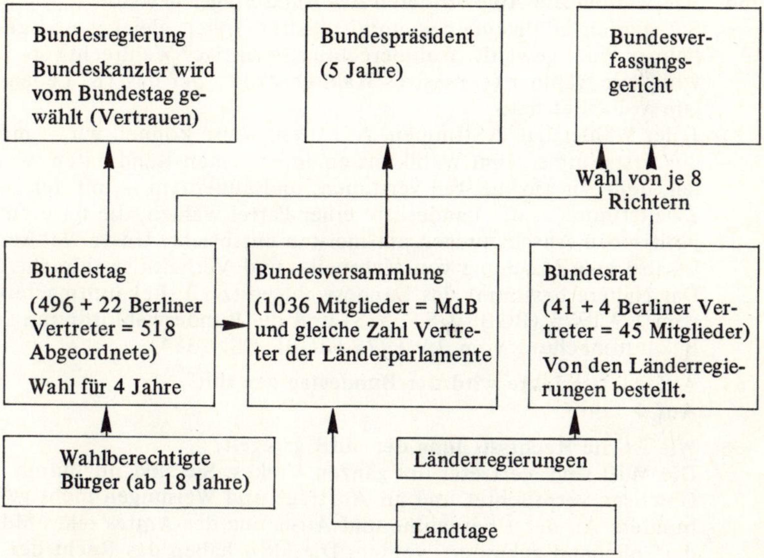

Bundestag

63. Was sind die wichtigsten Befugnisse des Bundestages?
Die vom Volk ausgehende Staatsgewalt wird vom Bundestag auf dem Gebiet der Gesetzgebung sowie der Kontrolle der Verwaltung ausgeübt. Auch der Haushaltsplan wird durch Gesetz festgestellt. Der Bundestag wählt den Bundeskanzler und kann ihm das Mißtrauen dadurch aussprechen, indem er mit der Mehrheit seiner Mitglieder einen Nachfolger wählt oder einem Antrag des Bundeskanzers, ihm das Vertrauen auszusprechen, die Zustimmung versagt. Der Bundestag hat das Recht zur Einsetzung von Untersuchungsausschüssen. Er trifft die Feststellung des Verteidigungsfal-

les. Der Bundestag und seine Ausschüsse können die Anwesenheit jedes Mitglieds der Bundesregierung verlangen. Er kann den Bundespräsidenten wegen vorsätzlicher Verletzung des Grundgesetzes oder eines anderen Gesetzes vor dem Bundesverfassungsgericht anklagen. Im übrigen hat er das Recht auf Selbstversammlung, das Recht zur Wahl seines Präsidenten, dessen Stellvertreters und der Schriftführer, das Recht auf Erlaß einer Geschäftsordnung (Geschäftsordnung i.d.F. vom 14.4.1975 – BGBl. I S. 992 – und das Recht der Wahlprüfung.

64. Wie werden die Abgeordneten des Bundestages gewählt?
Sie werden in allgemeiner, unmittelbarer, freier, gleicher und geheimer Wahl gewählt. Wahlberechtigt (= aktives Wahlrecht) sowohl wie wählbar (= passives Wahlrecht) ist, wer das 18. Lebensjahr vollendet hat.
Jeder Wähler hat 2 Stimmen. Auf diese Weise können wir – mit der Erststimme – im Wahlkreis einen einzelnen Kandidaten wählen, dem wir am meisten vertrauen, und außerdem – mit der Zweitstimme – die Landesliste einer Partei wählen, die unseren politischen Anschauungen am meisten entspricht. Unser Wahlrecht ist also eine Mischung von Mehrheits- und Verhältniswahlrecht.
Das Nähere bestimmt das Bundeswahlgesetz i.d. Bekanntmachung vom 1.9.1975 (BGBl. I S. 2325) und die Bundeswahlordnung i.d. Bekanntmachung vom 3.9.1975 (BGBl. I S. 2384).

65. Auf wieviel Jahre wird der Bundestag gewählt?
Auf 4 Jahre.

66. Wie ist die Rechtsstellung der MdB geregelt?
Die MdB sind Vertreter des ganzen Volkes. Sie sind nur ihrem Gewissen verpflichtet und an Aufträge und Weisungen nicht gebunden. An der Übernahme und Ausübung des Amtes eines MdB darf niemand gehindert werden. Die MdB haben das Recht der freien Meinungsäußerung und dürfen wegen einer getanen Äußerung (ausgenommen verleumderische Beleidigungen) oder einer Abstimmung nicht zur Verantwortung gezogen werden (= Indemnität). Wegen einer mit Strafe bedrohten Handlung darf ein MdB nur mit Genehmigung des Bundestages zur Verantwortung gezogen oder verhaftet werden (= Immunität), es sei denn, daß er entweder bei Begehung der Tag oder am folgenden Tage festgenommen wird. Neben dem Zeugnisverweigerungsrecht hat das MdB auch Anspruch auf eine angemessene Entschädigung. Diese Entschädigung soll ihn in wirtschaftlicher Hinsicht unabhängig machen (vgl. Gesetz zur Neuregelung der Rechtsverhältnisse der Mitglieder des Deutschen Bundestages vom 18.2.1977 – BGBl. I S. 297).

67. **Wie ist der Bundestag organisiert?**
Der Bundestagspräsident, dem im Bundestag das Hausrecht und die Polizeigewalt zustehen, bildet mit seinen Stellvertretern sowie den Schriftführern das Präsidium. Daneben bestehen der Ältestenrat sowie eine Vielzahl von Ausschüssen. Den Ausschüssen obliegt die Vorbereitung der Plenarsitzungen.

68. **Welche Ausschüsse des Bundestages werden im Grundgesetz erwähnt?**
Untersuchungsausschuß, Ständiger Ausschuß (zur Wahrung der Rechte des Bundestages gegenüber der Bundesregierung zwischen zwei Wahlperioden), Ausschuß für auswärtige Angelegenheiten, Ausschuß für Verteidigung, Petitionsausschuß.

69. **Welches Hilfsorgan des Bundestages nimmt Kontrollfunktionen im Bundeswehrbereich wahr?**
Der Wehrbeauftragte.

70. **Wie verhandelt der Bundestag und wann ist er beschlußfähig?**
Der Bundestag verhandelt grundsätzlich öffentlich. Die Öffentlichkeit kann mit 2/3-Mehrheit ausgeschlossen werden. Beschlußfähigkeit im Bundestag liegt vor, wenn mehr als die Hälfte seiner Mitglieder anwesend sind.

71. **Mit welcher Mehrheit faßt der Bundestag i.d.R. seine Beschlüsse?**
Soweit nichts anderes bestimmt ist, ist die Mehrheit der abgegebenen Stimmen erforderlich (= einfache Mehrheit).

72. **Welche weiteren Mehrheitsformen bei Abstimmungen im Bundestag gibt es?**
Die absolute Mehrheit (= Mehrheit der gesetzlichen Mitglieder). Die qualifizierte Mehrheit (= 2/3 der gesetzlichen Mitglieder). Es kann auch eine Stimmenminderheit (= 1/10 der gesetzlichen Mitglieder) infrage kommen.

Bundesrat

73. **Wie kann man die Aufgaben des Bundesrates allgemein umschreiben?**
Durch den Bundesrat wirken die Länder bei der Gesetzgebung und Verwaltung des Bundes mit.

74. **Welche Zuständigkeiten und Rechte hat der Bundesrat im wesentlichen?**
Er hat ein abgestuftes Mitwirkungsrecht bei der Bundesgesetzgebung (Recht der Gesetzesinitiative, Anrufung des Vermittlungsausschusses, Einlegung eines Einspruchs gegen ein Gesetz, Zustimmung bei bestimmten Gesetzen). Eine starke Stellung hat der

Bundesrat auf dem Gebiet der Verwaltung, in die er weitgehend eingeschaltet ist (z.B. Zustimmung beim Erlaß von Rechtsverordnungen, Bundeszwang, Mängelrüge). Recht zur Anklage des Bundespräsidenten.

75. **Wie setzt sich der Bundesrat zusammen?**
Der Bundesrat setzt sich aus Mitgliedern der Regierungen der Länder, die sie bestellen und abberufen, zusammen. Maßgebend für die Stimmenzahl der Länder ist die Einwohnerzahl, jedoch hat jedes Land mindestens 3 Stimmen. Länder mit mehr als 2 Millionen Einwohner haben 4, Länder mit mehr als 6 Millionen Einwohner 5 Stimmen.

76. **Besitzen die Vertreter im Bundesrat Entschließungsfreiheit?**
Die Stimmen eines Landes können nicht frei, sondern aufgrund von Instruktionen nur einheitlich und nur durch anwesende Mitglieder abgegeben werden.

77. **Wie ist der Bundesrat organisiert?**
Dem Bundesrat steht der Präsident vor, der jeweils für 1 Jahr gewählt wird. Ihm obliegt die Einberufung der Sitzungen des Bundesrates. Der Bundesrat gibt sich eine Geschäftsordnung (vgl. Geschäftsordnung vom 1.7.1966 – BGBl. I S. 437 –) und bildet Ausschüsse.

78. **In welchen Fällen hat der Bundesratspräsident den Bundespräsidenten zu vertreten?**
Bei dessen Verhinderung oder vorzeitiger Erledigung dessen Amtes (z.B. Tod).

79. **Verhandelt der Bundesrat öffentlich oder geheim?**
Die Verhandlungen sind grundsätzlich öffentlich, doch kann die Öffentlichkeit ausgeschlossen werden.

80. **Wie werden die Beschlüsse des Bundesrates gefaßt?**
Grundsätzlich mit der Mehrheit seiner Stimmen. Für grundgesetzändernde Gesetze bedarf es 2/3 der Stimmen des Bundesrates.

Bundespräsident

81. **Wie und von wem wird der Bundespräsident gewählt?**
Die Wahl des Bundespräsidenten erfolgt ohne Aussprache durch die Bundesversammlung. Gewählt ist, wer die Stimmen der Mehrheit der Mitglieder der Bundesversammlung auf sich vereinigt. Wird diese Mehrheit in 2 Wahlgängen von keinem Bewerber erzielt, so ist gewählt, wer in einem weiteren Wahlgang die meisten Stimmen erhält (= einfache Mehrheit).

82. **Wer kann zum Bundespräsidenten gewählt werden, wie lange dauert sein Amt und ist eine Wiederwahl zulässig?**
Wählbar ist jeder Deutsche, der das Wahlrecht zum Bundestag besitzt und das 40. Lebensjahr vollendet hat. Die Amtszeit dauert 5 Jahre. Anschließende Wiederwahl ist nur einmal zulässig.

83. **Wie setzt sich die Bundesversammlung zusammen?**
Die Bundesversammlung setzt sich aus den MdB und einer gleichen Anzahl von Mitgliedern zusammen, die von den Länderparlamenten nach Verhältniswahlgrundsätzen gewählt werden.

84. **Von wem wird die Bundesversammlung einberufen?**
Vom Bundestagspräsidenten.

85. **Darf der Bundespräsident neben seinem Amt eine weitere Tätigkeit ausüben?**
Nein. Er darf nicht der Regierung oder einer gesetzgebenden Körperschaft des Bundes oder eines Landes angehören. Er darf kein anderes besoldetes Amt, kein Gewerbe und keinen Beruf ausüben.

86. **Welche Aufgaben hat u.a. der Bundespräsident?**
Dem Bundespräsidenten obliegt die völkerrechtliche Vertretung des Bundes. Er schließt im Namen des Bundes die Verträge mit auswärtigen Staaten und beglaubigt und empfängt die Gesandten. Er fertigt die grundgesetzmäßig zustande gekommenen Gesetze aus und verkündet sie im BGBl. Er macht dem Bundestag den ersten Vorschlag für die Wahl des Bundeskanzlers. Er ernennt den Bundeskanzler und ernennt und entläßt auf Vorschlag des Bundeskanzlers die Bundesminister. Er kann in bestimmten Fällen den Bundestag auflösen. Er übt das Begnadigungsrecht aus. Der Bundespräsident erklärt nach den Bestimmungen des Grundgesetzes den Gesetzgebungsnotstand.

87. **Was ist überwiegend erforderlich, damit die Anordnungen und Verfügungen des Bundespräsidenten gültig sind?**
Sie bedürfen der Gegenzeichnung durch Bundeskanzler oder durch den zuständigen Bundesminister (zur Übernahme der politischen Verantwortung). Dies gilt nicht für die Ernennung und Entlassung des Bundeskanzlers sowie für die Auflösung des Bundestages.

88. **Wer ist der Vertreter des Bundespräsidenten?**
Eine ständige allgemeine Vertretung sieht das Grundgesetz nicht vor. Im Falle der Verhinderung oder bei vorzeitiger Erledigung seines Amtes werden die Befugnisse des Bundespräsidenten vom Bundesratspräsidenten wahrgenommen.

Bundesregierung

89. Wie setzt sich die Bundesregierung zusammen?
Sie setzt sich aus dem Bundeskanzler und den Bundesministern zusammen.

90. Wie wird der Bundeskanzler gewählt und von wem wird er ernannt?
Die Wahl erfolgt auf Vorschlag des Bundespräsidenten ohne Aussprache durch den Bundestag. Gewählt ist, wer die Stimmen der Mehrheit der MdB erhält. Die Ernennung erfolgt durch den Bundespräsidenten. Folgt der Bundestag dem Vorschlag des Bundespräsidenten nicht, so kann er binnen 14 Tagen nach dem 1. Wahlgang mit mehr als der Hälfte seiner Mitglieder von sich aus einen Bundeskanzler wählen. Kommt auch innerhalb dieser Frist eine Wahl nicht zustande, so hat unverzüglich ein neuer Wahlgang stattzufinden, in dem als gewählt gilt, wer die meisten Stimmen erhält. Vereinigt der Gewählte die Stimmen der Mehrheit der MdB auf sich, so muß ihn der Bundespräsident innerhalb von 7 Tagen nach der Wahl ernennen. Erreicht aber der Gewählte diese Mehrheit nicht, so hat der Bundespräsident die Wahl, ihn entweder binnen 7 Tagen zu ernennen oder den Bundestag aufzulösen.

91. Wie kommen die Bundesminister in ihr Amt?
Sie werden auf Vorschlag des Bundeskanzlers vom Bundespräsidenten ernannt.

92. Welche besondere Stellung hat der Bundeskanzler innerhalb der Bundesregierung?
Er leitet die Geschäfte der Bundesregierung und bestimmt die Richtlinien der Politik. Er trägt dafür die Verantwortung. Innerhalb dieser Richtlinien leitet jeder Bundesminister seinen ihm anvertrauten Geschäftsbereich selbständig (vgl. Geschäftsordnung der Bundesregierung i.d.F. vom 23.1.1970 – GMBl. S. 50 –).

93. Was geschieht bei Meinungsverschiedenheiten innerhalb der Bundesregierung?
Sie werden von der Bundesregierung entschieden.

94. Was sagt das Grundgesetz über die Ausübung eines anderen besoldeten Amtes, eines Gewerbes usw. durch Mitglieder der Bundesregierung?
Sie dürfen kein anderes besoldetes Amt, kein Gewerbe und keinen Beruf ausüben und weder der Leitung noch ohne Zustimmung des Bundestages dem Aufsichtsrate eines auf Erwerb gerichteten Unternehmens angehören.

95. Gibt es ein Mißtrauensvotum gegen den Bundeskanzler?
Ja. Es kann vom Bundestag ausgesprochen werden, und zwar dadurch, daß er mit der Mehrheit seiner Mitglieder einen Nachfolger

wählt und den Bundespräsidenten ersucht, den Bundeskanzler zu entlassen (Abwahl durch Neuwahl). Der Bundespräsident muß dem Ersuchen entsprechen und den Gewählten ernennen (konstruktives Mißtrauensvotum).

96. Was besagt das Grundgesetz über den möglichen Antrag des Bundeskanzlers, ihm das Vertrauen auszusprechen?
Findet ein solcher Antrag nicht die Mehrheit der MdB, so kann der Bundespräsident auf Vorschlag des Bundeskanzlers binnen 21 Tagen den Bundestag auflösen. Das Recht zur Auflösung erlischt, sobald der Bundestag mit der Mehrheit seiner Mitglieder einen anderen Bundeskanzler wählt.

97. Was sind u.a. die Aufgaben der Bundesregierung?
Sie hat das Recht der Gesetzesinitiative und kann aufgrund von gesetzlichen Ermächtigungen Rechtsverordnungen erlassen. Die Bundesregierung hat die Befugnis, Antrag auf Erklärung des Gesetzgebungsnotstandes für eine dringliche Gesetzesvorlage zu stellen. Im übrigen hat sie eine Menge von Aufgaben und Rechte im Zusammenwirken mit den übrigen Bundesorganen.

Gesetzgebung

98. Wie regelt das Grundgesetz die Zuständigkeiten der Gesetzgebung?
Soweit das Grundgesetz nicht dem Bund Gesetzgebungsbefugnisse gibt, haben die Länder das Recht der Gesetzgebung (z.B. Gemeinderecht, Polizeirecht, Organisation des öffentlichen Gesundheitsdienstes).

99. Welche Gesetzgebungskompetenzen kommen für den Bund in Betracht?
Die ausschließliche, konkurrierende und Rahmengesetzgebung. Darüber hinaus sind noch weitere Zuständigkeiten des Bundes im Grundgesetz festgelegt.

100. Was versteht man unter dem Begriff der ausschließlichen Gesetzgebung?
Die Länder haben auf diesem Gebiet nur dann eine Gesetzgebungsbefugnis, wenn und soweit sie hierzu in einem Bundesgesetz ausdrücklich ermächtigt werden. Ansonsten ist der Bund allein zuständig (z.B. Auswärtige Angelegenheiten, Paßwesen, Geld- und Münzwesen, Post- und Fernmeldewesen).

101. Was versteht man unter der konkurrierenden Gesetzgebung?
Im Bereich der konkurrierenden Gesetzgebung haben die Länder die Befugnis zur Gesetzgebung, solange und soweit der Bund von seinem Gesetzgebungsrecht keinen Gebrauch macht. Der

Bund hat in diesem Bereich das Gesetzgebungsrecht, soweit ein Bedürfnis nach bundesgesetzlicher Regelung besteht (z.B. Bürgerliches Recht, Strafrecht, Personenstandsrecht, Fürsorgerecht, Verkehr mit Arzneien, Heilmitteln, Betäubungsmitteln, Giften, Lebensmitteln, Zulassung zu ärztlichen Berufen und anderen Heilberufen).

102. Welche Zuständigkeiten bestehen bei der Rahmengesetzgebung?
Der Bund besitzt hier in einem näher festgelegten Umfange das Recht, für die Länder Rahmenvorschriften zu erlassen (z.B. Melde- und Ausweiswesen). Die Rahmenvorschriften sind von den Ländern durch eigene Gesetze auszufüllen.

103. Wer hat auf Bundesebene das Recht der Gesetzesinitiative?
Die Bundesregierung, mindestens 15 MdB und der Bundesrat.

104. Wie müssen Gesetzentwürfe der Bundesregierung und des Bundesrates verfahrensmäßig behandelt werden?
Die Bundesregierung hat ihre Vorlagen zunächst dem Bundesrat zuzuleiten. Der Bundesrat ist berechtigt, innerhalb von 3 Wochen zu diesen Vorlagen Stellung zu nehmen. Die Vorlagen des Bundesrates sind dem Bundestag über die Bundesregierung zuzuleiten. Die Bundesregierung muß die Vorlagen innerhalb von 3 Monaten weiterleiten und hicrbei ihre Auffassung darlegen.

105. Wie erfolgt die Beschlußfassung über ein Gesetz?
Hauptorgan der Gesetzgebung ist der vom Volk gewählte Bundestag, der die Gesetze in 3 Lesungen beschließt. In der 1. Lesung wird das Gesetz, wenn die Mehrheit des Bundestages dafür stimmt, an den zuständigen Ausschuß verwiesen. Regelmäßig werden hierbei grundsätzliche Erklärungen abgegeben. In der 2. Lesung werden Abstimmungen über einzelne Paragraphen durchgeführt. In der 3. Lesung erfolgt die Schlußabstimmung.

106. Welche Arten von Bundesgesetzen gibt es und worin unterscheiden sie sich?
Es gibt einfache, föderative und grundgesetzändernde Gesetze (oder zustimmungspflichtige bzw. nicht zustimmungspflichtige Gesetze). Von der Sicht des Bundesrates sind die einfachen Gesetze lediglich einspruchsberechtigt, während die übrigen Gesetze der Zustimmung des Bundesrates bedürfen.

107. Was ist ein föderatives Gesetz?
Es ist ein Gesetz, daß die Länderinteressen mehr oder weniger stark berührt.

108. Welcher Ausschuß kann bei Meinungsverschiedenheiten zwischen Bundesrat und Bundestag angerufen werden?
Der Vermittlungsausschuß (bestehend aus je 10 Abgeordneten bzw. Mitgliedern von Bundestag und Bundesrat).

109. Was ist die Aufgabe des Vermittlungsausschusses?
Seine Mitglieder sollen durch gemeinsame Beratungen nach Möglichkeit Kompromißvorschläge erarbeiten.

110. Wie kann man den Weg der Gesetzgebung in groben Zügen schaubildlich darstellen?
Die Gesetzesvorlage wird eingebracht durch

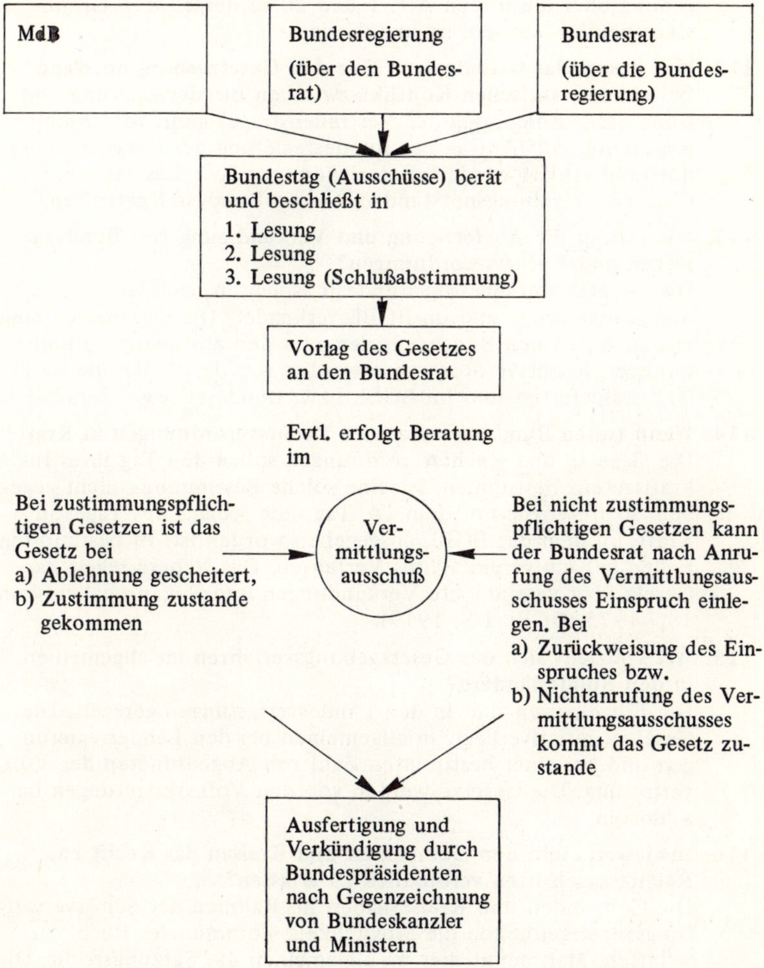

111. Inwieweit ist eine Änderung des Grundgesetzes möglich?
Sie ist nur durch ein Gesetz möglich, das den Wortlaut des Grundgesetzes ausdrücklich ändert oder ergänzt. Ein grundgesetzänderndes Gesetz bedarf der Zustimmung von 2/3 der MdB und 2/3 der Stimmen des Bundesrates. Eine Änderung des Grundgesetzes, durch welche die Gliederung des Bundes in Länder, die grundsätzliche Mitwirkung der Länder bei der Gesetzgebung oder die in den Art. 1 und 20 niedergelegten Grundsätze berührt werden, ist unzulässig.

112. Was besagt das Grundgesetz über den Gesetzgebungsnotstand?
Bei einem politischen Konflikt zwischen Bundesregierung und Bundestag (Ablehnung der Vertrauensfrage) kann vom Bundespräsidenten auf Antrag der Bundesregierung der Gesetzgebungsnotstand erklärt werden. Entscheidungen über Gesetze werden beim Gesetzgebungsnotstand u.U. vom Bundesrat getroffen.

113. Wie erfolgt die Ausfertigung und Verkündigung von Bundesgesetzen und Rechtsverordnungen?
Die Gesetze werden vom Bundespräsidenten nach Gegenzeichnung ausgefertigt und im BGBl. verkündet. Die Gegenzeichnung erfolgt durch den Bundeskanzler oder den zuständigen Bundesminister. Rechtsverordnungen werden von der Stelle, die sie erläßt, ausgefertigt und im BGBl. bzw. Bundesanzeiger verkündet.

114. Wann treten Bundesgesetze oder Rechtsverordnungen in Kraft?
Die Gesetze und Rechtsverordnungen sollen den Tag ihres Inkrafttretens bestimmen. Ist eine solche Bestimmung nicht gegeben, so treten sie mit dem 14. Tag nach Ablauf des Tages in Kraft, an dem das BGBl. ausgegeben worden ist. In bestimmten Fällen gilt ein vereinfachtes Verfahren. Das Nähere regelt das Gesetz über vereinfachte Verkündungen und Bekanntgaben vom 18.7.1975 (BGBl. I S. 1919).

115. Wie vollzieht sich das Gesetzgebungsverfahren im allgemeinen in den Bundesländern?
Die Einzelheiten sind in den Landesverfassungen geregelt. Die Gesetzesinitiative liegt im allgemeinen bei den Länderregierungen und bei einer bestimmten Zahl von Abgeordneten der Volksvertretung. Die Gesetze werden von den Volksvertretungen beschlossen.

116. Inwieweit steht den Gemeinden und Kreisen das Recht zu, Rechtsvorschriften verbindlich zu erlassen?
Die Gemeinden und Kreise haben im Rahmen der Selbstverwaltungsangelegenheiten die Möglichkeit, kommunales Recht zu schaffen. Man nennt dies im allgemeinen das Satzungsrecht. Die kommunalen Rechtsvorschriften werden von jeweils zuständigen Volksvertretungen (z.B. Gemeinderat, Kreistag) beschlossen.

Vollziehende Gewalt in Bund und Ländern

117. Welchen Organen ist in der BRD die vollziehende Gewalt übertragen?
Der Bundesregierung und der Bundesverwaltung sowie den Regierungen und Verwaltungen der Länder und den kommunalen Verwaltungen der Gemeinden und Gemeindeverbände.

118. Nach welchem Grundsatz muß sich jegliches Verwaltungshandeln vollziehen?
Nach dem Grundsatz der Gesetzmäßigkeit der Verwaltung. Das Verfahren vor den Verwaltungsbehörden vollzieht sich im übrigen nach dem VwVfG.

119. Welche Verwaltungsarten unterscheidet man in der BRD?
Bundeseigene Verwaltung, Bundesauftragsverwaltung, ländereigene Verwaltung und die kommunale Verwaltung.

120. Was versteht man unter der bundeseigenen Verwaltung?
Es ist die Verwaltung, die vom Bund mit eigenem Verwaltungsunterbau ausgeführt wird (z.B. Bundespost, Bundesbahn, Bundeswehrverwaltung, auswärtiger Dienst).

121. Was versteht man unter der Bundesauftragsverwaltung?
Die Ausführung von Bundesgesetzen durch die Länder (z.B. Verwaltung der Bundesautobahnen und Bundesfernstraßen, Wehrersatzwesen, Zivilschutzangelegenheiten, Teile der Finanzverwaltung).

122. Wie kann man die Bundesverwaltung schaubildlich darstellen?
Antwort siehe Seite 32.

123. Welche Aufgabe kommt der ländereigenen Verwaltung zu?
Sie hat die Aufgabe, Landesgesetze und Bundesgesetze (soweit nichts anderes bestimmt ist) als eigene Angelegenheit auszuführen. Die ländereigene Verwaltung soll die Regel darstellen.

124. Inwieweit sieht das Grundgesetz eine Mitwirkung des Bundes bei der Erfüllung von Aufgaben der Länder vor?
Der Bund wirkt auf bestimmten Gebieten (Hochschulbau, regionale Wirtschaftsstruktur, Agrarstruktur und Küstenschutz) mit, wenn diese Aufgaben für die Gesamtheit bedeutsam sind und die Mitwirkung des Bundes zur Verbesserung der Lebensverhältnisse erforderlich ist (Gemeinschaftsaufgaben). Die näheren Einzelheiten werden durch Gesetze und Rahmenpläne geregelt. Der Bund trägt mindestens die Hälfte der Ausgaben der Länder.

125. Was versteht man unter der kommunalen Verwaltung?
Das Grundgesetz garantiert den Gemeinden und Kreisen das Recht, alle Angelegenheiten der örtlichen Gemeinschaft im Rahmen der

Gesetze in eigener Verantwortung unter Aufsicht des Staates zu regeln. Diese Aufgabe obliegt den Kommunalverwaltungen.

Antwort zu Frage 122.

Bundesebene

Bundespräsident	Bundesregierung Bundeskanzler und Bundesminister	Bundesrechnungshof

des Auswärtigen, des Innern, der Finanzen, für Wirtschaft, der Verteidigung, für Ernährung, Landwirtschaft und Forsten, für Arbeit und Sozialordnung, der Justiz, für Jugend, Familie und Gesundheit, für innerdeutsche Beziehungen, für Raumordnung, Bauwesen und Städtebau, für wirtschaftliche Zusammenarbeit, für Forschung und Technologie, für Verkehr und für das Post- und Fernmeldewesen, für Bildung und Wissenschaft – Stand 12/76

Bevollmächtigter in Berlin	Presse- und Informationsamt

↓

Bundesoberbehörden und zentrale Einrichtungen

z.B. BGA, Bundesamt für Sera und Impfstoffe, Bundeszentrale für gesundheitliche Aufklärung, Bundesversicherungsamt, Umweltbundesamt, Bundesanstalt für Arbeitsschutz und Unfallforschung, Kraftfahrbundesamt, Luftfahrtbundesamt, Bundesamt für Verfassungsschutz, Bundeskartellamt, Bundeszentrale für politische Bildung, Statistisches Bundesamt, Bundeswehrverwaltungsamt, Hauptverwaltung der Deutschen Bundesbahn, Bundesanstalt für Arbeit

↓

Länderebene

Bundesmittelbehörden

z.B. Wehrbereichsverwaltungen, Oberpostdirektionen, Bundesbahndirektionen, Wasser- und Schiffahrtsdirektionen, Landesarbeitsämter

↓

Kommunale Ebene

Bundesunterbehörden

z.B. Kreiswehrersatzämter, Postämter, Postscheckämter, Bundesbahnbetriebsämter, Bundesbahnverkehrsämter, Wasser- und Schiffahrtsämter, Hauptzollämter, Arbeitsämter

126. Welche Selbstverwaltungsangelegenheiten obliegen beispielsweise den Gemeinden und Kreisen?

Den Gemeinden die Müllabfuhr, die Abwässerbeseitigung, der

Straßenbau, die Straßenreinigung, Errichtung und Betrieb von Sportanlagen und Kinderspielplätzen, Verkehrs- und Versorgungsbetriebe. Den Kreisen Errichtung von Krankenhäusern, Förderung kultureller Angelegenheiten, Bau und Unterhaltung von Kreisstraßen, Verkehrs- und Versorgungsbetriebe.

127. Sind die Kommunalverwaltungen auf die Wahrnehmung der Selbstverwaltungsaufgaben beschränkt?
Nein. Sie führen auch Aufgaben aus, die ihnen durch Bundes- oder Landesgesetze übertragen sind (z.B. Melde- und Paßangelegenheiten, Standesamtswesen).

128. Wie kann man die Länder- und Kommunalverwaltungen schaubildlich darstellen?
Antwort siehe Seite 34.

129. In welcher Form sind auf Bundes- und Landesebene alle deutschen Städte und Stadtstaaten, Gemeinden und Kreise zusammengeschlossen?
Durch den Deutschen Städtetag, den Deutschen Landkreistag, den Deutschen Gemeindetag und den Deutschen Städtebund. Zur Erleichterung und Koordinierung der verbandlichen Zusammenarbeit haben sich die Verbände auf Bundesebene zu einer Arbeitsgemeinschaft, der "Bundesvereinigung der kommunalen Spitzenverbände" zusammengefunden.

130. Wie bezeichnet man die Träger der öffentlichen Verwaltung, die nicht zum staatsunmittelbaren Behördensystem gehören?
Als "juristische Personen des öffentlichen Rechts" (Körperschaften, Anstalten und Stiftungen). Hierzu gehören z.B. Ärztekammern, Apothekerkammern, Zahnärztekammern, Krankenkassen, Universitäten, Industrie- und Handelskammern, Kreis- und Stadtsparkassen, Rundfunkanstalten.

Rechtsprechung

131. Was versteht man unter Rechtsprechung?
Tätigkeit der Gerichte zur Verwirklichung eines bestrittenen oder gestörten Rechts (z.B. Nachprüfung von Verwaltungsentscheidungen, Bestrafung eines Straftäters).

132. Wie kann man die Organisation der Rechtsprechung in der BRD schaubildlich darstellen (Gerichtsverfassung)?
Antwort siehe Seite 35.

133. Welche Aussagen macht das Grundgesetz über die rechtliche Stellung der Richter?
Sie sind unabhängig und nur dem Gesetz unterworfen. Sie kön-

Landesrechnungshöfe

Länderebene

Länderregierungen
Ministerpräsidenten (in Berlin: Regierender Bürgermeister; in Bremen: Präsident des Senat; in Hamburg: Erster Bürgermeister) und Minister (in den Stadtstaaten: Senatoren) z.B. Innen-, Justiz-, Finanz-, Wirtschafts-, Verkehrs-, Arbeits-, Sozial- und Kultusminister (bzw. -senatoren)

↓

Landesoberbehörden
z.B. Landesjugendämter, Landessozialämter, Statistische Landesämter, Landeskriminalämter, Verfassungsschutzämter

↓

Landesmittelbehörden
z.B. Bez.Reg. (Regierungspräsidenten) Oberschulämter, Landesversorgungsämter, Oberfinanzdirektionen

Kommunale Ebene

Länderverwaltungen in den Gemeinden und Kreisen (in den Stadtstaaten: Bezirks- oder Ortsämter)

↓

z.B. Staatliche Gesundheitsämter, Wasserwirtschaftsämter, Eichämter, Gewerbeaufsichtsämter, Versorgungsämter, Finanzämter, Bergämter, Polizeipräsidenten, Polizeidirektoren, Staatsanwaltschaften, Forstämter, Staatshochbauämter, Oberkreisdirektor als untere staatliche Verwaltungsbehörde

↓

z.B. Polizeiämter, Polizeiposten, Forstreviere

Kommunalverwaltungen
(unter Aufsicht des Staates)

↓

Landkreise

Oberkreisdirektoren/Landräte

z.B. Kommunale Gesundheitsämter, Sozialämter, Jugendämter, Ordnungsämter, Bauämter, Versorgungs- und Verkehrsbetriebe

↓

Gemeinden/ Städte

Stadt- oder Gemeindedirektoren/Bürgermeister

z.B. örtliche Ordnungsbehörde, Steuerämter, Meldeämter, Standesämter, Feuerwehr

Kreisfreie Städte

Oberstadtdirektoren/Oberbürgermeister

z.B. Kommunale Gesundheitsämter, Sozialämter, Jugendämter, Ordnungsämter, Bauämter, Versorgungs- und Verkehrsbetriebe, Steuerämter, Meldeämter, Standesämter, Feuerwehr

Daneben nach Bundesländern verschieden:
Landschaftsverbände (z.B. überörtliche Sh-Träger, Kulturpflege, Straßenbau) und Zweckverbände (z.B. Wasser- und Bodenverbände, Planungsverbände)

Antwort zu Frage 132.

Bundesverfassungsgericht	Verfassungsgerichte der Länder

	Ordentliche Gerichtsbarkeit: Zivil- | Strafgerichtsbarkeit	Arbeitsgerichtsbarkeit	Verwaltungsgerichtsbarkeit	Sozialgerichtsbarkeit	Finanzgerichtsbarkeit
Gerichte des Bundes	Bundesgerichtshof (BGH) in Karlsruhe	Bundesarbeitsgericht (BAG) in Kassel	Bundesverwaltungsgericht (BVerwG) in Berlin	Bundessozialgericht (BSG) in Kassel	Bundesfinanzhof (BFH) (BFH) in München
Gerichte der Länder	Oberlandesgerichte	Landesarbeitsgerichte	Oberverwaltungsgerichte	Landessozialgerichte	Finanzgerichte
	Landgerichte	Arbeitsgerichte	Verwaltungsgerichte	Sozialgerichte	
	Amtsgerichte				

nen wider ihren Willen nur kraft richterlicher Entscheidung und nur aus Gründen und unter den Formen, welche die Gesetze bestimmen, vor Ablauf ihrer Amtszeit entlassen oder dauernd oder zeitweise ihres Amtes enthoben oder an eine andere Stelle oder in den Ruhestand versetzt werden.

134. Welche bedeutsamen Grundsätze sind für die Rechtspflege maßgebend?

Niemand darf seinem gesetzlichen Richter entzogen werden. Ausnahmegerichte sind unzulässig. Die Todesstrafe ist abgeschafft. Vor Gericht hat jedermann Anspruch auf rechtliches Gehör. Eine Tat kann nur bestraft werden, wenn die Strafbarkeit gesetzlich bestimmt war, bevor die Tat begangen wurde. Niemand darf wegen derselben Tat aufgrund der allgemeinen Strafgesetze mehrmals bestraft werden.

135. Für welche Angelegenheiten ist u.a. das BVerfG zuständig?

Es entscheidet bei verfassungsrechtlichen Streitigkeiten (z.B. Auslegung des Grundgesetzes, Streit zwischen Bundesorganen), über die Verwirkung von Grundrechten, über die Verfassungswidrigkeit von Parteien, über die Anklage gegen den Bundespräsidenten (vgl. Gesetz über das BVerfG i.d. Bekanntmachung vom 3.2.1971 – BGBl. I S 105 – i.d.F. vom 2.3.1974 – BGBl. I S. 469 –).

136. Wer wählt die Mitglieder des BVerfG?
Bundestag und Bundesrat je zur Hälfte.

137. Durch welche Gerichte werden die Streitigkeiten mit Verwaltungsbehörden entschieden?
Durch die Verwaltungsgerichte, Oberverwaltungsgerichte und das BVerwG in Berlin.

138. Wie ist der Rechtsweg vor den Verwaltungsgerichten geregelt?
Die Verwaltungsgerichte entscheiden auf Klage, der im allgemeinen ein Vorverfahren vorausgehen muß. Im Vorverfahren ist Widerspruch bei der Behörde einzulegen, die den belastenden Verwaltungsakt erlassen hat. Klage, Berufung und Revision müssen jeweils innerhalb einer Frist von 1 Monat eingelegt werden. Es besteht, abgesehen vom BVerwG, kein Vertretungszwang. Das Verwaltungsstreitverfahren vor den Verwaltungsgerichten ist für den unterliegenden Teil kostenpflichtig (vgl. Verwaltungsgerichtsordnung vom 21.6.1960 – BGBl. I S. 17 – i.d.F. vom 3.12.1976 (BGBl. I S. 3301).

Finanzwesen

139. Durch welche Einnahmen werden im wesentlichen die Ausgaben von Bund, Ländern und Gemeinden finanziert?
Durch die Gebühren, Beiträge, Steuern (z.B. Einkommen- und Lohnsteuer, Mehrwertsteuer, Tabaksteuer, Grundsteuer, Erbschaftssteuer), Zölle sowie Erwerbseinkünfte (z.B. Bahn, Post). Im übrigen findet zwischen den Trägern öffentlicher Aufgaben ein Finanz- bzw. Lastenausgleich statt.

140. In welcher Form werden die Einnahmen und Ausgaben von Bund, Ländern und Gemeinden verbindlich vorausgeplant?
Durch den Haushaltsplan, in dem alle Einnahmen und Ausgaben eines Rechnungsjahres einzustellen sind.

141. Wer prüft die Wirtschaftlichkeit und Ordnungsmäßigkeit der Haushalts- und Wirtschaftsführung der Träger öffentlicher Aufgaben?
Besondere Rechnungsprüfungsorgane (z.B. Bundesrechnungshof, Landesrechnungshöfe, Rechnungsämter).

Die sog. Notstandsverfassung

142. **Welche grundsätzlichen Bestimmungen sind im Rahmen der sog. Notstandsverfassung getroffen worden?**
Die Notstandsverfassung sieht Maßnahmen bei Katastrophen, dem Spannungsfall, dem inneren Notstand und dem Verteidigungsfall vor (Art. 35, 80 a, 91 und 115 e Grundgesetz).

143. **Welche Maßnahme kann beim Katastrophennotstand (Naturkatastrophe oder besonders schwerer Unglücksfall) getroffen werden?**
Das betroffene Land kann Polizeikräfte anderer Länder, Kräfte und Einrichtungen anderer Verwaltungen sowie des Bundesgrenzschutzes und der Streitkräfte anfordern.

144. **Was ist ein Spannungsfall?**
Zeit erhöhter internationaler Spannung, die eine erhöhte Verteidigungsbereitschaft erfordert.

145. **In welcher Weise kann zur Abwehr einer drohenden Gefahr für den Bestand oder die freiheitliche demokratische Grundordnung des Bundes oder eines Landes (innerer Notstand) eingeschritten werden?**
Ein Land kann Polizeikräfte anderer Länder sowie Kräfte und Einrichtungen anderer Verwaltungen und des Bundesgrenzschutzes anfordern.

146. **Wann ist der Verteidigungsfall gegeben und wer stellt diesen fest?**
Er ist gegeben, wenn das Bundesgebiet mit Waffengewalt angegriffen wird oder ein solcher Angriff unmittelbar droht. Die Feststellung trifft der Bundestag mit Zustimmung des Bundesrates auf Antrag der Bundesregierung. Sie bedarf einer Mehrheit von 2/3 der abgegebenen Stimmen, mindestens jedoch der Mehrheit der gesetzlichen MdB.

147. **Wer stellt den Verteidigungsfall bei Beschlußunfähigkeit bzw. bei nicht rechtzeitigem Zusammentreten des Bundestages fest?**
Der Gemeinsame Ausschuß, der zu 2/3 aus MdB und zu 1/3 aus Mitgliedern des Bundesrates besteht. Die Feststellung bedarf einer Mehrheit von 2/3 der abgegebenen Stimmen, mindestens jedoch der Mehrheit seiner Mitglieder.

148. **Wer verkündet den Verteidigungsfall?**
Der Bundespräsident.

149. **Welche Aufgabe haben die Streitkräfte im Verteidigungsfall?**
Die Verteidigung sowie Schutz der zivilen Objekte und Verkehrsregelung.

150. Wie kann man sich über die zahlenmäßige Stärke der Streitkräfte und die Grundzüge der Organisation informieren?
Durch Einsicht in den Haushaltsplan des Bundes.

151. Wer hat die Befehls- und Kommandogewalt über die Streitkräfte?
Im Frieden der Verteidigungsminister, mit Verkündung des Verteidigungsfalles geht diese auf den Bundeskanzler über.

152. Welche besonderen Rechte hat der Gemeinsame Ausschuß im Verteidigungsfalle?
Stehen dem rechtzeitigen Zusammentreten des Bundestages unüberwindliche Hindernisse entgegen oder ist dieser nicht beschlußfähig, so hat der Gemeinsame Ausschuß die Stellung von Bundestag und Bundesrat und nimmt deren Rechte einheitlich wahr. Gesetze und Rechtsverordnungen des Gemeinsamen Ausschusses treten aber spätestens nach 6 Monaten außer Kraft.

153. Welches Gesetzgebungsverfahren gilt für dringliche Gesetzesvorlagen im Verteidigungsfall?
Sie werden von Bundestag und Bundesrat unverzüglich gemeinsam beraten.

154. Welche außerordentliche Befugnisse stehen der Bundesregierung im Verteidigungsfall zu?
Sie kann im ganzen Bundesgebiet den Bundesgrenzschutz einsetzen und den Länderregierungen Weisungen erteilen.

155. Wer unterliegt in der BRD der Wehrpflicht?
Alle deutschen Männer vom vollendeten 18. Lebensjahr an bis zum Ablauf des Jahres, in dem sie das 45. (bei Offizieren und Unteroffizieren das 60.) Lebensjahr vollenden (vgl. Wehrpflichtgesetz, neugefaßt am 28.9.1969 – BGBl. I S. 1773 – i.d.F. vom 2.5.1975 – BGBl. I S. 1046 –). Kriegsdienstverweigerer haben aufgrund des Zivildienstgesetzes i.d. Bekanntmachung vom 9.8.1973 (BGBl. I S. 1015) i.d.F. vom 2.5.1975 (BGBl. I S. 1046) einen Ersatzdienst (vorrangig im sozialen Bereich) abzuleisten.

156. Inwieweit sieht das Grundgesetz im Verteidigungsfall besondere Dienstverpflichtungen vor?
Wehrpflichtige können durch Gesetz zu zivilen Dienstleistungen in Arbeitsverhältnisse verpflichtet werden. Wenn der Bedarf an zivilen Dienstleistungen im zivilen Sanitäts- und Heilwesen sowie in der ortsfesten militärischen Lazarettorganisation nicht auf freiwilliger Grundlage gedeckt werden kann, so können auch Frauen vom vollendeten 18. bis zum vollendeten 55. Lebensjahr durch Gesetz zu derartigen Dienstleistungen herangezogen werden.

Wirtschaftsordnung der BRD

157. Welche Wirtschaftsordnung wurde in der BRD entwickelt?
Die soziale Marktwirtschaft.

158. In welchen Formen vollzieht sich im wesentlichen die soziale Marktwirtschaft?
Der Wirtschaftsablauf wird von den Unternehmern und Haushalten bestimmt, wobei auf sozialpolitische Erwägungen beruhende Eingriffs- und Lenkungsmöglichkeiten des Staates bestehen (z.B. Konjunkturpolitik, öffentliche Aufträge, Kredite). Der Staat greift ordnend ein gegen Wettbewerbsverfälschungen und untersagt Kartellabmachungen. Die Produktionsentscheidungen liegen bei den Unternehmern. Umfang und Richtung der Produktion werden auf dem Markt allein durch Angebot, Nachfrage und Preise bestimmt. Der Staat betätigt sich auch als Unternehmer (z.B. Verkehrs- und Versorgungsbetriebe).

159. Was versteht man unter Planwirtschaft?
In der Planwirtschaft werden meistens alle Wirtschaftsbereiche in eine staatliche Planung einbezogen. Der Staat verfügt über die Produktionsmittel.

160. Ist in der BRD infolge der öffentlichen Sozialleistungen das private Vorsorgestreben entbehrlich?
Die Verantwortung des einzelnen Bürgers, selbst Vorsorge zu treffen, ist nicht aufgehoben. Zur eigenen Vorsorge wird die Eigentums- und Vermögensbildung breiter Bevölkerungsschichten erleichtert. Art und Umfang der staatlichen Erleichterungen sind überwiegend von sozialen Gesichtspunkten bestimmt.

D Der Mensch in der Gemeinschaft

Allgemeines

1. **Was versteht man unter Rechtsfähigkeit und wann erlangt man sie?**
Rechtsfähigkeit ist die Fähigkeit, Träger von Rechten und Pflichten zu sein. Sie setzt mit der Vollendung der Geburt ein und endet mit dem Tode. Sie schließt die Parteifähigkeit (Fähigkeit zu klagen und verklagt zu werden) ein.

2. **Was ist eine Familie?**
Eine Gemeinschaft, in der die Mitglieder im gegenseitigen Verhältnis zueinander Rechte und Pflichten haben. Sie ist die Zelle des Staates und steht daher unter seinem besonderen Schutz.

3. **Besitzt das erzeugte aber noch nicht geborene Kind Erbfähigkeit?**
Ja. Es wird im Erbfalle so behandelt, als wäre es bereits geboren.

4. **Welchen Familiennamen erwirbt das Kind mit der Geburt?**
Das eheliche Kind den Familiennamen der Eltern, das nichteheliche Kind den Namen der Mutter.

5. **Welche Personen geben dem Kind den Vornamen?**
Die Personensorgeberechtigten, in der Regel also die Eltern.

6. **Welche Staatsangehörigkeit erlangt das Kind nach deutschem Recht?**
Durch die Geburt erwirbt die deutsche Staatsangehörigkeit
a) das eheliche Kind, wenn ein Elternteil Deutscher ist,
b) das nichteheliche Kind, wenn seine Mutter Deutsche ist.
Das Nähere regelt das Reichs- und Staatsangehörigkeitsgesetz i.d.F. vom 20.12.1974 (BGBl. I S. 3714).

7. **Wonach bestimmt sich der Wohnsitz des Kindes?**
Das eheliche Kind teilt den Wohnsitz der Eltern, das nichteheliche Kind den Wohnsitz der Mutter.

8. **Welche Gewalt wird von den Eltern über das Kind ausgeübt und welche Befugnisse stehen ihnen in diesem Rahmen zu?**
Die elterliche Gewalt. Sie umfaßt das Recht und die Pflicht, für die Person (Erziehung, Aufsicht, Aufenthaltsbestimmung, Auswahl von Schule und Ausbildungsstätte, Bestimmung des sozialen Umganges) und das Vermögen des Kindes zu sorgen und es zu vertreten. Die elterliche Gewalt haben die Eltern in eigener Verantwortung und in gegenseitigem Einvernehmen zum Wohle des Kindes auszuüben.

9. **Was versteht man unter der dienenden Funktion der elterlichen Gewalt?**
Die elterliche Gewalt ist kein unbeschränktes Herrschaftsrecht. Sie unterliegt der staatlichen Kontrolle (Jugendamt, Vormundschaftsgericht). Ein Mißbrauch dieser Gewalt ist unzulässig und kann zu deren Entziehung führen.

10. Wer bestimmt im allgemeinen über die religiöse Erziehung eines Kindes?
Nach dem Gesetz über die religiöse Kindererziehung vom 15.7. 1921 (RGBL. I S. 939) bestimmen hierüber die Eltern.

11. Von welchem Lebensalter ab kann der Minderjährige selbst über sein religiöses Bekenntnis entscheiden?
Nach der Vollendung des 14. Lebensjahres steht dem Kind die Entscheidung darüber zu, zu welchem religiösen Bekenntnis es sich halten will. Hat das Kind das 12. Lebensjahr vollendet, so kann es nicht gegen seinen Willen in einem anderen Bekenntnis als bisher erzogen werden.

12. Wer entscheidet über Streitigkeiten aus dem Gesetz über die religiöse Kindererziehung?
Das Vormundschaftsgericht.

13. Kann man ein Kind annehmen?

Nach dem Adoptionsgesetz vom 2.7.1976 (BGBl. I S. 1749) kann die Annahme eines Kindes auf Antrag des Annehmenden vom Vormundschaftsgericht ausgesprochen werden.

Die Annahme als Kind, die auf notariell beurkundeten Antrag des Annehmenden ausgesprochen wird, ist zulässig, wenn sie dem Wohle des Kindes dient und zu erwarten ist, daß zwischen dem Annehmenden und dem Kind ein Eltern-Kind-Verhältnis entsteht. Der Annehmende muß in der Regel das 25. Lebensjahr vollendet haben und unbeschränkt geschäftsfähig sein. Zur Kindesannahme ist – von Ausnahmen abgesehen – die Einwilligung der Eltern erforderlich. Mit der Annahme erlangt das Kind die rechtliche Stellung eines ehelichen Kindes des Annehmenden; es erlöschen das Verwandtschaftsverhältnis des Kindes und seiner Abkömmlinge zu den bisherigen Verwandten und die sich aus ihm ergebenden Rechte und Pflichten.

Für die Adoptionsvermittlung sind die Jugendämter bzw. Landesjugendämter sowie andere anerkannte Organisationen (z.B. Diakonisches Werk, Charitasverband) zuständig.

Die Adoptionsvermittlung erfolgt nach dem Adoptionsvermittlungsgesetz vom 2.7.1976 (BGBl. I S. 1762).

14. In welchem Rechtsverhältnis stehen Personen zueinander, die entweder durch natürliche Abstammung oder durch Adoption miteinander verbunden sind?
Es besteht das Band der Bluts- oder Wahlverwandtschaft. Personen, deren eine von der anderen abstammt, wie Eltern, Großeltern (aufsteigende Linie) und Kinder, Enkel (absteigende Linie) sind miteinander in gerader Linie blutsverwandt.

Das nachfolgende Schaubild mag die Verwandtschaftsverhältnisse näher erläutern:

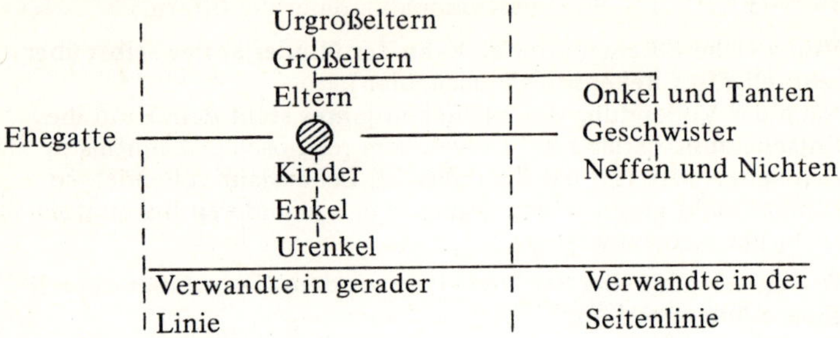

15. Was versteht man unter Schwägerschaft?
Schwägerschaft besteht zwischen einem Ehegatten und den Blutsverwandten des anderen Ehegatten.

16. Was versteht man unter Unterhaltspflicht?
Es ist die in den Geboten der Sittlichkeit begründete Verpflichtung der Eheleute sowie der Eltern und Kinder, wie der sonstigen Verwandten in gerader ab- und aufsteigender Linie, einander im Falle der Bedürftigkeit den standesgemäßen Unterhalt zu gewähren.

17. Welche Verwandte sind einander nicht unterhaltspflichtig?
Verwandte in der Seitenlinie (z.B. Bruder, Schwester, Vetter, Kusine, Neffe, Nichte).

18. Wie ist die rechtliche Stellung der nichtehelichen Kinder ausgestaltet?
Ihnen sind die gleichen Bedingungen für ihre leibliche und seelische Entwicklung und Stellung in der Gesellschaft zu schaffen wie den ehelichen Kindern. Nach dem Gesetz über die rechtliche Stellung der nichtehelichen Kinder vom 19.8.1969 (BGBl. I S. 1243) i.d.F. vom 17.7.1970 (BGBl. I S. 1099) haben sich insbesondere folgende Änderungen ergeben:
Die rechtliche Stellung der nichtehelichen Mutter wurde gestärkt (sie hat die elterliche Gewalt, nach Bedarf wird ein Pfleger oder Vormund eingesetzt). Es besteht ein rechtliches Verwandtschaftsverhältnis zwischen dem nichtehelichen Kind und seinem Vater. Der Vater hat dem nichtehelichen Kind bis zur Vollendung des 18. Lebensjahres mindestens den Regelunterhalt, der durch Rechtsverordnung der Bundesregierung festgesetzt wird, zu zahlen, wobei die Lebensstellung beider Elternteile zu berücksichtigen ist. Dem nichtehelichen Kind und seinen Abkömmlingen einerseits

und dem Vater und seinen Abkömmlingen andererseits stehen erbrechtliche Ansprüche zu. Das nichteheliche Kind kann mit gewissen Einschränkungen einen vorzeitigen Erbausgleich geltend machen.

19. Was versteht man unter Geschäftsfähigkeit?

Man versteht hierunter die Fähigkeit, wirksam Rechtsgeschäfte vorzunehmen und insbesondere durch Verträge Rechte zu erwerben oder Verpflichtungen einzugehen. Sie schließt die Prozeßfähigkeit (im Prozeß aufzutreten und Anträge zu stellen) ein.

20. Was versteht man unter einem Rechtsgeschäft bzw. worin besteht der Unterschied zwischen Dienst- und Werkvertrag?

Rechtsgeschäfte sind Willenserklärungen, denen von der Rechtsordnung rechtliche Wirkungen beigelegt werden (z.B. Behandlungsvertrag, Kaufvertrag, Ehevertrag, Testament).

Zum Dienst- bzw. Werkvertrag lassen sich folgende Anmerkungen machen:
Beim Dienstvertrag handelt es sich um einen gegenseitigen Vertrag, durch den sich der eine Teil zur Leistung von Diensten, der andere zur Vergütung der Dienstleistungen verpflichtet (z.B. Vertrag über ärztliche Behandlung zwischen Arzt und Patient).
Beim Werkvertrag hingegen muß ein Tätigkeitserfolg gegen Entgelt herbeigeführt werden.

21. Welche Voraussetzungen sind für den wirksamen Abschluß eines Vertrages erforderlich?

Die übereinstimmenden Willenserklärungen von mindestens 2 Personen, z.B.:

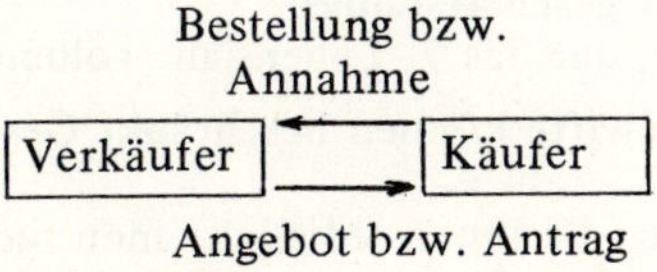

22. Müssen die Rechtsgeschäfte in einer bestimmten Form getätigt werden?

Grundsätzlich besteht Formfreiheit. In einigen Fällen wird die Einhaltung von Formvorschriften gefordert (z.B. Eigentumsübertragung an einem Grundstück, Testament). Neuerdings sind u.a. die Vorschriften des Gesetzes betreffend die Abzahlungsgeschäfte i.d.F. vom 15.5.1974 (BGBl. I S. 1169) sowie des Gesetzes zur Regelung des Rechts der Allgemeinen Geschäftsbedingungen vom 9.12.1976 (BGBl. I S. 3317) zu beachten.

Ein Ratenzahlungsvertrag ist nur korrekt, wenn im Vertrag vier ganz wichtige Angaben stehen:

a) Barpreis, Ratenplan und effektiver Jahreszins,
b) Adresse der Firma,
c) Datum des Vertragsabschlusses,
d) Belehrung über das Widerrufsrecht (innerhalb von 7 Tagen ohne Begründung).

23. **Kann man sich im allgemeinen beim Zustandekommen von Rechtsgeschäften vertreten lassen?**
Ja mit der Folge, daß die Willenserklärung (evtl. auch beschränkt Geschäftsfähiger) für und gegen den Vertretenen wirkt. Zum einen kennt man die gesetzliche Vertretungsmacht (z.B. elterliche Gewalt, Vormundschaft, Pflegschaft). Die durch ein Rechtsgeschäft erteilte Vertretungsmacht nennt man Vollmacht.

24. **In welchen Fällen kann man ein Rechtsgeschäft anfechten?**
Bei Irrtum, arglistiger Täuschung oder Drohung.

25. **Wann ist ein Rechtsgeschäft u.U. nichtig?**
Bei Sittenwidrigkeit, Verstoß gegen gesetzlichen Vorbehalt bzw. Formmangel.

26. **Welche Personen sind nach unserer Rechtsordnung geschäftsunfähig?**
1. Kinder bis zur Vollendung des 7. Lebensjahres.
2. Wer sich in einem die freie Willensbestimmung ausschließenden Zustande krankhafter Störung der Geistestätigkeit befindet, sofern nicht der Zustand seiner Natur nach ein vorübergehender ist.
3. Wer wegen Geisteskrankheit entmündigt ist.

27. **Wer ist beschränkt geschäftsfähig?**
Der Minderjährige, der das 7. Lebensjahr vollendet hat.

28. **Welche Rechtsgeschäfte können beschränkt Geschäftsfähige vornehmen?**
1. Rechtsgeschäfte, die ihnen lediglich einen rechtlichen Vorteil bringen.
2. Rechtsgeschäfte, bei denen sie ihre Verpflichtungen mit Mitteln erfüllen, die ihnen zu diesem Zweck oder zur freien Verfügung überlassen worden sind (Taschengeld).
3. Rechtsgeschäfte, die mit einem von den gesetzlichen Vertretern genehmigten Erwerbsgeschäft oder einem gebilligten Dienst- oder Arbeitsverhältnis zusammenhängen (nicht eingeschlossen sind die Willenserklärungen im Rahmen eines Ausbildungsverhältnisses).

Im Sozialrecht gelten besondere Regelungen (z.B. ab dem 15. Lebensjahr Stellung von Leistungsanträgen = sozialrechtliche Handlungsfähigkeit).

29. Wie kann dem Rechtsgeschäft des noch Minderjährigen in jedem Falle eine rechtliche Wirkung beigemessen werden?
Wenn der Minderjährige mit Zustimmung der gesetzlichen Vertreter handelt oder diese Zustimmung nachträglich erteilt wird.

30. Kann ein Minderjähriger u.U. selbst in eine Heilbehandlung einwilligen?
Ja. Kriterium der Wirksamkeit der Einwilligung ist die Fähigkeit des einwilligenden Minderjährigen oder sonst beschränkt Geschäftsfähigen, die Bedeutung des Rechtsgutes und des Verzichts auf den Rechtsgüterschutz zu erkennen. Bei einem Eingriff in höchstpersönliche Rechtsgüter wie der Körperintegrität genügt die Einwilligung des einsichtigen Minderjährigen. Soweit der Minderjährige einwilligungsfähig ist, soll nach der herrschenden Meinung die elterliche Gewalt eingeschränkt sein.
Ob der Minderjährige zu zahlen hat, bestimmt sich allerdings nach den Kriterien der Geschäftsfähigkeit.

31. Wann kann jemand entmündigt werden?
Es kann derjenige entmündigt werden, der
1. wegen Geisteskrankheit oder Geistesschwäche seine Angelegenheiten nicht selbst zu besorgen vermag,
2. wegen Verschwendung sich oder seine Familie der Gefahr des Notstandes aussetzt oder
3. wegen Trunksucht oder Rauschgiftsucht seine Angelegenheiten nicht selbst zu besorgen vermag oder sich oder seine Familie der Gefahr des Notstandes aussetzt oder die Sicherheit anderer gefährdet.

Die Entmündigung wird ins Bundeszentralregister beim Bundesgerichtshof eingetragen.

32. Was versteht man unter Geisteskrankheit im Sinne des BGB?
Eine so hochgradige krankhafte Störung der Geistestätigkeit, daß die Fähigkeit vernünftiger Willensbildung der eines Kindes unter 7 Jahren gleichzuerachten ist.

33. Wie kann man die Geistesschwäche rechtlich einordnen?
Sie ist eine krankhafte Störung der Geistestätigkeit, durch die die Fähigkeit vernünftiger Willensbildung der eines Kindes über 7 Jahre entspricht (vgl. § 114 BGB).

34. Wann kommt die Anordnung einer Vormundschaft in Betracht?
Minderjährige, die nicht unter elterlicher Gewalt stehen (z.B. Vollwaisen), sowie entmündigte volljährige Personen müssen einen Vormund erhalten, der für ihre Person und für ihre Vermögen sorgt und in Rechtsangelegenheiten als gesetzlicher Vertreter auftritt.

35. In welchem Falle kann die Bestellung eines Gebrechlichkeitspflegers erfolgen?
Ein nicht unter Vormundschaft stehender Volljähriger kann in der Regel nur mit dessen Einwilligung einen Pfleger erhalten, wenn er infolge körperlicher oder geistiger Gebrechen seine Angelegenheiten nicht zu besorgen vermag.

36. Welche Stelle ist für die Anordnung einer Vormundschaft oder Pflegschaft zuständig?
Das Amtsgericht (Vormundschaftsgericht).

37. Was versteht man unter Verjährung?
Das Recht, von einem anderen ein Tun oder Unterlassen verlangen zu können, unterliegt der Verjährung (= zivilrechtliche Verjährung), d.h. ein Schuldner kann nach Ablauf einer bestimmten Zeit zur Wahrung des Rechtsfriedens die Leistung verweigern. Auch der Anspruch des Staates, strafbare Handlungen zu verfolgen und zu ahnden, unterliegt der Verjährung (= strafrechtliche Verjährung). Die Verjährungsfristen sind unterschiedlich festgesetzt (z.B. 6 Monate, 2 Jahre).

38. Was versteht man unter Deliktsfähigkeit?
Es ist die Fähigkeit, durch eine unerlaubte Handlung (Delikt) schadensersatzpflichtig zu werden.

39. Welche Personen sind deliktsfähig?
Kinder vom vollendeten 7. Lebensjahr an und Jugendliche bis zum vollendeten 18. Lebensjahr sind beschränkt deliktsfähig, d.h., sie müssen einen Schaden nur ersetzen, wenn sie bei der schädigenden Handlung die Einsicht hatten, ihre Verantwortlichkeit zu erkennen oder wenn die Billigkeit es gebietet, sie zum Schadensersatz heranzuziehen. Personen über 18 Jahre haben die volle Deliktsfähigkeit. Sie können uneingeschränkt zum Ersatz des von ihnen verursachten und zu verantwortenden Schadens verpflichtet werden.

40. In welchen Fällen ist eine Schadenshaftung im allgemeinen ausgeschlossen?
Bei Kindern, die das 7. Lebensjahr noch nicht vollendet haben. Bei Personen, die im Zustande der Bewußtlosigkeit oder in einem die freie Willensbestimmung ausschließenden Zustande krankhafter Störung der Geistestätigkeit einem anderen Schaden zufügen. Dies gilt nicht, wenn sie sich durch geistige Getränke oder ähnliche Mittel in einen vorübergehenden Zustand dieser Art versetzt haben.

41. Können auch Aufsichtsführende zum Schadensersatz verpflichtet sein?
Wer kraft Gesetzes (z.B. Eltern) oder durch Vertrag (z.B. Kinder-

krankenschwester) zur Führung der Aufsicht über eine Person verpflichtet ist, die wegen Minderjährigkeit (z.B. Kleinkind) oder wegen ihres geistigen oder körperlichen Zustandes (z.B. Geisteskrankheit) der Beaufsichtigung bedarf, ist zum Ersatze des Schadens verpflichtet, den diese Person einem Dritten widerrechtlich zufügt. Eine Ersatzpflicht tritt jedoch nicht ein, wenn er seiner Aufsichtspflicht genügt oder wenn der Schaden auch bei gehöriger Aufsichtsführung entstanden sein würde.

42. Was versteht man unter Strafmündigkeit?
Es ist die Fähigkeit, strafrechtlich verantwortlich zu sein.

43. Wer ist strafmündig?
Wer zur Zeit der Begehung einer Straftat 14, aber noch nicht 18 Jahre alt ist, ist Jugendlicher. Er ist strafrechtlich verantwortlich, wenn er nach seiner sittlichen und geistigen Entwicklung zur Zeit der Tat reif genug war, das Unrecht seines Tuns einzusehen und nach dieser Einsicht zu handeln. Mit der Vollendung des 18. Lebensjahres wird der Jugendliche strafrechtlich zum Heranwachsenden. Er kann wie ein Jugendlicher bestraft werden, wenn er nach seiner sittlichen und geistigen Entwicklung zur Zeit der Tat noch einem Jugendlichen gleichstand oder es sich nach der Art, den Umständen oder den Beweggründen der Tat um eine Jugendverfehlung handelt. In den anderen Fällen wird das für Erwachsene geltende Strafrecht angewendet. Kinder, die noch nicht das 14. Lebensjahr vollendet haben, sind strafrechtlich nicht verantwortlich.

44. Was bedeutet die Volljährigkeit?
Der Volljährige ist uneingeschränkt geschäftsfähig, er kann sich durch Rechtsgeschäfte jeder Art zu Leistungen verpflichten und muß sein Handeln zivil- und strafrechtlich verantworten. Er besitzt fast ausnahmslos das aktive und passive Wahlrecht.

45. Wann tritt in der BRD die Volljährigkeit ein?
Mit der Vollendung des 18. Lebensjahres.

46. Inwieweit besteht in der BRD Schulpflicht?
Kinder, die beim Beginn des Schuljahres (Herbst) das 6. Lebensjahr erreicht haben, sind schulpflichtig. Die Schulpflicht, die 9 Jahre dauert (10 Jahre werden angestrebt), ist grundsätzlich durch den Besuch einer öffentlichen Volksschule (1.-4. Klasse als Grundschule, 5.-9. Klasse als Hauptschule bezeichnet) zu erfüllen. Daran schließt im allgemeinen der Besuch von allgemeinbildenden Schulen (Realschule, Gymnasium u.a.) oder berufsbildenden Schulen (Berufsschule, Berufsfachschule u.a.) an.

47. Was ist das Ziel der Bildungsreform?
Die Entwicklung eines Bildungswesens, das unter Berücksichtigung

der gesamtgesellschaftlichen Entwicklung den Anspruch des einzelnen auf Förderung und Entfaltung seiner Begabungen, Neigungen und Fähigkeiten erfüllt und ihn dadurch befähigt, sein persönliches, berufliches und soziales Leben selbstverantwortlich zu meistern.

48. Welche Gliederung des Bildungswesens sieht die Bildungsplanung vor?

1. Elementarbereich umfaßt alle Einrichtungen familienergänzender Bildung und Erziehung nach Vollendung des 3. Lebensjahres (gleitender Übergang in das schulische Lernen).
2. Primärbereich umfaßt den Ausbau des Lernangebots für Fünfjährige und die Grundschule.
3. Sekundarbereich I umfaßt die Bildungsgänge vom 5. bis zum 10. Schuljahr (angestrebt wird u.a. ein Sekundarabschluß I an Stelle unterschiedlicher mittlerer Bildungsabschlüsse).
4. Sekundarbereich II schließt alle Bildungsgänge, die auf dem Sekundarbereich I aufbauen, ein. Die Abgrenzung von allgemeiner und beruflicher Bildung soll überwunden werden. Der Sekundarabschluß II umfaßt berufsqualifizierende Abschlüsse, die allgemeine Hochschulreife, die fachgebundene Hochschulreife sowie die Fachhochschulreife.
5. Tertiärer Bereich umfaßt Hochschulen und Ausbildungsstätten mit höher berufsqualifizierenden Bildungsgängen.

49. Welche Forderungen werden im allgemeinen erhoben, wenn man an eine Reform der Ausbildung der nichtärztlichen Medizinalberufe denkt?

Die Berufsausbildung muß sich in zeitlicher Hinsicht nahtlos an die geforderte Allgemein- und Schulbildung anschließen, eingefügt werden in die allgemeinen Bildungsvorstellungen der Kultusminister der Länder und einschließlich der Weiterbildung bis zur allgemeinen Hochschulreife führen können. Bei der Neuordnung der Krankenpflegeausbildung wird das Europäische Übereinkommen über die theoretische und praktische Ausbildung von Krankenschwestern und Krankenpflegern (vgl. Gesetz vom 13.6.1972 – BGBl. II S. 629 –) zu beachten sein.

50. Besteht in der BRD eine Ausweispflicht?

Nach dem Gesetz über Personalausweise vom 19.12.1950 (BGBl. I S. 807) i.d.F. vom 2.3.1974 (BGBl. I S. 469) ist jede Person im Bundesgebiet, die das 16. Lebensjahr vollendet hat, verpflichtet, einen Personalausweis mit Lichtbild zu besitzen und auf Verlangen vorzulegen.

51. Was bedeutet Ehemündigkeit?

Es ist die Fähigkeit, eine Ehe wirksam eingehen zu können.

52. **Wer ist ehemündig?**
Eine Ehe soll nicht vor Eintritt der Volljährigkeit eingegangen werden. Das Vormundschaftsgericht kann auf Antrag von dieser Vorschrift Befreiung erteilen, wenn der Antragsteller das 16. Lebensjahr vollendet hat und sein künftiger Ehegatte volljährig ist.

53. **Welcher familienrechtliche Vertrag wird meist vor der Eheschließung zwischen den Partnern geschlossen?**
Die Verlobung, mit der die Partner einander die Ehe versprechen. Zur Gültigkeit des Verlöbnisses bedürfen in der Geschäftsfähigkeit beschränkte Personen der Einwilligung der gesetzlichen Vertreter.

54. **Kann aus dem Verlöbnis auf Eingehung der Ehe geklagt werden?**
Nein. Der Partner, der von einem Verlöbnis zurücktritt oder den Rücktritt des anderen schuldhaft veranlaßt, kann allerdings verpflichtet sein, dem anderen und dessen Eltern die Aufwendungen zu ersetzen, die sie in Erwartung der Ehe gemacht haben.

55. **Was muß von den Verlobten vor Eingehen der Ehe beim zuständigen Standesbeamten beantragt werden?**
Das Aufgebot. Der Standesbeamte prüft, ob der Ehe Eheverbote und Ehehindernisse entgegenstehen. Erst nach Ablauf einer kurzen Aufgebotsfrist von 1 Woche kann die standesamtliche (und anschließend die kirchliche) Eheschließung in Anwesenheit von 2 Zeugen vorgenommen werden.

56. **Kann bei einer lebensgefährlichen Erkrankung eines Verlobten auch von einem Aufgebot abgesehen werden?**
Ja (Nottrauung). In der Regel muß ein ärztliches Zeugnis vorliegen.

57. **Welches sind die wesentlichen Wirkungen der Ehe?**
Die Ehegatten sind einander zur ehelichen Lebensgemeinschaft verpflichtet, so insbesondere zur Treue, zum Zusammenleben (häusliche Gemeinschaft), zum ehelichen Verkehr, zum gegenseitigen Beistand, zur Erziehung der Kinder. Das Verhältnis der Partner ist durch den Grundsatz der Gleichberechtigung geprägt. Die Ehegatten führen einen gemeinsamen Familiennamen (Ehenamen). Ein Ehegatte, dessen Geburtsname nicht Ehename wird, kann durch Erklärung gegenüber dem Standesbeamten dem Ehenamen seinen Geburtsnamen voranstellen. Die Ehegatten regeln die Haushaltsführung im gegenseitigen Einvernehmen. Ist die Haushaltsführung einem der Ehegatten überlassen, so leitet dieser den Haushalt in eigener Verantwortung. Beide Ehegatten sind berechtigt, erwerbstätig zu sein.

58. **Können die Ehegatten ihr Gemeinschaftsleben unabhängig von den Vorschriften des Eherechts ordnen?**
Ja. Die Ehegatten sind frei, ihre Verhältnisse so zu ordnen, wie

es ihrem Vorstellungsbild von einer ehelichen Gemeinschaft entspricht. Im Streitfalle werden allerdings die Vorschriften des Eherechts angewandt.

59. Welche rechtlichen Wirkungen hat die Eheschließung auf die Vermögensverhältnisse der Ehegatten?
Mit der Eheschließung stehen die Ehegatten, wenn keine andere Vereinbarung getroffen worden ist (z.B. Gütertrennung, Gütergemeinschaft = vertragsmäßiger Güterstand), im Güterstand der Zugewinngemeinschaft. Das bedeutet, daß bei einer Beendigung der Ehe der während ihrer Dauer angewachsene Zugewinn des Vermögens beider Ehegatten zu teilen ist.

60. Wie kann eine Ehe beendet bzw. aufgelöst werden?
Die Ehe wird durch den Tod eines der Ehegatten auf natürliche Weise beendet oder durch rechtskräftige Scheidung bei Scheiterung der Ehe aufgelöst.

61. Auf welche Personen geht der Nachlaß eines Verstorbenen über?
Auf die Erben.

62. Wer erbt, wenn keine letztwillige Verfügung (Testament) vorhanden ist?
Die gesetzlichen Erben (die Verwandten des Erblassers, der überlebende Ehegatte und in letzter Linie der Staat).

63. In welcher Reihenfolge sind die gesetzlichen Erben zur Erbschaft berufen?
Zunächst erben die Abkömmlinge des Erblassers (Kinder, Enkel, Urenkel usw.). Mehrere Abkömmlinge erben zu gleichen Teilen. In zweiter Linie erben die Eltern des Erblassers und deren Abkömmlinge (Geschwister, Geschwisterkinder usw.). Zu den Erben der dritten Ordnung gehören die Großeltern des Erblassers und deren Abkömmlinge. Mit den Blutsverwandten ist natürlich auch der Ehegatte des Verstorbenen zur Erbschaft berufen.

Hierzu zwei Beispiele mit Angabe des jeweiligen Erbteils:
A: Der Erblasser hinterläßt Ehegatten und 3 Kinder (Klammerangaben = bei Zugewinngemeinschaft):

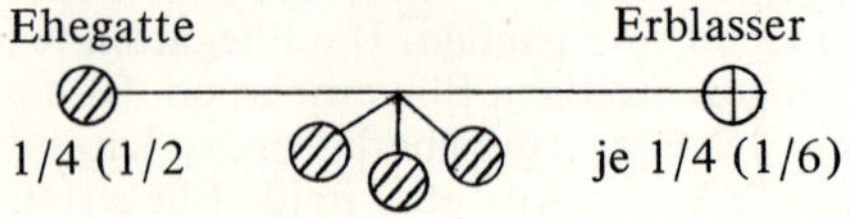

B: Der Erblasser war alleinstehend, es lebt noch ein Bruder und von den Eltern noch der Vater:

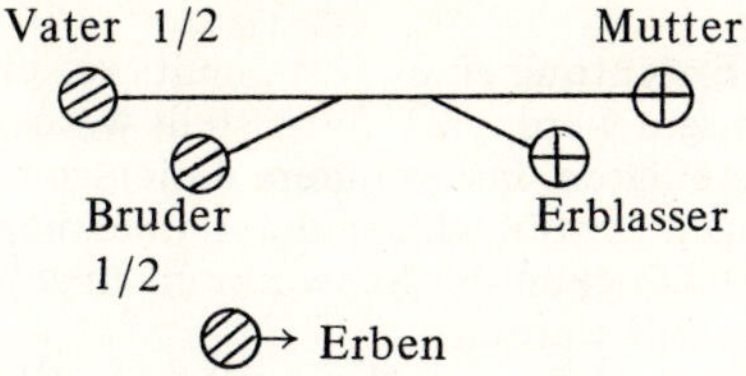

64. Wie kann man bereits zu Lebzeiten den Erben bestimmen oder dem Erben Beschwerungen oder Beschränkungen auferlegen?
Durch Testament kann die gesetzliche Erbfolge geändert oder ganz ausgeschlossen werden (Abkömmlinge, der Ehegatte sowie die Eltern des Erblassers haben jedoch einen Pflichtteilsanspruch).

65. Welche Formen der Testamente werden im allgemeinen unterschieden?
1. Ordentliche Testamente: Öffentliche Testamente (vor Notar) und eigenhändige Testamente (handschriftlich und unterzeichnet).
2. Außerordentliche Testamente: Nottestamente vor dem Bürgermeister, Absperrungstestamente und Testamente bei naher Todesgefahr.
3. Erbvertrag (mit Ehegatten oder anderen Personen vor Notar).

66. Bei Vorliegen welcher Voraussetzungen können Nottestamente errichtet werden?
In Notfällen können wie folgt Testamente errichtet werden:
1. Besteht die Besorgnis, daß ein Erblasser sterben werde, ehe die Errichtung eines Testamentes vor einem Notar möglich sein werde, so kann das Testament vor dem Bürgermeister, der 2 Zeugen zuziehen muß, errichtet werden. Es muß eine Niederschrift aufgenommen werden.
2. Für Orte, die infolge außerordentlicher Umstände (z.B. Überschwemmung, Krankheitsepedemie) abgesperrt sind, ist das Absperrungstestament vorgesehen, das durch mündliche Erklärung vor 3 Zeugen errichtet werden kann.
3. Bei naher Todesgefahr, etwa bei einem Unfall im Gebirge, kann das Testament ebenfalls durch mündliche Erklärung vor 3 Zeugen errichtet werden, worüber stets eine Niederschrift aufzunehmen ist.

67. Welchen Inhalt muß die Niederschrift mindestens bei einem Dreizeugentestament haben?
a) Die bei der mündlichen Erklärung ständig anwesenden Perso-

nen sind genau zu bezeichnen (Zweifel und Verwechslungen müssen ausgeschlossen sein). Aus der Niederschrift soll sich weiter ergeben, wie sich die Zeugen Gewißheit über die Person des Erblassers verschafft haben.
b) Die Besorgnis, daß die Errichtung eines Testaments vor einem Notar nicht mehr möglich sein werde, soll festgestellt werden.
c) Die Erklärungen der Beteiligten, insbesondere desjenigen, der die letztwilligen Verfügungen treffen will, sind aufzunehmen.
d) Zweifel an der Geschäftsfähigkeit des Schwerkranken sollen in der Niederschrift festgestellt werden.
e) Die Niederschrift soll Ort und Tag der Verhandlung enthalten.
f) Unterschriften der Zeugen und des Erblassers (gegebenenfalls die Feststellung, daß der Erblasser seinen Namen nicht schreiben kann).

68. Kann ein Dreizeugentestament auch in einer anderen Sprache aufgenommen werden?
Ja, wenn der Erblasser und die Zeugen der Sprache der Niederschrift hinreichend kundig sind. Dies soll in der Niederschrift festgestellt werden.

69. Wie kann man den Inhalt eines Dreizeugentestaments musterhaft skizzieren?
Etwa wie folgt:
Niederschrift über die Aufnahme eines Dreizeugentestaments
Anwesend: Schwester Maria . . ., Ulrike . . und Gertrud . . . . .
sowie der Patient Peter Meyer.
Herr Peter Meyer, geboren am 5.10.1950 in Düsseldorf, wohnhaft in Neuss, ausgewiesen durch den Personalausweis Nr. . . . ., ausgestellt am . . . . . . vom Oberstadtdirektor in Neuss, wurde gestern mit schweren Unfallverletzungen eingeliefert. Herr Meyer glaubt, daß er infolge der Unfallverletzungen bald sterben werde. Mit seinem nahen Todeseintritt ist auch nach Überzeugung der Unterzeichnenden zu rechnen. Die Hinzuziehung eines Notars oder des Bürgermeisters scheint nicht mehr möglich zu sein. Herr Meyer ist bei klarem Bewußtsein, Zweifel an seiner Geschäftsfähigkeit bestehen nicht. Er ist infolge eines gebrochenen Armes nicht in der Lage, diese Niederschrift zu unterschreiben.
Seinen letzten Willen erklärt Herr Meyer wie folgt:
"Alleinerbin meines Vermögens soll meine Ehefrau sein".
Vorstehende Niederschrift wurde Herrn Meyer laut vorgelesen und von ihm uneingeschränkt gebilligt.
Geschehen am . . . . gegen . . . . . . Uhr im . . . .
Krankenhaus in . . . . Station . . . .
Zimmer . . . .
Genehmigt und unterschrieben:
Unterschriften der Schwestern Maria, Ulrike und Gertrud.

70. **Wie lange sind Nottestamente gültig?**
Sie werden nach 3 Monaten ungültig, wenn der Erblasser dann noch lebt und imstande ist, vor einem Notar ein ordentliches Testament zu errichten.

71. **Was besagt überhaupt der Begriff "Testierfähigkeit"?**
Testierfähigkeit ist die Fähigkeit, ein Testament zu errichten, zu ändern oder aufzuheben. Mit der Vollendung des 16. Lebensjahres kann man öffentliche Testamente errichten. Ab dem 18. Lebensjahr ist man uneingeschränkt testierfähig. Allerdings muß man geistig gesund, des Lesens, Sprechens und Schreibens kundig und im Vollbesitz der Sinne sein.

72. **Wer kann bei der Errichtung eines Testamentes (auch Nottestament) nicht mitwirken?**
Der Ehegatte des Erblassers, wer mit dem Erblasser in gerader Linie (z.B. Eltern, Kinder) oder im 2. Grade der Seitenlinie (Bruder, Schwester) verwandt oder verschwägert ist, wer in dem Testament bedacht oder zum Testamentsvollstrecker ernannt wird, wer minderjährig ist, wer geisteskrank, geistesschwach, taub, blind oder stumm ist bzw. die deutsche Sprache nicht versteht.

73. **Welche Pflichten hat ein Testamentsverwahrer, wenn er vom Ableben des Testamentserrichters hört?**
Der Testamentsverwahrer (z.B. Krankenpflegeperson) muß nach dem Tode des Erblassers das Testament sofort dem Amtsgericht (Nachlaßgericht) übergeben.

74. **Was geschieht mit dem Testament nach dem Tode des Erblassers?**
Es wird vom Amtsgericht (Nachlaßgericht) eröffnet. Danach können die Erben über die Annahme oder Ausschlagung der Erbschaft entscheiden.

75. **Welcher Nachweis gibt Zeugnis über erbrechtliche Verhältnisse?**
Der Erbschein.

76. **Was versteht man unter Eigentum und Besitz?**
Eigentum ist das umfassendste Herrschaftsrecht über eine Sache, während Besitz nur die Ausübung der tatsächlichen Gewalt bedeutet.

77. **Was hat der Finder einer verlorenen Sache zu tun?**
Er muß dem Verlierer oder Eigentümer, eventuell der Polizeibehörde, unverzüglich Mitteilung machen. Der Finder kann einen Finderlohn verlangen (z.B. bis zu 1.000 DM 5%).

78. **Wem ist die in einer öffentlichen Behörde oder Verkehrsanstalt gefundene Sache abzuliefern?**
Der Behörde oder der Verkehrsanstalt (z.B. Krankenhaus).

79. Inwieweit genießen Wohnungsmieter einen Schutz vor willkürlichen Kündigungen und ungerechter Mieterhöhung?

Ein Wohnungsvermieter kann eine Wohnung nicht ohne triftigen Grund kündigen. Unter triftigen Gründen versteht man beispielsweise, daß der Vermieter den Wohnraum für sich selber braucht. Starke Vertragsverletzung ist auch ein Kündigungsgrund.

Mieterhöhungen, die sich nicht im Rahmen vergleichbarer Mieten halten, braucht der Mieter nicht hinzunehmen. Das heißt, der Vermieter muß, wenn er die Miete erhöhen will, vergleichbare Wohnungen nennen, die auch mehr Miete kosten. Die neue Miete muß "ortsüblich" sein. Kündigen, um eine Mieterhöhung durchzusetzen – das darf der Vermieter nicht.

Diese Schutzvorschriften gelten auch für möblierte Wohnungen.

80. Wie kann man die allgemeinen Rechte und Pflichten des Menschen in der Gemeinschaft nach dem Lebensalter darstellen?

Vor der Geburt	Schutz des keimenden Lebens, Erbfähigkeit.
Geburt	Rechtsfähigkeit (Namen, Staatsangehörigkeit, Unterhalt).
7. Jahr	Beschränkte Delikts- und Geschäftsfähigkeit.
12. Jahr	Wiederholung der Pockenschutzimpfung, Wechsel des Religionsbekenntnisses gegen den Willen des Kindes unzulässig.
14. Jahr	Beschränkte Strafmündigkeit, freie Wahl des religiösen Bekenntnisses.
15. Jahr	Sozialrechtliche Handlungsfähigkeit.
16. Jahr	Eidesfähigkeit im Zivil- und Strafprozeß, beschränkte Testierfähigkeit, Ausweispflicht.
18. Jahr	Eintritt der Volljährigkeit, grundsätzlicher Beginn der vollen Strafmündigkeit, volle Deliktsfähigkeit, aktives Wahlrecht, Beginn der Wehrpflicht, passives Wahlrecht, Testierfähigkeit, Ehemündigkeit.
30. Jahr	Fähigkeit zum Amt eines Schöffen, Geschworenen und Laienrichters.
40. Jahr	Wählbarkeit zum Bundespräsidenten und Verfassungsrichter.
60. Jahr	Altersrente für Frauen möglich.
65.(63.) Jahr	Ruhestand Beamte, Angestellte und Arbeiter.
Tod	Ende der Rechtsfähigkeit.

Ordentliche Gerichtsbarkeit

81. **Für welche Aufgaben sind die ordentlichen Gerichte zuständig?**
Sie entscheiden in allen bürgerlichen Rechtsstreitigkeiten (z.B. Schadensersatzansprüche, Unterhaltsansprüche, Eherecht, Mietstreitigkeiten) bzw. üben vorsorgende Rechtspflege (freiwillige Gerichtsbarkeit) aus (z.B. Vormundschafts- und Pflegschaftswesen, Nachlaßangelegenheiten, Vereinswesen, Güterstandsangelegenheiten). Die freiwillige Gerichtsbarkeit vollzieht sich nach dem Gesetz über die Angelegenheiten der freiwilligen Gerichtsbarkeit vom 20.5.1898 (RGBl. I S. 771) i.d.F. vom 14.6.1976 (BGBl. I S. 1452). Darüber hinaus obliegt den ordentlichen Gerichten die Strafgerichtsbarkeit

82. **Welche Gerichte nehmen die Aufgaben der ordentlichen Gerichtsbarkeit wahr?**
Amtsgerichte, Landgerichte, Oberlandesgerichte und der BGH in Karlsruhe.

83. **Wie ist der Rechtsweg vor den ordentlichen Gerichten geregelt?**
Die Zuständigkeit der verschiedenen Gerichte ergibt sich aus einer Reihe von Gesetzen. Das Amtsgericht ist in 1. Instanz zuständig für vermögensrechtliche Streitigkeiten bis zu einem Streitwert von 3000 DM. Über die Berufung gegen Urteile des Amtsgerichts entscheidet das Landgericht. Gegen die erstinstanzlichen Entscheidungen des Landgerichts gibt es die Berufung an das Oberlandesgericht und gegen dessen Entscheidungen die Revision an den BGH. Die Frist für die Einlegung der Berufung und der Revision beträgt jeweils 1 Monat. Vor dem Amtsgericht können sich die Parteien selbst vertreten, während sonst Anwaltszwang besteht.

84. **Wer trägt im allgemeinen die Gerichtskosten?**
Grundsätzlich die unterlegene Partei. Die weiteren Einzelheiten sind durch das Gerichtskostengesetz in der Neufassung vom 15. 12. 1975 (BGBl. I S. 3047) i.d.F. vom 3. 12. 1976 (BGBl. I S. 3303) geregelt.

85. **Wann kann Prozeßkostenhilfe (Armenrecht) gewährt werden?**
Wenn eine Partei außerstande ist, ohne Beeinträchtigung des für sie und ihre Familie notwendigen Unterhalts die Prozeßkosten zu bestreiten und wenn die Rechtsverfolgung Aussicht auf Erfolg bietet. Sie bewirkt eine Befreiung von den Gerichtskosten und das Recht, unter bestimmten Voraussetzungen unentgeltlich einen Rechtsanwalt beigeordnet zu erhalten.

Personenstandswesen

86. **Welche Rechtsvorschriften regeln die Anzeigepflicht von Geburt und Tod?**
Das PStG sowie die Verordnung zur Ausführung des PStG in der Neufassung vom 25. 2. 1977 (BGBl. I S. 377).

87. **Wer ist innerhalb welcher Zeit zur Geburtsanzeige verpflichtet?**
Innerhalb einer Woche ist die Geburt beim Standesamt des Bezirks, in dem die Geburt erfolgte, anzuzeigen. Zur persönlichen und mündlichen Anzeige sind in nachfolgender Reihenfolge verpflichtet: 1. Der eheliche Vater, 2. die Hebamme, die bei der Geburt zugegen war, 3. der Arzt, der bei der Geburt zugegen war, 4. jede andere Person, die bei der Geburt zugegen war oder von der Geburt aus eigener Wissenschaft unterrichtet ist und 5. die Mutter, sobald sie dazu imstande ist.

88. **Welche Angaben muß die mündliche Geburtsanzeige umfassen?**
1. Die Vor- und Familiennamen der Eltern, ihren Beruf und Wohnort (evtl. auch Religionszugehörigkeit), 2. Ort, Tag und Stunde der Geburt, 3. Geschlecht des Kindes, 4. der oder die Vornamen des Kindes (kann innerhalb einer Monatsfrist benannt werden), 5. Vor- und Familienname des Anzeigenden, seinen Beruf und Wohnort.

89. **Wer ist innerhalb welcher Zeit zur Anzeige eines Todesfalles verpflichtet?**
Spätestens am folgenden Werktag muß der Tod eines Menschen dem Standesamt, in dessen Bezirk er gestorben ist, angezeigt werden. Zur persönlichen und mündlichen Anzeige sind in nachstehender Reihenfolge verpflichtet: 1. Das Familienhaupt, 2. derjenige, in dessen Wohnung sich der Sterbefall ereignet hat, 3. jede Person, die beim Tode zugegen war oder vom Sterbefall aus eigener Wissenschaft unterrichtet ist.

90. **Welche Angaben muß die mündliche Todesanzeige umfassen?**
1. Vor- und Familiennamen des Verstorbenen, seinen Beruf und Wohnort, Ort und Tag seiner Geburt (evtl. auch Religionszugehörigkeit), 2. Vor- und Familiennamen des Ehegatten oder ein Hinweis, daß der Verstorbene nicht verheiratet war, 3. Ort, Tag und Stunde des Todes, 4. Vor- und Familienname der Eltern des Verstorbenen sowie ihren Wohnort, 5. Vor- und Familienname des Anzeigenden, seinen Beruf und Wohnort.

91. **Welche Sonderregelung der Anzeigepflicht bei Geburts- und Todesfällen gilt für Krankenanstalten und ähnliche Anstalten?**
Bei Geburten und Sterbefällen in öffentlichen Krankenanstalten und ähnlichen Anstalten trifft die Anzeigepflicht ausschließlich den Leiter der Anstalt oder den von der zuständigen Behörde ermäch-

tigten Beamten oder Angestellten. In diesen Fällen genügt eine schriftliche Anzeige.

92. **Wer erstattet eine Geburts- oder Todesanzeige, wenn ein Anzeigepflichtiger nicht vorhanden ist?**
Die Gemeinde.

93. **Was ist eine Lebendgeburt?**
Eine Lebendgeburt liegt vor, wenn bei einem Kinde nach der Scheidung vom Mutterleib entweder das Herz geschlagen oder die Nabelschnur pulsiert oder die natürliche Lungenatmung eingesetzt hat.

94. **Was ist ein totgeborenes oder in der Geburt verstorbenes Kind?**
Hat sich kein Lebenszeichen gezeigt, ist die Leibesfrucht jedoch mindestens 35 cm lang, so gilt sie als ein totgeborenes oder in der Geburt verstorbenes Kind (Anzeige beim Standesamt muß spätestens am folgenden Werktag erfolgen).

95. **Was ist eine Fehlgeburt?**
Hat sich kein Lebenszeichen gezeigt und ist die Leibesfrucht weniger als 35 cm lang, so ist die Frucht eine Fehlgeburt.

96. **Muß eine Fehlgeburt beim Standesamt angezeigt werden?**
Nein. Sie bedarf keiner Beurkundung.

97. **Welche Änderungen im Personenstand werden beim Standesamt beurkundet?**
Außer der Beurkundung von Geburt und Tod wird jede Heirat, Namensänderung und Ehescheidung in den Büchern des Standesamtes eingetragen. Es werden ein Heiratsbuch, ein Familienbuch, ein Geburtenbuch und ein Sterbebuch geführt.

Meldewesen

98. **Welche Vorschriften regeln in der BRD das Meldewesen?**
Da die Regelung des Meldewesens seit Inkrafttreten des Grundgesetzes eine Angelegenheit der Länder ist, haben sie das Recht, nähere Vorschriften zu erlassen. Die Reichsmeldeordnung vom 6.1.1938 (RGBl. I S. 13) ist keine Rahmenvorschrift im Sinne von Art. 75 des Grundgesetzes. Soweit sie in einzelnen Ländern noch in Kraft ist, hat sie den Charakter von Landesrecht. Die meisten Länder der BRD haben sich jedoch neue Meldegesetze oder -verordnungen gegeben, die im wesentlichen gleichen Inhalts sind.

99. **Inwieweit ist in der BRD eine Meldepflicht eingeführt?**
Wer sich im Bundesgebiet aufhält, hat sich bei der Meldebehörde seines Aufenthaltsortes unter Beachtung der hierfür gegebenen Landesvorschriften anzumelden.

100. In welcher Form sind im allgemeinen die An- und Abmeldepflicht geregelt?

Wer eine Wohnung bezieht, hat sich innerhalb einer Woche bei der Meldebehörde anzumelden. Neugeborene brauchen nur dann angemeldet zu werden, wenn sie nach der Geburt in eine andere als die elterliche Wohnung gebracht werden. Wer aus einer Wohnung auszieht, hat sich innerhalb einer Woche bei der Meldebehörde unter Angabe seiner neuen Wohnung abzumelden (vgl. u.a.: Meldegesetz des Landes NW vom 25.5.1960 – GVBl. S. 81 – i.d.F. vom 3.12.1974 – GV. NW S. 1504 –).

101. Welche besondere Aufzeichnungspflicht über aufgenommene oder entlassene Personen haben Kranken- und ähnliche Anstalten?

Die Leiter von Krankenhäusern, Kliniken, Entbindungsanstalten, Säuglingsheimen, Kuranstalten, Sanatorien, Heilstätten, Irren-, Heil-, Pflege-, Bewahr- und Erziehungsanstalten sowie von Siechenheimen sind verpflichtet, die aufgenommenen Personen innerhalb von 3 Tagen in ein Verzeichnis in Buch-, Kartei- oder Blockform einzutragen, aus dem die Tage der Aufnahme und der Entlassung ersichtlich sind. Das Verzeichnis ist 4 Jahre nach der letzten Eintragung aufzubewahren.

102. Welche Dienststellen können in diese Verzeichnisse Einsicht nehmen?

Polizei und Meldebehörde.

103. Wann tritt für den Aufenthalt in Irren-, Heil-, Pflege-, Bewahr- und Erziehungsanstalten sowie in Siechenheimen die allgemeine An- bzw. Abmeldepflicht ein?

Wenn der Aufenthalt die Dauer von 2 Monaten überschreitet. Meldepflichtig ist dann der Anstaltsleiter.

E Der öffentliche Gesundheitsdienst

Allgemeines

1. **Welches sind die tragenden Säulen des Gesundheitswesens in der BRD?**
   1. Die Heilberufe sowie die anderen Berufe des Gesundheitswesens, 2. die Krankenanstalten sowie 3. der öffentliche Gesundheitsdienst, der schwerpunktmäßig von den staatlichen oder kommunalen Gesundheitsämtern wahrgenommen wird.

2. **Was versteht man im allgemeinen unter "öffentlichem Gesundheitsdienst"?**
   Der öffentliche Gesundheitsdienst umfaßt die staatlichen und kommunalen Einrichtungen, die dem gesundheitlichen Schutz der Gemeinschaft und des einzelnen dienen.

3. **Worin besteht die wesentlichste Aufgabe des öffentlichen Gesundheitsdienstes?**
   Gesetze, die das Gesundheitswesen betreffen, bekannt machen und für ihre Ausführung bzw. Beachtung sorgen.

Bund und Welt

4. **Welche Behörden und Einrichtungen befassen sich auf Bundesebene oder für den Bereich mehrerer Bundesländer u.a. mit Gesundheitsangelegenheiten?**
   a) Die Bundesministerien für Jugend, Familie und Gesundheit (BMJFG) sowie für Arbeit und Sozialordnung in Bonn unterstützt durch Beiräte, Kommissionen und Ausschüsse,
   b) das Bundesgesundheitsamt (BGA) in Berlin,
   c) das Bundesamt für Sera und Impfstoffe – Paul-Ehrlich-Institut – in Frankfurt,
   d) die Bundeszentrale für gesundheitliche Aufklärung in Köln,
   e) das Deutsche Institut für medizinische Dokumentation und Information in Köln,
   f) die Bundesprüfstelle für jugendgefährdende Schriften,
   g) die Akademie für öffentliches Gesundheitswesen in Düsseldorf,
   h) Institut für Dokumentation und Information über Sozialmedizin und öffentliches Gesundheitswesen in Bielefeld (Behörde des Landes NW)
   sowie
   i) eine Vielzahl von Empfängern staatlicher Zuwendungen außerhalb des öffentlichen Gesundheitsdienstes.

5. Welche Aufgaben obliegen dem BMJFG bzw. dem Ministerium für Arbeit und Sozialordnung?

Das Schwergewicht der Aufgaben liegt beim BMJFG auf dem Gebiet der Gesetzesvorbereitung in den Bereichen Jugend-, Familien- und Gesundheitspolitik; beim Ministerium für Arbeit- und Sozialordnung liegt das Schwergewicht beim Arbeits- und Sozialrecht. Mit Wirkung vom 18.1.1977 sind dem Bundesminister für Arbeit und Sozialordnung vom BMJFG folgende Zuständigkeiten übertragen worden:

a) Krankenhäuser sowie Technik in Medizin und Krankenhaus,
b) Gebührenrecht für Ärzte und übrige Gesundheitsberufe,
c) medizinische Rehabilitation (vgl. Organisationserlaß vom 18.1.1977 –BGBl. I S. 128–).

Soweit eine gesetzliche Ermächtigung hierzu vorliegt, können die Ministerien auch Verordnungen erlassen. Die wenigen Verwaltungszuständigkeiten beim BMJFG bestehen u.a. in der Mitfinanzierung bzw. Mitberatung in Angelegenheiten der allgemeinen Gesundheitspolitik, der Forschung (z.B. Gewinnung von Erkenntnissen zur Bekämpfung von Umweltschäden sowie der Volkskrankheiten wie Krebs, Tbc, Rheuma, Herz- und Kreislaufschäden, Leberleiden) und der gesundheitlichen Aufklärung (z.B. Kampf gegen Suchtgefahren, Krebsaufklärung, Schwangerenvorsorge, Gesundheitshilfe für Kinder und Behinderte).

6. Wie ist das BMJFG gegliedert?

In folgende Abteilungen:

ZP	Zentrale Planung, Verwaltung, Grundsatzfragen,
H	Humanmedizin, Arzneimittel- und Apothekenwesen,
JFS	Jugend, Familie und Sozialwesen,
L	Lebensmittelwesen und Veterinärmedizin.

7. Welche Beiräte, Kommissionen und Ausschüsse stehen dem BMJFG bzw. dem Ministerium für Arbeit und Sozialordnung u.a. beratend zur Verfügung?

Der Bundesgesundheitsrat (BGR), der Beirat für Verkehrsmedizin, der Ausschuß für medizinische Rehabilitation behinderter Personen, Beiräte und Ausschüsse für die Lebensmittelreform, der Wissenschaftliche Beirat für Fragen der Arzneimittelsicherheit, der Beirat für Altenhilfe, der Ausschuß für Fragen der wirtschaftlichen Sicherung der Krankenhäuser, die Kleine Kommission zum Krankenpflegegesetz.

8. Welche Aufgabe hat der BGR?

Den BMJFG in Fragen der öffentlichen Gesundheitspflege zu beraten.

9. Wie setzt sich der BGR zusammen?

Die auf 4 Jahre berufenen Vertreter werden nach folgenden Gruppen berufen: Ländervertreter, Sachverständige, Heilberufe, Verbände und Organisationen und Sondervertreter. Die Mitgliederzahl soll 80 nicht übersteigen.

10. Welche Aufgaben obliegen dem BGA?
Forschungen, die Erstattung von Gutachten sowie medizinalstatistische Arbeiten auf dem Gebiet der öffentlichen Gesundheitspflege, die Überwachung des Verkehrs mit Betäubungsmitteln, die Rauschgiftbekämpfung und die Zulassung von Arzneimitteln nach dem Arzneimittelgesetz (AMG).

11. Wie ist das BGA gegliedert?
In eine Zentralabteilung mit der Bundesopiumstelle und der Zulassungsstelle sowie 5 wissenschaftliche Institute, nämlich das Robert-Koch-Institut, das Institut für Wasser-, Boden- und Lufthygiene, das Max-von-Pettenkofer-Institut, das Institut für Veterinärmedizin (Robert-von-Ostertag-Institut) und das Institut für Sozialmedizin und Epidemiologie sowie die Abteilung Strahlenhygiene. Im übrigen stehen dem BGA Fachbeiräte und ähnliche Ausschüsse beratend zur Seite (z.B. Ständige Impfkommission des BGA).

12. Welche Aufgaben hat das Bundesamt für Sera und Impfstoffe?
Das als selbständige Bundesoberbehörde errichtete Institut hat insbesondere die Aufgabe, Sera und Impfstoffe zu prüfen und zuzulassen, den Verkehr mit Sera und Impfstoffen zu überwachen sowie entsprechende Forschungen zu betreiben (vgl. Gesetz über die Errichtung eines Bundesamtes für Sera und Impfstoffe vom 7.7.1972 – BGBl. I S. 1163 – i.d.F. vom 24.8.1976 – BGBl. I S. 2481 –).

13. Welche Aufgaben obliegen der Bundeszentrale für gesundheitliche Aufklärung?
Ihre Aufgabe ist es, der Erhaltung und Förderung der Gesundheit der Menschen zu dienen, insbesondere durch Erarbeitung von Grundsätzen und Richtlinien für Inhalt und Methoden der praktischen Gesundheitserziehung, Aus- und Fortbildung der auf dem Gebiet der Gesundheitserziehung und -aufklärung tätigen Personen, Koordinierung und Verstärkung der gesundheitlichen Aufklärung und Gesundheitserziehung im Bundesgebiet und Zusammenarbeit mit dem Ausland.

14. Welche Aufgaben obliegen u.a. dem Deutschen Institut für medizinische Dokumentation und Information in Köln?
Es hat insbesondere die Aufgabe, in- und ausländische Literatur und sonstige Informationen auf dem Gesamtgebiet der Medizin und ihrer Randgebiete unter Einsatz der elektronischen Datenverarbeitung zu erfassen, auszuwerten, zu speichern und der fachlich interessierten Öffentlichkeit laufend oder auf Anfrage bekanntzugeben.

15. Worin besteht die Aufgabe der Bundesprüfstelle für jugendgefährdende Schriften?
Sie entscheidet über Anträge des BMJFG und der zuständigen Länderminister darüber, ob Schriften, Schallaufnahmen, Abbildungen oder Darstellungen in die Liste der jugendgefährdenden Schriften aufzunehmen und damit zwar nicht verboten, aber weitgehenden Werbe- und Vertriebsbeschränkungen unterworfen werden.

16. Welche Aufgaben hat die vom Land NW unter Mitträgerschaft anderer Bundesländer bzw. finanzieller Unterstützung des Bundes errichteten Akademie für öffentliches Gesundheitswesen?
Die Akademie dient der Ausbildung und Fortbildung für Berufe im öffentlichen Gesundheitswesen (z.B. Vorbereitung auf das Amtsarztexamen, Lehrgänge für Personal im öffentlichen Gesundheitswesen, Vermittlung besonderer Kenntnisse für eine Tätigkeit im internationalen Gesundheitswesen). Sie betreibt außerdem Forschung im Bereich des öffentlichen Gesundheitswesens.

17. Für welche Vereinigungen und Institutionen außerhalb des öffentlichen Gesundheitsdienstes werden auf Bundesebene u.a. staatliche Zuwendungen gewährt?
Deutsches Krebsforschungszentrum in Heidelberg, DRK, Deutsche Zentralkomitee zur Bekämpfung der Tbc e.V., Deutsche Multiple-Sklerose-Gesellschaft, Deutscher Zentralausschuß für Krebsbekämpfung und Krebsforschung e.V., Unfall-Hilfs-Organisationen, Verein "Aktion psychisch Kranke e.V., Deutsche Gesellschaft für Ernährung e.V., Deutsche Zentrale für Volksgesundheitspflege e.V.

18. Welche Aufgabe hat die vom Land Baden-Württemberg unter Beteiligung des Bundes errichtete Stiftung "Deutsches Krebsforschungszentrum" in Heidelberg?
Die Stiftung hat die Aufgabe, die Krebskrankheit, ihr Wesen, ihre Verhütung und ihre Bekämpfung zu erforschen. Die Stiftung, die sich in mehrere Institute gliedert, arbeitet selbständig, aber in Zusammenarbeit mit der Universität Heidelberg und der Internationalen Zentralstelle für Krebsforschung (der WHO angegliedert).

19. In welcher Form wirkt die BRD u.a. auf internationaler Ebene an der Gesundheitspflege mit?
Durch ihre Mitgliedschaft a) in der WHO sowie ihre Beitragszahlungen zum Haushalt der WHO, b) zum Europarat und c) zur EG und auch durch ihre Entwicklungshilfe.

20. Was ist das Ziel der WHO?
Den bestmöglichen Gesundheitszustand aller Völker herbeizuführen.

21. Wie definiert die WHO den Begriff "Gesundheit"?
Gesundheit ist ein Zustand des vollständigen körperlichen, geisti-

gen und sozialen Wohlergehens und nicht nur das Fehlen von Krankheit oder Pflegebedürftigkeit.

22. Wann hat sich die WHO konstituiert?
Am 7.4.1948 als Sonderbehörde der UNO (7.4. eines jeden Jahres Weltgesundheitstag).

23. Welche Aufgaben obliegen u.a. der WHO?
Seuchenbekämpfung (Seuchenwarndienst, Bekämpfungsmaßnahmen gegen Cholera, Gelbfieber, Pest und Pocken, besondere Überwachungsmaßnahmen bei Fleckfieber, Rückfallfieber, Influenza, Poliomyelitis und Malaria und jährliche Darstellung der Entwicklung dieser 9 Krankheiten), Kontrolle aller Arzneimittel, die geeignet sind, Gewöhnung oder Sucht zu erzeugen, Bemühen um eine internationale Standardisierung der Heilmittel, Förderung der Aus- und Weiterbildung von Personal für das Gesundheitswesen, insbesondere in den Entwicklungsländern (Ausbildungs- und Fortbildungslehrgänge, Stipendien, Unterstützung von Unterrichtsstätten), Durchführung von Langzeit- und Schwerpunktprogrammen (z.B. Erforschung und Bekämpfung der Herz-Kreislauf-Erkrankungen).

24. Wie ist die WHO organisiert?
Die WHO unterhält neben dem Hauptquartier in Genf eine Reihe von Regionalbüros (für Europa in Kopenhagen). Die Organe der WHO sind die Vollversammlung (beschließende Körperschaft), der Exekutivrat (Überwachung der Beschlußdurchführung) und das Sekretariat (Verwaltung und Beaufsichtigung der Regionalbüros).

25. Worin besteht im Bereich der Gesundheitspflege die vornehmste Aufgabe des Europarates?
Während die WHO allgemeine Grundsätze, Normen und Richtlinien formuliert, ist es die Aufgabe des Europarates, solche Erkenntnisse mit den politischen und wirtschaftlichen Gegebenheiten seiner Mitglieder in Einklang zu bringen, sie mit grundsätzlichen Empfehlungen für die nationale Arbeit auszustatten und internationales Recht zu setzen.

26. Welche Themen stehen u.a. im Vordergrund der Arbeit des Europarates?
Rehabilitation Behinderter, Gesundheitliche Aspekte bei der Stadt- und Landesplanung, Luftreinhaltung und Lärmbekämpfung als gesundheitliche Forderung, Europäische Zusammenarbeit auf dem Gebiet der Bluttransfusion und der Organtransplantation.

27. Inwieweit hat die Zielsetzung der EG Bezüge zum Bereich des Gesundheitswesens?
Hier spielt die Angleichung des Rechts der einzelnen Mitglied-

staaten eine Rolle (z.B. Arzneimittel- und Lebensmittelrecht, Verwirklichung des Niederlassungsrechts und des freien Dienstleistungsverkehrs auf dem Gebiet der Heil- und Heilhilfsberufe). Neben der Aufhebung der Beschränkungen für die Heil- und Heilhilfsberufe ist u.a. auch die gegenseitige Anerkennung von Diplomen, Prüfungszeugnissen und sonstigen Befähigungsnachweisen vorgesehen.

28. Inwieweit wird durch die Entwicklungshilfe Gesundheitspflege betrieben?
Es werden Maßnahmen des Gesundheitswesens in den Entwicklungsländern gefördert (z.B. Entsenden von Ärzten in afrikanische Länder, Förderung von Ausbildungsstätten und Gesundheitsstationen durch Bereitstellung von Personal und Material, Vorsorgemaßnahmen, Bildungshilfe, Ernährungshilfe).

Länder- und Kommunalebene

29. Welche Behörden befassen sich auf Länder- und kommunaler Ebene mit der Gesundheitspflege?
a) Die zuständigen Landesminister oder -senatoren (zumeist das Arbeits- und Sozialministerium) unterstützt durch Beiräte und Ausschüsse, b) die Arbeitsgemeinschaft der leitenden Medizinalbeamten der Länder, c) die Bezirksregierungen in den Ländern Baden-Württemberg, Bayern, Niedersachsen und NW (mit dem Medizinaldezernat) sowie d) in den Kreisen und kreisfreien Städten die Gesundheitsämter (staatlich oder kommunal).

30. Welche Aufgaben haben insbesondere die Landes(gesundheits-) ministerien oder -senatoren?
Sie haben für die Durchführung der vom Bund erlassenen Gesetze zu sorgen und die hierzu erforderlichen Verwaltungsvorschriften zu erlassen. Darüber hinaus obliegt ihnen die Vorbereitung von Gesetzentwürfen im Rahmen der den Ländern zustehenden Gesetzgebungsbefugnis (z.B. Landeskrankenhausgesetz, Kurortegesetz, Rettungsdienstgesetz). Im übrigen sind eine Reihe von Verwaltungszuständigkeiten wahrzunehmen (z.B. Aufsicht über die nachgeordneten Dienststellen, Aufgaben der Heilberufe, Medizinalstatistik, Krankenhausplanung). Hinzu kommt die Gewährung von Zuwendungen an außerhalb der Landesverwaltung stehende Stellen.

31. Welche Aufgaben obliegen u.a. den Bezirksregierungen auf dem Gebiet der Gesundheitspflege?
Aufsicht über die gesamten Einrichtungen des öffentlichen Gesundheitsdienstes (z.B. Gesundheitsämter, Medizinaluntersuchungsämter, Chemische Untersuchungsämter), Aufsicht über den Ver-

kehr mit Arzneimitteln einschließlich regelmäßiger Apothekenbesichtigungen, regelmäßige Besichtigung der Krankenhäuser, Mitwirkung bei der Planung und Finanzierung von Um-, Erweiterungs- und Neubauten von Krankenhäusern, überörtliche Seuchenbekämpfungsmaßnahmen, Überwachung der Berufstätigkeit der Medizinalpersonen und Wahrnehmung des Prüfungswesens für verschiedene Berufe des Gesundheitswesens (z.B. Krankenschwester).

32. **Durch welches Gesetz wurden die Gesundheitsämter geschaffen?**
Durch das Gesetz über die Vereinheitlichung des Gesundheitswesens (Ges.VG), das am 1.4.1935 in Kraft getreten ist.

33. **Welche Einrichtungen wurden durch die Gesundheitsämter miteinander verbunden?**
Die staatlichen Kreisärzte und die kommunale Gesundheitsfürsorge.

34. **In welchem Verwaltungszweig sind die Gesundheitsämter eingerichtet worden?**
In den Landkreisen und Kreisen; entweder als staatliche Dienststellen oder als Teil der Kommunalverwaltungen.

35. **Wer ist der Leiter des Gesundheitsamtes?**
Der Amtsarzt (mit staatlicher Prüfung).

36. **Durch welche Vorschriften sind die Aufgaben des Gesundheitsamtes festgelegt?**
Durch das GesVG und die hierzu ergangene III. Durchführungsverordnung vom 30.3.1935 (RMBl. S. 327; BGBl. III 2120–1–3; für NW: SGV NW 2120), die als Bundes- oder Landesrecht fortgelten, sowie durch Spezialgesetze (z.B. BSeuchG, BSHG, GesGKr.).

37. **Welche Aufgaben obliegen den Gesundheitsämtern, insbesondere nach dem GesVG und der III. Durchführungsverordnung?**
1. Aufsicht über die Medizinalpersonen sowie Abnahme bestimmter Prüfungen (z.B. Giftprüfung, Nachprüfung der Hebammen). Führung von Listen über die Medizinalpersonen.
2. Überwachung und Beaufsichtigung der Apotheken und des Verkehrs mit Arzneimitteln und Giften.
3. Durchführung von Besichtigungen aller Ortschaften des Amtsbezirks (alle 5 Jahre).
4. Sicherstellung geordneter Zustände in der Wohnungs-, Lebensmittel-, Wasser-, Umwelt- und Gewerbehygiene durch Zusammenarbeit mit den zuständigen Behörden, Beratung und Mängelanzeigen.
5. Verhütung und Bekämpfung übertragbarer Krankheiten. Über das Auftreten und Verlauf der Krankheiten ist der Aufsichtsbehörde wöchentlich zu berichten.

6. Durchführung der Pockenschutzimpfung.
7. Krankenhausbesichtigungen (mindestens einmal im Jahr).
8. Gesundheitsfürsorge (z.B. gesundheitliche Volksbelehrung und Eheberatung, Schulgesundheitspflege, Mütter- und Kinderberatung, Fürsorge für Tuberkulöse, für Geschlechtskranke, für Behinderte, Sieche und Süchtige).
9. Mitwirkung beim Rettungs- und Krankenbeförderungswesen, Beaufsichtigung der Heilquellen und Kurorte sowie Überwachung des Leichen-, Friedhofs- und Feuerbestattungswesens.
10. Mitwirkung bei Maßnahmen zur Förderung der Körperpflege und Leibesübungen.
11. Amts-, gerichts- und vertrauensärztliche Tätigkeit (z.B. für Sozialamt und Jugendamt).

38. Wie kann man die mögliche Organisation des Gesundheitsamtes musterhaft darstellen?

Antwort siehe Seite 67

39. In welcher Weise hat das Gesundheitsamt die ihm obliegenden Aufgaben zu erfüllen?

Es hat a) die gesundheitlichen Verhältnisse seines Bezirks zu beobachten, b) die Beachtung der Gesundheitsgesetzgebung zu überwachen, c) sich in Angelegenheiten des Gesundheitswesens gutachtlich zu äußern und Vorschläge zur Abstellung von Mängeln und zur Förderung der Volksgesundheit zu unterbreiten, d) die für die Durchführung der gesundheitlichen Für- und Vorsorge erforderlichen Untersuchungen und Feststellungen vorzunehmen und e) amtliche Zeugnisse auszustellen.

40. Welche Dienststellen führen im allgemeinen die vom Gesundheitsamt vorgeschlagenen Maßnahmen durch?

Die Vollzugsaufgaben obliegen den nach Landesrecht zuständigen Behörden (z.B. Gewerbeaufsichtsamt, Ordnungsbehörde). Bei Gefahr im Verzuge kann das Gesundheitsamt die nötigen Maßnahmen selbst anordnen (z.B. Anordnungen nach dem BSeuchG).

Antwort zu Frage 38.

Der Amtsarzt
als Leiter des Gesundheitsamtes

Fachbereich Zentrale: Leitung und Verwaltung	Fachbereich Hygiene (Humanökologie und Seuchenhygiene)	Fachbereich Sozialhygiene, Gesundheitsvorsorge und Gesundheitshilfe	Fachbereich Klinische Diagnostik (Gutachtenwesen) und Zentrallabor
Hauptabteilung Leitung Planung Information Organisation, Koordination, Integration Aus-, Fort- und Weiterbildung Epidemiologie Wissenschaftliche Auswertung **Verwaltung** Personal Haushalts- und Rechnungswesen EDV, Dokumentation, Statistik, Gesundheitsberichte Refa (Arbeitszeituntersuchungen) Zur Verwaltung gehört auch: Schreibzimmer, Instandsetzung, Wartung, Kfz.-Park usw. **Aufsicht und Überwachung (Medizinalpersonen und Einrichtungen des Gesundheitswesens** Berufe, Personal Einrichtung, Apotheken, Drogerien usw. Krankenhäuser Rettungs- und Unfallwesen einschl. Katastrophenschutz	**Umwelthygiene (gesundheitlicher Umweltschutz)** Raumordnung, Regional- und Bauleitplanung Wasser- und Gewässerschutz Feste und flüssige Abfallstoffe Luftreinhaltung Lärmbekämpfung Gemeinschaftseinrichtungen (Schulen, Heime, Sportanlagen, Badeanstalten, Campingplätze usw.) Leichen- und Bestattungswesen Ortsbesichtigung Gewerbehygiene Verkehrshygiene Strahlenschutz **Lebensmittelwesen** Überwachung der Herstellung, der Behandlung und der Vertreibung von Lebensmitteln Verkehr mit Giften und giftigen Pflanzenschutzmitteln **Seuchenhygiene** Verhütung und Bekämpfung übertragbarer Krankheiten Tuberkulosefürsorge Untersuchung von Personen im Lebensmittelgewerbe Geschlechtskrankenfürsorge Impfwesen (Organisation, Dokumentation, Auswertung) Epidemiologie	**Sozialhygienische Dienste** Familienplanung und Humangenetik Gesundheitliche Aufklärung, Gesundheitserziehung Freizeit- und Gesundheitsprogramme Psychohygiene Epidemiologie **Jugendärztlicher Dienst** Schwangeren- und Mütterberatung Kleinkinderfürsorge Jugendärztlicher Dienst Jugendpsychologischer Dienst Sportärztlicher Dienst **Zahnärztlicher Dienst** Jugendzahnpflege Kariesprophylaxe Gesundheitserziehung Zahnärztliche Gutachten **Behindertenfürsorge** Körperbehinderte und Gefährdete Sehbehinderte und Gefährdete Sprach- und Hörbehinderte und Gefährdete Geistig und seelisch Behinderte und Gefährdete Mehrfachbehinderte und Gefährdete Chronisch Kranke Süchtige und Suchtgefährdete Altenfürsorge Beratungsdienste (z.B. für Krebs, Kreislauf, Diabetes usw.) Rehabilitation	**Gutachtenwesen und Zentrallabor** Gutachterlicher Dienst einschl. Aufnahme Kleiner gerichtsärztlicher Dienst Zentrallabor

F Recht der Medizinalpersonen

Ausübung der Heilkunde und der Heilhilfstätigkeiten

1. **Wer darf heilkundliche Tätigkeiten ausüben?**
   Sie sind nach dem HeilprG nur den zu ihrer Vornahme ausdrücklich zugelassenen Personen erlaubt. Die Berechtigung der Ausübung der Heilkunde durch den approbierten Arzt versteht sich von selbst.

2. **Was versteht man im allgemeinen unter "Ausübung der Heilkunde"?**
   Die auf Feststellung, Heilung oder Linderung menschlicher Krankheiten, Körperschäden und Leiden gerichtete Tätigkeit, die nach allgemeiner Auffassung besondere ärztliche Fachkenntnis voraussetzt.

3. **Gehören die Heilhilfstätigkeiten auch zur Ausübung der Heilkunde bzw. wer darf solche Tätigkeiten verrichten?**
   Die Heilhilfstätigkeiten werden nicht dem Gebiet der Heilkunde zugeordnet. Die Ausübung von Heilhilfstätigkeiten durch Personen, welche die hierfür erforderliche Qualifikation besitzen, stellt keine Gefährdung der Behandelten dar. Die Beschäftigung des nichtärztlichen Personals mit solchen Tätigkeiten ist daher zulässig, vorausgesetzt, daß sich der dies Anordnende vom Ausbildungsstand und der Leistungsfähigkeit der infrage kommenden Personen überzeugt hat.

4. **Welche Tätigkeiten können dem nichtärztlichen Personal zur Verrichtung übertragen werden?**
   Hierüber kann eine verbindliche Aussage nicht gemacht werden. Denn entscheidend sind Tradition und Erfahrung sowie der stetige Wandel in der Erforderlichkeit des ärztlichen Fachwissens.

5. **Inwieweit ist das nichtärztliche Personal zur Ausführung von Injektionen, Infusionen und Blutentnahmen befugt?**
   Die Übertragung solcher Tätigkeiten durch den Arzt ist grundsätzlich zulässig. Allerdings muß der Arzt dabei berücksichtigen, daß er für die gewissenhafte Auswahl des Personals verantwortlich ist und nur Personal in Betracht kommt, das über das notwendige Wissen und Können verfügt.

6. **Darf dem nichtärztlichen Personal die selbständige und selbstverantwortliche Ausführung von Narkosen übertragen werden?**
   Nein. Die Narkose ist ihrer Natur nach ein schwerwiegender Eingriff, der ärztliche Kenntnisse und Erfahrungen erfordert. Dies gilt für Narkosen jeder Art und Dauer. Es ist jedoch für zulässig zu erachten, dem nichtärztlichen Personal unter Beachtung gewisser

Grenzen die technische Ausführung von Narkosen auf Anordnung und unter Aufsicht eines Arztes, der die Verantwortung hierfür trägt, zu übertragen. Entsprechendes gilt für eine künstliche Beatmung, eine Blutübertragung sowie eine Elektroschockbehandlung.

7. **Wodurch wird der ärztliche Eingriff, der nach unserer Rechtsordnung eine "Körperverletzung" darstellt, gerechtfertigt?**
Durch die Einwilligung des Betroffenen. Diese ist aber nur wirksam, wenn der Patient zuvor ausreichend über Anlaß, Risiko, Folgen und mögliche Nebenfolgen des vorgesehenen Eingriffs aufgeklärt ist. Der Patient muß die Tragweite seiner Entscheidung erkennen. Auch das befugt tätig werdende nichtärztliche Personal muß diese Grundsätze beachten (z.B. bei einer Injektion).

8. **Was versteht man unter Euthanasie?**
Man versteht hierunter Sterbehilfe oder Erleichterung des Sterbens, insbesondere durch Schmerzlinderung mit Narkotika. Im 3. Reich wurde der Begriff der Euthanasie zur Tarnung der Ermordung von Geisteskranken und Schwachsinnigen verwendet (= "Gnadentod" an "unheilbar Kranken").

9. **Ist Sterbehilfe zulässig?**
Alle Maßnahmen, die den Todeseintritt erleichtern, ohne das Leben zu verkürzen, sind erlaubt und dem Arzt als Berufspflicht auferlegt. Sterbehilfe durch Sterbenlassen ist dann erlaubt, wenn nach dem eindeutigen Willen des Kranken keine weiteren Maßnahmen zur Lebensverlängerung mehr angewendet werden sollen (z.B. Anordnung über die Unterbindung des Anschlusses an ein Dialysegerät). Maßgebend ist das Selbstbestimmungsrecht des Patienten. Hingenommen wird u.U. auch, wenn man das ohnehin verlorene Leben mitleidig verlöschen läßt oder nutzlose Weiterbelebensmaßnahmen unterläßt.

10. **Welche Art der Sterbehilfe ist unzulässig?**
Sterbehilfe mit gezielter Lebensverkürzung oder Sterbehilfe durch Sterbenlassen infolge Unterlassung der Anwendung lebenserhaltender Maßnahmen. Die Sterbehilfe mit Lebensverkürzung als Nebenwirkung ist in ihrer rechtlichen Beurteilung umstritten.

11. **Ist die Tötung eines Patienten auf dessen ausdrückliches Verlangen zulässig?**
Selbst wenn der Patient von einem qualvollen Leben befreit wird, ist die Tötung auf Verlangen strafbar.

12. **Wie ist die unterlassene Hilfeleistung im Falle eines Selbstmordes zu beurteilen?**
Wer in dem Zeitpunkt, in dem der Selbstmörder die Herrschaft über den von ihm in Gang gesetzten Geschehensablauf verloren

hat, durch fahrlässiges, pflichtwidriges Unterlassen eine weitere Ursache für den Tod setzt, macht sich der fahrlässigen Tötung schuldig. Hier tritt das Selbstbestimmungsrecht des Selbstmordkandidaten zurück.

13. Was versteht man im allgemeinen unter einer Transplantation?
Die Verpflanzung von Organen aus dem Körper eines menschlichen oder auch tierischen, lebenden oder toten Spenders in den Leib eines Kranken.

14. Wie ist eine Transplantation rechtlich zu beurteilen?
Sie ist ein ärztlicher Eingriff, der die wirksame Einwilligung des Kranken voraussetzt.

15. Was muß bei der Entnahme eines Organs aus dem Körper eines lebenden Spenders zwecks Transplantation aus Rechtsgründen beachtet werden?
Für die Entnahme kommen nur paarige Organe in Betracht. Sie bedarf im übrigen der höchstpersönlichen Einwilligung des Spenders, der über das Entnahmerisiko und die Heilungsaussichten beim Organempfänger ausreichend aufgeklärt sein muß.

16. Welche Organverpflanzungen können heute als erprobte Heilmaßnahmen angesehen werden?
Hornhaut-, Knochen- und Sehnenübertragungen, Bluttransfusionen, Hauttransplantationen, Nierentransplantationen. Lungen-, Leber- und Herzverpflanzungen sind wohl als noch nicht mit ausreichendem Erfolg erprobte Heilmaßnahmen anzusehen.

17. Dürfen Herz- oder Lebertransplantationen durchgeführt werden?
Solange sie als durch ärztliche Erfahrung noch nicht bestätigte Heilverfahren anzusehen sind nur, wenn sie das einzige Mittel zur Erhaltung des Lebens eines sonst in naher Zukunft unrettbar dem Tode verfallenen Kranken sind.

18. Wann ist eine Organentnahme bei einem Verstorbenen grundsätzlich erst möglich?
Erst in dem Zeitpunkt, in dem die Hirnfunktion erlischt (= Hirntod). Das Herz kann das Gehirn um geraume Zeit, das Hirn das Herz aber nur um ein paar Augenblicke überleben. Wartet man diese Augenblicke ab (etwa 8–10 Minuten), so ist mit Sicherheit der Hirntod eingetreten.

19. Wer ist zur Entnahme eines Organs aus dem Leichnam befugt?
Da es hierüber keine klaren Vorschriften gibt, gehen die Meinungen auseinander. Die einen meinen, daß derjenige, der die Obhut über die Leiche hat (z.B. ärztlicher Leiter eines Krankenhauses), darüber entscheiden könne, während andere nur den Angehörigen ein rechtlich bedeutsames Obhutsverhältnis zusprechen mit der Folge, daß nur sie einer Organentnahme zustimmen können.

Die Einwilligung des Verstorbenen schon zu Lebzeiten oder diejenige der Angehörigen beseitigt in jedem Falle die (umstrittene) Rechtswidrigkeit.

20. Was versteht man unter homologer und heterologer Insemination?
Unter homologer Insemination versteht man die künstliche Samenübertragung vom Ehemann auf die Ehefrau, während man unter heterologer Insemination die Übertragung von Samen oder Samengemischen von dritten Personen auf eine Frau versteht.

21. Inwieweit können Inseminationen als unproblematisch angesehen werden?
Soweit eine homologe Insemination mit Einverständnis beider Ehegatten durch einen Arzt geschieht, wird eine Rechtfertigung im allgemeinen anerkannt. Die heterologe Insemination ist hingegen umstritten (Verstoß gegen die ärztliche Standespflicht u.a.).

22. Was versteht man unter Sterilisierung?
Unter Sterilisierung sind alle Maßnahmen zu verstehen, die darauf gerichtet sind, beim Manne die Samenleiter und bei der Frau die Eileiter dauernd oder auf Zeit undurchgängig zu machen. Die Zeugungsfähigkeit wird aufgehoben, ohne die Möglichkeit des sexuellen Verkehrs einzuschränken.

23. Inwieweit sind Sterilisierungen zulässig?
Sie sind straffrei, wenn der Eingriff nicht gegen die guten Sitten verstößt. Zulässig sind wohl – je nach Lage des Einzelfalles – die Sterilisierungen aus medizinischen, genetischen oder schwerwiegenden sozialen Gründen.

24. Was versteht man unter einem Schwangerschaftsabbruch?
Abtötung der Leibesfrucht einer Schwangeren, also vorsätzliche Fruchttötung.

25. Von welchem Zeitpunkt an wird nach überwiegender Meinung von einer Schwangerschaft bzw. von der Existenz einer Leibesfrucht gesprochen?
Vom Zeitpunkt der Nidation (Einnistung des befruchteten Eies in der Gebärmutter). Sie bewirkt eine verfestigte Verbindung zwischen dem mütterlichen Organismus und der befruchteten Eizelle. Die Anwendung von Intrauterin-Pessaren (Spiralen) und anderen Maßnahmen, die das Einnisten des Eies verhindern, ist nicht von Strafvorschriften betroffen.

26. Wann ist nach dem geltenden Recht ein Schwangerschaftsabbruch nicht strafbar (§ 218 a StGB)?
(1) Der Abbruch der Schwangerschaft durch einen Arzt ist nicht strafbar, wenn

1. die Schwangere einwilligt und
2. der Abbruch der Schwangerschaft unter Berücksichtigung der gegenwärtigen und zukünftigen Lebensverhältnisse der Schwangeren nach ärztlicher Erkenntnis angezeigt ist, um eine Gefahr für das Leben oder die Gefahr einer schwerwiegenden Beeinträchtigung des körperlichen oder seelischen Gesundheitszustandes der Schwangeren abzuwenden und die Gefahr nicht auf eine andere für sie zumutbare Weise angewendet werden kann.

(2) Die Voraussetzungen des Absatzes 1 Nr. 2 gelten auch als erfüllt, wenn nach ärztlicher Erkenntnis

1. dringende Gründe für die Annahme sprechen, daß das Kind infolge einer Erbanlage oder schädlicher Einflüsse vor der Geburt an einer nicht behebbaren Schädigung seines Gesundheitszustandes leiden würde, die so schwer wiegt, daß von der Schwangeren die Fortsetzung der Schwangerschaft nicht verlangt werden kann,
2. an der Schwangeren eine rechtswidrige Tat nach den §§ 176 bis 179 StGB (sexueller Mißbrauch von Kindern, Vergewaltigung, sexueller Mißbrauch Widerstandsunfähiger) begangen worden ist und dringende Gründe für die Annahme sprechen, daß die Schwangerschaft auf der Tat beruht, oder
3. der Abbruch der Schwangerschaft sonst angezeigt ist, um von der Schwangeren die Gefahr einer Notlage abzuwenden, die
   a) so schwer wiegt, daß von der Schwangeren die Fortsetzung der Schwangerschaft nicht verlangt werden kann und
   b) nicht auf eine andere für die Schwangere zumutbare Weise abgewendet werden kann.

(3) In den Fällen des Absatzes 2 Nr. 1 dürfen seit der Empfängnis nicht mehr als 22 Wochen, in den Fällen des Absatzes 2 Nr. 2 und 3 nicht mehr als 12 Wochen verstrichen sein.

27. Welche weitere Voraussetzungen der Straflosigkeit eines Schwangerschaftsabbruchs werden neben dem Vorliegen einer (oder mehrerer) Indikation(en) verlangt?

Es werden verlangt:

a) daß die Schwangere mindestens 3 Tage vor dem Eingriff von einer anerkannten Beratungsstelle oder einem Arzt über die zur Verfügung stehenden (sozialen) Hilfen beraten worden ist (§ 218 b Absatz 1 Nr. 1 StGB) – diese zwingende Voraussetzung entfällt bei medizinischer Indikation;

b) daß die Schwangere von einem Arzt über die ärztlich bedeutsamen Gesichtspunkte beraten worden ist (§ 218 b Absatz 1 Nr. 2 StGB);

c) daß dem Arzt, der den Schwangerschaftsabbruch vornimmt, zuvor die schriftliche Feststellung eines am Eingriff nicht beteiligten Arztes darüber vorgelegen hat, ob die Voraussetzungen einer Indikation gegeben sind oder nicht (§ 219 StGB).

Über das Verfahren der Beratung und Indikationsfeststellung befinden sich im StGB umfangreiche Ausführungen (§ 218 b und § 219 StGB), doch lassen sie sich reduzieren auf folgende Minimalforderungen:
Die Beratung über "die ärztlich bedeutsamen Gesichtspunkte", aber auch die über die sozialen Hilfen kann jeder Arzt durchführen, sofern er sich in "geeigneter Weise über die im Einzelfall zur Verfügung stehenden Hilfen unterrichtet hat". Der beratende Arzt kann identisch sein mit dem Arzt, der den Eingriff durchführt.
Lediglich zur Feststellung des Vorliegens einer Indikation bedarf es eines weiteren Arztes. Die Feststellung muß schriftlich erfolgen. Sie bindet den durchführenden Arzt nicht; dieser muß sich lediglich davon überzeugen, daß eine Feststellung vorliegt.

28. **Inwieweit ist man berechtigt, die Mitwirkung an einem Schwangerschaftsabbruch zu verweigern?**
Niemand ist verpflichtet, an einem Schwangerschaftsabbruch mitzuwirken. Weisungsbefugnisse der Vorgesetzten entfallen. Jedoch ist die Weigerung unzulässig, wenn die Mitwirkung notwendig ist, um von der Frau eine anders nicht abwendbare Gefahr des Todes oder einer schweren Gesundheitsschädigung abzuwenden. Unter Umständen müßte unterlassene Hilfeleistung angenommen werden.

29. **Wo dürfen Schwangerschaftsabbrüche durchgeführt werden?**
Nur im Krankenhaus oder in einer hierfür zugelassenen Einrichtung.

30. **Inwieweit werden Schwangerschaftsabbrüche statistisch erfaßt?**
Wer als Arzt einen Schwangerschaftsabbruch ausführt, hat dies bis zum Ende des laufenden Kalendervierteljahres mit näheren Angaben (z.B. Grund des Abbruchs, Familienstand, Alter) – allerdings ohne Namen der Schwangeren – dem Statistischen Bundesamt anzuzeigen.

31. **Was versteht man nach dem Gesetz über die freiwillige Kastration und andere Behandlungsmaßnahmen vom 15.8.1969 (BGBl. I S. 1143) unter einer Kastration?**
Eine gegen die Auswirkungen eines abnormen Geschlechtstriebs gerichtete Behandlung, durch welche die Keimdrüsen eines Mannes absichtlich entfernt oder dauernd funktionsunfähig gemacht werden.

32. Wann ist eine Kastration zulässig?
Wenn
1. der Betroffene nach eingehender Aufklärung über Bedeutung, Folgen und mögliche Komplikationen einwilligt,
2. die Behandlung nach den Erkenntnissen der medizinischen Wissenschaft angezeigt ist, um bei dem Betroffenen schwerwiegende Krankheiten, seelische Störungen oder Krisen, die mit seinem abnormen Geschlechtstrieb zusammenhängen, zu verhüten, zu heilen oder zu lindern oder wenn bei dem Betroffenen ein abnormer Geschlechtstrieb gegeben ist, der nach seiner Persönlichkeit und bisherigen Lebensführung die Begehung rechtswidriger Taten erwarten läßt, und die Kastration nach den Erkenntnissen der medizinischen Wissenschaft angezeigt ist, um dieser Gefahr zu begegnen und damit dem Betroffenen bei seiner künftigen Lebensführung zu helfen,
3. der Betroffene das 25. Lebensjahr vollendet hat,
4. für ihn körperlich oder seelisch durch die Kastration keine Nachteile zu erwarten sind, die zu dem mit der Behandlung angestrebten Erfolg außer Verhältnis stehen,
5. die Behandlung nach den Erkenntnissen der medizinischen Wissenschaft vorgenommen wird und
6. eine Gutachterstelle das Vorliegen sämtlicher Voraussetzungen bestätigt hat.

33. Für welche Behandlungsmaßnahmen gilt das Gesetz über freiwillige Kastration und andere Behandlungsmethoden noch?
Für eine gegen die Auswirkungen eines abnormen Geschlechtstriebs gerichtete ärztliche Behandlung eines Mannes oder einer Frau, mit der nicht beabsichtigt ist, die Keimdrüsen dauernd funktionsunfähig zu machen, die aber eine solche Folge haben kann. Diese Behandlung ist auch vor Vollendung des 25. Lebensjahres zulässig.

Haftpflicht und Schadensersatz

34. Welche drei Grundlagen kommen vorrangig in Betracht, aus denen von Patienten Ersatzansprüche hergeleitet werden können?
Ansprüche aus a) dem abgeschlossenen Behandlungsvertrag,
b) den Bestimmungen über die Geschäftsführung ohne Auftrag,
c) den Vorschriften über die unerlaubte Handlung.

35. Inwiefern kann aus einem Behandlungsvertrag (mit Arzt oder Krankenhaus) ein Schadensersatzanspruch hergeleitet werden?
Der Vertragspartner des Patienten hat nicht nur die Pflicht zur Erfüllung der vereinbarten Hauptleistung (z.B. Operation), sondern auch zum Unterlassen jeder Schädigung des Patienten, die

durch Verletzung von Schutzpflichten oder unsorgfältiger Leistung entstehen kann. Handelt er dieser Pflicht zuwider, begeht er eine Vertragsverletzung, für die er bei Verschulden schadensersatzpflichtig ist.

36. **Wann besteht ein Anspruch aus dem Rechtsinstitut der Geschäftsführung ohne Auftrag?**
Bei der Geschäftsführung ohne Auftrag werden ungebeten fremde Interessen wahrgenommen (z.B. wegen Bewußtlosigkeit des Patienten). Die Behandlung wird so durchgeführt, wie sie dem Interesse und dem mutmaßlichen Willen des Patienten entspricht. Bei Verstoß gegen die sich hieraus ergebende Pflicht, ist bei Verschulden eine Schadensersatzpflicht gegeben.

37. **Was besagt der § 823 BGB über die Ersatzleistungspflicht bei unerlaubten Handlungen?**
Nach dieser Bestimmung ist derjenige, der vorsätzlich oder fahrlässig Leben, Körper, Gesundheit, Freiheit, Eigentum oder sonstiges Recht eines anderen widerrechtlich verletzt, zum Ersatz des daraus entstehenden Schadens verpflichtet.

38. **Können Schadensersatzansprüche auf mehrere Anspruchsgrundlagen gestützt werden?**
Unerlaubte Handlungen können im Rahmen eines Vertrages bzw. mit einer Geschäftsführung ohne Auftrag erfolgen. Ein Patient, der vertragliche Bindungen zu einem Krankenhaus hat, kann einmal vertragliche Ansprüche gegen das Krankenhaus geltend machen, zum anderen aber auch den Schädiger (z.B. Arzt, Krankenschwester) nach den Normen über unerlaubte Handlung heranziehen. Schadensersatz kann jedoch immer nur einmal verlangt werden.

39. **Welche Voraussetzungen müssen im allgemeinen zur Begründung einer Haftung erfüllt sein?**
Folgende Haftungsvoraussetzungen müssen vorliegen: Schaden, Rechtswidrigkeit der Schadenszufügung und Verschulden (Vorsatz oder Fahrlässigkeit).

40. **Was wird im Haftungsrecht als Schaden angesehen?**
Die Schädigung eines Rechtsgutes. Im medizinischen Bereich kommen überwiegend Gesundheitsverletzungen (auch Tod), aber auch Sach- oder Vermögensschäden in Betracht. Eine Schadenszufügung kann auch in der Preisgabe von der Schweigepflicht unterliegenden Geheimnissen an Dritte bestehen.

41. **Wann liegt eine widerrechtliche Schadenszufügung vor?**
Widerrechtlich ist jedes Eingreifen in fremde Rechte ohne Befugnis oder Überschreiten der Befugnis. Die Grundlage hierfür bildet das Selbstbestimmungsrecht des Art. 2 des Grundgesetzes, der

das Recht auf Leben und körperliche Unversehrtheit sowie die Freiheit der Person schützt. Selbst im Falle einer kunstgerechten, erfolgreichen Behandlung, die ohne Einwilligung erfolgte, liegt ein widerrechtlicher Eingriff in die dem Patienten garantierten Rechte vor.

42. **In welcher Weise kann die Rechtswidrigkeit der Heilbehandlung ausgeschlossen werden?**
Soweit ein Patient im Einzelfall nach ausreichender Aufklärung ausdrücklich in die Heilbehandlung oder Operation einwilligt, ist die Rechtswidrigkeit des Eingriffs ausgeschlossen. Die Einwilligung deckt aber nur den kunstgerechten Eingriff.

43. **Welche Anforderungen sind an die Einwilligung des Patienten zu stellen?**
Die wirksame Einwilligung eines Patienten setzt voraus, daß dieser das Wesen, die Bedeutung und die Tragweite des ärztlichen Eingriffs in seinen wesentlichen Zügen erkannt hat, wofür der erklärte Wille des Betroffenen maßgebend ist. Bezieht sich mangels ausreichender Aufklärung die Einwilligung nicht auf den Gesamtumfang des Eingriffs, so erfolgt die weitergehende Behandlung widerrechtlich (z.B. operative Entfernung einer Gebärmuttergeschwulst durch den Arzt, ohne sich vorher trotz erkennbarer Möglichkeit, daß die Geschwulst nur bei völliger Ausräumung des Gebärmutterkörpers beseitigt werden konnte, des Einverständnisses mit einem so weitgehenden Eingriff versichert zu haben). Der Einwilligende muß die Verfügungsberechtigung über das Rechtsgut haben (problematisch die Einwilligung Minderjähriger; § 226 a StGB).

44. **In welcher Situation ist eine ausdrückliche Einwilligung des Patienten nicht erforderlich?**
Bei Gefahr im Verzug. Sie ist gegeben bei Bewußtlosigkeit des zu Behandelnden und bei unbedingter Erforderlichkeit des Eingriffs zur Rettung des Lebens oder zur Abwendung schwerer Gesundheitsschäden. Einem ausdrücklich erklärten Willen darf der Arzt jedoch auch in diesem Fall nicht entgegenhandeln.

45. **Wer handelt im Haftungsrecht fahrlässig?**
Es handelt fahrlässig, wer die im Verkehr erforderliche Sorgfalt außer acht läßt. Als Maßstab wird das Verhalten einer gewissenhaften und sorgfältigen Medizinalperson (z.B. Arzt, Krankenschwester) zugrunde gelegt.

46. **Welche Handlungen können beispielsweise im Krankenpflegedienst als fahrlässiges Verhalten angesehen werden?**
Unerlaubte Verabreichung von Injektionen, Abgabe von Arzneimitteln ohne ärztliche Anweisung, falsche Dosierung von Arzneimitteln, unordentliche Aufbewahrung von Arzneimitteln, fehlerhafte Anwendung von technischen Geräten, Eintragung unrichti-

ger oder fingierter Fiebermessungen auf dem Fieberkurvenblatt, Vernachlässigung der Aufsichtspflicht.

47. Wann liegt ein ärztlicher „Kunstfehler" vor?
Der Kunstfehlerbegriff ist vieldeutig und irreführend. Haftungsrechtlich entscheidend ist die Frage, ob ein Arzt im konkreten Einzelfall in Diagnose oder Therapie sorgfaltswidrig gehandelt hat. Um solche Sorgfaltspflichtverletzungen zu vermeiden, muß sich der Arzt z.B. stets über neue Behandlungsmethoden und Arzneimittel ausreichend und rechtzeitig informieren.

48. Kann der Arzt auch für einen Schaden haftbar gemacht werden, der trotz Beachtung der gebotenen Sorgfalt eingetreten ist?
Wenn eine Schädigung trotz sachgemäßer Beachtung aller Vorsichtsmaßnahmen und Berücksichtigung der neuesten medizinischen Erkenntnisse aufgrund einer atypischen, nicht vorhersehbaren Reaktion des Patienten eingetreten ist, trifft den Arzt kein Verschulden.

49. Wonach bestimmt sich Maß und Umfang der Pflicht, den Patienten vor Beginn der Behandlung über mögliche Komplikationen oder sich aus der Heilbehandlung ergebende Folgen ausreichend aufzuklären?
Der Umfang richtet sich nach den besonderen Umständen des Einzelfalles. Maßgebend sind das Krankheitsbild des Patienten sowie die Dringlichkeit und Gefährlichkeit eines Eingriffs. Die Aufklärungspflicht ist um so weitgehender, je weniger der Eingriff aus der Sicht eines vernünftigen Patienten vordringlich oder geboten erscheint. Soweit mit dem Auftreten von – auch ganz entfernten – Komplikationen zu rechnen ist, hat der Arzt den Patienten über diese Möglichkeiten aufzuklären (auch über Folgen mit einer Häufigkeit von 1–3%). Will der Patient Einzelheiten wissen, so sind sie in der gebotenen Weise darzulegen.

50. Kann bei einer lebensgefährlichen Erkrankung eine Aufklärung unterbleiben?
Nur dann, wenn durch die Aufklärung ein schwerer seelischer Schock des Kranken bewirkt und dadurch der Lebenswille nachhaltig schwerstens beeinträchtigt würde. Bloße Verzweiflung und Hoffnungslosigkeit reicht für die Unterlassung einer Aufklärung nicht aus. Zu bedenken ist aber auch hier, daß das Selbstbestimmungsrecht des Patienten in der Regel eine Aufklärung fordert.

51. Kann der Patient auch auf eine Aufklärung verzichten?
Der Kranke kann ausdrücklich auf eine Aufklärung verzichten und in die Behandlung einwilligen. Unabhängig von dem Willen und dem Verzicht des Kranken auf ärztliche Aufklärung ist der Arzt zur Aufklärung beim Bestehen einer Geschlechtskrankheit verpflichtet.

52. Haftet der Vertragspartner des Patienten (z.B. Krankenhaus) auch für das Verschulden seiner Gehilfen (z.B. Arzt, Krankenschwester)?
Ja.

53. Kann der Arbeitgeber seine Beschäftigten in Regreß nehmen?
Nach Befriedigung der Schadensersatzansprüche eines Patienten kann der Arbeitgeber Rückgriff gegen seine Arbeitnehmer nehmen und Ersatz des ihm entstandenen Schadens verlangen. Neben dem direkten Anspruch des Behandelten kann also der Regreßanspruch des Arbeitgebers stehen.

54. Kann auch dann, wenn ein Behandlungsvertrag nicht besteht, eine Haftung für Hilfspersonen in Betracht kommen?
Grundsätzlich ja. Es ist jedoch der Entlastungsbeweis gestattet. Wenn bei der Auswahl und Beaufsichtigung der angestellten Person die im Verkehr erforderliche Sorgfalt beachtet worden ist, kann eine Haftung ausscheiden. Der Schädiger haftet dann selbst.

55. Welche Anforderungen werden im allgemeinen an die Beweislast des Patienten gestellt?
Bei Ansprüchen hat der Behandelte einen behaupteten Fehler und das Verschulden des Schädigers zu beweisen. Der Behandelte kommt jedoch dieser Beweispflicht bereits nach, wenn er dartun kann, daß das schädigende Verhalten nach medizinischer Erfahrung typischerweise den eingetretenen Schaden zur Folge hat. Wenn der Schädiger allerdings bewußt leichtfertig oder durch groben Verstoß gegen die Regeln der medizinischen Wissenschaft den Patienten in Gefahr gebracht hat, findet eine Umkehr der Beweislast statt. Der Schädiger muß beweisen, daß es auch ohne den Fehler zu dem Schaden gekommen wäre.

Seit einiger Zeit haben einzelne Ärztekammern wie folgt Gutachter- bzw. Schlichtungsstellen zur Überprüfung und Begutachtung behaupteter ärztlicher Fehler eingerichtet:

Landesärztekammer Nordrhein, Gutachterkommission, Tersteegenstr. 31, 4000 Düsseldorf 30.
Landesärztekammer Westfalen-Lippe, Gutachterkommission, Kaiser-Wilhelm-Ring 4/6, 4400 Münster.
Landesärztekammer Bayern, Schlichtungsstelle, Mühlbaurstr. 16, 8000 München 80.
Landesärztekammer Niedersachsen, Schlichtungsstelle, Berliner Allee 20, 3000 Hannover 1.
Landesärztekammer Baden-Württemberg, Gutachterkommission, Jahnstr. 40, 7000 Stuttgart 70

56. Wie ist der Fall zu beurteilen, indem ein Verschulden des Beschädigten bei der Entstehung des Schadens mitgewirkt hat?
Die Verpflichtung zum Ersatz sowie der Umfang des zu leistenden Ersatzes hängt von den Umständen ab, insbesondere davon, in-

wieweit der Schaden vorwiegend von dem einen oder dem anderen Teil verursacht worden ist.

57. **Welche Leistungen kann eine Schadensregulierung umfassen?**
Ersatz von Heilungskosten, Arzneimittel- und Kurkosten sowie Wiedergutmachung aller entstandenen Nachteile, wie ganz oder teilweise vorhandener Verdienstausfall oder Erhöhung von Ausgaben und Bedürfnissen, sowie Renten und Umschulungskosten. Im Falle einer unerlaubten Handlung besteht auch Anspruch auf Schmerzensgeld (z.B. Fingeramputation bis 5 000 DM, Brustamputation bis 30 000 DM, Querschnittslähmung bis 150 000 DM).

58. **Wie kann außer durch die Einrede der Verjährung eine Haftung für Schäden vermieden werden?**
Durch Abschluß einer Haftpflichtversicherung, die im Versicherungsfall im Rahmen des geschlossenen Vertrages die finanziellen Lasten, für die sonst der Versicherte selbst aufkommen müßte, trägt.

Strafrecht

59. **Nach welchen Vorschriften sind Handlungen und Unterlassungen, die im Interesse der Allgemeinheit nicht geduldet werden können, verboten und mit Strafe bedroht?**
Vor allem nach dem StGB. Daneben enthalten zahlreiche andere Gesetze und Verordnungen Strafbestimmungen (z.B. Betäubungsmittelgesetz). Strafgerichtliche Verurteilungen werden in das Bundeszentralregister eingetragen.

60. **Was ist nach moderner Auffassung im wesentlichen der Zweck der Strafe?**
Im Vordergrund der Strafe steht die Resozialisierung, die Besserung des Täters und seine Wiedereingliederung in die Gemeinschaft (vgl. u.a. Strafvollzugsgesetz vom 16.3.1976 – BGBl. I S. 581 – i.d.F. vom 18.8.1976 – BGBl. I S. 2181 –).

61. **Wie kann man die Straftaten ihrer Schwere nach einteilen?**
Verbrechen und Vergehen. Verbrechen sind rechtswidrige Taten, die im Mindestmaß mit Freiheitsstrafe von 1 Jahr oder darüber bedroht sind. Vergehen sind rechtswidrige Taten, die im Mindestmaß mit einer geringeren Freiheitsstrafe oder die mit Geldstrafe bedroht sind.

62. **Ist eine Bestrafung auch ohne gesetzliche Grundlage möglich?**
Eine Tat kann nur bestraft werden, wenn die Strafbarkeit gesetzlich bestimmt war, bevor die Tat begangen wurde.

63. Gilt das deutsche Strafrecht auch für die Tat eines deutschen Staatsangehörigen im Ausland?
Grundsätzlich ja.

64. Welche Voraussetzungen müssen zur Bestrafung einer Straftat vorliegen?
1. Der Täter muß tatbestandsmäßig gehandelt haben. Dies bedeutet Erfüllung der von einer Strafvorschrift erfaßten Handlung oder Unterlassung (z.B. fahrlässige Körperverletzung).
2. Die tatbestandsmäßige Handlung muß rechtswidrig sein. D.h. es dürfen keine Rechtfertigungsgründe (z.B. Notwehr, Notstand, Ausübung einer Berufs- oder Amtspflicht, Einwilligung) vorliegen.
3. Es ist nur vorsätzliches Handeln strafbar, soweit nicht fahrlässiges Handeln ausdrücklich unter Strafe gestellt ist.

65. Welches Merkmal ist Grundlage der Strafzumessung?
Die Schuld des Täters. Die Wirkungen, die von der Strafe für das künftige Leben des Täters in der Gesellschaft zu erwarten sind, sind zu berücksichtigen. Bei der Zumessung wägt das Gericht die Umstände, die für und gegen den Täter sprechen, gegeneinander ab.

66. Wer ist strafrechtlich schuldunfähig (§§ 19, 20 StGB)?
a) Kinder und b) derjenige, der bei Begehung der Tat wegen einer krankhaften seelischen Störung, wegen einer tiefgreifenden Bewußtseinsstörung oder wegen Schwachsinns oder einer schweren anderen seelischen Abartigkeit unfähig ist, das Unrecht der Tat einzusehen oder nach dieser Einsicht zu handeln.

67. Welche Folge kann die Anerkennung verminderter Schuldfähigkeit haben?
Ist die Fähigkeit des Täters, das Unrecht der Tat einzusehen oder nach dieser Einsicht zu handeln, aus einem der in § 20 StGB bezeichneten Gründe bei Begehung der Tat erheblich vermindert, so kann die Strafe gemildert werden.

68. Welche Strafarten werden in der BRD unterschieden?
Freiheitsstrafe (zeitlich oder lebenslang) und Geldstrafe. Neben diesen Strafen kann u.U. auf Nebenstrafen und Nebenfolgen erkannt werden (z.B. Erteilung eines Fahrverbots für Kraftfahrzeuge, Verlust der Amtsfähigkeit, der Wählbarkeit und des Stimmrechts).

69. Wann ist die Aussetzung der Strafe zur Bewährung möglich?
Wenn zu erwarten ist, daß der Verurteilte sich schon die Verurteilung zur Warnung hat dienen lassen und künftig auch ohne die Einwirkung des Strafvollzugs keine Straftaten mehr begehen wird. Das Gericht kann dem Verurteilten in diesem Falle Auflagen und Weisungen erteilen und erforderlichenfalls den Verurteilten einem Bewährungshelfer unterstellen.

70. Welche Maßregeln der Sicherung und Besserung sieht das StGB vor?

1. Die Unterbringung in einem psychiatrischen Krankenhaus, 2. die Unterbringung in einer Entziehungsanstalt, 3. die Sicherungsverwahrung, 4. die Führungsaufsicht, 5. die Entziehung der Fahrerlaubnis, 6. das Berufsverbot, 7. die Unterbringung in einer sozial-therapeutischen Anstalt.

71. Wann kann das Gericht die Unterbringung in einem psychiatrischen Krankenhaus anordnen?

Hat jemand eine rechtswidrige Tag im Zustand der Schuldunfähigkeit oder der verminderten Schuldfähigkeit begangen, so ordnet das Gericht die Unterbringung in einem psychiatrischen Krankenhaus an, wenn die Gesamtwürdigung des Täters und seiner Tat ergibt, daß von ihm infolge seines Zustandes erhebliche rechtswidrige Taten zu erwarten sind und er deshalb für die Allgemeinheit gefährlich ist.

72. Was besagt das StGB über die Unterbringung in einer Entziehungsanstalt?

Hat jemand den Hang, alkoholische Getränke oder andere Rauschmittel im Übermaß zu sich zu nehmen, und wird er wegen einer rechtswidrigen Tat, die er im Rausch begangen hat oder die auf seinen Hang zurückgeht, verurteilt oder nur deshalb nicht verurteilt, weil seine Schuldunfähigkeit erwiesen oder nicht auszuschließen ist, so ordnet das Gericht die Unterbringung in einer Entziehungsanstalt an, wenn die Gefahr besteht, daß er infolge seines Hanges erhebliche rechtswidrige Taten begehen wird. Die Anordnung unterbleibt, wenn eine Entziehungskur von vorneherein aussichtslos erscheint. Die Dauer der Unterbringung darf vom Beginn an nicht länger als 2 Jahre dauern.

73. Wann kommt eine Sicherungsverwahrung in Betracht?

Wird jemand wegen einer nach Vollendung seines 25. Lebensjahres begangenen vorsätzlichen Straftat zu zeitiger Freiheitsstrafe von mindestens 2 Jahren verurteilt, so ordnet das Gericht neben der Strafe die Sicherungsverwahrung an, wenn insbesondere die Gesamtwürdigung des Täters und seiner Taten ergibt, daß er infolge eines Hanges zu erheblichen Straftaten für die Allgemeinheit gefährlich ist. Die erste Unterbringung darf 10 Jahre nicht übersteigen.

74. Inwieweit ist die körperliche Untersuchung bzw. die Entnahme einer Blutprobe eines in einem Strafverfahren Beschuldigten zulässig?

Eine körperliche Untersuchung des Beschuldigten darf zur Feststellung von Tatsachen angeordnet werden, die für das Verfahren von Bedeutung sind. Zu diesem Zweck sind Entnahmen von Blutproben und andere körperliche Eingriffe, die von einem Arzt nach den Regeln der ärztlichen Kunst zu Untersuchungszwecken vorgenommen werden, ohne Einwilligung des Beschuldigten zulässig, wenn kein Nachteil für seine Gesundheit zu befürchten ist.

75. **In welchem Umfang steht den Medizinalpersonen aus beruflichen Gründen das Recht zu, in einem Strafprozeß eine Zeugenaussage zu verweigern (§§ 53, 53a StPO)?**
Zur Verweigerung des Zeugnisses sind zunächst Ärzte, Zahnärzte, Apotheker und Hebammen berechtigt, und zwar über das, was ihnen in dieser Eigenschaft anvertraut worden oder bekanntgeworden ist. Den Ärzten, Zahnärzten, Apothekern und Hebammen stehen ihre Gehilfen und die Personen gleich, die zur Vorbereitung auf den Beruf an der berufsmäßigen Tätigkeit teilnehmen. Über die Ausübung des Rechtes dieser Hilfspersonen, das Zeugnis zu verweigern, entscheiden der Arzt, Zahnarzt, Apotheker oder die Hebamme. Das Zeugnisverweigerungsrecht gilt nicht bei Entbindung von der Schweigepflicht.
Das für den Strafprozeß gegebene Zeugnisverweigerungsrecht gilt für alle, die der Berufsverschwiegenheit unterliegen, auch für Zivilprozeße (§§ 383, 385 ZPO).
Ein abgeleitetes Zeugnisverweigerungsrecht für Hilfspersonen kennt das Zivilrecht nicht.

76. **Mit welchen Strafvorschriften können insbesondere Angehörige der Medizinalberufe in Berührung kommen?**
Abgesehen von den Strafnormen in den verschiedenen das Gesundheitswesen regelnden Gesetzen (z.B. BSeuchG, Betäubungsmittelgesetz) kommen insbesondere folgende Vorschriften des StGB in Betracht: Wehrpflichtentziehung durch Verstümmelung (§ 109), Gefangenenbefreiung (§ 120), Nichtanzeige geplanter Straftaten (§§ 138, 139), Vernachlässigung der Aufsichtspflicht (§ 143), Störung der Totenruhe (§ 168), Personenstandsfälschung (§ 169), Verletzung der Fürsorge- und Erziehungspflicht (§ 170 d), Sexueller Mißbrauch von Schutzbefohlenen bzw. Kranken (§§ 174, 174 a), Sexueller Mißbrauch Widerstandsunfähiger (§ 179), Verletzung von Privatgeheimnissen (§ 203), Verwertung fremder Geheimnisse (§ 204), Tötung auf Verlangen (§ 216), Schwangerschaftsabbrüche (§§ 218 bis 220), Aussetzung (§ 221), Fahrlässige Tötung (§ 222), Körperverletzung (§§ 223-233), Fälschung von Gesundheitszeugnissen (§ 277), Ausstellen unrichter Gesundheitszeugnisse (§ 278), Mißbrauch ionisierender Strahlen (§ 311 a), Gefährdung einer Entziehungskur (§ 330 b), Unterlassene Hilfeleistung (§ 330 c), Leichenentwendung und vorzeitige Beerdigung (§ 367 Abs. 1 Ziffer 1 und 2).

77. Was besagt der § 203 StGB?
Danach wird auf Antrag (§ 205 StGB) bestraft, wer unbefugt ein fremdes Geheimnis, namentlich ein zum persönlichen Lebensbereich gehörendes Geheimnis oder ein Betriebs- oder Geschäftsgeheimnis, offenbart, das ihm in seiner Eigenschaft als Arzt, Zahnarzt, Apotheker oder Angehöriger eines anderen Heilberufs, der für die Berufsausübung oder die Führung der Berufsbezeichnung eine staatlich geregelte Ausbildung erfordert, Ehe-, Erziehungs- oder Jugendberater, Berater für Suchtfragen in einer Beratungsstelle sowie Mitarbeiter von Beratungsstellen für Schwangerschaftsabbrüche, Sozialarbeiter, Angehörigen eines Unternehmens der privaten Kranken-, Unfall- oder Lebensversicherung oder einer privatärztlichen Verrechnungsstelle u.a.m. anvertraut oder bekannt geworden ist. Den genannten Personen stehen ihre berufsmäßig tätigen Gehilfen und die Personen gleich, die bei ihnen zur Vorbereitung auf den Beruf tätig sind (z.B. Schwesternschülerin). Dasselbe gilt für denjenigen, der nach dem Tode des zur Wahrung des Geheimnisses Verpflichteten das von dem Verstorbenen oder aus dessen Nachlaß erlangte Geheimnis unbefugt veröffentlicht. Die Verletzung des Berufsgeheimnisses wird mit Freiheitsstrafe bis zu 1 Jahr oder mit Geldstafe bestraft. Handelt der Täter gegen Entgelt oder in der Absicht, sich oder einen anderen zu bereichern oder einen anderen zu schädigen, so ist die Freiheitsstrafe bis zu 2 Jahren oder Geldstrafe.

78. Worin besteht der Sinn bzw. Zweck der Vorschrift des § 203 StGB?
Ein Vertrauensverhältnis zwischen dem Patienten und den nach § 203 StGB Verpflichteten soll geschützt werden. Geschützt wird aber nicht nur das Interesse, das der einzelne an der Verschwiegenheit hat, sondern auch und sogar vorrangig das Interesse, welches die Allgemeinheit daran hat, daß die Ärzte, Zahnärzte usw. ihr Wissen nicht ausplaudern. Denn nur, wenn auf die Verschwiegenheit der Genannten Verlaß ist, darf man erwarten, daß sich die Patienten mit all ihren körperlichen und seelischen Nöten bedenkenlos dem Arzt, der Schwester usw. anvertrauen.

79. Was versteht man im Sinne von § 203 StGB unter einem fremden Geheimnis?
Es sind Angelegenheiten, deren Kenntnis nicht über einen geschlossenen Kreis von Personen hinausgeht und die im übrigen aufgrund des Willens des Patienten aus verständlichen Gründen geheimzuhalten sind. Man denke nur an Infektionskrankheiten oder an gynäkologische Erkrankungen, uneheliche Entbindungen, deren Bekanntwerden materiellen und auch seelischen Schaden zur Folge haben kann. Die Schweigepflicht muß sich grundsätzlich

auf alle Angelegenheiten erstrecken, die z.B. der Arzt bei der Begegnung mit dem Patienten erfährt. Hierzu gehören auch familiäre, berufliche und wirtschaftliche Dinge, selbst solche, die gar nicht den Patienten in eigener Person angehen, unter anderem auch der Name des Patienten.

80. Was versteht man unter Offenbarung des Geheimnisses?
Hierzu genügt die einfache Weitergabe des Wissens an eine andere Person, die nicht dem Kreis der zum Wissen Berufenen angehört. Mitteilungen über das Geheimnis innerhalb dieses Kreises sind keine unbefugte Offenbarung, soweit eine Berechtigung zur Mitwisserschaft vorliegt.

81. Wann ist die Offenbarung eines Geheimnisses zulässig?
Wenn Gründe vorliegen, die den Geheimnisbruch rechtfertigen.

82. Wann liegt eine unbefugte Offenbarung u.a. nicht vor?
1. Bei Entbindung von der Schweigepflicht (setzt Geschäftsfähigkeit bzw. genügendes Verständnis voraus).
2. Bei Ausführung von gesetzlich vorgeschriebenen Meldungen von übertragbaren Krankheiten nach dem BSeuchG bzw. nach dem GesGKr.
3. Bei Anzeige von Geburt und Tod nach PStG.
4. Meldung erkennbarer Fehlbildungen bei der Geburt für statistische Zwecke an das Standesamt.
5. Bei Mitteilungen über Behinderte nach §§ 124 und 125 BSHG.
6. Bei Mitteilungen des Wissens über den Kranken an zum Wissen berufene Personen (= geschlossener Kreis). Das sind behandelnde Ärzte, Pflegekräfte, nahe Angehörige (Ehegatte – nicht Verlobter –, Eltern und erwachsene Kinder). Verschiebungen sind nach Lage des Falles möglich! Der Patient kann auch Personen ausschließen.
7. Bei pflichtgemäßem Ermessen zur Wahrung eines Interesses, das höher ist als das berechtigte Interesse des Betroffenen an der Wahrung der Schweigepflicht (z.B. Verhütung der Ansteckung, Schutz der Allgemeinheit, Kindesmißhandlung).
8. Bei Wahrung berechtigter Interessen zur Selbstverteidigung vor Gericht und Eintreiben von Honorarforderungen im Zivilprozeß.
9. Bei Anzeige zur Verhinderung geplanter Straftaten (z.B. Mord, Totschlag, Raub, Menschenraub, erpresserische Kindesentführung).
10. Bei Mitteilungen an die Sozialversicherungsträger (z.B. Meldung einer Berufskrankheit) und Kassenärztlichen Vereinigungen über vertragsmäßig behandelte Patienten.

83. Endet die Schweigepflicht nach dem Tod?
Nach dem Tode ist eine Entbindung von der Schweigepflicht nicht mehr möglich. Die Entbindung von der Schweigepflicht ist nämlich ein höchstpersönliches Recht, das nicht vererbt werden kann.

84. Wann ist ein Geheimnis anvertraut und wann bekanntgeworden?
Anvertraut ist ein Geheimnis, wenn der zur Verschwiegenheit Verpflichtete Tatsachen durch eine Mitteilung oder durch Gewährung der Gelegenheit zur Wahrnehmung und Beobachtung erfahren hat. Bekanntgeworden ist ein Geheimnis, wenn der Verpflichtete ohne einen entsprechenden Anvertrauungswillen durch seine Berufsausübung davon Kenntnis erlangt hat.

85. Gilt die Schweigepflicht auch für Ärzte (Pflegepersonal) untereinander?
Entgegen einer weit verbreiteten anderen Meinung besteht die Schweigepflicht auch für Ärzte (analog Pflegepersonal u.a.) untereinander! Im Interesse der gegenseitigen Fortbildung ist rechtlich nichts dagegen einzuwenden, wenn 2 Ärzte sich über einen interessanten Fall unterhalten, ohne den Namen des betreffenden Patienten zu nennen oder sonstwie zu erkennen zu geben, um wen es sich handelt.

86. Wann ist der Arzt von der Pflicht zur Anzcige geplanter Straftaten befreit?
Wenn ihm die geplante Straftat in seiner Eigenschaft als Arzt anvertraut worden ist und wenn er sich ernstlich bemüht hat, die Tat abzuwenden. Diese Befreiung gilt nicht bei Mord oder Totschlag.

87. Wann kann man wegen Aussetzung bzw. Verlassen einer hilflosen Person bestraft werden?
Wer eine wegen jugendlichen Alters (z.B. Säugling), Gebrechlichkeit oder Krankheit (auch Trunkenheit) hilflose Person (= die sich nicht aus eigener Kraft helfen kann und am Leben oder der Gesundheit gefährdet ist) aussetzt (Wegbringen in eine gefährliche Lage), oder wer eine solche Person, wenn sie unter seiner Obhut steht oder wenn er für ihre Unterbringung, Fortschaffung oder Aufnahme zu sorgen hat (aufgrund rechtlicher Verpflichtung, vertraglicher Bindung oder vorausgegangenen Tuns), in hilfloser Lage verläßt (d.h. auch beim Anwesendsein und Unterlassung der notwendigen Sorge und Pflege), wird mit Gefängnis nicht unter drei Monaten bestraft.

88. Welche Folge kann eintreten, wenn die Aussetzung oder das Verlassen eine schwere Körperverletzung der ausgesetzten oder verlassenen Person verursacht hat?
In diesem Fall tritt Freiheitsstrafe bis zu 10 Jahren, und wenn durch die Handlung der Tod verursacht worden ist, Freiheitsstrafe nicht unter 3 Jahren ein. Hier tritt die Verantwortlichkeit auch ohne Verschulden ein.

89. Inwieweit ist eine Bestrafung wegen fahrlässiger Tötung möglich?
Derjenige, der durch Fahrlässigkeit den Tod eines Menschen verursacht, wird mit Gefängnis bestraft. Fahrlässigkeit liegt vor, wenn

der Täter bei der von ihm billigerweise zu fordernden Umsicht und Vorsicht mit der Möglichkeit des schädigenden Ereignisses hätte rechnen müssen.

90. Was besagt das StGB über die Folgen von Körperverletzungen?
Verschiedene Bestimmungen des StGB befassen sich mit der vorsätzlichen leichten Körperverletzung, der gefährlichen, schweren, beabsichtigten schweren und fahrlässigen Körperverletzung, der Mißhandlung von Kindern und Wehrlosen, der Körperverletzung mit tödlichem Ausgang sowie der Beibringung von Gift. Je nach der Schwere der Tat ist die Strafe zu bemessen. Die Verfolgung leichter vorsätzlicher sowie aller durch Fahrlässigkeit verursachter Körperverletzungen tritt nur auf Antrag ein, es sei denn, daß ein öffentliches Interesse an der Strafverfolgung vorliegt.

91. Wie kann dem ärztlichen Eingriff, der nach der Strafrechtslehre eine Körperverletzung darstellt, die Rechtswidrigkeit genommen werden?
Durch die Zustimmung des Betroffenen. Der Einwilligende muß die zur Beurteilung der Tat und der Einwilligung erforderliche sittliche und geistige Reife besitzen und vor der Körperverletzung sein Einverständnis schlüssig zu erkennen gegeben haben. Der Erklärung über die Einwilligung muß im allgemeinen eine ausreichende Aufklärung vorausgehen. Der Eingriff muß sorgfältig durchgeführt werden (vgl. Übersicht Seite 87).

92. Wann ist die Einwilligung eines Verletzten strafrechtlich unbeachtlich?
Wenn die Tat trotz der Einwilligung gegen die guten Sitten verstößt (d.h., wenn das Anstandsgefühl aller gerecht und billig Denkender verletzt wird).

93. Wie lautet die Strafandrohung bei unterlassener Hilfeleistung?
Wer bei Unglücksfällen (= plötzlich eintretendes Ereignis im Einzelfall) oder gemeiner Gefahr oder Not (= Allgemeinbedrohung durch Feuer, Überschwemmung, Naturkatastrophe u.a.) nicht Hilfe leistet, obwohl dies erforderlich und ihm den Umständen nach zuzumuten, insbesondere ohne erhebliche eigene Gefahr und ohne Verletzung anderer wichtiger Pflichten möglich ist, wird mit Freiheitsstrafe bis zu 1 Jahr oder mit Geldstrafe bestraft.

94. Löst ein normal verlaufender Krankheitsfall auch eine Hilfeleistungsverpflichtung im Strafrechtssinne aus?
Nein. Denn eine Krankheit ist im allgemeinen weder als Unglücksfall noch als Allgemeinbedrohung anzusehen. Eine Hilfeverpflichtung besteht allerdings u.a. bei Unfallverletzten, bei einer akuten Krise (z.B. plötzlicher Anfall mit Lähmungserscheinungen,

Zu Frage 91

Rechtmäßigkeit
eines Heileingriffs in Diagnose und Therapie

↓

1. Stellen einer Indikation
2. Aufklären des Patienten
3. Einwilligung

↓

4. Beachtung der gebotenen Sorgfalt

Bei Nichtbeachtung

↓

Fehlende Rechtmäßigkeit
Eingriff

↙ ↘

Ohne Folgen für Gesundheit und Leben

Mit Folgen
↓
Kausalität?

↙ ↘

Vorsatz?
↓
Körperverletzung, Tötung

Fahrlässigkeit?
↓
Fahrlässige Körperverletzung, Fahrlässige Tötung

sich steigernde und nahezu unerträglich gewordene Schmerzen in der Bauchhöhle, Selbstmordversuch), bei einer Epidemie.

95. Was will die Vorschrift über die unterlassene Hilfeleistung bestrafen?
Die gemeinschaftswidrige Gesinnung, die in der Unterlassung der Hilfe zum Ausdruck kommt.

96. Wie kann man die "Erste Hilfe" definieren?
Sie ist die Gesamtheit von Maßnahmen, die in Notsituationen erforderlich sind, um unmittelbar drohende Schäden für Leben und Gesundheit abzuwenden. Medizinisch gehören dazu die Aufrechterhaltung und Wiederherstellung der Atmungs-, Herz- und Kreislauftätigkeit.

97. Wie bzw. in welchem Umfange müssen Krankenpflegepersonen "Erste Hilfe" leisten?

Der Helfer muß die bestmögliche Hilfe leisten, er muß auf die wirksamste Weise helfen.

Bei der Einleitung oder Durchführung lebensrettender Maßnahmen sind Krankenpflegepersonen im Rahmen des Erforderlichen und ihrer Leistungsfähigkeit verpflichtet, auch solche Maßnahmen zu ergreifen, die im Normalfall allein dem Arzt vorbehalten sind. Dies so lange, wie ein Warten auf das Eingreifen eines Arztes nicht zu verantworten ist.

98. Ist das Verletzen von Straf- oder Bußgeldvorschriften im Zusammenhang mit Hilfeleistungen gerechtfertigt?

Ja dann, wenn die Maßnahme der Abwehr einer gegenwärtigen, anders nicht abwendbaren Gefahr für Leib und Leben eines anderen dient und bei Abwägung der widerstreitenden Interessen das geschützte Interesse das beeinträchtigte wesentlich überwiegt (vgl. §§ 34 und 35 StGB).

99. Kann man bei einem erfolglos verlaufenen Rettungsversuch zur Rechenschaft gezogen werden?

Erweist sich ein nach bester subjektiver Bemühung unternommener Rettungsversuch nachträglich als fehlerhaft und schädlich, so kann grundsätzlich die Krankenpflegeperson nicht zur Rechenschaft gezogen werden.

100. Inwiefern können insbesondere Angehörige der Medizinalberufe mit der Strafandrohung bei sexuellen Vergehen in Kollision geraten?

Der Mißbrauch eines Abhängigkeitsverhältnisses wird mit Freiheitsstrafe geahndet. Inbetracht kommen hierfür u.a.:

1. Wer einen seiner Erziehung, Ausbildung, Aufsicht oder Betreuung anvertrauten Menschen unter 21 Jahren zu sexuellen Handlungen mißbraucht,

2. wer unter Ausnutzung seiner Amtsstellung oder seiner Stellung in einer Anstalt für Kranke oder Hilfsbedürftige einen anderen zu sexuellen Handlungen mißbraucht,

3. wer eine in einem willenlosen oder bewußtlosen Zustand befindliche oder eine geisteskranke Frau zum außerehelichen Beischlaf mißbraucht.

101. Inwieweit ist der Schwangerschaftsabbruch mit Strafe bedroht bzw. wann tritt Straflosigkeit ein?

Wer eine Schwangerschaft abbricht, wird mit Freiheitsstrafe bis zu 3 Jahren oder mit Geldstrafe bestraft. Die Strafe ist Freiheitsstrafe von 6 Monaten bis zu 5 Jahren, wenn der Täter gegen den Willen der Schwangeren handelt oder leichtfertig die Gefahr des Todes oder einer schweren Gesundheitsschädigung der Schwangeren verursacht. Die Schwangere ist nicht strafbar, wenn der Schwangerschaftsabbruch nach Beratung von einem Arzt vorgenommen worden ist und seit der Empfängnis nicht mehr als 22 Wochen verstrichen sind. Das Gericht kann von einer Bestrafung der Schwangeren absehen, wenn sie sich zur Zeit des Eingriffs in besonderer Bedrängnis befunden hat. Beim Vorliegen bestimmter Indikationen sind Schwangerschaftsabbrüche zulässig. Kein Schwangerschaftsabbruch liegt vor, wenn aus dringenden medizinischen Gründen eine Frühgeburt eingeleitet wird, um ein lebensfähiges Kind zu erhalten, das am Leben bleiben soll. Stirbt das Frühgeborene, weil es nicht lebensfähig war, entfällt eine Strafbarkeit, wenn die ärztliche Maßnahme ohne Kunstfehler durchgeführt wurde.

102. Ist die Werbung für den Abbruch der Schwangerschaft zulässig?
Nein, ausgenommen ist die Werbung in Fachkreisen (z.B. Ärzte, Beratungsstellen).

103. Inwieweit ist das Inverkehrbringen von Mitteln zum Abbruch der Schwangerschaft mit Strafe bedroht?
Wer in der Absicht, rechtswidrige Taten nach § 218 StGB zu fördern, Mittel oder Gegenstände, die zum Schwangerschaftsabbruch geeignet sind, in den Verkehr bringt, wird mit Freiheitsstrafe bis zu 2 Jahren oder mit Geldstrafe bestraft.

104. In welcher Form ist im Zusammenhang mit der Schwangerenberatung ein Geheimnisschutz gewährleistet?
Wer ein fremdes Geheimnis, das ihm in seiner Eigenschaft als Mitglied oder Beauftragter einer anerkannten Beratungsstelle nach § 218 b StGB oder einer zur Begutachtung nach § 219 StGB zuständigen Stelle bekanntgeworden ist, unbefugt offenbart, wird mit Freiheitsstrafe bis zu 1 Jahr oder mit Geldstrafe bestraft. Die Tat wird nur auf Antrag verfolgt.

105. Welche Strafandrohung gilt für die Entwendung von Leichen bzw. für die vorzeitige Beerdigung von Leichen?
Mit Geldstrafe bis zu 500 DM oder mit Freiheitsstrafe bis zu 6 Wochen wird bestraft
1. wer ohne Wissen der Behörde einen Leichnam beerdigt oder beiseite schafft (grundsätzlich ist jeder Sterbefall vor der Beerdigung standesamtlich zu beurkunden),
2. wer den polizeilichen Anordnungen über vorzeitige Beerdigungen entgegenhandelt (bei Verdacht eines nicht natürlichen Todes ist eine Beerdigung nur mit Genehmigung der Staatsanwaltschaft oder des Amtsgerichts zulässig).

106. Welche Handlungen werden als Störung der Totenruhe mit Strafe bedroht?
Wer unbefugt aus dem Gewahrsam des Berechtigten (z.B. ärztli-

cher Klinik- oder Krankenanstaltsleiter) eine Leiche, Leichenteile oder die Asche eines Verstorbenen wegnimmt, wer daran oder an einer Beisetzungsstätte beschimpfenden Unfug verübt oder wer eine Beisetzungsstätte zerstört oder beschädigt, wird mit Freiheitsstrafe bis zu 3 Jahren bestraft. Der Versuch ist strafbar.

107. Ist die Organentnahme aus der sich in der Obhut eines Krankenhauses befindlichen Leiche mit Einverständnis des ärztlichen Leiters zulässig?
Es handelt sich hierbei wohl um keine unbefugte Wegnahme von Leichenteilen. Denn die Entnahme erfolgt mit Billigung des Gewahrsamsberechtigten. Diese Rechtsauffassung ist jedoch mit dem Hinweis auf das besondere Obhutsverhältnis der Angehörigen, umstritten.

Ordnungswidrigkeiten

108. Was versteht man unter Ordnungswidrigkeiten?
Gesetzesverstöße, die mit einer Verwarnung oder einer Geldbuße (Bußgeldbescheid) geahndet werden (z.B. Benutzen des Roten Kreuzes oder des Schweizer Wappens, Mißbrauch von Berufstrachten oder Berufsabzeichen, Führen einer geschützten Berufsbezeichnung ohne Erlaubnis, Unterlassen der Meldung einer übertragbaren Krankheit). Die Bearbeitung der Ordnungswidrigkeiten obliegt in der Regel Verwaltungsbehörden. Man spricht daher im Gegensatz zu kriminellen Handlungen von Verwaltungsunrecht. Das Nähere regelt u.a. das Ordnungswidrigkeitengesetz vom 24.5.1968 (BGBl. I S. 481) i.d. Neufassung vom 2.1.1975 (BGBl. I S. 80) i.d.F. vom 20.8.1975 (BGBl. I S. 2241).

Medizinalberufe und ihre gesetzlichen Grundlagen

Allgemeines

109. Welche Medizinalberufe werden im allgemeinen unterschieden und nach welchen Kriterien kann man sie verschiedenen Gruppen zuordnen?
Abgesehen von der Unterscheidung nach Heil- und Heilhilfsberufen bzw. ärztlichem und nichtärztlichem Personal ist folgende Gruppenzuordnung möglich:
1. Personen, deren Tätigkeit an eine staatliche Erlaubnis gebunden ist: Arzt, Zahnarzt, Apotheker, Heilpraktiker.
2. Personen unter ärztlicher Aufsicht, deren Tätigkeit an eine staatliche Erlaubnis gebunden ist: Hebammen.

3. Personen unter ärztlicher (oder anderer) Aufsicht, deren Berufsbezeichnung bundesgesetzlich geschützt ist: Krankenschwester, Krankenpfleger, Kinderkrankenschwester, Krankenpflegehelfer(in), Medizinisch-technischer Laboratoriums-Assistent(in), Medizinisch-technischer Radiologie-Assistent(in), Masseur, Masseur und medizinischer Bademeister, Krankengymnast(in), Apothekerassistent(in), Pharmazeutisch-technische(r) Assistent(in), Diätassistent(in), Beschäftigungs- und Arbeitstherapeut.

4. Personen, bei denen weder die Tätigkeit noch die Berufsbezeichnung bundesgesetzlich geschützt ist:
Z.B. Assistent(in) in der Sprachheilkunde (Logopäde), Audiometrist(in), Orthoptist(in), Assistent(in) in der Zytologie, Wochenpflegerin, Gesundheitsaufseher, Desinfektor und Schädlingsbekämpfer, Sozialmedizinischer Assistent im öffentlichen Gesundheitsdienst, Altenpflegerin, Familienpflegerin, Gemeindeschwester, Arzthelferin, Zahnarzthelferin, Apothekenhelferin, Sozialarbeiter, Rettungssanitäter. Die Ausbildungs- und Prüfungsordnungen und die staatliche Anerkennung sind bei diesen Personen vielfach durch Verwaltungsvorschriften der Länder geregelt.

Arzt

110. Welche Vorschriften gelten für die Tätigkeit und die Berufsbelange der Ärzte?
Die BÄO.

111. Wer ist zur Ausübung des ärztlichen Berufs befugt?
Derjenige, der im Besitz der Approbation als Arzt ist oder eine Erlaubnis zur vorübergehenden Ausübung des ärztlichen Berufs (z.B. für ausländische Ärzte) besitzt.

112. Was ist die Aufgabe des Arztes?
Krankheiten zu heilen, zu lindern, zu erkennen, zu verhüten und zu erforschen.

113. Welche Regelungen enthält u.a. die Approbationsordnung für Ärzte vom 28.10.1970 (BGBl. I S. 1458) i.d.F. vom 21.5.1975 (BGBl. I S. 1257)?
Vorschriften über die ärztliche Ausbildung, die u.a. ein Medizinstudium von mindestens 6 Jahren und eine praktische Ausbildung in Krankenanstalten von mindestens 12 Monaten umfaßt. Für die schriftlichen Prüfungen haben die Länder ein Zentrales Institut für medizinische Prüfungsfragen in Mainz errichtet.

114. Wann hat man auf die Erteilung der Approbation als Arzt einen Anspruch?
Wenn man nach dem Medizinstudium die ärztliche Prüfung bestanden hat und keine Versagungsgründe hinsichtlich der gesundheitlichen und persönlichen Eignung und Zuverlässigkeit vorliegen

115. Welche Einrichtung wurde für die Durchführung der schriftlichen Prüfungen der Ärzte geschaffen?
Institut für medizinische und pharmazeutische Prüfungsfragen in Mainz.

116. Wer hat das Recht zur Verleihung der Würde eines Doktors der Medizin?
Die Medizinischen Fakultäten der Universitäten. Das Nähere regeln die an den Universitäten geltenden Promotionsordnungen. Die Promotion ist dem Arzt nicht vorgeschrieben. Sie ist jedoch allgemein üblich

117. Durch welche Vorschriften werden die ärztlichen Berufspflichten und die Facharztanerkennung geregelt?
Durch die Vorschriften der Berufsordnungen.

118. Welche Pflichten obliegen u.a. dem Arzt?
Er hat seinen Beruf gewissenhaft auszuüben und sich bei seinem Verhalten innerhalb und außerhalb des Berufs der Achtung und des Vertrauens würdig zu zeigen, die der ärztliche Beruf erfordert. Er muß sich über Fortschritte der medizinischen Wissenschaft unterrichten. Denn nur dann kann er mit der Sorgfalt eines durchschnittlich gewissenhaften Arztes handeln. Obwohl der Arzt in der Berufsausübung frei ist, obliegt ihm u.U. eine Hilfeleistungspflicht (z.B. bei dringenden Notfällen, Bereitschaftsarzt).

119. Inwieweit ist dem Arzt eine Aufzeichnungspflicht auferlegt?
Nach den Berufsordnungen muß jeder Arzt Aufzeichnungen über seine Berufstätigkeit machen. Gesetzliche Vorschriften gibt es für Untersuchungen nach dem JASchG, dem GesGKr und der RöV. Die Aufzeichnungen sind mindestens 10 Jahre nach Abschluß der Behandlung sorgfältig (Schweigepflicht!) aufzubewahren. Ob und ggf. inwieweit ärztliche Unterlagen (z.B. Röntgenbilder) an Nichtärzte herauszugeben sind, ist umstritten (Das Amtsgericht Ludwigsburg hat 1974 eine Herausgabepflicht an einen Privatpatienten bejaht – Az. H C 131/74).

120. Welche Aufgaben obliegen insbesondere den Ärztekammern, denen die Ärzte als Pflichtmitglieder angehören?
Sie haben u.a. die Aufgabe, die Aufsicht über die Berufstätigkeit der Ärzte zu führen, ihnen obliegt die Weiterbildung der Ärzte zu Fachärzten und zu Ärzten für Allgemeinmedizin, sie fördern die ärztliche Fortbildung und erlassen Berufsordnungen (vgl. u.a. Heilberufsgesetz – HeilBerG – vom 30.7.1975 – SGV NW 2122 –

121. **Wer darf sich Facharzt oder Arzt für Allgemeinmedizin nennen?**
Nur derjenige Arzt, der nach voraufgegangener Weiterbildung (4 bis 6 Jahre) eine entsprechende Anerkennungsurkunde der Ärztekammer erhalten hat (z.B. Facharzt für Innere Medizin, Facharzt für Chirurgie, Facharzt für Augenheilkunde).

122. **Was versteht man unter einem niedergelassenen Arzt?**
Die Tätigkeit eines approbierten Arztes in eigener Praxis. Die meisten niedergelassenen Ärzte sind auch als Kassenarzt oder Vertragsarzt für die Patienten der gesetzlichen Krankenversicherung tätig.

123. **Was ist ein Belegarzt?**
Ein durch die kassenärztliche Vereinigung anerkannter Kassenarzt, dessen stationäre kassenärztliche Behandlung nicht das Schwergewicht seiner Gesamttätigkeit als Kassenarzt bildet.

124. **In welchen Bereichen gibt es u.a. angestellte bzw. beamtete Ärzte?**
Krankenhäusern (Assistenz-, Ober- oder Chefärzte), Universitätskliniken (wissenschaftliche Assistenten, Dozenten, Professoren), Öffentlicher Gesundheitsdienst (z.B. Amtsarzt), Träger der Sozialversicherung und Versorgungsverwaltung (z.B. Vertrauensärzte), Bundeswehr (Sanitätsoffiziere), Pharmazeutische Industrie und Industriebetriebe (z.B. Werksärzte).

125. **Wonach sind die Vergütungen, die den Ärzten für ihre Berufstätigkeit zustehen, im allgemeinen zu berechnen?**
Nach der GOÄ. Dies gilt auch für die Privatpraxis, wenn nichts anderes vereinbart wurde (z.B. Privat-Adgo).

126. **Wonach bemißt sich die Höhe des von einem Privatpatienten zu zahlenden Honorars?**
Falls nichts anderes vereinbart ist, ist die Höhe der Liquidation im Rahmen des einfachen bis zum sechsfachen Satzes der GOÄ in das freie Ermessen des Arztes gestellt. Dabei hat er die besonderen Umstände des einzelnen Falles, insbesondere die Schwierigkeiten der Leistung, den Zeitaufwand, die Vermögens- und Einkommensverhältnisse des Zahlungspflichtigen sowie die örtlichen Verhältnisse zu berücksichtigen. Als Mittelwert ärztlicher Honorare gilt zur Zeit der 3,5 fache Satz der GOÄ.
Beispiele für Mindestsätze:

GOÄ, Ziffer	1	Beratung	3.– DM
	6	Besuch	6.– DM
	25	Eingehende Untersuchung	5.– DM
	140	Vollnarkose	15.– DM
	366	Operation eines Mammatumors	20.– DM

127. Aufgrund welcher Vorschriften beruht die kassenärztliche Versorgung der Bevölkerung?
Auf dem Gesetz über das Kassenarztrecht vom 17.8.1955 (BGBl. I S. 513) und der RVO. Ziel der Sicherstellung der kassenärztlichen Versorgung ist es, den Versicherten und ihren Familienangehörigen eine bedarfsgerechte und gleichmäßige ärztliche Versorgung, die auch einen ausreichenden Not- und Bereitschaftsdienst umfaßt, in zumutbarer Entfernung unter Berücksichtigung des jeweiligen Standes der medizinischen Wissenschaft und Technik sowie der Möglichkeiten der Rationalisierung und Modernisierung zur Verfügung zu stellen.
Auf Landesebene sind Bedarfspläne aufzustellen und jeweils der Entwicklung anzupassen.

128. Nach welchem Grundsatz sind die mit der ärztlichen Versorgung zusammenhängenden Fragen zu lösen?
In gemeinsamer Selbstverwaltung der Krankenkassen und der Ärzte. Zu beachten ist dabei das Gesetz zur Weiterentwicklung des Kassenarztrechts vom 28.12.1976 (BGBl. I S. 3871).

129. Welche Voraussetzungen müssen für die Kassenzulassung vorliegen?
Nach der Zulassungsordnung für Kassenärzte vom 28.5.1957 (BGBl. I S. 572) die a) Approbation als Arzt sowie b) Ableistung einer 1 1/2jährigen Vorbereitungszeit nach Erteilung der Approbation in eigener Praxis. Eine Bedürfnisprüfung findet nicht mehr statt.

130. Wer entscheidet über die Kassenarztzulassung?
Ein Zulassungsausschuß, der für jeden Zulassungsbezirk von der kassenärztlichen Vereinigung (Zusammenschluß der Kassenärzte) und dem Landesverband der Krankenkassen errichtet wird.

131. Müssen die Versicherten einen bestimmten Kassenarzt in Anspruch nehmen?
Nein. Es besteht freie Kassenarztwahl.

132. Aufgrund welcher besonderen Vereinbarungen findet die kassenärztliche Versorgung statt?
Die kassenärztlichen Vereinigungen schließen mit den Krankenkassen Gesamtverträge über die kassenärztliche Behandlung und deren Honorierung ab.

133. Wird die GOÄ auch für die Honorierung von kassenärztlichen Leistungen angewandt?
Insoweit finden der Bewertungsmaßstab Ärzte (BMÄ) sowie die Ersatzkassen-Adgo (E-Adgo) Anwendung. Für bestimmte ärztliche Versorgungsleistungen gibt es Sondervereinbarungen (z.B. Abkommen Ärzte/Berufsgenossenschaften, Vertrag mit der Post-

beamtenkrankenkasse, Vertrag mit der Krankenversorgung der Bundesbahnbeamten).

Zahnarzt

134. Welche gesetzliche Grundlage gilt für die Tätigkeit und die Berufsbelange der Zahnärzte?
Das ZheilKG.

135. Wer ist zur Ausübung der Zahnheilkunde befugt?
Außer dem Arzt, wer im Besitz einer zahnärztlichen Bestallung ist oder zum Zeitpunkt des Inkrafttretens des ZheilKG die Zahnheilkunde ausgeübt hat.

136. Was versteht man unter Ausübung der Zahnheilkunde?
Feststellung und Behandlung von Zahn-, Mund- und Kieferkrankheiten.

137. Wonach richtet sich die Ausbildung und Erteilung der zahnärztlichen Bestallung?
Prüfungsordnung für Zahnärzte vom 26.1.1955 (BGBl. I S. 37) i.d.F. vom 1.3.1973 (BGBl. I S. 173).

138. Welche Stellen außerhalb des öffentlichen Gesundheitsdienstes überwachen die Tätigkeit der Zahnärzte?
Die Zahnärztekammern.

139. Gelten die für den Arzt erlassenen Berufspflichten auch für den Zahnarzt?
Es gelten entsprechende Regelungen auch für den Zahnarzt.

Apotheker

140. Welche Vorschriften gelten für die Tätigkeit, die Berufsbelange und die Ausbildung der Apotheker?
ApG, Bundesapothekerordnung vom 5.6.1968 (BGBl. I S. 601) i.d.F. vom 15.7.1976 (BGBl. I S. 1809) sowie Approbationsordnung für Apotheker vom 23.8.1971 (BGBl. I S. 1377).

141. Wer ist zur Ausübung des Apothekerberufs oder zur Führung der Berufsbezeichnung "Apotheker" befugt?
Der im Besitze der Approbation als Apotheker ist oder eine Erlaubnis zur vorübergehenden Ausübung des Berufs als Apotheker besitzt.

142. Was ist im allgemeinen die Aufgabe des Apothekers?
Die Bevölkerung ordnungsgemäß mit Arzneimitteln zu versorgen. Der Apotheker übt pharmazeutische Tätigkeiten aus (Entwicklung, Herstellung, Prüfung oder Abgabe von Arzneimitteln).

143. Welche Voraussetzungen sind für die Erteilung einer Approbation als Apotheker erforderlich?
Man muß nach einer Gesamtausbildungszeit von viereinhalb Jahren, von denen 12 Monate auf die praktische Ausbildung entfallen müssen, die pharmazeutische Prüfung bestanden haben, die gesundheitliche Eignung und Zuverlässigkeit nachweisen und Deutscher sein.

144. Wer ist neben den Behörden der Gesundheitsverwaltung zur Aufsicht über die Berufstätigkeit der Apotheker berufen?
Die Apothekerkammern.

Heilpraktiker

145. Wer ist nach dem HeilprG zur Ausübung der Heilkunde befugt?
Derjenige, der ohne ärztliche Approbation im Besitze einer Erlaubnis hierzu ist. Er führt die Berufsbezeichnung "Heilpraktiker". Die Ausübung der Heilkunde durch den Arzt versteht sich von selbst.

146. Was versteht man unter Heilkunde im Sinne des HeilprG?
Jede berufs- oder gewerbsmäßig vorgenommene Tätigkeit zur Feststellung, Heilung oder Linderung von Krankheiten, Leiden oder Körperschäden bei Menschen, die nach allgemeiner Auffassung besondere Fachkenntnisse voraussetzt.

147. Welches sind die Voraussetzungen für die Erteilung der Erlaubnis zur Ausübung des Berufs eines Heilpraktikers?
1. Der Amtsarzt muß nach einer Überprüfung der Kenntnisse und Fähigkeiten feststellen, daß die Ausübung der Heilkunde durch den Bewerber keine Gefahr für die Volksgesundheit bedeutet, 2. Vollendung des 25. Lebensjahres, 3. abgeschlossene Volksschulbildung sowie 4. Zuverlässigkeit und gesundheitliche Eignung. Eine bestimmte Ausbildung ist nicht vorgeschrieben. Die an den Schulen zur Ausbildung von Heilpraktikern abgelegten Prüfungen haben lediglich einen privaten Charakter.

148. In welcher Weise ist der Heilpraktiker u.a. in der Ausübung der Heilkunde eingeschränkt?
1. Er darf all die Tätigkeiten nicht verrichten, wozu ihn die eigenenen Kenntnisse und Fähigkeiten und die tatsächlichen Möglichkeiten zur Behandlung nicht befähigen,
2. er darf keine Geburtshilfe leisten,
3. er darf nicht an den Geschlechtsorganen untersuchen oder behandeln (darunter fällt praktisch die gesamte Frauenheilkunde),
4. er darf keine meldepflichtigen übertragbaren Krankheiten behandeln,
5. er darf keine Pockenschutzimpfung vornehmen,

6. er darf keine verschreibungspflichtigen Arzneimittel oder Betäubungsmittel verschreiben,
7. er darf keine zahnärztlichen Leistungen erbringen,
8. er darf keine Untersuchungen oder Blutentnahmen im Zusammenhang mit der Ahndung von strafbaren Handlungen durchführen,
9. er darf nicht mit Krankheitserregern arbeiten.
10. er darf keine Schwangerschaftsabbrüche vornehmen.

Im übrigen kann der Heilpraktiker auch nicht zu den RVO-Kassen zugelassen werden.

149. In welcher Weise sind die Heilpraktiker beruflich organisiert?
Sie haben sich auf freiwilliger Basis zu Berufsverbänden zusammengeschlossen. Verbindliche Berufsordnungen bestehen nicht.

Hebamme

150. Welche Vorschriften regeln Tätigkeit und Berufsbelange der Hebamme?
Das HebG sowie die Dienstordnungen der Länder.

151. Wer ist zur Geburtshilfe befugt?
Außer den Ärzten nur staatlich anerkannte Hebammen, die im Besitze einer Niederlassungserlaubnis sind. Für die Tätigkeit der Hebamme in Krankenanstalten ist eine Niederlassungserlaubnis entbehrlich. Aufgabe der Wochenpflegerin ist die Pflege von Wöchnerinnen, Neugeborenen (einschließlich der Frühgeborenen) und Säuglingen. Verrichtungen, die der Hebamme vorbehalten sind, darf die Wochenpflegerin nicht ausführen (vgl. Verordnung über Wochenpflegerinnen vom 7.2.1943 – RGBl. I S. 87 – i.d.F. vom 18.4.1975 – BGBl. I S. 967 –).

152. Was ist die Aufgabe der Hebamme?
Neben der Überwachung von Beginn der Wehen an und Hilfe bei der Geburt obliegt ihr die Beratung und Hilfe in der Schwangerschaft und im Wochenbett.

153. Muß zu jeder Geburt eine Hebamme hinzugezogen werden?
Ja. Diese Pflicht obliegt dem Arzt und der Schwangeren selbst.

154. Besteht auf die Hebammenhilfe ein Rechtsanspruch?
Ja. Es besteht aber freie Hebammenwahl.

155. Wann erreicht die Hebamme die Altersgrenze?
Mit der Vollendung des 70. Lebensjahres. Zu diesem Zeitpunkt erlöschen sowohl die staatliche Anerkennung als auch die Niederlassungserlaubnis.

156. Können auch Männer zum Hebammenberuf zugelassen werden?
Nein. Nach einer Entscheidung des BVerwG vom 21.3.1972 (NJW

1973, S. 575) verstößt es weder gegen das Grundrecht der Berufsfreiheit noch gegen den Gleichheitsgrundsatz, daß nur Frauen zum Hebammenberuf zugelassen werden können.

157. Wann kann eine staatliche Anerkennung als Hebamme ausgesprochen werden?
Wenn nach zweijähriger Ausbildung an einer Hebammenlehranstalt die Abschlußprüfung bestanden wurde (vgl. Ausbildungs- und Prüfungsordnung für Hebammen vom 25.3.1963 – BGBl. I S. 167 – i.d.F. vom 15.3.1971 – BGBl. I S. 261) und keine Versagungsgründe hinsichtlich der gesundheitlichen und persönlichen Eignung und Zuverlässigkeit vorliegen.

158. Wann darf sich eine Hebamme "niederlassen"?
Wenn sie nach einer Bedürfnisprüfung durch die zuständige Behörde eine entsprechende Erlaubnis erhalten hat. Der niedergelassenen Hebamme wird ein Mindesteinkommen garantiert.

159. In welcher Weise werden die niedergelassenen Hebammen hinsichtlich ihrer beruflichen Eignung überwacht?
Sie haben sich alle 3 Jahre beim zuständigen Amtsarzt einer Nachprüfung zu unterziehen. Im übrigen nehmen sie in regelmäßigen Abständen (5 Jahre) an Fortbildungsveranstaltungen teil.

160. Wem muß die Hebamme das von ihr zu führende Tagebuch auf Verlangen vorlegen?
Dem Amtsarzt.

161. Darf die Hebamme einen indizierten Schwangerschaftsabbruch durchführen?
Nein. Dies darf nur der Arzt.

Krankenschwester, Krankenpfleger, Kinderkrankenschwester, Krankenpflegehelfer(in)

162. Wann kam es erstmals in Deutschland zu landesrechtlichen Vorschriften über die Ausbildung bzw. die staatliche Prüfung von weiblichen Krankenpflegepersonen?
Am 22.3.1906 wurde durch Bundesratsbeschluß ein Entwurf für Vorschriften über die staatliche Prüfung von Krankenpflegepersonen aufgestellt. Aufgrund dieses Entwurfs wurde eine einheitliche Regelung der betreffenden Angelegenheiten für das ganze Deutsche Reich erzielt (Regelung in Preußen durch Erlaß vom 10.5.1907). Die Ausbildungszeit, die mit einer Prüfung abschloß, wurde damals auf 1 Jahr angesetzt.

163. Durch welches Gesetz wurden die landesrechtlichen Vorschriften über die Krankenpflege abgelöst?
Durch das Gesetz zur Ordnung der Krankenpflege vom 28.9.1938 (RGBl. I S. 1309).

164. Welche Definition der Krankenpflege enthielt die 2. Verordnung über die berufsmäßige Ausübung der Krankenpflege und die Errichtung von Krankenpflegeschulen vom 28.9.1938 (RGBl. I S. 1314)?

Krankenpflege umfaßt:

a) die Pflege von Personen, die an ansteckenden Krankheiten leiden, und zwar sowohl in Anstalten wie in der Wohnung,

b) die Pflege von sonstigen Kranken, die sich in laufender ärztlicher Behandlung befinden, soweit sie sich nicht auf die allgemeine Körperpflege beschränkt,

c) Hilfeleistungen bei Narkosen, Operationen und sonstigen ärztlichen Verrichtungen,

d) Hilfeleistungen bei der Anwendung von elektrischen und sonstigen Strahlen sowie bei Vornahme von bakteriologischen, serologischen und histologischen Untersuchungen.

165. Durch welches Gesetz wird das Berufsrecht der Krankenpflegepersonen heute geregelt?

Durch das KrPflG (vgl. Gesetzestext im Anhang).

166. Welche wesentlichen Änderungen brachte die Änderung des KrPflG 1965?

1. Die Dauer des Krankenpflegelehrgangs wurde allgemein auf 3 Jahre festgesetzt und die Zahl der Unterrichtsstunden wesentlich vermehrt,

2. als Voraussetzung für die Zulassung zur Ausbildung in der Krankenpflege wurde der Realschulabschluß oder eine zusätzliche Ausbildung zum Volksschulabschluß gefordert,

3. der Beruf der Krankenpflegehelferin (-helfer) wurde gesetzlich anerkannt.

167. Was wird durch das KrPflG geschützt?

Lediglich die Berufsbezeichnung. Auf den Schutz der Berufsausübung wurde mit Rücksicht auf den Pflegekräftemangel verzichtet.

168. Enthält das KrPflG Regelungen über die Fortbildung oder etwaige Zusatzausbildungen?

Nein, darauf hat der Gesetzgeber bewußt verzichtet. Solche Maßnahmen bleiben den Verbänden und den Krankenhausträgern überlassen. Die obersten Landesgesundheitsbehörden haben sich inzwischen auf eine Rahmenordnung für die Weiterbildung in den verschiedenen Fachrichtungen der Krankenpflege geeinigt. Die Vergütungsordnung für Angestellte im Pflegedienst enthält einen Katalog der Ausübungs- und Aufstiegsformen des Pflegepersonals durch Einordnung in bestimmte Vergütungsgruppen.

169. Wer bedarf nach § 1 des KrPflG einer Erlaubnis?

Wer die Krankenpflege (einschließlich Geisteskrankenpflege) unter der Bezeichnung "Krankenschwester" oder "Krankenpfleger" oder die Kinderkrankenpflege unter der Bezeichnung "Kinderkrankenschwester" ausüben will. Bezeichnungen, wie "Schwester", "Hilfsschwester", "Wärter" usw. können auch ohne Erlaubnis geführt werden.

170. Darf die Hebamme auch gleichzeitig eine Berufsbezeichnung nach § 1 KrPflG führen?
Die Führung der Berufsbezeichnung "Hebamme" schließt nach der Verordnung zur Abgrenzung der Berufstätigkeit der Hebammen von der Krankenpflege vom 19.12.1939 (RGBl. I S. 2458) i.d.F. vom 2.3.1974 (BGBl. I S. 469) die Erteilung der Erlaubnis nach § 1 KrPflG aus. Dagegen kann eine "Krankenschwester" gleichzeitig die Erlaubnis zur Führung der Berufsbezeichnung "Kinderkrankenschwester" erhalten (und umgekehrt).

171. Welchen Einschränkungen in der Berufstätigkeit soll das Pflegepersonal durch die Verordnung zur Abgrenzung der Berufstätigkeit der Hebammen von der Krankenpflege unterworfen sein?
1. Kranken- sowie Säuglings- und Kinderschwestern sollen keine Pflege einer gesunden Wöchnerin oder eines gesunden Neugeborenen übernehmen, wenn sie in den letzten 3 Tagen vor Übernahme der Wochenpflege krankenpflegerische Tätigkeit ausgeübt haben.
2. Die Pflege gesunder Wöchnerinnen schließt für die Dauer der ersten 10 Tage nach der Entbindung jede krankenpflegerische Tätigkeit aus. Krankenschwestern und Kinderkrankenschwestern, die in Entbindungsanstalten oder -abteilungen beschäftigt werden, haben sich 3 Tage vor Beginn ihres Dienstes auf Wochenpflegestationen jeder krankenpflegerischen Tätigkeit zu enthalten.

172. Welches sind die Voraussetzungen für die Erteilung einer Erlaubnis nach § 1 KrPflG?
Auf die Erlaubniserteilung besteht, sofern der dreijährige Ausbildungslehrgang absolviert und die Prüfung vor dem staatlichen Prüfungsausschuß bestanden wurde, ein Rechtsanspruch.

173. Ist die Erlaubniserteilung auch dann möglich, wenn eine Ausbildung außerhalb des Geltungsbereichs des KrPflG abgeschlossen wurde?
Wenn die Gleichwertigkeit des Ausbildungsstandes gegeben ist, haben Deutsche einen Anspruch auf die Erlaubnis, während sie Ausländern aufgrund einer Ermessensentscheidung erteilt werden kann.

174. Wann ist die Erlaubnis nach § 1 KrPflG zu versagen?
Wenn die Bewerberin (der Bewerber)
a) sich eines Verhaltens schuldig gemacht hat, aus dem sich die Unzuverlässigkeit zur Ausübung des Berufs ergibt, oder

b) wegen eines körperlichen Gebrechens, wegen Schwäche ihrer (seiner) geistigen oder körperlichen Kräfte oder wegen einer Sucht die für die Ausübung des Berufs erforderliche Eignung nicht besitzt.

175. Kann die Verwaltungsbehörde die Erteilung der Erlaubnis auch von einer ärztlichen Untersuchung abhängig machen?
Ja, vorausgesetzt, daß begründete Zweifel an der Eignung bestehen.

176. Was besagt das KrPflG über die Rücknahme der Erlaubnis?
Sie ist zurückzunehmen, wenn
1. eine Voraussetzung für ihre Erteilung (Lehrgangsbesuch, Bestehen der Prüfung) zu Unrecht als gegeben angenommen worden ist oder 2. nachträglich Tatsachen eingetreten sind, die die Unzuverlässigkeit zur Ausübung des Berufs erkennen lassen. Sie kann zurückgenommen werden, wenn sich nachträglich die Nichteignung herausstellt. Ist diese altersbedingt, so wird von der Möglichkeit der Zurücknahme in der Regel kein Gebrauch gemacht werden.

177. In welcher Weise hat der von der Versagung oder Rücknahme der Erlaubnis Betroffene Gelegenheit, sich zu der beabsichtigten Entscheidung zu äußern?
In beiden Fällen muß er vorher gehört werden. Ist der Betroffene nicht voll geschäftsfähig, so ist auch der gesetzliche Vertreter zu hören.

178. Wo finden die Lehrgänge in der Krankenpflege und Kinderkrankenpflege statt?
In Krankenpflege- oder Kinderkrankenpflegeschulen, die als zur Ausbildung geeignet staatlich anerkannt sind.

179. Wann ist eine Krankenpflege- oder Kinderkrankenpflegeschule zur Ausbildung geeignet?
Wenn die Schule
1. mit einem Krankenhaus einer bestimmten Größe (mindestens 150 Betten) verbunden ist, das im übrigen eine ausreichende theoretische und praktische Ausbildung gewährleisten muß,
2. über eine Schulleitung verfügt (z.B. Oberin und Arzt),
3. die für die vorgesehene Höchstzahl der Schülerinnen (Schüler) erforderlichen Ausbildungsmöglichkeiten besitzt (z.B. Unterrichtsschwester, Lehrkräfte, Räume und Einrichtungen für den Unterricht und für die Unterbringung der Schülerinnen und Schüler).

180. Handelt es sich bei den Krankenpflege- und Kinderkrankenpflegeschulen um Schulen im Sinne des Schulrechts der Länder?
Die Schulen sind als Einrichtungen der Berufsbildung anzusehen,

die nicht der allgemeinen Schulgesetzgebung unterliegen. Sie unterstehen daher auch nicht den Kultusministern der Länder.

181. **Welche Voraussetzungen müssen Bewerberinnen und Bewerber um die Zulassung zum Besuch einer Krankenpflege- oder Kinderkrankenpflegeschule nachweisen?**

1. Die Vollendung des 17. Lebensjahres;
2. a) Eine abgeschlossene Realschulbildung, eine andere abgeschlossene 10jährige Schulbildung oder eine der abgeschlossenen Realschulbildung entsprechende Schulbildung,
b) eine abgeschlossene Volksschulbildung oder eine gleichwertige Schulbildung und den erfolgreichen Besuch einer 2- bzw. 3jährigen Pflege- oder Schwesternvorschule (oder eine gleichwertige Ausbildung),
c) eine abgeschlossene Volksschulbildung und eine Berufsausbildung mit Lehrabschlußprüfung
(wer bis zum 1.10.1974 die Volksschule abgeschlossen hat, kann auch ohne Nachweis der übrigen Voraussetzungen unter Buchstabe b und c zugelassen werden),
d) den Besitz der Erlaubnis zur Führung der Berufsbezeichnung "Krankenpflegehelferin" oder "Krankenpflegehelfer" und eine 3jährige Bewährung in diesem Beruf nach Erwerb dieser Erlaubnis;
3. die körperliche Eignung zur Ausübung des Berufs durch Vorlage eines ärztlichen Zeugnisses;
4. die Zuverlässigkeit durch Vorlage eines amtlichen Führungszeugnisses;
5. Bewerberinnen müssen außerdem eine halbjährige hauswirtschaftliche Tätigkeit in eigener oder fremder Familie, in einer geeigneten Anstalt oder einer hauswirtschaftlichen Schule abgeleistet haben (in bestimmten Fällen braucht diese Tätigkeit allerdings nicht abgeleistet zu werden).

182. **Was versteht man im allgemeinen unter Pflege- bzw. Schwesternvorschulen?**

1. Pflegevorschulen sind Einrichtungen, die der Berufsfindung dienen und in der Regel direkt an den abgeschlossenen Volksschulbesuch anschließen.
2. Schwesternvorschulen sind Einrichtungen, die im allgemeinen eine Entscheidung für den pflegerischen Beruf voraussetzen.

183. **Wie lange dauern die Lehrgänge in der Krankenpflege- und Kinderkrankenpflege?**

Je 3 Jahre.

184. **Wann kann der 3jährige Lehrgang verkürzt werden?**

1. Für eine Krankenschwester der Lehrgang in der Kinderkrankenpflege um 18 Monate,
2. für eine Kinderkrankenschwester der Lehrgang in der Krankenpflege um 18 Monate,

3. für eine Hebamme der Lehrgang in der Kinderkrankenpflege oder der Lehrgang in der Krankenpflege um 12 Monate,
4. für eine Krankenpflegehelferin (einen Krankenpflegehelfer) der Lehrgang in der Krankenpflege um 6 Monate, nach 3jähriger Bewährung im Beruf nach Erwerb der Erlaubnis 12 Monate.
Die zuständige Verwaltungsbehörde kann im übrigen eine Ausbildung in der Krankenpflege oder in der Kinderkrankenpflege die nicht den Vorschriften des KrPflG entspricht, bis zu 2 Jahren auf den Lehrgang anrechnen.

185. Welche Unterbrechungszeiten der Ausbildung werden auf den Lehrgang angerechnet?
1. Unterbrechungen durch Ferien bis zu 4 Wochen jährlich und
2. Unterbrechungen wegen Erkrankung oder Schwangerschaft bis zur Gesamtdauer von 12 Wochen.

186. Welche Ausbildungsangebote muß der Lehrgang beinhalten?
Er muß mindestens 1200 Stunden Gruppenunterricht und eine praktische Ausbildung (in der Regel auf Station) umfassen.

187. Wie wird die erfolgreiche Teilnahme an dem Lehrgang nachgewiesen?
Durch eine Prüfung vor einem staatlichen Prüfungsausschuß.

188. Durch welche Vorschriften sind die näheren Einzelheiten über die Ausbildung und die Prüfungen in der Krankenpflege und in der Kinderkrankenpflege geregelt?
Durch die AusbOSchw, die aufgrund einer Ermächtigung im KrPflG als Rechtsverordnung erlassen worden ist (vgl. Verordnungstext im Anhang).

189. Welche Regelungen enthält im einzelnen die AusbOSchw?
1. Sie bestimmt, auf welche Fächer die Unterrichtsstunden zu verteilen sind (z.B. Berufskunde, Staatsbürger- und Gesetzeskunde 100 Stunden, Arzneimittellehre 30 Stunden).
2. Die Ausführungen über die praktische Ausbildung enthalten u.a. die Aussage, daß die Schüler nur zu Tätigkeiten herangezogen werden dürfen, die im Zusammenhang mit dem zu erlernenden Beruf stehen und die die Erreichung des Ausbildungszieles fördern.
3. Die AusbOSchw bestimmt, daß innerhalb der letzten 6 Monate des Lehrgangs dem Schüler für 2 Tage die selbständige Pflege eines Kranken einschließlich einer Nachtwache zu übertragen ist (hierüber ist ein schriftlicher Bericht zu fertigen).
4. Weitere Bestimmungen befassen sich mit dem Prüfungsausschuß (Zusammensetzung, Zuständigkeit), dem Verfahren zur Zulassung zur Prüfung, der Durchführung der schriftlichen und mündlichen Prüfung, dem Prüfungsergebnis (Beurteilung, Wertung, Niederschrift) sowie der Wiederholung der Prüfung (innerhalb eines Jahres).

190. **Wer bedarf nach § 14a KrPflG einer Erlaubnis?**
Wer die Krankenpflegehilfe (einschl. Geisteskrankenpflege) unter der Bezeichnung "Krankenpflegehelferin" oder "Krankenpflegehelfer" ausüben will.

191. **Welches sind die Voraussetzungen für die Erteilung einer Erlaubnis nach § 14a KrPflG?**
Auf die Erlaubniserteilung besteht, sofern der einjährige Ausbildungslehrgang absolviert und die Prüfung vor dem staatlichen Prüfungsausschuß bestanden wurde, ein Rechtsanspruch.

192. **Welche Regelungen gelten für die Anerkennung einer Ausbildung im Ausland, für die Versagung und Rücknahme der Erlaubnis sowie die Anhörung?**
Es gelten die für die Krankenpflege festgelegten Regelungen entsprechend.

193. **Wo finden die Lehrgänge in der Krankenpflegehilfe statt?**
In einer Schule für Krankenpflegehilfe, die als zur Ausbildung geeignet staatlich anerkannt ist.

194. **Welche Voraussetzungen gelten für die Zulassung zum Besuch einer Schule für Krankenpflegehilfe?**
1. Vollendung des 17. Lebensjahres,
2. abgeschlossene Volksschulbildung,
3. körperliche Eignung zur Ausübung des Berufs,
4. Zuverlässigkeit und
5. halbjährige hauswirtschaftliche Tätigkeit.

195. **Wie lange dauert der Lehrgang in der Krankenpflegehilfe?**
Ein Jahr. Es können Unterbrechungen durch Ferien bis zu 4 Wochen und Unterbrechungen wegen Erkrankung und Schwangerschaft bis zur Gesamtdauer von 4 Wochen angerechnet werden.

196. **In welcher Form wird der Lehrgang durchgeführt?**
Der Lehrgang in der Krankenpflegehilfe umfaßt mindestens 250 Stunden Gruppenunterricht und eine praktische Ausbildung.

197. **Wie wird die erfolgreiche Teilnahme an dem Lehrgang für Krankenpflegehilfe nachgewiesen?**
Durch eine Prüfung vor einem staatlichen Prüfungsausschuß.

198. **Durch welche Vorschriften sind die näheren Einzelheiten über die Ausbildung und die Prüfung in der Krankenpflegehilfe geregelt?**
Durch die Ausbildungs- und Prüfungsordnung für Krankenpflegehelferinnen und Krankenpflegehelfer (vgl. Verordnungstext im Anhang).

199. **Welche Behörden sind für die Entscheidungen nach dem KrPflG zuständig?**
Die Zuständigkeiten sind in den einzelnen Ländern unterschied-

lich geregelt (z.B. Bezirksregierungen, oberste Gesundheitsbehörden).

200. Wer handelt nach dem KrPflG ordnungswidrig?
Derjenige, der ohne entsprechende Erlaubnis eine geschützte Berufsbezeichnung führt.

201. Welche Sonderregelungen enthält das KrPflG für Angehörige der Bundeswehr, des Bundesgrenzschutzes und der Polizei?
Die genannten Personen können beim Nachweis des Bestehens einer bestimmten Prüfung (z.B. Sanitätsprüfung) die Erlaubnis zur Führung einer der geschützten Berufsbezeichnungen erhalten.

Medizinisch-technische(r) Laboratoriums-Assistent(in), medizinisch-technische(r) Radiologie-Assistent(in)

202. Durch welches Gesetz wird das Berufsrecht der medizinisch-technischen Assistenten geregelt?
Gesetz über technische Assistenten in der Medizin (MTA-G) vom 8.9.1971 (BGBl. I S. 1515).

203. Wem ist die Ausübung einer Tätigkeit unter der Berufsbezeichnung "medizinisch-technische(r) Laboratoriums-Assistent(in)", "medizinisch-technische(r) Radiologie-Assistent(in)" oder "veterinär-medizinisch-technische(r) Assistent(in)" gestattet?
Demjenigen, der eine Erlaubnis der zuständigen Behörde besitzt.

204. Welche Voraussetzungen müssen für die Erteilung der Erlaubnis zur Führung der geschützten Berufsbezeichnungen vorliegen?
Die Erlaubnis wird nach einem 2jährigen Lehrgang in der gewählten Fachrichtung, nach bestandener staatlicher Prüfung sowie bei Zuverlässigkeit zur Berufsausübung und bei Fehlen körperlicher Gebrechen, Schwäche der geistigen oder körperlichen Kräfte oder Sucht erteilt.

205. Wo wird die theoretische und praktische Ausbildung der technischen Assistenten in der Medizin durchgeführt?
An Lehranstalten, die als zur Ausbildung geeignet staatlich anerkannt sind. Das Nähere regelt die Ausbildungs- und Prüfungsordnung vom 20.6.1972 (BGBl. I S. 929).

206. Wer kann zu der Ausbildung zugelassen werden?
Wer eine abgeschlossene Realschulbildung oder eine andere gleichwertige Ausbildung nachweist.

207. Welche Tätigkeiten sind dem medizinisch-technischen Laboratoriums-Assistenten vorbehalten?
a) Hilfeleistungen bei feingeweblichen und zytologischen Untersuchungen,
b) Arbeiten auf dem Gebiet der klinischen Chemie,

c) Arbeiten auf dem Gebiet der Hämatologie und Immunhämatologie,
d) Arbeiten auf dem Gebiet der Mikrobiologie (einschließlich Parasitologie) und auf dem Gebiet der Serologie.
Hierzu zählen nicht einfache vorbereitende Tätigkeiten, einfache qualitative und quantitative Untersuchungen von Körperflüssigkeiten und Ausscheidungen, die Färbung von Blutausstrichen, die Zählung der roten und weißen Blutkörperchen und die Bestimmung des Hämoglobins, Nährbodentechnik sowie einfache serologische Untersuchungen, soweit dabei nicht mit lebenden Antigenen gearbeitet wird.

208. **Welche Tätigkeiten sind dem medizinisch-technischen Radiologie-Assistenten vorbehalten?**
Hilfeleistungen bei der Anwendung ionisierender Strahlen und bei der Anwendung radioaktiver Stoffe. Hierzu zählen nicht Hilfeleistungen bei Röntgenaufnahmen mit Schirmbildgeräten, die mit bauartgeprüften Schutzkabinen ausgestattet sind, so daß bei der höchsten vorgesehenen Aufnahmezahl die Ortsdosis von 0,1 R je Woche an allen Arbeits- und Aufenthaltsplätzen des Personals nicht überschritten wird.

209. **In welcher Weise sind den technischen Assistenten in der Medizin Beschränkungen bei Tätigkeiten zur Erkennung von Krankheiten auferlegt?**
Diese Tätigkeiten dürfen nicht in selbständiger Berufstätigkeit und nur im Auftrag eines Arztes, Zahnarztes, Tierarztes oder Heilpraktikers ausgeübt werden.

210. **Auf welche Personen finden die vorbehaltenen Tätigkeiten u.a. keine Anwendung?**
Auf Personen, die aufgrund einer abgeschlossenen Hochschulbildung über die erforderlichen Fachkenntnisse zur Ausübung der genannten Tätigkeiten verfügen, Zahnärzte, Heilpraktiker und Personen, die unter Aufsicht und Verantwortung einer der vorgenannten Personen tätig werden.

Masseur, Masseur und medizinischer Bademeister, Krankengymnast

211. **In welchem Gesetz ist das Berufsrecht der vorbezeichneten Personen geregelt?**
Gesetz über die Ausübung der Berufe des Masseurs, des Masseurs und Medizinischen Bademeisters und des Krankengymnasten vom 21.12.1958 (BGBl. I S. 985) i.d.F. vom 25.6.1969 (BGBl. I S. 645).

212. **Wem ist die Ausübung einer Tätigkeit unter der Bezeichnung "Masseur", "Masseur und medizinischer Bademeister" oder "Krankengymnast" gestattet?**
Demjenigen, der eine Erlaubnis der zuständigen Behörde besitzt.

Die Bezeichnung "Physiotherapeut" darf nicht geführt werden.

213. Welche Voraussetzungen müssen für die Erteilung der Erlaubnis zur Führung einer der geschützten Berufsbezeichnungen vorliegen?

Die Erlaubnis setzt neben der ordnungsgemäßen Ausbildung, der Ablegung einer staatlichen Prüfung und der Ableistung der vorgeschriebenen praktischen Tätigkeiten voraus, daß der Bewerber die gesundheitliche und persönliche Eignung und Zuverlässigkeit besitzt.

214. Welche Vorschriften regeln die Ausbildung, die Prüfung und die praktische Tätigkeit?

Ausbildungs- und Prüfungsordnung für Masseure und für Masseure und medizinische Bademeister vom 7.12.1960 (BGBl. I S. 880) und Ausbildungs- und Prüfungsordnung für Krankengymnasten vom 7.12.1960 (BGBl. I S. 885) i.d.F. vom 25.6.1971 (BGBl. I S. 847).

215. Wie lange dauern die Ausbildung und die praktische Tätigkeit?

a) Der Lehrgang für den Masseur dauert 1 Jahr und schließt mit einer Prüfung ab. Darauf folgt eine 1jährige praktische Tätigkeit unter Aufsicht eines geprüften Masseurs in einer hierzu ermächtigten Anstalt.

b) Die Ausbildung für den Masseur und medizinischen Bademeister entspricht der Ausbildung für den Masseur. Hinzukommen muß allerdings noch eine 12monatige praktische Tätigkeit unter Aufsicht eines medizinischen Bademeisters an einer hierzu ermächtigten Anstalt.

c) Der Lehrgang für den Krankengymnasten dauert 2 Jahre. Ihm folgt die Abschlußprüfung und eine 1jährige praktische Tätigkeit unter Aufsicht eines Krankengymnasten in einer hierzu ermächtigten Anstalt.

Die Lehrgänge finden an staatlich anerkannten Lehranstalten für Massage bzw. Krankengymnasten statt.

Apothekerassistent(in)

216. In welcher Form regelt das Gesetz über die Rechtsstellung vorgeprüfter Apothekeranwärter vom 4.12.1973 (BGBl. I S. 1813) die Tätigkeit der Personen, die die pharmazeutische Vorprüfung bestanden haben?

Diese Personen dürfen unter der Verantwortung eines Apothekers pharmazeutische Tätigkeiten unter Berufsbezeichnung "Apothekerassistent" oder "Apothekerassistentin" ausüben.

Pharmazeutisch-technische(r) Assistent(in)

217. **Welches Gesetz regelt das Berufsrecht des pharmazeutisch-technischen Assistenten?**
Gesetz über den Beruf des pharmazeutisch-technischen Assistenten (PTA-G) vom 18.3.1968 (BGBl. I S. 228) i.d.F. vom 4.12.1973 (BGBl. I S. 1813).

218. **Wem ist die Ausübung einer Tätigkeit unter der Berufsbezeichnung "pharmazeutisch-technischer Assistent" oder "pharmazeutisch-technische Assistin" gestattet?**
Demjenigen, der eine Erlaubnis der zuständigen Behörde besitzt.

219. **Welche Voraussetzungen müssen für die Erteilung der Erlaubnis zur Führung der geschützten Berufsbezeichnung vorliegen?**
a) Teilnahme an einem 2jährigen Lehrgang mit praktischer und theoretischer Ausbildung an einer Lehranstalt und nach einer halbjährigen praktischen Ausbildung in Apotheken sowie nach Bestehen der staatlichen Prüfung,
b) Vollendung des 18. Lebensjahres,
c) Zuverlässigkeit, Fähigkeit bzw. Eignung zur Berufsausübung und
d) abgeschlossene Realschulbildung.
Das Nähere der Ausbildung und Prüfung regelt die Ausbildungs- und Prüfungsordnung vom 12.8.1969 (BGBl. I S. 1200).

220. **Welche Tätigkeiten obliegen im allgemeinen dem pharmazeutisch-technischen Assistenten?**
Ausübung von pharmazeutischen Tätigkeiten unter der Aufsicht eines Apothekers.

Diätassistent

221. **Welches Gesetz befaßt sich mit dem Berufsrecht der Diätassistenten?**
Gesetz über den Beruf des Diätassistenten vom 17.7.1973 (BGBl. I S. 853).

222. **Welche Voraussetzungen müssen für die Erteilung einer Erlaubnis, unter der Berufsbezeichnung "Diätassistent" oder "Diätassistentin" eine Tätigkeit auszuüben, vorliegen?**
Die Erlaubnis wird nach einem 2jährigen Lehrgang mit staatlicher Prüfung sowie bei Zuverlässigkeit zur Berufsausübung und bei körperlicher Eignung erteilt.

223. **Wo wird die Ausbildung der Diätassistenten durchgeführt?**
An Lehranstalten, die als zur Ausbildung geeignet staatlich anerkannt sind. Das Nähere regelt die Ausbildungs- und Prüfungsordnung für Diätassistenten vom 12.2.1974 (BGBl. I S. 163).

224. **Wer kann zu einem Lehrgang zugelassen werden?**
Wer eine abgeschlossene Realschulbildung oder eine andere gleichwertige Ausbildung nachweist.

Beschäftigungs- und Arbeitsherapeut

225. **Welches Gesetz befaßt sich mit dem Berufsrecht des Beschäftigungs- und Arbeitstherapeuten?**
Gesetz über den Beruf des Beschäfts- und Arbeitstherapeuten vom 25.5.1976 (BGBl. I S. 1246).

226. **Welche Voraussetzungen müssen für die Erteilung einer Erlaubnis, unter der Berufsbezeichnung "Beschäftigungs- und Arbeitstherapeut" eine Tätigkeit auszuüben, vorliegen?**
Die Erlaubnis wird nach einer dreijährigen Ausbildung mit staatlicher Abschlußprüfung sowie bei Vorliegen der Zuverlässigkeit zur Berufsausübung und bei körperlicher Eignung erteilt.

227. **Wo wird die Ausbildung der Beschäftigungs- und Arbeitstherapeuten durchgeführt?**
An staatlich anerkannten Schulen für Beschäftigungs- und Arbeitstherapeuten. Das Nähere regelt die Ausbildungs- und Prüfungsordnung für Beschäftigungs- und Arbeitstherapeuten vom 23.3.1977 (BGBl. I S. 509).

228. **Wer kann zur Ausbildung zugelassen werden?**
Wer eine abgeschlossene Realschulbildung oder eine andere gleichwertige Ausbildung nachweist.

G Arznei- und Betäubungsmittelwesen

Apothekenwesen

1. **Welche Aufgabe obliegt nach dem ApG den Apothekern?**
   Ihnen obliegt die im öffentlichen Interesse liegende Sicherstellung einer ordnungsgemäßen Arzneimittelversorgung der Bevölkerung.

2. **Wer darf eine Apotheke betreiben?**
   Ohne Prüfung eines Bedürfnisses kann jedem der die persönlichen und sachlichen Voraussetzungen erfüllt, eine Erlaubnis zum Betrieb einer Apotheke erteilt werden.

3. **Welche Voraussetzungen muß insbesondere derjenige erfüllen, der eine Apotheke betreiben möchte?**
   Der Antragsteller muß u.a. Deutscher sein, die Approbation als Apotheker besitzen, die für den Betrieb einer Apotheke erforderliche Zuverlässigkeit besitzen, nachweisen, daß er über die für den Apothekenbetrieb erforderlichen Räume verfügt, die erforderliche körperliche Eignung besitzen.

4. **Wann erlischt die Erlaubnis zum Betrieb einer Apotheke u.a.?**
   Durch Tod, Verzicht, durch Rücknahme oder Widerruf der Approbation bzw. wenn ein Jahr lang von der Erlaubnis kein Gebrauch gemacht worden ist.

5. **Kann die Betriebserlaubnis auch förmlich zurückgenommen werden?**
   Ja. Wenn die Erlaubnisvoraussetzungen nicht oder nicht mehr vorliegen (z.B. bei Eintritt der Unzuverlässigkeit).

6. **Was besagt das ApG über die Verantwortung in der Führung einer Apotheke?**
   Der Erlaubnisinhaber ist zur persönlichen und eigenverantwortlichen Apothekenleitung verpflichtet. Daher ist ein Mehrbesitz von Apotheken ausgeschlossen.

7. **In welchen Fällen ist die Verpachtung einer Apotheke zulässig?**
   Sie ist u.a. dann zulässig,
   1. wenn und solange der Erlaubnisinhaber die Apotheke aus einem in seiner Person liegenden wichtigen Grund (z.B. Krankheit) nicht betreiben kann,
   2. nach dem Tode des Erlaubnisinhabers durch die erbberechtigten Kinder bis zur Vollendung des 23. Lebensjahres des jüngsten Kindes,
   3. durch den überlebenden, erbberechtigten Ehegatten bis zum Zeitpunkt der Wiederverheiratung.

8. **Wann kann eine Apothekenverwaltung in Betracht kommen?**
Nach dem Tode des Erlaubnisinhabers dürfen die Erben die Apotheke für längstens 12 Monate durch einen Apotheker verwalten lassen.

9. **Bedarf der Pächter oder Verwalter einer Apotheke einer behördlichen Erlaubnis?**
Ja. Er muß auch im erforderlichen Umfange die persönlichen und sachlichen Voraussetzungen für eine Erlaubniserteilung nachweisen.

10. **Dürfen Erlaubnisinhaber und Personal von Apotheken mit Ärzten oder anderen Personen, die sich mit der Behandlung von Krankheiten befassen, Rechtsgeschäfte oder Absprachen treffen, die eine bevorzugte Lieferung bestimmter Arzneimittel, die Zuführung von Patienten, die Zuweisung von Verschreibungen oder die Fertigung von Arzneimittel ohne volle Angabe der Zusammensetzung zum Gegenstand haben?**
Nein. Solche Rechtsgeschäfte oder Absprachen sind rechtsunwirksam.

11. **Wann darf eine Erlaubnis zum Betrieb einer Krankenhausapotheke erteilt werden?**
Dem Träger einer oder mehrerer Krankenanstalten innerhalb eines und desselben Gemeindebezirks und der angrenzenden Stadt- und Landkreise ist auf Antrag die Erlaubnis zum Betrieb einer Krankenhausapotheke zu erteilen, wenn er die Anstellung eines geeigneten Apothekers und die erforderlichen Räume nachweist.

12. **An welche Personen dürfen aus einer Krankenhausapotheke Arzneimittel abgegeben werden?**
Nur an Krankenhausinsassen und an die in Krankenanstalten beschäftigten Personen.

13. **Welche Möglichkeiten sieht das ApG für den Fall vor, daß ein Notstand in der Arzneimittelversorgung der Bevölkerung eingetreten ist?**
Dem Inhaber einer nahegelegenen Apotheke kann für einen Zeitraum von 5 Jahren die Erlaubnis zum Betrieb einer Zweigapotheke erteilt werden. Der Zweigapotheke muß ein geeigneter Verwalter vorstehen. Wenn 6 Monate nach Bekanntgabe eines Notstandes in der Arzneimittelversorgung der Bevölkerung kein Antrag auf Erlaubnis zum Betrieb einer Apotheke oder einer Zweigapotheke gestellt wird, kann einer Gemeinde oder einem Gemeindeverband die Erlaubnis zum Apothekenbetrieb unter Leitung eines angestellten Apothekers beim Nachweis der vorgeschriebenen Räume und Einrichtungen erteilt werden (sog. Notapotheke).

14. Welche Regelung trifft das AMG über die Aufsichtsführung?
Der Betrieb sämtlicher Apotheken untersteht nach den Vorschriften des AMG der behördlichen Aufsicht, insbesondere des Gesundheitsamtes. Die mit der Überwachung beauftragten Personen sind u.a. befugt, Apothekenbetriebsräume während der Geschäftszeit zu betreten, in ihnen Besichtigungen vorzunehmen, Proben zu entnehmen und erforderlichenfalls vorläufige Anordnungen zur Gewährleistung eines ordnungsgemäßen Apothekenbetriebes zu treffen.

15. Zu welchem Zweck ist aufgrund einer Ermächtigung im ApG die ABO erlassen worden?
Zum Zwecke der einwandfreien Herstellung, Prüfung, Aufbewahrung und Abgabe von Arzneimitteln und zur Gewährleistung eines ordnungsgemäßen Apothekenbetriebes.

16. Inwieweit ist der zur persönlichen Leitung der Apotheke Verpflichtete berechtigt, sich vertreten zu lassen?
Der Apothekenleiter kann sich bis zu 3 Monaten jährlich von einem approbierten Apotheker vertreten lassen. Bei einem wichtigen Grund kann eine Vertretung über diese Zeit hinaus zugelassen werden.

17. Wer darf in der Apotheke pharmazeutische Tätigkeiten verrichten?
Der Apotheker, Personen, die sich in der Ausbildung zum Apothekerberuf befinden, Apothekerassistenten, Pharmzeutisch-technische Assistenten sowie Personen, die sich in der Ausbildung zum Beruf des Pharmazeutisch-technischen Assistenten befinden. Das Apothekenpersonal darf im übrigen nur entsprechend seiner Ausbildung und seinen Kenntnissen beschäftigt werden.

18. Welche Aufgaben kommen im wesentlichen der Apothekenhelferin, die nicht zum pharmazeutischen Personal gehört, zu?
Wareneinkauf (z.B. Bestellen, Annehmen, Vergleichen, Auszeichnen, Einordnen von Arzneimittelspezialitäten), Handreichungen bei der Herstellung, Prüfung und Abgabe von Arzneimitteln. Bedienung, Pflege und Instandhaltung der Gerätschaften, Arbeiten in der Betriebs- und Lohnbuchhaltung, Schaufenstergestaltung. (Vgl. auch Verordnung über die Berufsausbildung zum Apothekenhelfer vom 28.11.1972 – BGBl. I S. 2217 –).

19. Was sind pharmazeutische Tätigkeiten im Sinne der ABO?
Entwicklung, Herstellung, Prüfung und Abgabe von Arzneimitteln.

20. Welche Anforderungen werden an die Betriebsräume der Apotheke gestellt?
Sie müssen nach Lage, Größe und Einrichtung so beschaffen sein, daß ein ordnungsgemäßer Apothekenbetrieb gewährleistet ist.

Insbesondere werden gefordert:
1. Die Apotheke muß mindestens aus einer Offizin, einem Laborraum, 2 Vorratsräumen und einem Nachtdienstzimmer bestehen und eine Mindestfläche von 110 qm aufweisen (die Krankenhausapotheke muß einen weiteren Laborraum und zwei weitere Räume sowie eine Mindestgröße von 200 qm aufweisen).
2. In einem Vorratsraum muß eine Aufbewahrung der Arzneimittel unterhalb von 20° C möglich sein.
3. Die Räume sollen so angeordnet sein, daß jeder Raum ohne Verlassen der Apotheke zugänglich ist.

21. Was besagt die ABO hinsichtlich der notwendigsten Geräte zum Betrieb der Apotheke bzw. der wissenschaftlichen und sonstigen Hilfsmittel?
Die mindestens erforderlichen Geräte und Hilfsmittel sind näher bezeichnet (z.B. apothekenrechtliche Vorschriften).

22. Wie ist die Dienstbereitschaft der Apotheke geregelt?
Die Apotheken müssen außer zu den Zeiten, in denen sie aufgrund einer Anordnung des Ladenschlußgesetzes geschlossen zu halten sind, ständig dienstbereit sein. Die Feiertags- und Nachtdienstbereitschaft der nächstgelegenen Apotheke ist an den nicht dienstbereiten Apotheken am Eingang an sichtbarer Stelle deutlich lesbar bekanntzugeben. Sofern dies im Einzelfall gerechtfertigt ist, können auch Apothekenschließungen für Betriebsferien, in den Mittagsstunden oder Mittwoch nachmittags oder aus einem anderen wichtigen Grund zugelassen werden.

23. Nach welchen Vorschriften sind Arzneimittel herzustellen?
Nach den Vorschriften des DAB. Soweit es keine Vorschriften gibt, sind sie nach den allgemein anerkannten Regeln der pharmazeutischen Wissenschaft herzustellen.

24. Inwieweit müssen Arzneimittel in der Apotheke auf ihre einwandfreie Beschaffenheit hin überprüft werden?
Arzneimittel müssen im allgemeinen in der Apotheke geprüft werden; Arzneimittel in abgabefertigen Packungen jedoch nur stichprobenweise.

25. In welcher Menge müssen in der Apotheke Arzneimittel vorrätig gehalten werden?
Die zur Sicherung einer ordnungsgemäßen Arzneimittelversorgung der Bevölkerung notwendigen Arzneimittel müssen in einer Menge vorrätig gehalten werden, die mindestens dem Durchschnittsbedarf 1 Woche entspricht.

26. Wie müssen Arzneimittel aufbewahrt werden?
Sie sind so aufzubewahren, daß ihre einwandfreie Beschaffenheit erhalten bleibt. Sie müssen im übrigen übersichtlich und getrennt von den sonstigen Waren aufbewahrt werden.

27. Welche besondere Vorschrift regelt die Aufbewahrung der Betäubungsmittel?
Betäubungsmittel sind in einem besonderen Schrank unter Verschluß aufzubewahren. Der Schrank ist so anzubringen, daß er vom Publikum nicht eingesehen werden kann. Er muß im übrigen durch sein Gewicht oder durch eine Verankerung gegen Diebstahl gesichert sein.

28. Was muß bei der Abgabe von Arzneimitteln besonders beachtet werden?
Arzneimittel dürfen nur in den Apothekenbetriebsräumen abgegeben werden. Eine Selbstbedienung ist verboten. Enthält eine Verschreibung einen Irrtum, ist sie unleserlich oder ergeben sich sonstige Bedenken, so darf das Arzneimittel nicht abgegeben werden, bevor die Unklarheit beseitigt ist. Auf der Verschreibung müssen nach Abgabe der Arzneimittel vermerkt werden: Name und Anschrift des Apothekers, Namenszeichen des Apothekers, der das Arzneimittel abgegeben oder die Abgabe beaufsichtigt hat, Datum der Abgabe, Preis des Arzneimittels.

29. Wann ist die Einrichtung einer Rezeptsammelstelle zulässig?
Die Erlaubnis hierzu ist dem Inhaber einer Apotheke zu erteilen, wenn zur ordnungsgemäßen Arzneimittelversorgung von abgelegenen Orten oder Ortsteilen ohne Apotheke eine Rezeptsammelstelle erforderlich ist.

30. Welche Waren dürfen neben Arzneimitteln in der Apotheke noch abgegeben werden?
Apothekenübliche Waren (z.B. Körperpflegemittel, diätetische Lebensmittel, ärztliche Instrumente, Gifte, Schädlingsbekämpfungsmittel, Pflanzenschutzmittel).

Arzneimittelrecht

31. Was ist der Zweck des AMG bzw. was wird durch das AMG geregelt?
Es ist der Zweck des AMG, im Interesse einer ordnungsgemäßen Arzneimittelversorgung von Mensch und Tier für die Sicherheit im Verkehr mit Arzneimitteln, insbesondere für die Qualität, Wirksamkeit und Unbedenklichkeit der Arzneimittel nach Maßgabe seiner Vorschriften zu sorgen.
Neben allgemeinen Begriffserläuterungen enthält das AMG insbesondere Vorschriften über die Anforderungen an Arzneimittel, Arzneimittelherstellung, Zulassung von Arzneimitteln, Registrierung, klinische Prüfung und Qualitätssicherung, Abgabe von Arzneimitteln, Überwachung sowie Haftung für Arzneimittelschäden.

32. **Was sind Arzneimittel im Sinne des AMG?**
Stoffe und Zubereitungen aus Stoffen, die dazu bestimmt sind, durch Anwendung am oder im menschlichen oder tierischen Körper
1. Krankheiten, Leiden, Körperschäden oder krankhafte Beschwerden zu heilen, zu lindern, zu verhüten oder zu erkennen,
2. die Beschaffenheit, den Zustand oder die Funktionen des Körpers oder seelische Zustände erkennen zu lassen,
3. vom menschlichen oder tierischen Körper erzeugte Wirkstoffe oder Körperflüssigkeiten zu ersetzen,
4. Krankheitserreger, Parasiten oder körperfremde Stoffe abzuwehren, zu beseitigen oder unschädlich zu machen oder
5. die Beschaffenheit, den Zustand oder die Funktionen des Körpers oder seelische Zustände zu beeinflussen.
Als Arzneimittel gelten auch weitere näher bezeichnete Gegenstände sowie Verbandstoffe und chirurgisches Nahtmaterial.

33. **Was sind Fertigarzneimittel?**
Arzneimittel, die im voraus hergestellt und in einer zur Abgabe an den Verbraucher bestimmten Packung in den Verkehr gebracht werden.

34. **Was sind Blutzubereitungen?**
Arzneimittel, die aus Blut gewonnene Blut-, Plasma- oder Serumkonserven, Blutbestandteile oder Zubereitungen aus Blutbestandteilen sind oder enthalten.

35. **Was versteht man unter Sera und Impfstoffen?**
Sera sind Arzneimittel, die aus Blut, Organen, Organteilen oder Organsekreten gesunder, kranker, krank gewesener oder immunisatorisch vorbehandelter Lebewesen gewonnen werden, spezifische Antikörper enthalten und die dazu bestimmt sind, wegen dieser Antikörper angewendet zu werden.
Impfstoffe sind Arzneimittel, die Antigene enthalten und die dazu bestimmt sind, bei Mensch oder Tier zur Erzeugung von spezifischen Abwehr- und Schutzstoffen angewendet zu werden.

36. **Was sind radioaktive Arzneimittel?**
Arzneimittel, die radioaktive Stoffe enthalten und ionisierende Strahlen spontan aussenden und die dazu bestimmt sind, wegen dieser Eigenschaften angewendet zu werden.

37. **Was versteht man unter Arzneimittel-Nebenwirkungen?**
Es sind beim bestimmungsgemäßen Gebrauch eines Arzneimittels auftretende unerwünschte Begleiterscheinungen.

38. **Was bedeutet das Herstellen von Arzneimitteln?**
Das Gewinnen, das Anfertigen, das Zubereiten, das Be- oder Verarbeiten, das Umfüllen einschließlich Abfüllen, das Abpacken und das Kennzeichnen.

39. Inwieweit ist das Inverkehrbringen von Arzneimitteln verboten?
Es ist verboten
1. Arzneimittel in den Verkehr zu bringen, bei denen nach dem jeweiligen Stand der wissenschaftlichen Erkenntnisse der begründete Verdacht besteht, daß sie bei bestimmungsgemäßem Gebrauch schädliche Wirkungen haben, die über ein nach den Erkenntnissen der medizinischen Wissenschaft vertretbares Maß hinausgehen (bedenkliche Arzneimittel);
2. radioaktive Arzneimittel oder Arzneimittel, bei deren Herstellung ionisierende Strahlen verwendet worden sind, in den Verkehr zu bringen, es sei denn, daß dies durch Rechtsverordnung zugelassen ist;
3. Arzneimittel herzustellen oder in den Verkehr zu bringen, die
a) durch Abweichung von den anerkannten pharmazeutischen Regeln in ihrer Qualität nicht unerheblich gemindert sind oder
b) mit irreführender Bezeichnung, Angabe oder Aufmachung versehen sind;
4. Arzneimittel in den Verkehr zu bringen, deren Verfalldatum abgelaufen ist.
Eine Irreführung im Sinne von Ziffer 3 b liegt insbesondere vor, wenn:

Arzneimitteln eine therapeutische Wirksamkeit oder Wirkungen beigelegt werden, die sie nicht haben, fälschlich der Eindruck erweckt wird, daß ein Erfolg mit Sicherheit erwartet werden kann oder daß nach bestimmungsgemäßem oder längerem Gebrauch keine schädlichen Wirkungen eintreten,

zur Täuschung über die Qualität geeignete Bezeichnungen, Angaben oder Aufmachungen verwendet werden, die für die Bewertung des Arzneimittels mitbestimmend sind.

40. Wie ist die Verantwortlichkeit für das Inverkehrbringen von Arzneimitteln geregelt?
Arzneimittel dürfen im Geltungsbereich des AMG nur durch einen pharmazeutischen Unternehmer in den Verkehr gebracht werden, der im Geltungsbereich des AMG seinen Sitz hat. Im übrigen müssen die Arzneimittel den Namen oder die Firma und die Anschrift des pharmazeutischen Unternehmers tragen.

41. Welche Kennzeichnungspflicht gilt für Fertigarzneimittel?
Fertigarzneimittel dürfen nur in den Verkehr gebracht werden, wenn auf den Behältnissen und, soweit verwendet, auf den äußeren Umhüllungen in deutlich lesbarer Schrift, in deutscher Sprache und auf dauerhafte Weise insbesondere angegeben sind:
Name und Anschrift des Unternehmers, Bezeichnung des Arzneimittels, Zulassungsnummer mit der Abkürzung "Zul.-Nr.", ggf Chargenbezeichnung, Darreichungsform, Inhalt, Art der Anwen-

dung, wirksame Bestandteile, Verfalldatum, Hinweise "Verschreibungspflichtig" oder "Apothekenpflichtig" bzw. "Unverkäufliches Muster", Warnhinweise.

42. **Welche Angaben muß die im allgemeinen jedem Fertigarzneimittel beizufügende Packungsbeilage mit der Überschrift "Gebrauchsinformation" enthalten?**
Name und Anschrift des Unternehmers, Bezeichnung des Arzneimittels, wirksame Bestandteile nach Art und Menge, Anwendungsgebiete, Gegenanzeigen, Nebenwirkungen, Wechselwirkungen mit anderen Mitteln, Dosierungsanleitung mit Einzel- und Tagesgaben und den Hinweis "soweit nicht anders verordnet", Art und Dauer der Anwendung, Hinweis auf Verfalldatum, Hinweis, daß Arzneimittel unzugänglich für Kinder aufbewahrt werden sollen, Warnhinweise bzw. Aufbewahrungshinweise. Wird ein Arzneimittel ohne äußere Umhüllung in den Verkehr gebracht, so kann die Packungsbeilage entfallen, wenn die vorgeschriebenen Angaben auf dem Behältnis stehen.
Weitere Einzelheiten für die Kennzeichnung und die Packungsbeilage können durch Rechtsverordnung geregelt werden.

43. **Bedarf man zur gewerbsmäßigen Herstellung von Arzneimitteln einer Erlaubnis?**
Ja, von einigen Sonderregelungen einmal abgesehen (z.B. Arzneimittelherstellung im Rahmen des üblichen Apothekenbetriebs).

44. **Wann darf die Herstellungserlaubnis versagt werden?**
Wenn Herstellungsleiter, Kontrolleiter und Vertriebsleiter nicht die erforderliche Sachkunde bzw. Zuverlässigkeit besitzen, die verantwortlichen Personen die ihnen obliegenden Verpflichtungen nicht ständig erfüllen können oder geeignete Räume und Einrichtungen für die beabsichtigte Herstellung, Prüfung und Lagerung der Arzneimittel nicht vorhanden sind.
Der Nachweis der Sachkenntnis als Herstellungsleiter oder als Kontrolleiter wird erbracht durch die Approbation als Apotheker oder das Zeugnis über eine nach abgeschlossenem Hochschulstudium der Pharmazie, der Chemie, der Biologie, der Human- oder der Veterinärmedizin abgelegte Prüfung sowie eine mindestens zweijährige praktische Tätigkeit in der Arzneimittelherstellung oder in der Arzneimittelprüfung.

45. **Inwieweit regelt das AMG die Zulassungspflicht von Arzneimitteln?**
Fertigarzneimittel dürfen nur in den Verkehr gebracht werden, wenn sie durch die zuständige Behörde (BGA oder Bundesamt für Sera und Impfstoffe) zugelassen sind. Eine Zulassungspflicht gilt u.a. nicht für Arzneimittel, die zur klinischen Prüfung bei Menschen bestimmt sind bzw. für sog. Standardzulassungen (keine Ge-

fährdung zu befürchten, weil Anforderungen an Qualität, Wirksamkeit und Unbedenklichkeit erwiesen). Voraussetzung für die Zulassung ist ein mit bestimmten Angaben bzw. Unterlagen vorsehener Antrag des pharmazeutischen Unternehmers. Neben einzelnen Angaben über das zuzulassende Arzneimittel (Bezeichnung, Bestandteile, Darreichungsform, Wirkungen, Anwendungsgebiete, Gegenanzeigen, Nebenwirkungen, Wechselwirkungen mit anderen Mitteln, Dosierung, Packungsgrößen, Haltbarkeit, Kontrollmethoden u.a.) müssen Unterlagen über die analytische, pharmakologisch-toxikologische und klinische Prüfung sowie Sachverständigengutachten, in denen die Kontrollmethoden und die Prüfungsergebnisse zusammengefaßt und bewertet werden, beigefügt werden. Die Unterlagen müssen den Anforderungen der Arzneimittelprüfrichtlinien entsprechen. Insbesondere bei Arzneimitteln, deren Wirkungen und Nebenwirkungen bereits bekannt und aus dem wissenschaftlichen Erkenntnismaterial ersichtlich sind, kann auf die Vorlage bestimmter Unterlagen verzichtet werden.

46. In welcher Form muß die Zulassung eines Arzneimittels erfolgen?

Die zuständige Behörde erteilt die Zulassung innerhalb einer Frist von 4 Monaten schriftlich unter Zuteilung einer Zulassungsnummer, ggf. können Auflagen gemacht werden. Die Zulassung gilt nur für das im Zulassungsbescheid aufgeführte Arzneimittel. Die Zulassung ist auf Grund der Prüfung der eingereichten Unterlagen zu erteilen. Zur Beurteilung der Unterlagen kann die zuständige Behörde eigene wissenschaftliche Ergebnisse verwerten, Sachverständige beiziehen oder Gutachten anfordern. Bei Arzneimitteln, die der Verschreibungspflicht unterliegen, ist eine Zulassungskommission zu hören, deren Mitglieder vom BMJFG berufen werden. Bei Sera und Impfstoffen müssen besondere Regelungen beachtet werden (u.a. staatliche Chargenprüfung). Die Zulassung eines Arzneimittels läßt im übrigen die zivil- und strafrechtliche Verantwortlichkeit des pharmazeutischen Unternehmers unberührt.

47. Wann darf die Zulassung eines Arzneimittels versagt werden?

Die Versagung ist zulässig, wenn:

1. die vorgelegten Unterlagen unvollständig sind,
2. das Arzneimittel nicht nach dem jeweils gesicherten Stand der wissenschaftlichen Erkenntnisse ausreichend geprüft worden ist,
3. das Arzneimittel nicht die nach den anerkannten pharmazeutischen Regeln angemessene Qualität aufweist,
4. dem Arzneimittel die vom Antragsteller angegebene therapeutische Wirksamkeit fehlt oder diese nach dem jeweils gesicherten Stand der wissenschaftlichen Erkenntnisse vom Antragsteller unzureichend begründet ist,

5. bei dem Arzneimittel der begründete Verdacht besteht, daß es bei bestimmungsgemäßem Gebrauch schädliche Wirkungen hat, die über ein nach den Erkenntnissen der medizinischen Wissenschaft vertretbares Maß hinausgehen,
6. die angegebene Wartezeit nicht ausreicht,
7. das Inverkehrbringen des Arzneimittels gegen gesetzliche Vorschriften verstoßen würde.

Die Zulassung ist einem Antragsteller zu versagen, der sie für ein Arzneimittel beantragt, das sich von einem zugelassenen oder bereits im Verkehr befindlichen Arzneimittel in der Bezeichnung und in der Darreichungsform nicht unterscheidet, jedoch in der Art oder Menge der wirksamen Bestandteile.
Die Entscheidung ergeht im allgemeinen innerhalb von 4 Monaten.

In bestimmten Fällen kann eine Zulassung zurückgenommen oder widerrufen werden (z.B. bei unrichtigen Angaben bzw. wenn Versagungsgründe nachträglich eintreten). Auch das Ruhen der Zulassung kann befristet angeordnet werden. Die Zulassung kann auch erlöschen (z.B. nach 5 Jahren seit ihrer Erteilung, wenn sie nicht vorher verlängert wird).

48. Wie erfährt man als Bürger von den Entscheidungen der zuständigen Behörden über die Zulassung von Arzneimittel?
Durch die vorgeschriebenen Bekanntmachungen im BAnz.

49. Inwieweit ist eine Registrierung homöopathischer Arzneimittel vorgeschrieben?
Fertigarzneimittel dürfen als homöopathische Arzneimittel nur in den Verkehr gebracht werden, wenn sie auf Grund des mit den vorgesehenen Registrierungsunterlagen (ähnlich wie bei sonstigen Fertigarzneimitteln) versehenen Antrags in ein bei der zuständigen Behörde zu führendes Register für homöopathische Arzneimittel eingetragen sind. Dem Antragsteller wird eine Registriernummer mitgeteilt.

50. Wie schützt das AMG den Menschen bei der klinischen Prüfung von Arzneimitteln?
Die klinische Prüfung eines Arzneimittels darf im allgemeinen bei Menschen nur durchgeführt werden, wenn und solange
a) die Risiken, die mit ihr für die Personen verbunden sind, bei der sie durchgeführt werden soll, gemessen an der voraussichtlichen Bedeutung des Arzneimittels für die Heilkunde ärztlich vertretbar sind,
b) die Person, bei der sie durchgeführt werden soll, ihre Einwilligung hierzu erteilt hat, nachdem sie durch einen Arzt über Wesen, Bedeutung und Tragweite der klinischen Prüfung aufgeklärt worden ist,

c) die Person, bei der sie durchgeführt werden soll, nicht auf gerichtliche oder behördliche Anordnung in einer Anstalt verwahrt ist,
d) sie von einem Arzt geleitet wird, der mindestens eine zweijährige Erfahrung in der klinischen Prüfung von Arzneimitteln nachweisen kann,
e) eine ausreichende pharmakologisch-toxikologische Prüfung durchgeführt worden ist und Unterlagen hierüber bei der zuständigen Behörde hinterlegt sind,
f) der Leiter der klinischen Prüfung über die bisherigen Prüfungsergebnisse und die voraussichtlich mit der klinischen Prüfung verbundenen Risiken informiert worden ist und
g) für den Fall einer Tötung oder Gesundheitsschädigung eine Versicherung in angemessenem Umfange die Risiken der klinischen Prüfung abdeckt.

51. Welche Anforderungen sind an die Einwilligung zur Mitwirkung bei der klinischen Prüfung gestellt?

Eine Einwilligung ist nur wirksam, wenn die Person, die sie abgibt
a) geschäftsfähig und in der Lage ist, Wesen, Bedeutung und Tragweite der klinischen Prüfung einzusehen und ihren Willen hiernach zu bestimmen und
b) die Einwilligung selbst und schriftlich erteilt hat.

Eine Einwilligung kann jederzeit widerrufen werden.

52. Was muß bei klinischen Prüfungen von Arzneimitteln bei Minderjährigen insbesondere beachtet werden?

Das Arzneimittel muß zum Erkennen oder zum Verhüten von Krankheiten bei Minderjährigen bestimmt sein. Die klinische Prüfung an Erwachsenen darf nach den Erkenntnissen der medizinischen Wissenschaft keine ausreichenden Prüfergebnisse erwarten lassen.

Die Einwilligung wird durch den gesetzlichen Vertreter oder Pfleger abgegeben, nachdem dieser in gehöriger Weise aufgeklärt worden ist. In bestimmten Fällen ist sogar die schriftliche Einwilligung des Minderjährigen erforderlich.

53. Welche besondere Voraussetzungen für die klinische Prüfung von Arzneimitteln gelten bei einer Person, die an einer Krankheit leidet, zu deren Behebung das zu prüfende Arzneimittel angewendet werden soll?

Insbesondere darf die klinische Prüfung nur durchgeführt werden, wenn die Anwendung des zu prüfenden Arzneimittels nach den Erkenntnissen der medizinischen Wissenschaft angezeigt ist, um das Leben des Kranken zu retten, seine Gesundheit wiederherzustellen oder sein Leiden zu erleichtern.

Die klinische Prüfung darf auch bei einer Person, die geschäftsunfähig oder in der Geschäftsfähigkeit beschränkt ist, durchgeführt werden.

Falls eine geschäftsunfähige oder in der Geschäftsfähigkeit beschränkte Person in der Lage ist, Wesen, Bedeutung und Tragweite der klinischen Prüfung einzusehen und ihren Willen hiernach zu bestimmen, so bedarf die klinische Prüfung neben einer erforderlichen Einwilligung dieser Person der Einwilligung ihres gesetzlichen Vertreters oder Pflegers. Ansonsten ist die Einwilligung des gesetzlichen Vertreters oder Pflegers, die auch mündlich in Anwesenheit eines Zeugen gegeben werden kann, ausreichend. Die Aufklärung und Einwilligung des Kranken bzw. seines Vertreters können in bestimmten Fällen (z.B. wenn Behandlung ohne Aufschub zur Lebensrettung erforderlich) entfallen.

54. **Wo dürfen Arzneimittel im Einzelhandel im allgemeinen nur abgegeben werden?**

Arzneimittel, die nicht für den Verkehr außerhalb der Apotheke freigegeben sind, dürfen im Einzelhandel nur in Apotheken in den Verkehr gebracht werden (Inverkehrbringen ist das Vorrätighalten zum Verkauf oder zu sonstiger Abgabe, das Feilhalten, das Feilbieten und die Abgabe an andere). Dies gilt insbesondere für die Abgabe von Arzneimitteln auf Verschreibung.

Die in der kassenärztlichen Versorgung tätigen Ärzte treffen ihre Arzneimittelverordnungen unter Beachtung der Arzneimittel-Richtlinien vom 16.12.1974 (BAnz vom 26.3.1975).

55. **Wann sind Arzneimittel für den Verkehr außerhalb der Apotheke freigegeben?**

a) Arzneimittel, die zu anderemZwecke als zur Beseitigung oder Linderung von Krankheiten, Leiden, Körperschäden oder krankhaften Beschwerden zu dienen bestimmt sind, sind für den Verkehr außerhalb der Apotheken freigegeben.

b) Ferner sind u.a. für den Verkehr außerhalb der Apotheken freigegeben:
natürliche und künstliche Mineral-, Heil- und Meerwässer sowie deren Salze, auch als Tabletten oder Pastillen, Heilerde, Pflanzen und Pflanzenteile, Pflaster, Brandbinden, Mund- und Rachendesinfektionsmittel.

c) Durch die Verordnung über die Zulassung von Arzneimitteln für den Verkehr außerhalb der Apotheke vom 19.9.1969 (BGBl. I S. 1651) ist die Liste der apothekenfreien Arzneimittel u. a. wie folgt ergänzt worden: Stoffe und Zubereitungen aus Stoffen, die in einer Anlage zu der genannten Verordnung aufgeführt sind, z.B. Destillate (ausgenommen Trockendestillate) aus Mischungen von Pflanzen, Pflanzenteilen, ätherischen Ölen usw. nach näheren Vorschriften, lösliche Teeaufgußpulver.

56. Wann sind Arzneimittel vom Verkehr außerhalb der Apotheke ausgeschlossen?

Soweit sie nur auf ärztliche, zahnärztliche oder tierärztliche Verschreibung abgegeben werden dürfen oder wenn sie durch Rechtsverordnung vom Verkehr außerhalb der Apotheken ausgeschlossen sind. Eine entsprechende Regelung ist durch die Verordnung über den Ausschluß von Arzneimitteln vom Verkehr außerhalb der Apotheke vom 19.9.1969 (BGBl. I S. 1662) erfolgt. Diese Verordnung soll Arzneimittel vom Verkehr außerhalb der Apotheken ausschließen, soweit auch bei bestimmungsgemäßem oder bei gewohnheitsmäßigem Gebrauch eine unmittelbare oder mittelbare Gefährdung der Gesundheit von Mensch oder Tier zu befürchten ist.

57. An wen dürfen pharmazeutische Unternehmer und Großhändler Arzneimittel abgeben?

Sie dürfen Arzneimittel, deren Abgabe den Apotheken vorbehalten ist, außer an Apotheken insbesondere nur abgeben an andere pharmazeutische Unternehmer und Großhändler, sowie Krankenhäuser und Ärzte, soweit es sich u.a. handelt um aus menschlichem Blut gewonnene Blutzubereitungen, menschliches oder tierisches Gewebe, Infusionslösungen in Behältnissen mit mindestens 500 ml, die zum Ersatz oder zur Korrektur von Körperflüssigkeit bestimmt sind, Impfstoffe.

58. An wen dürfen pharmazeutische Unternehmer Muster von Fertigarzneimittel abgeben?

Auf jeweilige schriftliche Anforderung in einem dem Zwecke der Erprobung angemessenen Umfang an Ärzte, Zahnärzte oder Tierärzte bzw. an Ausbildungsstätten für die Heilberufe in einem für den Zweck der Ausbildung angemessenen Umfang.

Über die Empfänger von Mustern sowie über Art, Umfang und Zeitpunkt der Abgabe von Mustern sind Nachweise zu führen und auf Verlangen der zuständigen Behörde vorzulegen.

59. Welche Arzneimittel sind verschreibungspflichtig?

a) Arzneimittel, die nach näheren Regelungen der Verordnung über verschreibungspflichtige Arzneimittel vom 7.8.1968 (BGBl. I S. 914) i.d.F. vom 14.12.1976 (BGBl. I S. 3400) bestimmte Stoffe, Zubereitungen aus Stoffen oder Gegenstände sind oder denen solche Stoffe oder Zubereitungen aus Stoffen zugesetzt sind.

b) Eine automatische Verschreibungspflicht gilt für Arzneimittel, die Stoffe in der medizinischen Wissenschaft nicht allgemein bekannter Wirkungen oder deren Zubereitungen enthalten, für einen Zeitraum von fünf Jahren. Dieser Zeitraum kann verkürzt, aber auch verlängert werden. Die Arzneimittel, die der automatischen Verschreibungspflicht unterliegen, werden zur Zeit bestimmt durch die Rechtsverordnung vom 19.12.1968 (BGBl. I S. 1444) i.d.F. vom 24. 5. 1977 (BGBl. I S. 780).

60. Wer darf Einzelhandel mit freiverkäuflichen Arzneimitteln treiben?
Einzelhandel außerhalb von Apotheken mit Arzneimitteln, die zum Verkehr außerhalb der Apotheken freigegeben sind, darf nur betrieben werden, wenn die für den Vertrieb verantwortliche Person die erforderliche Sachkenntnis hat. Das Nähere über den Nachweis der Sachkenntnis regelt eine Rechtsverordnung. Einer Sachkenntnis bedarf nicht, wer Fertigarzneimittel im Einzelhandel in den Verkehr bringt, die

a) im Reisegewerbe abgegeben werden dürfen,
b) zur Verhütung der Schwangerschaft oder von Geschlechtskrankheiten beim Menschen bestimmt sind,
c) als flüssige Verbandstoffe nur zu ihrer Entkeimung mit nicht verschreibungspflichtigen Stoffen oder Zubereitungen versehen sind oder
d) ausschließlich zum äußeren Gebrauch bestimmte Desinfektionsmittel sind.

61. Inwieweit ist die Abgabe von Arzneimitteln im Reisegewerbe erlaubt?
Mit Ausnahme bestimmter für den Verkehr außerhalb der Apotheke freigegebener Arzneimittel (z.B. Pflanzenteile, Pflanzenpreßsäfte, Mineralwässer, Heilwässer, Meerwässer, Meersalze) verboten.

62. Dürfen Arzneimittel durch Formen der Selbstbedienung abgegeben werden?
Grundsätzlich nicht. Ausgenommen sind u.a. Fertigarzneimittel, die zur Verhütung der Schwangerschaft oder von Geschlechtskrankheiten bestimmt und zum Verkehr außerhalb der Apotheken freigegeben sind.

63. Welche Angaben muß eine Verschreibung von Arzneimitteln enthalten?
Den Namen, die Berufsbezeichnung, die Anschrift und die eigenhändige Unterschrift des Arztes, Zahnarztes oder Tierarztes sowie das Datum der Ausfertigung.

64. Was muß bei der Abgabe von zum inneren Gebrauch bestimmter Arzneimittel insbesondere beachtet werden?
1. Die Arzneimittel dürfen nur mit einer Gebrauchsanweisung (auf der Verschreibung oder als Beilage des Arzneimittels) abgegeben werden, aus der die Einzelgabe und die Häufigkeit der Anwendung ersichtlich sein muß.
2. Enthält die Verschreibung keine Angaben über die Menge, so darf das Arzneimittel beim Vorhandensein von verschieden gro-

ßen Packungen in einer Menge abgegeben werden, die unter Berücksichtigung der Gebrauchsanweisung höchstens für einen Zeitraum von 3 Wochen zur Anwendung ausreicht.
3. Werden sie für den Bedarf einer Krankenanstalt, für den Praxisbedarf oder zu Händen eines Arztes, Zahnarztes oder Tierarztes verschrieben, so genügt an Stelle der Gebrauchsanweisung ein Hinweis auf den allgemeinen Verwendungszweck. Die vorerwähnte Mengenbegrenzung gilt in diesem Falle nicht.
4. Die Arzneimittel dürfen auf dieselbe Verschreibung wiederholt abgegeben werden, wenn in der Verschreibung die Wiederholung für zulässig erklärt ist. Fehlt eine Angabe über die Häufigkeit der Wiederholung, so darf das Arzneimittel nur höchstens zweimal innerhalb von 3 Monaten wiederholt abgegeben werden.

65. **Inwieweit ist die wiederholte Abgabe von Arzneimitteln, die zum äußeren Gebrauch bestimmt sind, zulässig?**
Sie dürfen wiederholt abgegeben werden, wenn die wiederholte Abgabe weder in der Anlage zur Verschreibungsverordnung noch in der Verschreibung ausgeschlossen ist.

66. **Wann ist die fernmündliche Bestellung eines verschreibungspflichtigen Arzneimittels zulässig?**
In dringenden Fällen auf Bestellung eines Arztes, Zahnarztes oder Tierarztes. Der Apotheker muß sich vor Abgabe des Arzneimittels Gewißheit über den Anrufer verschaffen.

67. **Welche Arzneimittel sind nach der Verschreibungsverordnung von der Verschreibungspflicht ausgenommen?**
Arzneimittel in Form homöopathischer Zubereitungen der in der Anlage zu der Verschreibungsverordnung aufgeführten Stoffe oder Zubereitungen aus Stoffen von der vierten Dezimalpotenz an sowie Mischungen der vorbezeichneten Arzneimittel.

68. **Wie wird insbesondere die Sicherung und Kontrolle der Arzneimittel gewährleistet?**
Einmal durch Betriebsordnungen für Betriebe und Einrichtungen, die Arzneimittel herstellen bzw. in den Verkehr bringen, soweit es geboten ist, um einen ordnungsgemäßen Betrieb und die erforderliche Qualität der Arzneimittel sicherzustellen (z.B. Anforderungen an das Personal und die Hygiene, Dienstbereitschaft von Arzneimittelgroßhandlungen, Zurückstellung von Chargenproben). Arzneimittel müssen im übrigen zur Qualitätssicherung den Vorschriften des DAB bzw. den jeweiligen wissenschaftlichen Erkenntnissen entsprechen.

69. **Was ist das DAB?**
Es ist eine Sammlung anerkannter pharmazeutischer Regeln über die Qualität, Prüfung, Lagerung, Abgabe und Bezeichnung von

Arzneimitteln. Das Arzneibuch enthält auch Anforderungen an die Beschaffenheit von Behältnissen und Umhüllungen.

70. **Was sagt das AMG über die bei der Anwendung von Arzneimitteln auftretenden Risiken, insbesondere Nebenwirkungen, Wechselwirkungen mit anderen Mitteln, Gegenanzeigen und Verfälschungen?**
Sie sind durch die zuständige Behörde zentral zu erfassen und auszuwerten. Die zu ergreifenden Maßnahmen sind im übrigen zu koordinieren. Die zuständige Behörde wirkt dabei mit den Dienststellen der WHO, den Arzneimittelbehörden anderer Länder, den Gesundheits- und Veterinärbehörden der Bundesländer, den Arzneimittelkommissionen der Kammern der Heilberufe sowie mit anderen Stellen zusammen, die bei der Durchführung ihrer Aufgaben Arzneimittelrisiken erfassen.

71. **Was besagt das AMG über die Überwachung von Betrieben und Einrichtungen, in denen Arzneimittel hergestellt, geprüft, gelagert, verpackt oder in den Verkehr gebracht werden?**
Die zuständigen Behörden haben sich insbesondere durch eine in der Regel alle 2 Jahre vorzunehmende Besichtigung davon zu überzeugen, daß die gesetzlichen Vorschriften über den Verkehr mit Arzneimitteln eingehalten werden. Die beauftragten Personen können u.a. Betriebs- und Geschäftsräume betreten, in Geschäftsunterlagen Einsicht nehmen sowie Proben entnehmen. Die der Überwachung unterliegenden Betriebe und Einrichtungen haben die behördlichen Maßnahmen zu dulden bzw. dabei mitzuwirken. Die zuständigen Behörden treffen im übrigen die zur Beseitigung festgestellter Verstöße und die zur Verhütung künftiger Verstöße notwendigen Anordnungen. Sie können insbesondere das Inverkehrbringen von Arzneimitteln untersagen, deren Rückruf anordnen und diese sicherstellen.

72. **Was muß insbesondere bei der Einfuhr von Fertigarzneimitteln beachtet werden?**
Es muß hierfür im allgemeinen eine Einfuhrerlaubnis, die von der Erfüllung bestimmter Voraussetzungen abhängig ist, der zuständigen Behörde vorliegen; u.a. wirken die Zolldienststellen bei der Überwachung des Verbringens von Arzneimitteln in den Geltungsbereich der AMG mit.

73. **Welche Aufgabe ist den Pharmaberatern übertragen?**
Sie haben die Aufgabe, Angehörige von Heilberufen aufzusuchen, um diese über Arzneimittel fachlich zu informieren. Pharmazeutische Unternehmer dürfen nur Personen mit einer besonderen Sachkenntnis als Pharmaberater beauftragen (z.B. Apotheker, Apothekerassistenten, pharmazeutisch-technische Assistenten).

74. **Welche besonderen Pflichten müssen die Pharmaberater beachten?**
Sie haben Mitteilungen von Angehörigen der Heilberufe über Nebenwirkungen und Gegenanzeigen oder sonstige Risiken bei Arz-

neimitteln schriftlich aufzuzeichnen und dem Auftraggeber schriftlich mitzuteilen.
Soweit Muster von Fertigarzneimitteln abgeben werden, müssen darüber Nachweise geführt und auf Verlangen der zuständigen Behörde vorgelegt werden.

75. Welche Bundesbehörden sind insbesondere für den Vollzug des AMG zuständig?
Das Bundesamt für Sera und Impfstoffe ist zuständig für Sera, Impfstoffe, Testallergene, Testsera und Testantigene. Ansonsten ist das BGA zuständig.

76. Inwieweit sind Regelungen hinsichtlich der Arzneimittelpreise ergangen?
Das AMG gibt die Ermächtigung, durch Rechtsverordnung Preisspannen sowie Preise für Arzneimittel festzusetzen. Preisspannen und Preise müssen den berechtigten Interessen der Arzneimittelverbraucher, der Tierärzte, der Apotheken und des Großhandels Rechnung tragen. (vgl. Verordnung über Preisspannen für Fertigarzneimittel vom 17. 5. 1977 – BGBl. I S. 789 –).

77. In welcher Form ist die Haftung für Arzneimittelschäden geregelt?
Wird infolge der Anwendung eines zum Gebrauch bei Menschen bestimmten Arzneimittels, das im Geltungsbereich des AMG abgegeben wurde und der Pflicht zur Zulassung unterliegt oder durch Rechtsverordnung von der Zulassung befreit worden ist, ein Mensch getötet oder der Körper oder die Gesundheit eines Menschen nicht unerheblich verletzt, so ist der pharmazeutische Unternehmer, der das Arzneimittel in den Verkehr gebracht hat, verpflichtet, dem Verletzten bis zu bestimmten Höchstbeträgen (Kapitalbetrag bis zu 500 000 DM bzw. Rentenbetrag von jährlich 30 000 DM im Einzelfall) den daraus entstandenen Schaden zu ersetzen. Die Ersatzpflicht besteht nur, wenn
1. das Arzneimittel bei bestimmungsgemäßem Gebrauch schädliche Wirkungen hat, die über ein nach den Erkenntnissen der medizinischen Wissenschaft vertretbares Maß hinausgehen und ihre Ursache im Bereich der Entwicklung oder der Herstellung haben oder
2. der Schaden infolge einer nicht den Erkenntnissen der medizinischen Wissenschaft entsprechenden Kennzeichnung oder Gebrauchsinformation eingetreten ist. Der pharmazeutische Unternehmer hat dafür Vorsorge zu treffen, daß es seinen gesetzlichen Verpflichtungen zum Schadensersatz nachkommen kann (Dekkungsvorsorge durch Haftpflichtversicherung oder Freistellungs- oder Gewährleistungsverpflichtung eines inländischen Kreditinstituts).

78. Wie können Verstöße gegen das AMG geahndet werden?
Mit Strafen und Geldbußen.

Betäubungsmittelrecht

79. **Was ist der Zweck des Betäubungsmittelgesetzes (BtM-G)?**
Durch dieses Gesetz soll sichergestellt werden, daß alle suchterzeugenden Stoffe und deren Zubereitungen nur für medizinische und wissenschaftliche Zwecke Verwendung finden. Damit wird die Rauschgiftsucht bekämpft, die Allgemeinheit wird vor dieser Sucht geschützt und die bereits Süchtigen sollen dadurch wieder suchtfrei werden.

80. **Wonach bestimmt sich, ob Stoffe und deren Zubereitungen dem Betäubungsmittelgesetz unterliegen?**
1. Im § 1 des Betäubungsmittelgesetzes sind die infrage kommenden Stoffe aufgeführt (z.B. Opium, Morphin, Heroin, Dicodid, Dilaudid, Eukodal, Paramorfan, Kokain, Kodein).
2. Darüber hinaus sind Verordnungen über die den Betäubungsmitteln gleichgestellten Stoffe ergangen (vgl. Betäubungsmittel-Gleichstellungsverordnungen). Darin sind eine Reihe weiterer Stoffe unter Angabe ihrer Kurzbezeichnung und ihrer wissenschaftlichen Bezeichnung den Betäubungsmitteln gleichgestellt worden.

81. **Welche Behörde führt die Aufsicht über die Einfuhr, Durchfuhr und Ausfuhr, die Gewinnung, Herstellung, Verarbeitung und Vernichtung der Betäubungsmittel sowie den Verkehr mit ihnen?**
Das BGA in Berlin.

82. **Welche Befugnisse hat das BGA oder die sonst zuständige Behörde bei der Aufsicht nach dem Betäubungsmittelgesetz u.a.?**
Sie sind berechtigt, die Örtlichkeiten, in denen die Betäubungsmittel gewonnen, hergestellt, verarbeitet, aufbewahrt, feilgehalten oder abgegeben werden, sowie Beförderungsmittel zu besichtigen. Industrielle Herstellungsbetriebe und Großhandelsbetriebe sind in der Regel alle 2 Jahre zu besichtigen. Auf Verlangen ist Einsicht in die geschäftlichen Aufzeichnungen und Bücher zu gewähren. Die beauftragten Personen können Proben nach ihrer Auswahl fordern oder entnehmen.

83. **Wem ist die Einfuhr und Ausfuhr der Betäubungsmittel, ihr Anbau, ihre Gewinnung, ihre gewerbsmäßige Herstellung und Verarbeitung, der Handel mit ihnen, ihr Erwerb, ihre Abgabe und Veräußerung sowie jeder sonstige gleichartige Verkehr mit ihnen gestattet?**
Nur den Personen, denen hierzu vom BGA eine Erlaubnis erteilt worden ist.

84. **Wer bedarf einer solchen Erlaubnis des BGA u.a. nicht?**
Die Apotheke für den Erwerb der Betäubungsmittel, für ihre Verarbeitung sowie für ihre Abgabe aufgrund einer ärztlichen, zahn-

ärztlichen oder tierärztlichen Verschreibung sowie derjenige, der die Betäubungsmittel aus den Apotheken aufgrund einer Verschreibung erwirbt.

85. **Unter welchen Voraussetzungen ist der Erwerb sowie die Veräußerung und Abgabe von Betäubungsmitteln zulässig?**
Für jeden einzelnen Fall des Erwerbes sowie der Veräußerung und Abgabe muß ein auf den Namen des Erwerbers lautender Bezugsschein vom BGA ausgestellt werden (vgl. Verordnung über den Bezug von Betäubungsmitteln vom 17.11.1972 – BGBl. I S. 2141 – i.d.F. vom 25.3.1974 – BGBl. I S. 775 –). Ein Bezugsschein ist nicht erforderlich, für die Abgabe und den Erwerb aufgrund ärztlicher, zahnärztlicher oder tierärztlicher Verschreibung in den Apotheken.

86. **Inwieweit ist das BGA bei der Einfuhr und Ausfuhr von Betäubungsmitteln zu beteiligen?**
Es muß hierzu die Genehmigung erteilen.

87. **Wie können Verstöße gegen das Betäubungsmittelgesetz geahndet werden?**
Mit Strafen und Geldbußen. Bestraft werden kann z.B., wer Betäubungsmittel besitzt, ohne sie aufgrund einer erforderlichen Erlaubnis, eines Bezugsscheines oder einer Verschreibung erlangt zu haben, wer Betäubungsmittel einem anderen ohne Berechtigung verabreicht oder zum Genuß überläßt, wer eine Gelegenheit zum Genuß, zum Erwerb oder zur Abgabe von Betäubungsmitteln öffentlich oder eigennützig mitteilt, wer als Erwachsener wiederholt Betäubungsmittel an Personen unter 18 Jahren abgibt oder ihnen verabreicht.

88. **In welcher Vorschrift sind nähere Regelungen für das Verschreiben, die Abgabe und den Nachweis des Verbleibs von Betäubungsmitteln enthalten?**
In der BTMVV.

89. **Wer darf Betäubungsmittel verschreiben?**
Nur Ärzte, Zahnärzte oder Tierärzte, mit den in der BtMVV ausgeführten Beschränkungen, wenn ihre Anwendung begründet ist.

90. **Wann ist im allgemeinen das Verschreiben von Betäubungsmitteln als nicht begründet anzusehen?**
Die Anwendung ist insbesondere dann nicht begründet, wenn der beabsichtigte Zweck auf andere Weise erreicht werden kann.

91. **Welche "Beschränkungen" müssen bei der Verschreibung von Betäubungsmitteln beachtet werden?**
Die BtMVV bestimmt im einzelnen, ob und gegebenenfalls in welchen Höchstmengen und sonstigen Beschränkungen über Bestimmungszweck, Gehalt, Darreichungsform und Zusätze Betäu-

bungsmittel verschrieben und abgegeben werden dürfen. In besonders schweren Krankheitsfällen können die Höchstmengen bestimmter Betäubungsmittel bis zum zweifachen überschritten werden. Die Verschreibung muß dann den Zusatz "Menge ärztlich begründet" tragen. Verschreibungen für den Krankenhausbedarf und einer ärztlichen Hausapotheke sind überwiegend nicht an eine Höchstmenge gebunden (die Abgabe aus Hausapotheken unterliegt allerdings den üblichen Beschränkungen).

92. **Welche Formblätter sind bei der Verschreibung von Betäubungsmitteln zu verwenden und wem obliegt die Aufbewahrung dieser Formblätter?**
Es sind dreiteilige Formblätter (Teile I, II und III) zu verwenden, die vom BGA herausgegeben werden. Die Verschreibungen sind grundsätzlich im Durchschreibeverfahren vorzunehmen. Die Teile I und II des Formblattes sind zur Vorlage in der Apotheke bestimmt, während Teil III beim Verschreibenden verbleibt. Der Verschreibende hat die Durchschriften 3 Jahre, nach Ausstellungsdaten geordnet, aufzubewahren und auf Verlangen dem BGA oder den zuständigen Landesbehörden einzusenden oder Beauftragten dieser Behörden vorzulegen.

93. **Finden die vorbezeichneten Formblätter auch in Krankenhäusern Anwendung?**
Für besondere Zwecke, insbesondere zur Verwendung in Krankenhäusern, können Formblätter abweichenden Inhalts vom BGA herausgegeben werden.

94. **Welche Angaben muß die Verschreibung von Betäubungsmitteln enthalten?**
1. Name, Vorname und Anschrift des Patienten, 2. Ausstellungsdatum, 3. Bezeichnung, Darreichungsform, Betäubungsmittelgehalt und Stückzahl u.a., 4. Gebrauchsanweisung mit Einzel- und Tagesgabe, 5. Name des Verschreibenden, dessen Berufsbezeichnung und Anschrift, 6. gegebenenfalls erforderliche Zusatzvermerke, 7. ungekürzte Unterschrift des Verschreibenden.

95. **Was muß der Apotheker insbesondere bei der Abgabe von Betäubungsmitteln beachten?**
Betäubungsmittel dürfen nur gegen Vorlage einer vorschriftsmäßigen Verschreibung abgegeben werden. Ist die Verschreibung im Widerspruch zu den geltenden Vorschriften oder vor mehr als 7 Tagen ausgestellt worden, dürfen Betäubungsmittel nicht abgegeben werden. Der Abgebende hat im übrigen auf dem Teil I des amtlichen Formblattes folgende Angaben zu machen:
a) Name und Anschrift der Apotheke, b) Abgabedatum und
c) Namenszeichen des Apothekers.

96. Was geschieht mit den Blättern I und II der Betäubungsmittelverschreibungen?
Die Teile I sind in den Apotheken zurückzubehalten und 3 Jahre, nach Abgabedaten geordnet, aufzubewahren und den zuständigen Behörden auf Verlangen vorzulegen. Die Teile II sind zur Verrechnung bestimmt.

97. In welcher Form ist über den Verbleib der Betäubungsmittel in Apotheken, ärztlichen Hausapotheken, ärztlichen und zahnärztlichen Praxen, Krankenhäusern und Zahnkliniken ein Nachweis zu führen?
Die Apotheken und Einrichtungen haben Karteikarten nach amtlichem Formblatt zu führen. In Teileinheiten (Stationen können anstelle von Karteikarten auch Bücher mit fortlaufend numerierten Seitenzahlen nach amtlichem Formblatt (Betäubungsmittelbücher) verwendet werden.

98. Wem obliegt die Prüfung der vorschriftsmäßigen Führung der Karteikarten oder Betäubungsmittelbücher?
Dem Apothekenleiter und sonst dem jeweils verantwortlichen Arzt oder Zahnarzt. Die Prüfung muß mindestens einmal monatlich erfolgen.

99. Wie lange müssen die Karteikarten und die Betäubungsmittelbücher aufbewahrt werden?
3 Jahre, von der letzten Eintragung an gerechnet.

100. Müssen die Nachweise auf Verlangen den zuständigen Behörden vorgelegt werden?
Ja. Während diese den Behörden vorliegen, sind vorläufige Aufzeichnungen vorzunehmen, die nach der Rückgabe der Karteikarten oder Betäubungsmittelbücher nachzutragen sind.

101. Für welchen Bereich enthält die BtMVV Sonderregelungen?
Für das Verschreiben und die Abgabe von Betäubungsmitteln zur Ausrüstung von Handelsschiffen.

Giftwesen

102. In welchen Bereichen werden vor allem Gifte verwandt?
Im Haushalt (z.B. ätzende Reinigungsmittel), im Garten (Unkrautvertilgungsmittel), in der Landwirtschaft (giftige Schädlingsbekämpfungsmittel) und in der Industrie (gewerbliche Gifte).

103. Wonach richtet sich in der BRD die Regelung des Verkehrs mit Giften?
Überwiegend nach Gesetzen und Verordnungen der Bundesländer. Der Erlaß eines Bundesgiftgesetzes ist in Vorbereitung.

104. Inwieweit ist im allgemeinen der Handel mit Giften von einer Erlaubnis abhängig?
Für den Handel mit Giften außerhalb der Apotheke ist eine Erlaubnis der zuständigen Behörde erforderlich. Diese Erlaubnis kann einem Antragsteller nur erteilt werden, wenn dieser die für den Gifthandel erforderliche Zuverlässigkeit besitzt und die Giftprüfung beim Gesundheitsamt abgelegt hat. Die Erlaubnis erstreckt sich auf alle Gifte oder sie ist auf einzelne Gifte beschränkt.

105. Wie sind Gifte im allgemeinen aufzubewahren?
Die Gifte sind übersichtlich geordnet und von anderen Waren getrennt in festen, dichten und fest verschlossenen Behältnissen aufzubewahren. Die Behältnisse sind mit dem Namen des Gifts und mit dem Wort "Gift" deutlich und dauerhaft zu kennzeichnen.

106. Was muß hinsichtlich des Nachweises über die Abgabe von Gift beachtet werden?
Die Abgabe bestimmter Gifte ist in einem Giftbuch einzutragen. Die Abgabe dieser Gifte an die Erwerber erfolgt nur gegen schriftliche Empfangsbescheinigung in dichten, festen, gut verschlossenen Behältnissen, die die Beschriftung "Gift" oder "Vorsicht" tragen müssen.

Heilmittelwerbung

107. Auf welche Werbung findet das Gesetz über die Werbung auf dem Gebiet des Heilwesens (Heilmittelwerbegesetz) vom 11.7.1965 (BGBl. I S. 604) i.d.F. vom 24.8.1976 (BGBl. I S. 2479) Anwendung?
Auf die Werbung für Arzneimittel sowie andere Mittel, Verfahren, Behandlungen und Gegenstände, soweit diese der Erkennung, Beseitigung oder Linderung von Krankheiten, Leiden, Körperschäden oder krankhaften Beschwerden bei Mensch oder Tier dienen und die Werbeaussage sich auf diesen Zweck bezieht.

108. Wann ist eine Heilmittelwerbung insbesondere verboten?
Unzulässig ist
1. eine irreführende Werbung (z.B. wenn Arzneimitteln, Verfahren, Behandlungen usw. eine therapeutische Wirksamkeit oder Wirkungen beigelegt werden, die sie nicht haben bzw. wenn fälschlich der Eindruck erweckt wird, daß ein Erfolg mit Sicherheit erwartet werden kann bzw. wenn unwahre oder zur Täuschung geeignete Angaben gemacht werden),
2. eine Werbung mit unwissenschaftlichen Gutachten oder Zeugnissen,
3. eine Werbung, mit der Werbegaben von nicht geringem Wert angekündigt, angeboten oder gewährt werden,

4. eine Werbung, die darauf hinwirkt, Arzneimittel, deren Abgabe den Apotheken vorbehalten ist, im Wege des Versandes zu beziehen,
5. eine Werbung für die Fernbehandlung.

109. In welcher Form ist die Werbung außerhalb der Fachkreise, d.h. Angehörige der Heilberufe, Einrichtungen, die der Gesundheit von Mensch oder Tier dienen u.a., zusätzlich eingeschränkt?
Es darf nicht geworben werden,
1. wenn die Arzneimittel nur nach Vorlage einer ärztlichen, zahnärztlichen oder tierärztlichen Verschreibung an Verbraucher abgegeben werden dürfen,
2. wenn die Arzneimittel dazu bestimmt sind, beim Menschen die Schlaflosigkeit oder psychische Störungen zu beseitigen oder die Stimmungslage zu beeinflussen,
3. unter Berufung auf Gutachten, Zeugnissen, wissenschaftlichen oder fachlichen Veröffentlichungen sowie mit Hinweisen darauf,
4. mit der Wiedergabe von Krankengeschichten, sowie mit Hinweisen darauf,
5. mit Äußerungen Dritter, insbesondere mit Dank-, Anerkennungs- oder Empfehlungsschreiben,
6. wenn sich die Werbung auf bestimmte im Heilmittelwerbegesetz bezeichnete Krankheiten bezieht (z.B. meldepflichtige übertragbare Krankheiten, Geschwulsterkrankungen, Krankheiten des Stoffwechsels, bestimmte organische Krankheiten, Geisteskrankheiten, Trunksucht).

110. Welche Angaben muß die zulässige Werbung insbesondere enthalten?
Namen und Sitz des pharmazeutischen Unternehmers, Bezeichnung und Zusammensetzung des Arzneimittels, Anwendungsgebiete, Gegenanzeigen, Nebenwirkungen sowie Warnhinweise.

111. Wie können Verstöße gegen das Heilmittelwerbegesetz geahndet werden?
Mit Strafen und Geldbußen.

Eichwesen

112. Welche Vorschriften enthält u.a. das Gesetz über das Meß- und Eichwesen vom 11.7.1969 (BGBl. I S. 759) i.d.F. vom 20.1. 1976 (BGBl. I S. 141)?
Danach müssen Meßgeräte zur Bestimmung der Maße, des Volumens, des Druckes, der Dichte oder der aus einer Dichtemessung abgeleiteten Gehaltsangaben, Thermometer, Blutdruckmeßgeräte und Augentonometer geeicht sein, wenn sie bei der Ausübung

der Heilkunde, der Zahnheilkunde und der Tierheilkunde verwendet werden. Dies gilt auch, wenn diese Geräte bei der Herstellung oder Prüfung von Arzneimitteln benutzt werden. Näheres regelt die Eichordnung vom 15.1.1975 (BGBl. I S. 233).

113. Was muß beim Inverkehrbringen von Butyrometer und die zur butyrometrischen Fettbestimmung dienenden Pipetten und Pipettiergeräte, Augentonometer, Blutdruckmeßgeräte, Thermometer, Blutmischpipetten und Zellenzählkammern beachtet werden?
Sie müssen geeicht sein.

H Lebensmittelrecht

Lebensmittel- und Bedarfsgegenständegesetz

1. **Welche Rechtsvorschriften befassen sich mit dem Verkehr mit Lebensmitteln?**
   Das LMBG sowie eine Vielzahl von Einzelvorschriften.

2. **Was versteht man nach dem LMBG unter Lebensmitteln?**
   Lebensmittel sind Stoffe, die dazu bestimmt sind, in unverändertem, zubereitetem oder verarbeitetem Zustand von Menschen verzehrt zu werden; ausgenommen sind Stoffe, die überwiegend dazu bestimmt sind, zu anderen Zwecken als zur Ernährung oder zum Genuß verzehrt zu werden.
   Den Lebensmitteln stehen gleich ihre Umhüllungen, Überzüge oder sonstigen Umschließungen, die dazu bestimmt sind, mitverzehrt zu werden, oder bei denen der Mitverzehr vorauszusehen ist.

3. **Was versteht man nach dem LMBG unter Tabakerzeugnissen und kosmetischen Mitteln?**
   Tabakerzeugnisse sind aus Rohtabak oder unter Verwendung von Rohtabak hergestellte Erzeugnisse, die zum Rauchen, Kauen oder Schnupfen bestimmt sind.
   Kosmetische Mittel sind Stoffe oder Zubereitungen aus Stoffen, die dazu bestimmt sind, äußerlich am Menschen oder in seiner Mundhöhle zur Reinigung, Pflege oder zur Beeinflussung des Aussehens oder des Körpergeruchs oder zur Vermittlung von Geruchseindrücken angewendet zu werden, es sei denn, daß sie überwiegend dazu bestimmt sind, Krankheiten, Leiden, Körperschäden oder krankhafte Beschwerden zu lindern oder zu beseitigen.

4. **Was sind nach dem LMBG Bedarfsgegenstände?**
   Insbesondere sind Bedarfsgegenstände:
   1. Gegenstände, die dazu bestimmt sind, bei dem Herstellen, Behandeln, Inverkehrbringen oder dem Verzehr von Lebensmitteln verwendet zu werden und dabei mit den Lebensmitteln in Berührung zu kommen oder auf diese einzuwirken,
   2. Packungen, Behältnisse oder sonstige Umhüllungen, die dazu bestimmt sind, mit kosmetischen Mitteln oder mit Tabakerzeugnissen in Berührung zu kommen,
   3. Gegenstände, die dazu bestimmt sind, mit den Schleimhäuten des Mundes in Berührung zu kommen, ausgenommen ärztliche oder zahnärztliche Instrumente,
   4. Gegenstände, die zur Körperpflege bestimmt sind, es sei denn, daß sie überwiegend dazu bestimmt sind, Krankheiten, Leiden, Körperschäden oder krankhafte Beschwerden zu lindern oder zu beseitigen,

5. Spielwaren, Scherzartikel, Reinigungs- und Pflegemittel für den häuslichen Bedarf, Bekleidungsgegenstände, Bettwäsche, Masken, Perücken, Haarteile, künstliche Wimpern, Armbänder, Brillengestelle.

5. Welches sind die wesentlichen Ziele des LMBG?
Schutz des Verbrauchers vor möglichen Gesundheitsschäden und vor Täuschung ohne unnötige Behinderung der wirtschaftlichen Entwicklung.

6. Was ist zur Erreichung der Ziele des LMBG insbesondere verboten?
Es ist verboten:
1. Lebensmittel für andere derart herzustellen oder zu behandeln, daß ihr Verzehr geeignet ist, die Gesundheit zu schädigen;
2. Stoffe, deren Verzehr geeignet ist, die Gesundheit zu schädigen, als Lebensmittel in den Verkehr zu bringen;
3. bei dem gewerbsmäßigen Herstellen oder Behandeln von Lebensmitteln, die dazu bestimmt sind, in den Verkehr gebracht zu werden, nicht zugelassene Zusatzstoffe unvermischt oder in Vermischungen mit anderen Stoffen zu verwenden;
4. bei Lebensmitteln gewerbsmäßig eine nicht zugelassene Bestrahlung mit ultravioletten oder ionisierenden Strahlen anzuwenden;
5. Lebensmittel gewerbsmäßig in den Verkehr zu bringen, wenn in oder auf ihnen Pflanzenschutzmittel, Düngemittel u.a. vorhanden sind, die eine bestimmte Höchstmenge überschreiten;
6. vom Tier gewonnene Lebensmittel gewerbsmäßig in den Verkehr zu bringen, wenn in oder auf ihnen Stoffe mit pharmakologischer Wirkung oder deren Umwandlungsprodukte vorhanden sind, die eine bestimmte Höchstmenge überschreiten;
7. zum Verzehr nicht geeignete Lebensmittel oder Lebensmittel, die bestimmungswidrig hergestellt oder behandelt worden sind, als Lebensmittel gewerbsmäßig in den Verkehr zu bringen;
8. nachgemachte Lebensmittel, Lebensmittel, die ihrem Nähr- oder Genußwert oder in ihrer Brauchbarkeit nicht unerheblich gemindert sind oder Lebensmittel, die geeignet sind, den Anschein einer besseren als der tatsächlichen Beschaffenheit zu erwecken ohne ausreichende Kenntlichmachung gewerbsmäßig in den Verkehr zu bringen.

Besondere Verbotsvorschriften regeln den Verkehr mit Tabakerzeugnissen, kosmetischen Mitteln und Bedarfsgegenständen. Zum Beispiel ist es verboten, Bedarfsgegenstände derart herzustellen oder zu behandeln, daß sie bei bestimmungsgemäßem oder vorauszusehendem Gebrauch geeignet sind, die Gesundheit durch ihre stoffliche Zusammensetzung zu schädigen.

7. Welche lebensmittelrechtlichen Vorschriften verdienen neben dem LMBG ausdrücklich erwähnt zu werden?
Allgemeine Fremdstoff-Verordnung, Farbstoff-Verordnung, Lebensmittel-Bestrahlungs-Verordnung, Höchstmengenverordnung Pflan-

zenschutz, pflanzliche Lebensmittel, Antioxydantien-Verordnung, Lebensmittel-Kennzeichnungsverordnung, Verordnung über vitaminisierte Lebensmittel, Verordnung gegen die Verwendung von Mineralölen im Lebensmittelverkehr, Höchstmengenverordnung, tierische Lebensmittel, Fleisch-Verordnung, Hackfleisch-Verordnung, Verordnung über Blutplasma, Verordnung über Fleischbrühwürfel und ähnliche Erzeugnisse, Verordnung über hygienische Anforderungen an Milch und Milcherzeugnisse bei der Einfuhr, Hygieneverordnung für Milch-ab-Hof-Abgabe, Verordnung über Frauenmilchsammelstellen, Verordnung über Knochenfett, Verordnung über chemisch behandelte Getreidemahlerzeugnisse, unter Verwendung von Getreidemahlerzeugnissen hergestellte Lebensmittel und Teigmassen aller Art. Verordnung über Teigwaren, Verordnung über Obsterzeugnisse, Fruchtbehandlungsverordnung, Schwefeldioxid-Verordnung, Verordnung über Speiseeis, Kaugummi-Verordnung, Verordnung über Kaffee, Verordnung über Kaffee-Ersatzstoffe und Kaffee-Zusatzstoffe, Verordnung über Kakaoschalen, Verordnung über Tee und teeähnliche Erzeugnisse, Trinkwasser-Aufbereitungs-Verordnung, Verordnung über Tafelwässer, Verordnung über koffeinhaltige Erfrischungsgetränke, Essenzen-Verordnung, Verordnung über den Verkehr mit Essig und Essigsäure, Verordnung über die Zulassung fremder Stoffe als Zusatz zu Speisesalz. Tabakverordnung, Verordnung über nikotinarmen und nikotinfreien Tabak.

8. **Was ist die wesentliche Aufgabe der Verordnung über diätetische Lebensmittel?**
Nur solche Erzeugnisse als "diätetische Lebensmittel" zuzulassen, die aufgrund ihrer qualitativen und quantitativen Beschaffenheit und durch genaue Angaben über ihre Eignung für bestimmte diätetische Zwecke eingesetzt werden können.

9. **Mit welchem besonderen Hinweis müssen diätetische Lebensmittel in den Verkehr gebracht werden?**
Mit dem Hinweis auf einen diätetischen Zweck, wenn der bestimmte Zweck, dem sie dienen sollen und die Tatsachen, die sie für diesen Zweck geeignet machen, angegeben werden (z.B. "natriumarm" oder "kochsalzarm"). An für Diabetiker oder Natriumempfindliche oder Säuglinge bzw. Kleinkinder bestimmte Lebensmittel sind besondere Anforderungen hinsichtlich Kennzeichnung bzw. Zusammensetzung gestellt worden. Soweit diätetische Lebensmittel in Packungen oder Behältnissen in den Verkehr gebracht werden, ist die Herstellungszeit nach Monat und Jahr anzugeben.

10. Wie erfolgt die Überwachung des Verkehrs mit Lebensmitteln und Bedarfsgegenständen?
Sie wird durch besonders geschulte Verwaltungsangehörige durchgeführt. Zu ihrer Beratung werden im Bedarfsfall im öffentlichen Dienst stehende Lebensmittelchemiker und Tierärzte, aber auch Amtsärzte hinzugezogen. Sie besichtigen entweder allein oder mit diesen Sachverständigen Herstellungs- und Handelsbetriebe und überprüfen, ob die geltenden Vorschriften beachtet worden sind und ob die Hersteller und Händler ihre Angestellten ausreichend unterweisen und beaufsichtigen. Sie entnehmen dabei Proben für die chemische, bakteriologische, medizinische oder anderweitige wissenschaftliche Untersuchung und leiten sie den jeweils zuständigen amtlichen Anstalten zur Überprüfung zu. Art und Häufigkeit dieser Stichproben sind durch jahrelangen Erfahrungen auf diesem Gebiet festgelegt.

11. Welche Dienststellen kommen für die Überwachungsaufgaben in Betracht?
Ordnungsämter, Lebensmitteluntersuchungsanstalten, Veterinäruntersuchungsanstalten, Medizinaluntersuchungsanstalten, Gesundheitsämter.

12. Wie kann man als Verbraucher die Arbeit der Überwachung des Verkehrs mit Lebensmitteln erleichtern?
Indem man selbst festgestellte Verstöße gegen geltende Vorschriften unverzüglich den zuständigen Dienststellen mitteilt. Gegebenenfalls sollte eine Probe der beanstandeten Ware beigefügt werden.

Milchgesetz

13. Welche Vorschriften befassen sich insbesondere mit Milch und Milcherzeugnissen?
Das MG sowie die auf Länderebene erlassenen Verordnungen.

14. Inwieweit verbietet das MG den Handel mit bestimmter Milch?
Milch von Kühen, die an Krankheiten leiden, durch welche die Beschaffenheit ihrer Milch nachteilig beeinflußt wird, darf nicht in den Verkehr gebracht oder zur Herstellung von Milcherzeugnissen und anderer Lebensmittel verwandt werden. Durch das Verbot sollen insbesondere auch Vertrieb und Verwendung der Milch von Kühen mit äußerlich erkennbarer Tbc verhindert werden.

15. Wann muß die Milch einem vorgeschriebenen Erhitzungsverfahren unterworfen werden?
Die Milch von Kühen, die an anderen näher bezeichneten Krankheiten (z.B. Maul- und Klauenseuche) leiden, darf nur nach vorgeschriebener Erhitzung an den Verbraucher abgegeben werden.

16. Befaßt sich das MG auch mit den Einrichtungen und Gegenständen, die mit der Milch in Berührung kommen?
Ja. Es enthält Vorschriften über die Beschaffenheit, Behandlung und Benutzung dieser Einrichtungen und Gegenstände. Das MG verbietet z.B., daß zur Reinigung der genannten Geräte, Rohrleitungen und Gefäße gesundheitlich bedenkliches Wasser verwendet wird.

17. Inwieweit können Personen, die bei der Gewinnung und beim Verkehr mit Milch beschäftigt sind, einem Berufsverbot unterworfen werden?
Auf die im Milchgewerbe tätigen Personen findet der § 17 BSeuchG Anwendung mit der Folge, daß sie in bestimmten Krankheitsfällen nicht beschäftigt werden dürfen. Durch das MG dürfen auch mit Geschwüren, eiternden Wunden oder mit Ausschlägen behaftete Personen nicht beschäftigt werden, sofern durch die Erkrankung die Beschaffenheit der Milch nachteilig beeinflußt werden kann oder ein ekelerregender Eindruck erweckt wird.

Weingesetz

18. Was ist der wesentliche Inhalt des Weingesetzes vom 14.7.1971 (BGBl. I S. 893) i.d.F. vom 2.3.1974 (BGBl. I S. 469)?
Im Mittelpunkt dieses Gesetzes steht die Spezialitäts- und Qualitätsförderung inländischer Erzeugnisse, die durch Klassifizierung und Qualitätsprüfung bei Wein, Schaumwein und Branntwein aus Wein vor Inverkehrbringen erstrebt wird. Erzeugnisse, ausgenommen Traubensaft und konzentrierter Traubensaft, dürfen mit gesundheitsbezogenen Angaben nur in den Verkehr gebracht werden, wenn die Angaben durch Rechtsverordnung zugelassen sind (z.B. "Für Diabetiker geeignet" mit dem Zusatz "nur nach Befragen des Arztes").

Fleischbeschaugesetz

19. Welches Gesetz schreibt die amtliche Untersuchung von Tieren, die für den menschlichen Genuß gewerbsmäßig verwendet werden, vor?
Das Fleischbeschaugesetz i.d.F. vom 2.3.1974 (BGBl. I S. 469). Danach sind die Schlachttiere (Rindvieh, Schweine, Schafe, Ziegen, Pferde und Hunde) vor und nach der Schlachtung zu untersuchen.

20. Zu welchen Qualitätsurteilen kann die amtliche Untersuchung nach dem Fleischbeschaugesetz führen?
Tauglich, minderwertig, bedingt tauglich und untauglich.

21. Welche Vorschriften gelten für den Verkehr von minderwertigem bzw. bedingt tauglichem Fleisch?
Dieses Fleisch darf nur auf den Freibänken der amtlichen Schlachthöfe oder in entsprechend deutlich gekennzeichneten Läden zum Verkauf angeboten werden. Minderwertiges Fleisch ist in seinem Nahrungs- und Genußwert erheblich herabgesetzt, jedoch vom medizinischen Standpunkt her einwandfrei. Bedingt taugliches Fleisch darf im übrigen nur verkauft werden, wenn es zum Verzehr durch Menschen brauchbar gemacht worden ist (z.B. Erhitzen bei Tbc). In Freibankbetrieben darf deshalb kein rohes Fleisch verkauft werden.

22. Was geschieht mit dem untauglichen Fleisch?
Es ist nach behördlicher Anordnung in unschädlicher Weise zu bebeseitigen. (vgl. u.a. Tierkörperbeseitigungsgesetz vom 2.9.1975 – BGBl. I S. 2313 –).

Geflügelhygienegesetz

23. Auf welchen Bereich findet das Geflügelfleischhygienegesetz vom 12.7.1973 (BGBl. I S. 776) i.d.F. vom 2.3.1974 (BGBl. I S. 469) Anwendung?
Es findet Anwendung auf die Untersuchung von Schlachtgeflügel und den Handelsverkehr mit von diesen Tieren (Hühner, Puten, Enten, Gänse) stammenden frischen Geflügelfleisch.

24. Was regelt das Geflügelfleischhygienegesetz u.a.?
Es macht die Schlachtung von Geflügel von einer Erlaubnis abhängig. Voraufgeht eine Untersuchung durch einen amtlichen Tierarzt.

25. Aufgrund welcher besonderen Ermächtigung sind die Gesundheitsämter bei Lebensmittel- und Milchüberwachung sowie bei der Überwachung des Verkehrs mit Fleisch eingeschaltet?
Nach der III. Durchführungsverordnung zum GesVG.

I Seuchenwesen

Impfgesetz

1. **Welche Bestimmungen befassen sich u.a. mit der Pockenbekämpfung?**
   Das BSeuchG, die III. Durchführungsverordnung zum GesVG die IGV sowie das Gesetz über die Pockenschutzimpfung vom 18.5.1976 (BGBl. I S. 1216).

2. **Welche Entdeckung ermöglichte die Einführung der Pockenschutzimpfung im Jahre 1874?**
   Die Entdeckung des schottischen Arztes Jenner im Jahre 1796, der feststellte, daß die Einimpfung des Pustelinhalts der verhältnismäßig ungefährlichen Kuhpocken einen Schutz gegen die Erkrankung an Menschenpocken gewährt.

3. **Was ist das Ziel des Gesetzes über die Pockenschutzimpfung?**
   Die durch das Reichsimpfgesetz (außer Kraft) eingeführte Impfpflicht gegen Pocken einzuschränken und auf den gefährdeten Personenkreis zu beschränken.

4. **Wer ist nach dem Gesetz über die Pockenschutzimpfung pockenschutzimpfpflichtig?**
   a) Kinder in dem Kalenderjahr, in dem sie das 12. Lebensjahr vollenden, wenn sie nach den Vorschriften des Reichsimpfgesetzes mit Erfolg gegen Pocken geimpft sind,
   b) ärztliches und anderes Personal in Krankenhäusern, einschließlich der Personen, die ausgebildet werden, sofern es Umgang mit Patienten hat, innerhalb von 6 Wochen nach Aufnahme der Tätigkeit (Wiederholung alle 10 Jahre),
   c) Personen, die in Laboratorien tätig sind, in denen mit Viren der Pox-Gruppe gearbeitet wird oder zu deren Aufgaben die Untersuchung pockenverdächtigen Materials gehört, vor Aufnahme ihrer Tätigkeit (Wiederholung alle 3 Jahre nach der letzten erfolgreichen Pockenschutzimpfung oder einer Pockenerkrankung),
   d) Personen, die nach einem behördlichen Plan für Maßnahmen bei Pockeneinschleppungen oder Pockenverdachtsfällen (Pockenalarmplan) zum Einsatz vorgesehen sind, soweit nicht durch die Art ihrer Aufgaben ausgeschlossen werden kann, daß sie mit Pockenkranken, Pockenkrankheitsverdächtigen, Pockenansteckungsverdächtigen oder mit Gegenständen, die mit Pockenviren behaftet sind, in Berührung kommen, unverzüglich nach ihrer Aufnahme in den Pockenalarmplan (Wiederholung alle 3 Jahre nach der letzten erfolgreichen Pockenschutzimpfung oder einer Pockenerkrankung).
   Die oberste Landesgesundheitsbehörde kann Ausnahmen von der

Impfpflicht für die unter Buchst. b) genannten Impfpflichtigen, die in Fach- oder Sonderkrankenhäusern tätig sind, zulassen, wenn wegen der Zusammensetzung des Patientenkreises dieser Krankenhäuser ausgeschlossen erscheint, daß sie bei ihrer Tätigkeit mit Pockenkranken, Pockenkrankheitsverdächtigen, Pockenansteckungsverdächtigen oder mit Gegenständen, die mit Pockenviren behaftet sind, in Berührung kommen können.
Bei minderjährigen Impfpflichtigen haben die Eltern oder die Sorgeberechtigten dafür zu sorgen, daß die Impfung innerhalb der vorgeschriebenen Frist vorgenommen wird.

5. **Wer ist von der Pockenschutzimpfpflicht befreit?**
Wer auch unter zusätzlicher immunbiologischer Behandlung nicht ohne Gefahr für sein Leben oder seine Gesundheit geimpft werden kann. Ferner ist im 12. Lebensjahr befreit, wer mit Personen in häuslicher Gemeinschaft lebt, für die eine Übertragung des Impfvirus eine besondere Gefährdung bedeuten würde.
Entfällt der Grund für die Befreiung, so ist die Impfung unverzüglich nachzuholen.

6. **In welcher Form ist die Befreiung von der Pockenschutzimpfpflicht nachzuweisen?**
Über eine zeitweise Befreiung von der Impfpflicht bis zu 1 Jahr ist ein ärztliches Zeugnis, über eine dauernde oder eine zeitweise Befreiung, die, auch bei mehrmaliger Befreiung, den Zeitraum von einem Jahr überschreitet, ist ein Zeugnis des Gesundheitsamtes auszustellen. In den Zeugnissen ist anzugeben, aus welchem Grund und bis zu welchem Zeitpunkt die Impfung unterbleiben darf.

7. **Darf impfpflichtiges Personal ungeimpft in Krankenhäusern arbeiten bzw. darf impfpflichtiges Personal, das dauernd oder zeitweise von der Impfpflicht befreit ist, in Laboratorien beschäftigt und in Laboratorien tätig werden?**
a) Das Krankenhauspersonal muß über einen ausreichenden Impfschutz verfügen oder aber von der Impfpflicht befreit sein. Entsprechende Bescheinigungen muß das zuständige Krankenhaus aufbewahren.
b) Von der Impfpflicht befreites Laborpersonal darf nicht beschäftigt werden.
c) Personen, die von der Impfpflicht befreit sind, dürfen im übrigen in Pockenalarmplänen nicht zum Einsatz vorgesehen werden.

8. **Wer darf Pockenschutzimpfungen vornehmen?**
Impfungen dürfen nur von Ärzten vorgenommen werden und sind, soweit es sich um Erstimpfungen handelt, unter zusätzlicher immunbiologischer Behandlung vorzunehmen, die als Teil der Impfung gilt.
Die Gesundheitsämter haben Impfungen unentgeltlich vorzunehmen.

9. Wie stellt man den erfolgreichen oder erfolglosen Impfverlauf fest?
Jeder Geimpfte hat sich frühestens am 6., spätestens am 8. Tage nach der Impfung dem Arzt, der die Impfung vorgenommen hat, oder beim Gesundheitsamt zur Feststellung des Impferfolges vorzustellen. Bei Minderjährigen haben die Eltern oder die Sorgeberechtigten dafür zu sorgen, daß die Vorstellung erfolgt. Stehen gesundheitliche Gründe einer Vorstellung entgegen, ist sie nach dem Wegfall dieser Gründe unverzüglich nachzuholen.

10. Wie wird die Impfwirkung amtlich nachgewiesen?
Über jede Impfung stellt der Arzt nach Feststellung ihrer Wirkung einen Impfschein aus, aus welchem ersichtlich sein muß, ob durch die Impfung der gesetzlichen Pflicht genügt ist oder ob diese wiederholt werden muß. Die Eintragung in das Impfbuch nach § 16 BSeuchG gilt als Ausstellung eines Impfscheines.

11. Wie ist bei erfolgloser Impfung zu verfahren?
Ist eine Impfung erfolglos geblieben, so soll sie am Tage der Nachschau, und, falls sie auch dann erfolglos bleibt, innerhalb eines Jahres wiederholt werden.

12. Besteht für Schäden nach der Pockenschutzimpfung ein Entschädigungsanspruch?
Ja, die Einzelheiten regelt das BSeuchG.

13. Wie werden die Impfpflichtigen erfaßt?
Die zuständige Behörde erfaßt die Impfpflichtigen in Listen, Karteien oder auf sonstigen Datenträgern und überwacht die Erfüllung der Impfpflicht. Die Leiter von Krankenhäusern und Laboratorien, deren Beschäftigte der Impfpflicht unterliegen, haben der zuständigen Behörde alle impfpflichtigen Personen zu melden. Die Leiter von Schulen haben zu einem bestimmen Termin die Kinder zu melden, die in dem jeweiligen Kalenderjahr das 12. Lebensjahr vollendet haben oder vollenden.

14. Welche Aufgabe ist den Impfinstituten (Landesimpfanstalten) aufgetragen?
Sie haben Impfstoffe für die Pockenschutzimpfungen und für Pockeneinschleppungsfälle herzustellen und vorrätig zu halten sowie Forschung mit dem Ziel zu betreiben, risikoärmere Impfstoffe und Impftechniken zu entwickeln. Sie haben ferner Fortbildungsveranstaltungen für Ärzte durchzuführen, um insbesondere die Kenntnisse über die Impftechnik und das Verhalten im Pockeneinschleppungsfall zu verbessern.

15. In welcher Form sollen Zuwiderhandlungen gegen das Gesetz über die Pockenschutzimpfung geahndet werden?

Zuwiderhandlungen werden nach näheren Regelungen als Ordnungswidrigkeiten verfolgt und können mit Geldbußen geahndet werden.

Bundesseuchengesetz

16. **Welches Gesetz befaßt sich mit der Verhütung und Bekämpfung von übertragbaren Krankheiten beim Menschen?**
Das BSeuchG. Dazu sind Ausführungsvorschriften erlassen worden (vgl. u.a. für NW: Rd. Erl. d. JM. v. 4.2.1963 –SMBl. NW 2126).

17. **Was ist eine übertragbare Krankheit im Sinne des BSeuchG?**
Eine durch Krankheitserreger verursachte Krankheit, die unmittelbar oder mittelbar auf den Menschen übertragen werden kann.

18. **Wie kann die unmittelbare und wie die mittelbare Übertragung von Krankheitserregern erfolgen?**
Unmittelbar: Von Mensch zu Mensch (Kontaktperson) oder vom Tier zum Menschen. Mittelbar: Durch Lebensmittel, tierische Produkte, Gegenstände, Wasser, Schmutz.

19. **Wer ist krank im Sinne des BSeuchG?**
Krank ist eine Person, die an einer übertragbaren Krankheit erkrankt ist.

20. **Wer ist krankheitsverdächtig im Sinne des BSeuchG?**
Krankheitsverdächtig ist eine Person, die unter Erscheinungen erkrankt ist, welche das Vorliegen einer bestimmten übertragbaren Krankheit vermuten lassen.

21. **Wer ist ansteckungsverdächtig im Sinne des BSeuchG?**
Ansteckungsverdächtig ist eine Person, von der anzunehmen ist, daß sie Erreger einer übertragbaren Krankheit aufgenommen hat, ohne krank, krankheitsverdächtig oder Ausscheider zu sein.

22. **Wer ist Ausscheider im Sinne des BSeuchG?**
Ausscheider ist eine Person, die Krankheitserreger dauernd oder zeitweilig ausscheidet, ohne krank oder krankheitsverdächtig zu sein.

23. **Wer ist ausscheidungsverdächtig im Sinne des BSeuchG?**
Ausscheidungsverdächtig ist eine Person, von der anzunehmen ist, daß sie Krankheitserreger ausscheidet, ohne krank oder krankheitsverdächtig zu sein.

24. **Inwieweit regelt der § 3 BSeuchG die Meldepflicht?**
Meldepflichtig ist
1. jeder Fall einer Erkrankung, des Verdachts einer Erkrankung und eines Todes an

Aussatz, Botulismus, Cholera, Enteritis infectiosa (a) Salmonellose, b) übrige Formen), Fleckfieber, übertragbarer Gehirnentzündung, Gelbfieber, übertragbarer Kinderlähmung, Mikrosporie, Milzbrand, Ornithose (a) Psittacose, b) übrige Formen), Paratyphus A und B, Pest, Pocken, Rückfallfieber, Ruhr (a) bakterielle Ruhr, b) Amöben ruhr), Tollwut (als Verdacht einer Erkrankung gilt eine Verletzung durch ein tollwutkrankes oder tollwutverdächtiges Tier sowie die Berührung eines solchen Tieres oder Tierkörpers), Tuberkulose (a) der Atmungsorgane - aktive Form -, b) der Haut, c) der übrigen Organe), Tularämie, Typhus abdominalis;

2. jeder Fall einer Erkrankung und eines Todes an Brucellose (a) Bang'sche Krankheit, b) Maltafieber, c) übrige Formen), Diphtherie, übertragbarer Hirnhautentzündung (a) Meningokokken-Meningitis, b) übrige Formen), Hepatitis infectiosa, Kindbettfieber (a) bei oder nach Geburt, b) bei oder nach Fehlgeburt), Leptospirose (a) Weil'sche Krankheit, b) Feldfieber, c) Canicolafieber, d) übrige Formen), Malaria (a) Ersterkrankung, b) Rückfall), Q-Fieber, Rotz, Scharlach, Toxoplasmose, Trachom, Trichinose, Wundstarrkrampf;

3. jeder Todesfall an
Grippe (Virusgrippe), Keuchhusten, Masern;

4. jeder Ausscheider von Erregern von
Enteritis infectiosa (Salmonellose), Paratyphus A und B, bakterieller Ruhr, Typhus abdominalis.

25. Was sagt das BSeuchG über die Meldepflicht von Krankheiten – außerhalb des § 3 BSeuchG –, wenn diese nicht nur vereinzelt auftreten?

Wenn Erkrankungen an Coli-Dyspepsie, Erysipel, Keuchhusten, Masern, Mumps, Röteln oder Windpocken in Krankenanstalten oder Entbindungsheimen nicht nur vereinzelt auftreten, so sind auch diese Erkrankungen zu melden, es sei denn, daß die Erkrankten schon vor der Aufnahme an diesen Krankheiten erkrankt oder dessen verdächtig waren.

26. Kann die Meldepflicht auch auf andere als die in § 3 des BSeuchG genannten Krankheiten ausgedehnt werden?

Ja. Die Meldepflicht nach § 3 BSeuchG kann durch Rechtsverordnung befristet auf andere übertragbaren Krankheiten ausgedehnt werden, wenn diese in epidemischer Form auftreten oder nicht nur vereinzelt einen bösartigen Verlauf aufweisen.

27. Wer und in welcher Reihenfolge ist zur Meldung von meldepflichtigen übertragbaren Krankheiten verpflichtet?

1. Der behandelnde oder sonst hinzugezogene Arzt (in Krankenhäusern und Entbindungsheimen: der leitende Arzt, in Häusern mit mehreren selbständigen Abteilungen der leitende Abteilungsarzt).

2. Jede sonstige mit der Behandlung oder der Pflege des Betroffenen berufsmäßig beschäftigte Person (z.B. Krankenschwester).
3. Die hinzugezogene Hebamme (außerhalb eines Krankenhauses oder eines Entbindungsheimes tätige Hebamme ist in jedem Falle zur Meldung verpflichtet).
4. Das Familienoberhaupt (auf Schiffen tritt der Schiffsführer, in Pflege- und Gefangenenanstalten, Heimen, Lagern, Sammelunterkünften und ähnlichen Einrichtungen tritt deren Leiter an die Stelle des Familienhauptes).
5. Der Leichenschauer.

28. **Wer ist von dem anzeigepflichtigen Fall zu unterrichten und innerhalb welcher Zeit muß die Meldung erfolgen?**
Die Meldung ist dem für den Aufenthalt des Betroffenen zuständigen Gesundheitsamt unverzüglich (d.h. ohne schuldhaftes Zögern), spätestens innerhalb 24 Stunden nach erlangter Kenntnis zu erstatten (vgl. Muster auf Seite 146).

29. **Wie erfährt das Gesundheitsamt des gewöhnlichen Aufenthaltsortes von dem meldepflichtigen Fall, wenn dieser im Zuständigkeitsbereich eines anderen Gesundheitsamtes aufgetreten ist?**
Das zuerst informierte Gesundheitsamt hat das für den gewöhnlichen Aufenthaltsort des Betroffenen zuständige Gesundheitsamt unverzüglich zu benachrichtigen.

30. **Was sagt das BSeuchG über die besondere Anzeigepflicht von Fällen des § 3 BSeuchG bei Aufnahmen und Entlassungen in bzw. aus Krankenanstalten und Entbindungsheimen?**
Die Aufnahme und die Entlassung der betroffenen Personen muß unverzüglich dem für den bisherigen Aufenthaltsort zuständigen Gesundheitsamt angezeigt werden. In der Entlassungsanzeige ist anzugeben, ob der Entlassene geheilt ist oder ob er die Erreger einer übertragbaren Krankheit noch ausscheidet. Diese besondere Meldepflicht trifft den leitenden Arzt, in Krankenhäusern mit mehreren selbständigen Abteilungen den leitenden Abteilungsarzt, in Krankenhäusern ohne leitenden Arzt den behandelnden Arzt.

31. **Welche Anzeigepflicht ist nach dem BSeuchG den Ausscheidern auferlegt?**
Ausscheider haben jeden Wechsel der Wohnung und jeden Wechsel der Arbeitsstätte unverzüglich dem bisher zuständigen Gesundheitsamt anzuzeigen. Sie sind außerdem verpflichtet, bei jeder Aufnahme in ein Krankenhaus oder Entbindungsheim oder bei der Inanspruchnahme einer Hebamme dem behandelnden Arzt oder der Hebamme mitzuteilen, daß sie Ausscheider sind.

An das **Gesundheitsamt**
in . . . .

Betr.: Meldung* einer übertragbaren Krankheit gemäß Bundes-Seuchengesetz vom 18. Juli 1961 (BGBl. I S. 1012)

Erkrankung ☐
Verdacht einer Erkrankung ☐
Tod ☐
an: . . . .
erkrankt am: . . . .
gestorben am: . . . .
. . . .
Ausscheider von . . . . Erregern.

(Wird vom Gesundheitsamt ausgefüllt)
Meldung erstattet durch: . . . .
Name: . . . .
Anschrift: . . . . . . Fernruf: . . . .
. . . .
mündlich ☐ fernmündlich ☐
Meldung entgegengenommen durch:
. . . .

Name: . . . . Vorname: . . . .
geboren am: . . . . männlich ☐ weiblich ☐
Aufenthaltsort: . . . .
Gemeinde, Straße, Hausnummer, Kreis
Gewöhnlicher Aufenthaltsort: . . . .
Gemeinde, Straße, Hausnummer, Kreis
abgesondert zu Hause: ja ☐ nein ☐
eingewiesen am: . . . . in . . . .
Name und Anschrift

Krankenhaus oder Entbindungsheim: . . . .
Name und Anschrift

aufgenommen am: . . . .
eingewiesen durch: . . . .
bei Kindbettfieber Name und Anschr.d.Hebamme:
. . . .
. . . .
. . . .

entlassen am: . . . .
geheilt: ja ☐ nein ☐
Werden noch Krankheitserreger ausgeschieden?
ja ☐ nein ☐

Bemerkungen: (insbesondere erwünscht sind Angaben über vermutliche Ansteckungsquelle, Beruf, Arbeitsstelle, besuchte Schule, Kindergarten u.ä. Einrichtungen, Beschäftigung in Lebensmittel-, Gaststätten-, Beherbergungsbetrieben, auch über Angehörige der Wohngemeinschaft, vorangegangene Schutzimpfungen):

. . . . den . . . .

Stempel mit Anschrift und Fernruf

. . . .
Unterschrift

*Bitte die Rückseite beachten und Zutreffendes in entsprechendem Kästchen (☐) ankreuzen

32. Welche Meldepflicht ist den Leitern von Medizinaluntersuchungsämtern und sonstigen öffentlichen oder privaten Untersuchungsstellen auferlegt?

Sie haben jeden Untersuchungsbefund, der auf einen meldepflichtigen Fall schließen läßt, unverzüglich dem für den Aufenthaltsort des Betroffenen zuständigen Gesundheitsamt zu melden (dies gilt jedoch nicht, wenn die Untersuchungsstelle Teil eines Krankenhauses ist und sich die Untersuchung auf Insassen dieses Krankenhauses bezieht).

33. Enthält das BSeuchG eine sog. Generalklausel für die Anordnung von Maßnahmen zur Verhütung übertragbarer Krankheiten?

Ja. Wenn Tatsachen festgestellt werden, die zum Auftreten einer übertragbaren Krankheit führen können, so hat die zuständige Behörde (z.B. Ordnungsamt, Gesundheitsamt)die notwendigen Maßnahmen zur Abwendung der dem einzelnen oder der Allgemeinheit hierdurch drohenden Gefahren zu treffen. Diese Generalklausel (= Ermächtigung) findet aber keine Anwendung, wenn das BSeuchG für konkrete Verhütungsmaßnahmen Regelungen enthält.

34. Inwieweit regelt das BSeuchG die Überwachung von Wassergewinnungsanlagen?

Trinkwasser sowie Brauchwasser für Betriebe, in denen Lebensmittel gewerbsmäßig hergestellt oder behandelt werden, oder die Lebensmittel gewerbsmäßig in den Verkehr bringen, muß so beschaffen sein, daß durch seinen Genuß oder Gebrauch die menschliche Gesundheit nicht geschädigt werden kann (Vgl. Trinkwasser-Verordnung vom 31.1.1975 – BGBl. I S. 453 –). Die sich daraus ergebende Überwachungspflicht des Gesundheitsamtes macht es erforderlich, in den erwähnten Anlagen in bestimmten Zeitabständen Wasseruntersuchungen durchzuführen und gegebenenfalls das hiernach Erforderliche zu veranlassen (z.B. Erteilung von Auflagen, Schließung der Anlage).

35. Hat das Gesundheitsamt auch Einrichtungen, die der Beseitigung der festen und flüssigen Abfall- oder Schmutzstoffe dienen, zu überwachen?

Ja. Die Gemeinden oder Gemeindeverbände haben allerdings zunächst darauf hinzuwirken, daß die festen und flüssigen Abfall- oder Schmutzstoffe so beseitigt werden, daß Gefahren für die menschliche Gesundheit durch Krankheitserreger nicht entstehen.

36. Was sagt das BSeuchG über die Bekämpfung tierischer Schädlinge?

Werden tierische Schädlinge (z.B. Ratten, Flöhe, Wanzen, Läuse, Stechmücken) ermittelt und ist die Gefahr begründet, daß durch sie Krankheitserreger verbreitet werden können, so hat die zuständige Behörde zu ihrer Bekämpfung die erforderlichen Maßnahmen anzuordnen. Zur Durchführung dieser Maßnahmen können die Grundstückseigentümer oder -besitzer oder die Gemeinden oder Gemeindeverbände verpflichtet sein. Die Art der Bekämpfung sowie die anzuwendenden Bekämpfungsmittel und -verfahren werden durch die jeweilige Landesregierung oder durch die von dieser ermächtigten Stelle bestimmt.

37. **In welcher Weise sind die Gesundheitsämter verpflichtet, unentgeltliche Schutzimpfungen anzubieten?**
Die obersten Landesgesundheitsbehörden bestimmen, welche unentgeltliche Schutzimpfungen – außerhalb der Pockenschutzimpfung – von den Gesundheitsämtern abzuhalten sind (z.B. gegen Diphtherie, übertragbare Kinderlähmung, Tbc, Wundstarrkrampf, Keuchhusten, Röteln). Die Beteiligung an diesen Impfungen erfolgt auf freiwilliger Basis.

38. **Wann besteht die Möglichkeit, gegen Pocken, Cholera, Typhus abdominalis oder Diphtherie über die gegebenen Regelungen hinaus Pflichtimpfungen anzuordnen?**
Wenne eine dieser Krankheiten in bösartiger Form auftritt und mit ihrer epidemischen Verbreitung zu rechnen ist.

39. **Inwieweit sorgt das BSeuchG dafür, daß alle Impfungen in einem Nachweis vermerkt werden?**
Jeder Impfling erhält unentgeltlich bei der ersten Impfung ein Impfbuch, in das alle Impfungen einschließlich Pockenschutzimpfungen, durch den Impfarzt einzutragen sind.

40. **Welche Vorschriften des BSeuchG und mit welchem Inhalt befassen sich mit dem Verbot der Ausübung bestimmter beruflicher Tätigkeiten?**
a) Der § 17 BSeuchG bestimmt, daß Personen, die an Typhus abdominalis, Paratyphus A und B, Enteritis infectiosa (Salmonellose), Ruhr, Hepatitis infectiosa oder Scharlach erkrankt oder dessen verdächtig sind, an ansteckungsfähiger Tbc oder an ansteckenden Hautkrankheiten erkrankt sind, Erreger von Typhus abdominalis, Paratyphus A und B, Enteritis infectiosa (Salmonellose) oder Ruhr dauernd oder zeitweilig ausscheiden oder dessen verdächtig sind, nicht in näher bestimmten Lebensmittelbetrieben (z.B. Molkereien, Milchhandel in loser Form, Speiseeishersteller, Krankenhausküchen) beschäftigt werden dürfen.
b) Darüber hinaus kann erforderlichenfalls auch jede andere berufliche Tätigkeit eines Kranken, Krankheitsverdächtigen, Ansteckungsverdächtigen, Ausscheiders und Ausscheidungsverdächtigen ganz oder teilweise untersagt werden. Es kommt hier auf den Grad der Gefährdung anderer Personen an.

41. **Wie wird die Einhaltung des § 17 BSeuchG sichergestellt?**
Personen dürfen in Betrieben zur Ausübung einer der in § 17

BSeuchG bezeichneten Tätigkeiten nur eingestellt werden, wenn sie durch ein Zeugnis des Gesundheitsamtes, das nicht älter als 1 Jahr ist, nachweisen, daß bei ihnen Hinterungsgründe der beschriebenen Art nicht vorliegen. Die betroffenen Personen müssen sich im übrigen regelmäßigen Wiederholungsuntersuchungen stellen.

42. **Ist das Arbeiten und der Verkehr mit Krankheitserregern erlaubnispflichtig?**
Ja. Einer Erlaubnis bedürfen u.a. nicht: Ärzte, Zahnärzte, Krankenhäuser im Rahmen der diagnostischen Untersuchungen oder therapeutischen Maßnahmen.

43. **Welchen Personen ist die Behandlung von meldepflichtigen übertragbaren Krankheiten gestattet?**
Nur Ärzten, im Rahmen der Zahnheilkunde auch Zahnärzten. Heilpraktiker dürfen bis zur Übernahme der Behandlung durch einen Arzt Maßnahmen zur Linderung einleiten.

44. **Was wird vom Gesundheitsamt zunächst veranlaßt, wenn es von einem meldepflichtigen Fall Kenntnis erlangt?**
Das Gesundheitsamt hat alsbald die erforderlichen Ermittlungen über Art, Ursache, Ansteckungsquelle und Ausbreitung der Krankheit anzustellen.

45. **Wer muß die Ermittlungen über Art, Ursache, Ansteckungsquelle und Ausbreitung der Krankheit usw. anstellen?**
Beim Auftreten oder beim Verdacht des Auftretens von Aussatz, Cholera, Enteritis infectiosa (Salmonellose), Fleckfieber, Gelbfieber, übertragbarer Kinderlähmung, Milzbrand, Ornithose, Paratyphus A und B, Pest, Pocken, Rückfallfieber, Tollwut, Trichinose oder Typhus abdominalis, beim Auftreten übertragbarer Gehirnhautentzündung, übertragbarer Hirnhautentzündung oder Kindbettfieber bzw. bei der Feststellung eines Ausscheiders müssen die Ermittlungen von einem Arzt des Gesundheitsamtes durchgeführt werden. Ansonsten genügt ein sachkundiger Beauftragter.

46. **Welche Befugnisse haben die zur Ermittlung meldepflichtiger Fälle bestimmten Personen?**
Zutrittsrecht (auch zu Leichen), Recht zur Besichtigung von Räumen und Einrichtungen, Recht zur Entnahme von Untersuchungsmaterial, Untersuchungsrecht (einschl. von Leichen).

47. **Welche Verpflichtungen obliegt den von den Ermittlungen betroffenen Personen?**
Sie haben über alle wesentlichen Umstände Auskunft zu geben und Vorladungen des Gesundheitsamtes Folge zu leisten. Sie haben die erforderlichen Untersuchungen bzw. die Entnahme von Untersuchungsmaterial zu dulden.

48. Welche Maßnahmen müssen in diesem Zusammenhang von Ärzten durchgeführt werden?
Blutentnahmen aus der Vene und Rektalabstriche. Die Entnahme von Mageninhalt oder Galle, von Rückenmarks- oder Gehirnflüssigkeit sowie alle operativen Eingriffe und solche Eingriffe, die eine allgemeine Betäubung erfordern, bedürfen außerdem der Einwilligung des Betroffenen.

49. Kann im Rahmen der Ermittlungen auch eine innere Leichenschau angeordnet werden?
Ja, wenn dies zur Feststellung einer übertragbaren Krankheit für erforderlich gehalten wird.

50. Was kann das Gesundheitsamt zur Verhinderung der Ausbreitung übertragbarer Krankheiten anordnen?
Es kann die Anordnung von Schutzmaßnahmen durch die zuständige Behörde vorschlagen. Wenn die Schutzmaßnahme keinen Aufschub duldet, hat das Gesundheitsamt die Anordnung selbst zu treffen.

51. Welche Schutzmaßnahmen sieht das BSeuchG im einzelnen vor?
Anordnung der Beobachtung, Absonderung in einem Krankenhaus, Untersagung der Ausübung bestimmter beruflicher Tätigkeiten, Entseuchung, Entwesung oder Entrattung, Vernichtung von Gegenständen, Untersagung der Benutzung von Wohnungen und Räumen, Anordnungen über die Aufbewahrung usw. von Leichen, Maßnahmen gegenüber der Allgemeinheit.

52. Welche Pflichten obliegen demjenigen, der einer Beobachtung unterworfen ist?
Er muß die erforderlichen Untersuchungen dulden und den ärztlichen Weisungen Folge leisten. Wie im Rahmen der Ermittlungen muß der Betroffene Untersuchungsmaterial bereitstellen bzw. deren Entnahme dulden. Er hat Vorladungen des Gesundheitsamtes Folge zu leisten, Zutritt zu seiner Wohnung zu gestatten, über alle seinen Gesundheitszustand betreffenden Umstände Auskunft zu geben und jeden Wohnungswechsel anzuzeigen.

53. In welcher Weise regelt das BSeuchG die Absonderung von Kranken oder Krankheitsverdächtigen in einem Krankenhaus?
Personen, die an Cholera, Fleckfieber, Pest, Pocken, Rückfallfieber oder Typhus abdominalis erkrankt oder dessen verdächtig sind, müssen abgesondert werden. Sonstige meldepflichtige Personen können abgesondert werden.

54. Kann eine erforderliche Absonderung auch zwangsweise durchgeführt werden?
Ja, das Gesetz über das gerichtliche Verfahren bei Freiheitsentziehungen vom 29.6.1956 (BGBl. I S. 599) i.d.F. vom 15.8.1974 (BGBl. I S. 1942) ist anzuwenden.

55. Welche Personen haben ungehinderten Zutritt zu abgesonderten Personen?
Der behandelnde Arzt und die zur Pflege bestimmten Personen. Seelsorgern und Urkundspersonen muß, anderen Personen kann der behandelnde Arzt den Zutritt unter Auferlegung der erforderlichen Verhaltensmaßregeln gestatten.

56. Können untergebrachten Personen Gegenstände abgenommen werden?
Ja, soweit sie unmittelbar oder mittelbar einem Ausbruch dienen können. Postsendungen können im Beisein der untergebrachten Person geöffnet und zurückgehalten werden (dies gilt nicht für Sendungen von Gerichten, Behörden, gesetzlichen Vertretern, Rechtsanwälten, Notaren oder Seelsorgern; an solche Stellen oder Personen abgehende Sendungen dürfen nur zum Zwecke der Entseuchung geöffnet bzw. zurückgehalten werden).

57. Sind die Gemeinden oder Gemeindeverbände verpflichtet, dafür zu sorgen, daß die notwendigen Räume, Einrichtungen und Transportmittel zur Durchführung von Absonderungsmaßnahmen außerhalb der Wohnung zur Verfügung stehen?
Ja, nötigenfalls müssen sie von den Ländern beschafft und unterhalten werden (vgl. u.a. für NW: Pockenalarmplan vom 17.7.1967 – SMBl. NW 2126).

58. In welchen Fällen kommen Entseuchungs- bzw. Entwesungs- oder Entrattungsmaßnahmen in Betracht?
Wenn anzunehmen ist, daß Räume, Gegenstände oder menschliche Ausscheidungen mit Erregern meldepflichtiger übertragbarer Krankheiten behaftet sind, ist ihre Entseuchung anzuordnen. Werden tierische Schädlinge als vermutliche Überträger festgestellt, so ist eine Entwesung oder Entrattung anzuordnen.

59. Wann kann eine Vernichtung von Gegenständen angeordnet werden?
Wenn eine Entseuchung nicht ausführbar ist oder wenn die Entseuchung oder Entwesung im Verhältnis zu dem Wert der Gegenstände zu kostspielig ist (der Berechtigte kann allerdings widersprechen und die Kosten übernehmen).

60. Welche Mittel und Verfahren dürfen bei den behördlich angeordneten Entseuchungen und Entwesungen verwendet werden?
Nur die vom BGA auf Brauchbarkeit geprüften und in einer Liste veröffentlichten Mittel und Verfahren (das Verzeichnis ist beim BGA in Berlin erhältlich).

61. Welche Maßnahmen kommen beim Tode eines Kranken oder Krankheitsverdächtigen in Betracht?
Es können Anordnungen über die Aufbewahrung, Einsargung, Beförderung und Bestattung der Leiche getroffen werden.

62. Was kann beim Auftreten einer meldepflichtigen übertragbaren Krankheit in epidemischer Form veranlaßt werden?
Es können Veranstaltungen in Theatern, Filmtheatern, Versammlungsräumen, Gaststätten sowie die Abhaltung von Märkten, Messen, Tagungen, Volksfesten, Sport- und anderen Veranstaltungen beschränkt oder verboten werden. Badeanstalten können geschlossen werden.

63. Welche besonderen Vorschriften befassen sich mit der Verhütung und Bekämpfung meldepflichtiger übertragbarer Krankheiten in Schulen?
Lehrer, Schulbedienstete, Schüler u.a., die an einer meldepflichtigen übertragbaren Krankheit oder an ansteckender Borkenflechte, Keuchhusten, Krätze, Masern, Mumps, Röteln, Windpocken erkrankt oder dessen verdächtig sind, dürfen schulische Einrichtungen nicht betreten und an Veranstaltungen der Schule nicht teilnehmen. Entsprechendes gilt, wenn Diphtherie, Hepatitis infectiosa, Scharlach oder eine meldepflichtige Krankheit nach § 3 Abs. 1 BSeuchG in der Wohngemeinschaft dieser Personen auftritt. Auf Vorschlag des Gesundheitsamtes kann die Schließung der Schule oder von einzelnen Klassen angeordnet werden. Ausscheider dürfen nur mit Zustimmung des Gesundheitsamtes und unter Beachtung bestimmter Schutzmaßnahmen die Schuleinrichtungen benutzen. Lehrer und Schulbedienstete oder die zur Vorbereitung auf den Beruf des Lehrers in Schulen tätigen Personen haben vor ihrer Einstellung und jährlich einmal durch Vorlage eines Zeugnisses des Gesundheitsamtes nachzuweisen, daß eine ansteckungsfähige Tbc der Atmungsorgane nicht vorliegt. Das Zeugnis muß sich auf eine intrakutane Tuberkulinprobe oder auf eine Röntgenaufnahme der Atmungsorgane stützen. Schüler dürfen durch eine perkutane Tuberkuloseprobe auf Tbc untersucht werden.

64. Auf welche Gemeinschaftseinrichtungen finden die für Schulen geltenden Vorschriften entsprechende Anwendung?
Schülerheime, Schullandheime, Säuglingsheime, Kinderheime, Kindergärten, Kindertagesstätten, Lehrlingsheime, Jugendwohnheime, Ferienlager und ähnliche Einrichtungen.

65. In welcher Form sieht das BSeuchG für Ausscheider, Ausscheidungsverdächtige oder Ansteckungsverdächtige Entschädigungsleistungen vor?
Soweit diese Personen in der Ausübung der bisherigen Erwerbstätigkeit Verboten unterliegen oder unterworfen sind und dadurch einen Verdienstausfall erleiden.

66. Was ist ein Impfschaden im Sinne des BSeuchG?
Ein über das übliche Ausmaß einer Impfreaktion hinausgehender Gesundheitsschaden. Ein Impfschaden liegt auch vor, wenn mit

lebenden Erregern geimpft wurde und eine andere als die geimpfte Person durch die von dem Impfling ausgeschiedenen Erreger einen Gesundheitsschaden erlitt. Außerdem gelten auch die Folgen eines Unfalles eines Impfgeschädigten als Impfschaden.

67. **Nach welchen Impfungen kann man für erlittene Schädigungen Ersatzleistungen beanspruchen?**
Für gesetzlich vorgeschriebene, aufgrund der Bestimmungen des BSeuchG angeordnete, durch die zuständige Behörde in ihrem Bereich öffentlich empfohlene oder nach den Impfanordnungen der IGV (für die Rückreise in die BRD) verlangte Schutzimpfungen. Anspruchsberechtigt sind auch Deutsche und ihre Angehörigen, die aus bestimmten Gründen ihrer Impfpflicht außerhalb der BRD nachkommen mußten sowie Deutsche, die in der DDR oder in Ostberlin aufgrund gesetzlicher Vorschriften geimpft wurden.

68. **Welche Voraussetzungen müssen für die Anerkennung eines Impfschadens vorliegen?**
Zur Anerkennung eines Gesundheitsschadens als Folge einer Impfung genügt die Wahrscheinlichkeit des ursächlichen Zusammenhangs.

69. **Für welche Folgen und auf welcher Basis werden nach Impfschädigungen Ersatzleistungen erbracht?**
Für die gesundheitlichen und wirtschaftlichen Folgen des Impfschadens wird auf Antrag Versorgung in entsprechender Anwendung des BVG erbracht. Für die Sicherstellung der Versorgung sind die Versorgungsämter zuständig, für Streitigkeiten ist der Rechtsweg vor den Sozialgerichten gegeben.

70. **Gelten für die Einreichung eines Antrages auf Anerkennung eines Impfschadens Antrags- oder Ausschlußfristen?**
Nein, solche Fristenregelungen gibt es nicht mehr. Bisher abgelehnte Fälle können auf Antrag wieder aufgenommen werden.

71. **Kann für bei Entseuchungs- oder Entwesungsmaßnahmen vernichtete oder beschädigte Gegenstände Entschädigung geleistet werden?**
Ja dann, wenn die Gegenstände nicht mit Krankheitserregern oder mit tierischen Schädlingen als vermutliche Überträger solcher Krankheitserreger behaftet oder dessen verdächtig sind.

72. **Wer trägt die Kosten für die Erfüllung der Meldepflicht, für die Durchführung der Ermittlungen des Gesundheitsamtes, der verschiedenen Schutzmaßnahmen und der Schutzimpfungen?**
Diese Kosten werden nach näheren Vorschriften des BSeuchG aus öffentlichen Mitteln aufgebracht.

73. **Welche Folgen können fahrlässige oder vorsätzliche Zuwiderhandlungen gegen Vorschriften des BSeuchG haben (z.B. Vernachlässigung der Meldepflicht) haben?**
Strafen und Bußgelder.

74. **Was ist eine Entseuchung?**
Vernichtung von Krankheitserregern, damit eine Übertragung der Krankheit oder Ansteckung durch die Erreger unmöglich wird.

75. **Was ist eine Entwesung?**
Vernichtung von Gesundheitsschädlingen (Flöhe, Wanzen, Läuse, Stechmücken, Fliegen, Schaben, Mäuse, Ratten und sonstige tierische Schädlinge).

76. **Was versteht man unter Sterilisation?**
Vernichtung von Keimen aller Art.

Abkommen über Gesundheitsfragen BRD/DDR

77. **In welcher Form sieht das am 25.4.1974 von der BRD und der DDR unterzeichnete Gesundheitsabkommen (vgl. BGBl. 1975 II S. 1729) Zusammenarbeit und gegenseitige Hilfe vor?**
Das auf unbestimmte Zeit geschlossene Abkommen enthält folgende wesentliche Elemente: Informationsaustausch zur Verhütung und Bekämpfung übertragbarer Krankheiten, Anspruch auf ambulante oder stationäre medizinische Hilfe für Einreisende aus dem anderen Staat, Austausch von Arzneimitteln und gemeinsame Bekämpfung des Drogenmißbrauchs.

Internationale Gesundheitsvorschriften

78. **Wie sind die IGV in unserer Rechtsordnung zu klassifizieren?**
Es handelt sich hierbei um besondere Völkerrechtsregeln, die erst durch einen Beschluß der gesetzgebenden Organe zu innerstaatlichem Recht werden.

79. **Sind die IGV in der BRD geltendes Recht?**
Ja. Als Ausführungsvorschriften sind erlassen worden: Rechtsverordnungen zur Ausführung der IGV im Luftverkehr i.d.F. vom 11.11.1976 (BGBl. I S. 3189), zur Ausführung der IGV in Häfen und auf dem Nord-Ostsee-Kanal i.d.F. vom 11.11. 1976 (BGBl. I S. 3191) und zur Durchführung der IGV im Landverkehr i.d.F. vom 11.11.1976 (BGBl. I S. 3193).

80. Was ist das Ziel der IGV?
Sie haben zum Ziel, ein Höchstmaß an Schutz gegen die Ausbreitung von Krankheiten über Ländergrenzen hinweg bei einem Mindestmaß an Störung des internationalen Verkehrs zu gewährleisten.

81. Auf welche Personen und Fahrzeuge finden die IGV Anwendung?
Für Personen und Fahrzeuge (Flugzeuge, Schiffe, Fahrzeuge des Schienen- und Straßenverkehrs), die sich auf internationaler Reise befinden, d.h. über die Grenzen eines Landes in ein Nachbarland oder in mehrere andere Länder gelangen.

82. Welche Regelungen enthalten die IGV in groben Zügen?
Begriffsbestimmungen, Bestimmungen über die gegenseitige Unterrichtung und Meldung an die WHO, Bestimmungen über die Einrichtung von Sanitätsflughäfen und von Häfen mit hafenärztlichem Dienst, Aufzählung der zulässigen gesundheitlichen Maßnahmen und Verfahren bei der Abreise und bei der Ankunft von Schiffen und Luftfahrzeugen, Darstellung der für die einzelnen Krankheiten anzuwendenden Maßnahmen (u.a. Forderung eines Impfnachweises bei der Einreise).

83. Welche vier Krankheiten unterliegen den IGV?
Cholera, Gelbfieber, Pest und Pocken.

84. Welche Krankheiten gehören darüber hinaus zum Überwachungsprogramm der WHO?
Fleckfieber, Rückfallfieber, Influenza, Poliomyelitis und Malaria. Diese 5 Krankheiten werden aber erst dann mit einbezogen, sofern sie in außergewöhnlicher Form oder Häufigkeit auftreten sollten.

85. Bei welcher internationalen Einrichtung werden die Meldungen über Seuchen zusammengestellt?
Bei einer besonderen Abteilung der WHO mit Sitz in Genf.

86. Wie können sich die interessierten Gesundheitsverwaltungen über die in Genf zusammengestellte "Weltseuchenlage" informieren?
Durch Inanspruchnahme einer besonderen Fernschreibanlage der WHO mit automatischer Anfragebeantwortung. Das Ergebnis wird im übrigen wöchentlich als "Weekly Epidemiological Record" veröffentlicht.

87. Welche Aufstellungen bzw. Verzeichnisse werden von der WHO u.a. herausgegeben?
Jährlich erscheint eine Aufstellung der von einzelnen Ländern bei der Einreise geforderten Impfnachweise sowie ein besonderes Verzeichnis der Gelbfieber-Impfstationen. Vom Regionalbüro der WHO in Kopenhagen wird ein Verzeichnis der wichtigsten See-

und Lufthäfen mit Anschriften und Fernsprechnummern der hafen- und flughafenärztlichen Dienste veröffentlicht. Die WHO berichtet jährlich über die Entwicklungstendenzen der "9 Krankheiten" und gibt sonstige Informationen heraus.

88. **Inwieweit ist die WHO befugt, eine Sachverständigengruppe zur Untersuchung des Ausbruchs einer bestimmten Krankheit zu entsenden?**
Sie hat dieses Recht, wenn die betreffende Regierung zustimmt bzw. die ausgebrochene Krankheit eine ernste Gefahr für die Nachbarländer oder die internationale Gesundheit bildet.

89. **Welche Verpflichtung obliegt den Mitgliedsländern hinsichtlich der Information von Reisenden?**
Alle Reisenden sind ggf. über Reisebüros, Schiffs- und Fluggesellschaften, über Impfvorschriften zu unterrichten. Dazu gehören auch Informationen über plötzlich aufgetretene Gesundheitsgefahren in den Reiseländern.

90. **Was besagen die IGV hinsichtlich der Überwachung der Hafen- und Flughafenhygiene?**
Die Anforderungen an die Überwachung sind erhöht worden. Es besteht für die Gesundheitsverwaltungen die Möglichkeit, bei der WHO Bestätigungen darüber anzufordern, daß bestimmte Häfen den neuen Vorschriften entsprechen.

Geschlechtskrankengesetz

91. **Aufgrund welchen Gesetzes werden die Geschlechtskrankheiten bekämpft?**
GesGKr in Verbindung mit der I. Verordnung zur Durchführung des GesGKr vom 28.12.1954 (BGBl. I S. 523) sowie der II. Verordnung vom 5.8.1955 (BGBl. I S. 402).

92. **Welche Krankheiten sind Geschlechtskrankheiten im Sinne des GesGKr?**
Syphilis (Lues), Tripper (Gonorrhö), weicher Chanker (Ulcus molle) und venerische Lymphknotenentzündung (Lymphogranulomatosis inguinalis).

93. **Welche Bekämpfungsmaßnahmen sieht das GesGKr vor?**
Maßnahmen zur Verhütung, Feststellung, Erkennung und Heilung der Erkrankung sowie die vorbeugende und nachgehende Gesundheitsfürsorge.

94. **Welcher Behörde ist die Durchführung dieser Aufgaben übertragen?**
Dem Gesundheitsamt.

95. Inwieweit ist den Geschlechtskranken und den Krankheitsverdächtigen eine Behandlungspflicht auferlegt?
Die betroffenen Personen müssen sich unverzüglich von einem in Deutschland approbierten oder zugelassenen Arzt untersuchen und bis zur Beseitigung der Ansteckungsgefahr behandeln lassen und sich den notwendigen Nachuntersuchungen unterziehen.

96. Was besagt das GesGKr über die Einweisung in ein Krankenhaus?
Entzieht sich ein Geschlechtskranker oder eine krankheitsverdächtige Person der ordnungsgemäßen Durchführung der Behandlung oder ist die Einweisung zur Verhütung der Ansteckung erforderlich, so kann das Gesundheitsamt den betroffenen Personen auferlegen, sich in ein geeignetes Krankenhaus zu begeben.

97. Inwieweit kann sich das Gesundheitsamt Klarheit über den Gesundheitszustand von Geschlechtskranken bzw. geschlechtskrankheitsverdächtigen Personen verschaffen?
Geschlechtskranke sowie Personen, die dringend verdächtig sind, geschlechtskrank zu sein und Geschlechtskrankheiten weiterzuverbreiten (Prostituierte), haben dem Gesundheitsamt auf Verlangen, gegebenenfalls auch wiederholt, ein Gesundheitszeugnis eines Arztes vorzulegen. In begründeten Fällen kann die Untersuchung in der Beratungsstelle des Gesundheitsamtes oder bei bestimmten Ärzten angeordnet werden. Bei unklaren Untersuchungsbefunden oder Gefahr der Verschleierung kann auch eine Krankenhausbeobachtung befristet angeordnet werden.

98. Sieht das GesGKr auch die Untersagung der Berufsausübung vor?
Geschlechtskranken, die wegen der Art ihrer Beschäftigung eine erhöhte Ansteckungsgefahr bilden und die der ärztlichen Anordnung, ihren Beruf bis zur Behebung der Ansteckungsgefahr nicht auszuüben, keine Folge leisten, kann auf Vorschlag des Gesundheitsamtes die Berufsausübung untersagt werden.

99. Was sagt das GesGKr über die Anordnung von Reihenuntersuchungen?
Die jeweils zuständige Landesregierung kann bei Vorliegen besonderer Verhältnisse anordnen, daß Personen, deren Lebensumstände eine erhöhte Ansteckungsgefahr für sie und andere mit sich bringen (z.B. Truppenzusammenziehungen, Flüchtlingsbewegungen), auf syphilitische Serumreaktionen ihres Blutes zu untersuchen sind. Der geforderte Nachweis kann auch durch Vorlage einer entsprechenden ärztlichen Bescheinigung erbracht werden.

100. Schränkt das GesGKr die Ausübung des Geschlechtsverkehrs ein?
Ja. Wer an einer Geschlechtskrankheit leidet, hat sich des Geschlechtsverkehrs (hierzu gehört nicht nur Beischlaf, sondern

auch die sog. Ersatzhandlung) zu enthalten. Dies gilt nicht, wenn die Krankheit nach ärztlichem Urteil nicht mehr übertragbar ist.

101. **Kann ein Geschlechtskranker oder eine Person, die an Syphilis gelitten hat, eine Ehe eingehen?**
Ja. Die betroffene Person muß sich jedoch hinsichtlich der Unbedenklichkeit der Eheschließung ärztlich untersuchen lassen. Bestehen keine Bedenken, so wird ihm hierüber ein Zeugnis ausgestellt. Bei Nichterteilung dieses ärztlichen Zeugnisses muß vor Eingehen der Ehe der andere Teil entsprechend unterrichtet werden.

102. **Darf eine geschlechtskranke Frau fremde Kinder stillen oder ihre Milch abgeben?**
Nein.

103. **Was besagt das GesGKr über das Stillen von tripperkranken Kindern?**
Ein tripperkrankes Kind darf von einer anderen Person nur nach Unterweisung über die Krankheit des Kindes und über die gebotenen Vorsichtsmaßnahmen gestillt werden.

104. **Darf ein an Syphilis leidendes Kind von einer anderen Person als der Mutter gestillt werden?**
Nein.

105. **Was ist zu beachten, wenn man geschlechtskranke Kinder in Pflege gibt?**
Die Pflegeeltern müssen vor Beginn der Pflege entsprechend unterrichtet werden.

106. **Dürfen Geschlechtskranke oder frühere Syphilitiker Blut spenden?**
Nein.

107. **Welchen Nachweis muß eine Frau erbringen, wenn sie ein fremdes Kind stillen will?**
Sie muß ein ärztliches Zeugnis über Freisein von Geschlechtskrankheiten beibringen.

108. **Wer ist zur Untersuchung oder Behandlung von Geschlechtskrankheiten sowie Krankheiten oder Leiden der Geschlechtsorgane befugt?**
Nur in Deutschland approbierte oder zugelassene Ärzte.

109. **Was ist bei der Behandlung von Geschlechtskranken insbesondere verboten?**
Die Fernbehandlung bzw. das Erteilen von Ratschlägen zur Selbstbehandlung.

110. Nach welchen Grundsätzen muß die Untersuchung und Behandlung von Geschlechtskranken erfolgen?
Nach den Grundsätzen der wissenschaftlichen Erkenntnisse. Über die Behandlung sind genaue Aufzeichnungen zu machen.

111. Welche Belehrungspflicht ist dem Arzt auferlegt?
Der Arzt hat den Kranken über die Art seiner Krankheit, die Übertragungsgefahr, die dem Kranken auferlegten Pflichten und die Folgen ihrer Nichterfüllung durch Aushändigung und Erläuterung eines amtlichen Merkblattes zu unterrichten. Der Empfang des Merkblattes und die erfolgte Belehrung ist schriftlich zu bestätigen.

112. Kann ein Arzt die Untersuchung oder Behandlung eines Geschlechtskranken ablehnen?
Ja. Er muß die abgewiesene Person aber unverzüglich einem anderen Arzt überweisen. Der Kranke ist verpflichtet, dem überweisenden Arzt den Nachweis zu erbringen, daß er sich in Behandlung befindet.

113. In welchen Fällen ist der Arzt zur Meldung eines Geschlechtskranken an das Gesundheitsamt verpflichtet?
Zur namentlichen Meldung ist der Arzt verpflichtet:
1. Wenn sich der Kranke weigert, die Behandlung zu beginnen oder fortzusetzen, sie ohne triftigen Grund unterbricht oder sich der vom Arzt verordneten Nachuntersuchungen entzieht;
2. bei ernster Gefahr der Krankheitsübertragung;
3. bei offensichtlich falschen Angaben über die Ansteckungsquelle oder über die durch ihn gefährdeten Personen;
4. wenn der Kranke das 18. Lebensjahr noch nicht vollendet hat und sittlich gefährdet erscheint (nach Beratung mit den Eltern kann jedoch auf eine Meldung verzichtet werden.
Im übrigen besteht für alle anderen Fälle eine eingeschränkte Meldepflicht (Name und Anschrift des Erkrankten dürfen nicht angegeben werden) zur Durchführung einer Bundesstatistik.

114. Ist der Arzt auch zur Ermittlung der Ansteckungsquelle verpflichtet?
Ja. Der Arzt hat die mutmaßliche Ansteckungsquelle und die Personen zu ermitteln, auf die der Kranke die Geschlechtskrankheit übertragen haben könnte. Diese Personen sind dem Gesundheitsamt zu melden, wenn sie nicht erreichbar sind und wenn sie der Aufforderung zur ärztlichen Behandlung nicht nachkommen, vorausgesetzt ist, daß die Gefahr der Weiterverbreitung der Krankheit besteht. Ist die Ansteckungsquelle eine Person mit häufig wechselndem Geschlechtsverkehr, so ist diese immer dem Gesundheitsamt zu melden.

115. Inwieweit sieht das GesGKr eine Zusammenarbeit des Gesundheitsamtes mit anderen Stellen vor?
Eine Zusammenarbeit mit den Fürsorgeverbänden, den Jugendämtern, den Versicherungsträgern und den Organisationen der freien Wohlfahrtspflege ist vorgeschrieben. Die Gesundheitsämter müssen – soweit erforderlich – Beratungsstellen für Geschlechtskranke einrichten oder ihre Einrichtung durch die anderen Stellen sicherstellen.

116. Wem obliegt die Aufklärung und Belehrung der Bevölkerung über das Wesen und die Gefahren der Geschlechtskrankheiten?
Den Gesundheitsämtern.

117. Wie kann die Befolgung der verschiedenen Vorschriften des GesGKr durchgesetzt werden?
Mit Zwangsmitteln. Dazu gehört auch die Möglichkeit, die betroffenen Personen vorführen zu lassen.

118. Wer darf Heilmittel gegen Geschlechtskrankheiten in den Verkehr bringen?
Nur derjenige, der eine Erlaubnis des BGA hat.

Leichenwesen

119. Welche Vorschriften befassen sich in der BRD insbesondere mit dem Leichenwesen?
Die III. Durchführungsverordnung zum GesVG, das Gesetz über die Feuerbestattung vom 15.5.1934 (RGBl. I S. 380) i.d.F. vom 3.12.1974 (GVBl. NW S. 1504), das BSeuchG sowie landesrechtliche Vorschriften. (In NW: Verordnung über das Leichenwesen vom 10.12.1964 – SGV NW 2127).

120. Wie ist die Leiche in unserer Rechtsordnung einzuordnen?
Eine Leiche ist keine Sache und nicht Gegenstand eines Eigentumsrechtes.

121. Wem steht die Verfügungsgewalt über die Leiche zu?
Die Verfügungsgewalt über die Leiche hat, in dessen "Gewahrsam" sie sich befindet. In Kliniken oder Krankenhäusern obliegt dem ärztlichen Leiter die Berechtigung des Gewahrsams.

122. Wann darf eine Leiche bestattet werden?
Eine Leiche darf erst bestattet werden, wenn dem Standesamt die von einem Arzt ausgestellte Todesbescheinigung eingereicht worden ist und der Standesbeamte daraufhin die Eintragung des Sterbefalles vorgenommen hat.

123. Was ist zu beachten, wenn Anhaltspunkte dafür vorhanden sind, daß jemand eines nicht natürlichen Todes gestorben ist bzw. wenn der Leichnam eines Unbekannten gefunden wird?
Die Bestattung ist dann nur zulässig, wenn sie durch die Staatsanwaltschaft oder durch das Amtsgericht nach § 159 Abs. 2 StPO genehmigt worden ist.

124. Wer muß die Anzeige nach § 159 StPO an die Staatsanwaltschaft bzw. das Amtsgericht erstatten?
Die Polizei- oder Gemeindebehörde.

125. Wer ist für die Beschaffung der Todesbescheinigung und die Bestattung der Leiche insbesondere verantwortlich?
Die Angehörigen des Verstorbenen (Ehegatte, Abkömmlinge, Eltern, Geschwister) bzw. die zuständige Ordnungsbehörde.

126. Wer trägt die Kosten der standesgemäßen Beerdigung?
Die Erben (§ 1968 BGB).

127. Wer entscheidet über die Bestattungsart?
Wenn eine Willenserklärung des Verstorbenen nicht vorliegt, entscheiden die Angehörigen.

128. Wann darf die Todesbescheinigung ausgestellt werden und welche Feststellungen müssen ihr vorausgehen?
Der Arzt darf die Todesbescheinigung erst ausstellen, wenn er die Leiche persönlich besichtigt und untersucht hat (Leichenschau). Es ist insbesondere festzustellen, a) ob der Tod eingetreten ist, b) ob der Tote eines natürlichen Todes infolge einer bestimmt zu bezeichneten Krankheit gestorben und wegen dieser Krankheit von einem Arzt behandelt worden ist oder ob Anzeichen einer gewaltsamen Todesart vorliegen (u.a. auch Selbstmord), c) aus welcher Ursache der Tod eingetreten ist und d) ob Umstände vorliegen, die Maßnahmen zur Abwehr von Seuchen nach dem BSeuchG erfordern. Das Ergebnis der Feststellungen ist in der Todesbescheinigung einzutragen.

129. Kann auch ein Arzt des Gesundheitsamtes die Leichenschau durchführen?
Ja. Wenn kein anderer Arzt die Leichenschau vornimmt.

130. Welche Anforderungen stellt die StPO an die richterliche Leichenschau bzw. Leichenöffnung?
Die richterliche Leichenschau wird unter Zuziehung eines Arztes, die Leichenöffnung im Beisein des Richters von zwei Ärzten, unter denen sich ein Gerichtsarzt befinden muß, vorgenommen. Vor der Leichenöffnung ist, wenn nicht besondere Hindernisse entgegenstehen, die Persönlichkeit des Verstorbenen, insbesondere durch Befragen von Personen, die den Verstorbenen ge-

kannt haben, festzustellen. Die Leichenöffnung muß sich, soweit der Zustand der Leiche dies gestattet, stets auf die Öffnung der Kopf-, Brust- und Bauchhöhle erstrecken.

131. Innerhalb welcher Zeit muß in der Regel die Bestattung einer Leiche erfolgen?
Innerhalb von 96 Stunden, jedoch nicht vor Ablauf von 48 Stunden nach dem Tode. Die Bestattungsfrist kann sich aus besonderen Gründen verlängern (verspätete Beurkundung, keine Bestattungen an Sonn- und Feiertagen).

132. Wo ist die Leiche in der Regel aufzubahren?
Spätestens nach 36 Stunden nach dem Tode in einer öffentlichen Leichenhalle. Eine andere Regelung ist im Einzelfall möglich.

133. Wie sind Leichen zu überführen?
Bei der Überführung der Leiche zum Platz der Aufbahrung oder zum Bestattungsplatz ist ein Sarg zu benutzen, der so abgedichtet ist, daß jedes Durchsickern von Feuchtigkeit verhindert wird.

134. Ist das öffentliche Ausstellen von Leichen und das Öffnen und Offenhalten des Sarges während der Begräbnisfeierlichkeiten zulässig?
Nein. Ausnahmeregelungen können jedoch zugelassen werden.

135. Wie ist die Leiche zu behandeln, wenn der Verstorbene im Zeitpunkt des Todes an einer meldepflichtigen übertragbaren Krankheit gelitten hat oder der Verdacht einer solchen Erkrankung bestand?
1. Die Leiche darf – von Besonderheiten einmal abgesehen – nicht gewaschen und umgekleidet werden.
2. Zur Einsargung ist die Leiche in Tücher, die mit einer desinfizierenden Flüssigkeit getränkt sind, einzuschlagen oder damit zu bedecken.
3. Die Leiche ist unverzüglich in einen festen, gut abgedichteten Sarg zu legen. Das Durchsickern von Leichenflüssigkeit muß verhindert werden.
4. Der Sarg ist sofort zu verschließen.
5. Die Leiche ist unverzüglich in eine öffentliche Leichenhalle zu bringen.
6. Personen, die mit der Leiche in unmittelbarer Berührung gekommen sind, haben sich einer Desinfektion zu unterziehen.

136. Ist das Ausgraben von Leichen zulässig?
Mit Genehmigung der zuständigen Ordnungsbehörde ja.

137. Was muß hinsichtlich der Beförderung von Leichen beachtet werden?
Eine Leiche darf in der Regel nur mit einem Leichenpaß, der

von der Ordnungsbehörde ausgestellt wird, befördert werden. Ein Leichenpaß ist entbehrlich für die Beförderung a) der Leiche eines tödlich Verunglückten vom Unfallort, b) innerhalb des Gemeindebezirks, c) zur nächsten Bestattungsstätte bis zu 10 km Entfernung (Luftlinie), d) aus einem Krankenhaus auf einen Friedhof der letzten Wohnsitzgemeinde des Verstorbenen, wenn das Krankenhaus und diese Gemeinde innerhalb derselben oder aneinandergrenzenden Kreise und kreisfreien Städte liegen. Die Leichenbeförderung auf Eisenbahnen ist durch nähere Vorschriften geregelt. Bei Leichentransporten über Ländergrenzen hinweg müssen aufgrund internationaler Abkommen besondere Anforderungen beachtet werden (Leichenpaß, Verwendung eines verlöteten Metallsarges usw.).

138. Mittels welcher Fahrzeuge sind Leichen in der Regel zu befördern?
Es sind Fahrzeuge zu benutzen, die zur Leichenbeförderung eingerichtet sind und ausschließlich zu diesem Zweck verwendet werden (Leichenwagen). Sonderregelungen gelten u.a. für die Beförderung auf Eisenbahnen, auf dem Seewege, auf den Binnenwasserstraßen und dem Luftwege.

139. Wann ist eine Feuerbestattung zulässig?
Es muß nach Leichenschau und Bescheinigung des Todes durch einen beamteten Arzt eine schriftliche Genehmigung der Ordnungsbehörde des Einäscherungsortes vorliegen. Das Nähere regelt das Gesetz über die Feuerbestattung.

140. Wie erfolgt die Einäscherung und was geschieht mit den Aschenresten?
Die Einäscherung erfolgt in genehmigten Feuerbestattungsanlagen. Die Aschenreste der Leiche sind in ein amtlich zu verschließendes Behältnis (Urne) aufzunehmen und in einer Urnenhalle, einem Urnenhain, einer Urnengrabstelle oder in einem Grabe beizusetzen.

141. Welche Aufgaben obliegen insbesondere dem Gesundheitsamt auf dem Gebiet des Leichenwesens?
Es hat darüber zu wachen, daß Aufbahrung, Beförderung, Bestattung, Ausgrabung und Umbettung der Leichen in gesundheitlich einwandfreier Weise erfolgen. Soweit erforderlich, hat der Amtsarzt die erforderlichen Bescheinigungen und gutachtlichen Äußerungen abzugeben. Begräbnisplätze und Krematorien unterstehen der Aufsicht des Gesundheitsamtes.

J Allgemeine Hygiene und Umweltschutz

1. **Was bedeutet Hygiene?**
Schutz der Gesundheit des Menschen vor Bedrohungen aus seiner Umwelt. Die Hygiene versucht Krankheiten zu verhüten sowie das Wohlbefinden und die Leistungsfähigkeit aller zu erhalten bzw. zu steigern.

2. **Was bedeutet Umweltschutz?**
Es ist die Aufgabe des Menschen, seine eigene Umwelt vor der Zerstörung durch bewußtes Handeln zu bewahren, um sich selbst die Lebensgrundlage zu erhalten.

3. **Durch welche Schädlichkeiten wird der Mensch im allgemeinen gefährdet?**
Durch Schädlichkeiten, die aus dem Boden, dem Wasser und der Luft kommen und die als Kälte oder Hitze, als Klima und Wetter, als Strahlung, als Gift oder Krankheitserreger seine Existenz beeinträchtigen. Die Abwehrmaßnahmen bezeichnet man als die Umwelthygiene.

4. **Welche weiteren Zweige der Hygiene unterscheidet man neben der Umwelthygiene?**
Sozialhygiene (Bedrohungen aus der eigenen menschlichen Gesellschaft durch Überbevölkerung, Krieg, gefährliche Arbeitsbedingungen usw.) und Psychohygiene (Bedrohungen durch Lärm, Unrast, Ehrgeiz, schlechtes Betriebsklima usw.).

5. **Kennen Sie einige Vorschriften, die sich mit der allgemeinen Hygiene bzw. dem Umweltschutz befassen?**
Bundes-Immissionsschutzgesetz, Abfallbeseitigungsgesetz, Seuchenschutzgesetze, Lebensmittelrechtliche Vorschriften, Wassersicherstellungsgesetz, Wasserhaushaltsgesetz, Waschmittelgesetz. Strahlenschutzvorschriften, Baulärmgesetz, Fluglärmgesetz, Altölgesetz, DDT-Gesetz, Benzinbleigesetz.

6. **Wem obliegt die Verantwortung für die sog. Individualhygiene?**
Jedem einzelnen. Der Hygieniker ist dazu berufen, durch Gesundheitsbelehrung und Gesundheitserziehung das Verantwortungsbewußtsein des einzelnen Menschen sich selbst und seiner Umwelt gegenüber herauszubilden und zu stärken. Hierdurch können fehlerhafte Gewohnheiten der Lebensweise korrigiert und andererseits durch den Einfluß des beratenden Hygienikers auf die gesetzgebenden Körperschaften schädliche Einflüsse von den verschiedenen Gruppen der Gesellschaft ferngehalten werden.

7. **Welcher Zweck wird mit dem Gesetz zum Schutz vor schädlichen Umwelteinwirkungen durch Luftverunreinigungen, Geräusche, Erschütterungen und ähnliche Vorgänge (Bundes-Immissionsschutzgesetz) vom 15.3.1974 (BGBl. I S. 721) i.d.F. vom 25.5.1976 (BGBl. I S. 1276) verfolgt?**
Menschen sowie Tiere, Pflanzen und andere Sachen vor schädlichen Umwelteinwirkungen und, soweit es sich um genehmigungsbedürftige Anlagen handelt, auch vor Gefahren, erheblichen Nachteilen und erheblichen Belästigungen, die auf andere Weise herbeigeführt werden, zu schützen und dem Entstehen schädlicher Umwelteinwirkungen vorzubeugen.

8. **Was sind Immissionen?**
Auf Menschen sowie Tiere, Pflanzen oder andere Sachen einwirkende Luftverunreinigungen, Geräusche, Erschütterungen, Licht, Wärme, Strahlen und ähnliche Umwelteinwirkungen.

9. **Was sind Emissionen?**
Die von einer Anlage ausgehenden Luftverunreinigungen, Geräusche Erschütterungen, Licht, Wärme, Strahlen und ähnliche Erscheinungen.

10. **Welche Regelungen enthält das Bundes-Immissionsschutzgesetz in groben Zügen?**
Es befaßt sich insbesondere mit der a) Errichtung und dem Betrieb von Anlagen, b) Beschaffenheit von Anlagen, Stoffen, Erzeugnissen, Brennstoffen und Treibstoffen, c) Beschaffenheit und Betrieb von Fahrzeugen, Bau und Änderung von Straßen und Schienenwegen, d) Überwachung der Luftverunreinigungen im Bundesgebiet und Luftreinhaltepläne. Daneben enthält das Gesetz gemeinsame Vorschriften und Schlußvorschriften.

11. **Was besagt das Abfallbeseitigungsgesetz hinsichtlich der Abfallbeseitigung?**
Nach dem Abfallbeseitigungsgesetz in der Neufassung vom 5.1. 1977 (BGBl. I S. 41/288) sind Abfälle so zu beseitigen, daß das Wohl der Allgemeinheit nicht beeinträchtigt wird.
Insbesondere darf die Gesundheit der Menschen nicht gefährdet und ihr Wohlergehen nicht beeinträchtigt werden. Nutztiere, Vögel, Wild und Fische dürfen ebenfalls nicht gefährdet werden. Gewässer, Boden und Nutzpflanzen sind vor einer schädlichen Beeinflussung zu schützen. Schädliche Umwelteinwirkungen durch Luftverunreinigungen oder Lärm dürfen nicht herbeigeführt werden. Die Belange des Naturschutzes und der Landschaftspflege sowie des Städtebaus sind zu wahren. Letztlich darf die öffentliche Sicherheit und Ordnung sonst nicht gefährdet oder gestört werden.

12. Welche Vorschriften befassen sich noch mit der Abfallbeseitigung?
Abfallnachweis-Verordnung vom 29.7.1974 (BGBl. I S. 1574), Abfallbeförderungs-Verordnung vom 29.7.1974 (BGBl. I S. 1581), Abfalleinfuhr-Verordnung vom 29.7.1974 (BGBl. I S. 1884). Daneben gibt es noch landesrechtliche Regelungen (z.B. in NW: Landesabfallgesetz vom 18.12.1973 – SGV NW 2061).

K Krankenhaus- und Heimwesen

Gesetz zur wirtschaftlichen Sicherung der Krankenhäuser

1. **Was versteht man unter Krankenhäusern?**
Krankenhäuser sind Einrichtungen, in denen durch ärztliche und pflegerische Hilfeleistung Krankheiten, Leiden oder Körperschäden festgestellt, geheilt oder gelindert werden sollen oder Geburtshilfe geleistet wird und in denen die zu versorgenden Personen untergebracht und verpflegt werden können.

2. **Was sind allgemeine Krankenhäuser und was Fach- oder Sonderkrankenhäuser?**
Die allgemeinen Krankenhäuser sind Krankenhäuser, die Kranke ohne Rücksicht auf ihr Alter und die Art der Erkrankung aufnehmen. In Fach- oder Sonderkrankenhäusern werden nur Kranke bestimmter Krankheitsarten oder bestimmter Altersgruppen aufgenommen (z.B. Langzeitkrankenhäuser für Psychiatrie, Tbc-Heilstätten, Kurkrankenhäuser und Sanatorien und Sonderkrankenhäuser für den Strafvollzug).

3. **Was versteht man unter einem Krankenhausträger?**
Es ist die für das Krankenhaus verantwortliche natürliche oder juristische Person.

4. **Welche Krankenhausträger kennen wir in der BRD und welches sind die Merkmale ihrer Trägerschaft?**
1. Freigemeinnützige Träger unterhalten und betreiben Krankenhäuser auf der Grundlage der Gemeinnützigkeit. Im allgemeinen sollen die Einnahmen die Ausgaben decken. Die Absicht der Gewinnerzielung liegt nicht vor.
2. Private Träger führen ihr Krankenhaus, für dessen Betrieb sie eine Konzession benötigen, nach erwerbswirtschaftlichen Gesichtspunkten.
3. Öffentliche Träger betreiben ein Krankenhaus im allgemeinen dann, wenn ein entsprechendes Bedürfnis vorliegt oder das Krankenhaus die Finanzkraft und Repräsentation eines öffentlichen Trägers (z.B. Land, Stadt, Versicherungsanstalt) erfordert.

5. **Welches Gesetz befaßt sich mit der wirtschaftlichen Sicherung der Krankenhäuser?**
Das KHG.

6. **Warum hat der Bund das KHG erlassen?**
Um eine bedarfsgerechte Versorgung der Bevölkerung mit leistungsfähigen Krankenhäusern zu gewährleisten und zu sozial tragbaren Pflegesätzen beizutragen.

7. **In welcher Form werden die Krankenhäuser gefördert?**
Nach Maßgabe des KHG durch Übernahme von Investitionskosten.

8. **Was sind insbesondere Investitionskosten?**
Kosten der Krankenhauserrichtung (Neubau, Umbau, Erweiterungsbau) und die Kosten der Anschaffung der zum Krankenhaus gehörenden Wirtschaftsgüter, ausgenommen Verbrauchsgüter. Ausgenommen sind ferner die Kosten des Grundstücks, des Grundstückserwerbs und der Grundstückserschließung.

9. **Wie sollen die Selbstkosten des Krankenhauses im allgemeinen gedeckt werden?**
Durch die Förderung nach dem KHG und die Erlöse aus den Pflegesätzen.

10. **Auf welche Krankenhäuser findet das KHG keine Anwendung?**
Krankenhäuser, deren Träger der Bund ist, Krankenhäuser im Straf- oder Maßregelvollzug, Polizeikrankenhäuser, Krankenhäuser der Träger der gesetzlichen Rentenversicherung oder gesetzlichen Unfallversicherung und ihrer Vereinigungen.

11. **Welche Krankenhäuser und Einrichtungen werden nach dem KHG u.a. nicht gefördert?**
1. Hochschulkliniken, 2. Krankenhäuser, deren Betrieb auf Gewinn ausgerichtet ist, 3. Krankenhäuser oder Teile davon, die für Pflegefälle bestimmt sind, 4. Tbc-Krankenhäuser, 5. Krankenhäuser eines Sozialleistungsträgers, soweit sie nicht nach der Krankenhausplanung eines Landes der allgemeinen Versorgung der Bevölkerung dienen, 6. Versorgungskrankenhäuser, 7. Kurkrankenhäuser, 8. die mit den Krankenhäusern verbundenen Einrichtungen, die nicht unmittelbar der stationären Krankenversorgung dienen, insbesondere Ausbildungsstätten.

12. **In welcher Form erfolgt in der Regel die Krankenhausförderung?**
Durch Gewährung von Zuschüssen.

13. **Auf welchen Planungen basiert die Förderung nach dem KHG?**
Auf den Krankenhausbedarfsplänen, den Programmen zur Durchführung des Krankenhausbaues und den Jahreskrankenhausprogrammen, die von den Ländern unter Beteiligung der Krankenhausgesellschaft sowie der Spitzenverbände der gesetzlichen Krankenkassen und der sonstigen wesentlich Beteiligten im Lande zu erstellen sind (z.B. in NW: a) Landeskrankenhausplan von Juni 1971 sowie b) Zielplan zur Versorgung psychisch Kranker und Schwachsinniger von Januar 1972).

14. **Welches beispielhafte Konzept hat das Land NW für seine weitere Planung für die stationäre Krankenhausversorgung im Landeskrankenhausplan 1971 entwickelt?**

Das Land ist in 16 Versorgungsgebiete und die Krankenhäuser in 3 Versorgungsstufen eingeteilt worden. Dabei ist man davon ausgegangen, daß sich der Kranke bei der Auswahl eines Krankenhauses nicht an bestehende Verwaltungsgrenzen hält. In der 1. Versorgungsstufe werden die Krankenhausaufnahmen des kommunalen Nahbereichs soweit wie möglich versorgt (Regelversorgung). In der 2. Versorgungsstufe werden außer den unmittelbar örtlich anfallenden auch die Aufnahmen aus dem überörtlichen Bereich versorgt. Sie hält die Einrichtungen für die gehobene Breitenversorgung der Bevölkerung vor und stellt damit das Kernstück des Versorgungssystems dar. In der 3. Versorgungsstufe werden Aufnahmen in einem Regionalbereich, die einer hochdifferenzierten Diagnostik und Behandlung bedürfen, versorgt.

15. Werden die Versorgungseinrichtungen für psychisch Kranke und Schwachsinnige auch durch das KHG gefördert?
Nur die Finanzierung der Akutpsychiatrie ist durch das KHG geregelt.

16. Was sind Krankenhausbetten?
Alle im Krankenhaus aufgestellten Betten, in denen Kranke untergebracht und verpflegt werden. Man unterscheidet im allgemeinen Planbetten, Zusatzbetten und Funktionsbetten.

17. Nach welchen Faktoren wird im allgemeinen der Bedarf an Planbetten bestimmt – von medizinischen Gesichtspunkten einmal abgesehen –?
Von der Einwohnerzahl eines bestimmten Gebietes, von der Krankenhaushäufigkeit, von der Verweildauer und sog. Bettennutzung.

18. Was versteht man im allgemeinen unter Krankenhaushäufigkeit?
Die Zahl der Patienten, die im Laufe eines Jahres Krankenhäuser eines bestimmten Gebietes zur stationären Behandlung aufsuchen, bezogen auf 1000 Einwohner des betreffenden Gebietes (im NW-Landesdurchschnitt 1975 = 150,15).

19. Was bedeutet die Verweildauer?
Es ist die Anzahl der Tage, die ein Patient stationär im Krankenhaus verbringt (im NW-Landesdurchschnitt 1975 = 16,72).

20. Was versteht man unter der Bettennutzung?
Die Bettennutzung wird durch die Anzahl der Tage oder den Vomhundertsatz ausgedrückt, in denen ein Krankenhausbett als solches genutzt wird (im NW-Landesdurchschnitt 1975 = 80,90%).

21. Was besagt die Bettenmeßziffer (Bettenindex)?
Es ist die Zahl der Krankenhausbetten, die auf je 1000 Einwohner eines bestimmten Gebietes vorgehalten werden (im NW-Landesdurchschnitt 1971 = 8,45).

22. Was kann man dem Bettenschlüssel entnehmen?
Er stellt den prozentualen Anteil der auf die einzelne Krankenhausfachabteilung entfallenden Betten dar (im NW-Landesdurchschnitt 1971 = z.B. Innere Krankheiten 30, 32 %).

23. In welcher Form wird die Bundesregierung bei der Durchführung des KHG beraten?
Durch einen Ausschuß für Fragen der wirtschaftlichen Sicherung der Krankenhäuser und Beirat, der dem Ausschuß für Fragen im Zusammenhang mit den allgemeinen Grundsätzen für ein bedarfsgerecht gegliedertes System leistungsfähiger Krankenhäuser und mit der Pflegesatzregelung zur Seite steht (vgl. Beiratsverordnung vom 13.10.1976 – BGBl. I S. 3004/3417 –).

24. Wer gehört insbesondere zu dem Beirat?
7 Vertreter der Krankenhausträger, 5 Vertreter der Sozialleistungsträger, 2 Vertreter der Ärzteschaft, 1 Vertreter der Arbeitnehmer und 1 Vertreter der Arbeitgeber.

25. Welches ist die allgemeine Voraussetzung zur Förderung von Krankenhäusern?
Ihre Aufnahme in den Krankenhausbedarfsplan eines Landes. Anderen Krankenhäusern, die nicht in den Krankenhausbedarfsplan aufgenommen werden, ist ein Ausgleich für eine Übergangszeit, jedoch nicht über eine Dauer von 10 Jahren zu gewähren.

26. In welcher Höhe können Förderungsmittel gewährt werden?
In Höhe der förderungsfähigen Investitionskosten, die ab 2.7. 1972 eingetreten sind. Dies gilt auch für mittelfristige Anlagegüter (Nutzung 15 bis 30 Jahre) und kurzfristige Anlagegüter (Nutzung 3 bis 15 Jahre) mit bestimmten Pauschsätzen.

27. Wer trägt die Kosten für Investitionen in Krankenhäusern?
Die Länder. Der Bund gewährt den Ländern jedoch nach näheren Vorschriften Finanzhilfen.

Bundespflegesatzverordnung

28. In welchen Vorschriften werden nähere Regelungen über die Pflegesätze der Krankenhäuser, über Rechnungs- und Buchführungspflichten und das anzuwendende Verfahren zur Festsetzung der Pflegesätze getroffen?
In der BPflV (vgl. auch die Verordnung über die Aufhebung von Vorschriften über Pflegesätze von Krankenanstalten vom 21.3. 1974 – BGBl. I S. 767 –).

29. Nach welchen Grundsätzen müssen Pflegesätze bemessen werden?
Sie müssen für alle Benutzer des Krankenhauses nach einheitli-

chen Grundsätzen bemessen werden. Sie müssen auf der Grundlage der Selbstkosten eines sparsam wirtschaftenden, leistungsfähigen Krankenhauses und einer Kosten- und Leistungsrechnung eine wirtschaftliche Betriebsführung ermöglichen und die medizinische und wirtschaftlich rationelle Versorgung durch die Krankenhäuser sichern.

30. Welche Kosten dürfen u.a. im Pflegesatz nicht mit enthalten sein?
Investitionskosten, Grunderwerbskosten, Anlauf- und Umstellungskosten, Kosten für bestimmte Einrichtungen (Kosten von Ausbildungsstätten können u.U. bis 31.12.1981 berücksichtigt werden).

31. Welche Kosten sind durch den allgemeinen Pflegesatz abgegolten bzw. wie können diese Aufwendungen nach Kostenfaktoren aufgegliedert werden?
Mit dem Pflegesatz sind alle unter Berücksichtigung der Leistungsfähigkeit des Krankenhauses medizinisch zweckmäßigen und ausreichenden Krankenhausleistungen (ärztliche Leistungen, Pflege, Verpflegung, Unterkunft, Nebenleistungen und sonstige stationäre und halbstationäre Leistungen) einschließlich der Leistungen von nicht am Krankenhaus angestellten Konsiliarärzten sowie für Leistungen fremder, auch bronchologischer Untersuchungsstellen abgegolten.
Die Kostenfaktoren können (ausgehend vom Betriebskostenaufwand Anfang 1976) wie folgt aufgegliedert werden:

Personalkosten (Ärzte = 15,8%, Pflegepersonal = 23,9%, sonstiges Personal = 32,1%)	71,8%
Sachkosten (medizinischer Bedarf = 13%, Lebensmittel = 5,7%, Energie/Wasser = 3%, sonstige Kosten = 6,5%).	28,2%

Anfang 1976 betrug in der BRD der allgemeine Pflegesatz durchschnittlich 165.– DM (davon allein rund 119.– DM für Personalkosten).

32. Wann können besondere Pflegesätze zugrunde gelegt werden?
Besondere Pflegesätze sind für die allgemeinen Krankenhausleistungen in Sondereinrichtungen festzusetzen, die ausschließlich oder überwiegend 1. der Versorgung von chronisch Kranken oder Langzeitkranken, 2. der Nachsorge oder 3. halbstationären Leistungen dienen und deren Selbstkosten von denen der sonstigen Einrichtungen des Krankenhauses ausreichend abgegrenzt werden können. Für Querschnittsgelähmte, für Einrichtungen zur Heimdialyse und für Einrichtungen zur Behandlung von Schwerverbrannten können besondere Pflegesätze festgesetzt werden.

Für das gesunde Neugeborene sind 25% des allgemeinen Pflegesatzes zu berechnen.

33. Welche Leistungen können gesondert berechnet werden?
Die gesonderte Berechnung von Nebenleistungen kann durch die zuständige Landesbehörde bei den Kosten für besonders teure diagnostische oder therapeutische Verfahren oder besonders teure Medikamente für längstens 4 Jahre zugelassen werden. Neben dem allgemeinen oder besonderen Pflegesatz und den gesondert berechenbaren Nebenleistungen dürfen andere als die allgemeinen Krankenhausleistungen (z.B. besondere Unterkunft, gesonderter ärztlicher Behandlungsvertrag) gesondert berechnet werden. Im übrigen sind mit dem Pflegesatz die Leistungen einer freiberuflich tätigen Hebamme nicht abgegolten; sie können daher besonders berechnet werden.

34. Wie erfolgt die Kostenabgeltung, wenn Personen zur Begutachtung aufgenommen werden?
Neben dem allgemeinen oder besonderen Pflegesatz können die im Zusammenhang mit dem Gutachten erforderlichen Sach- und Personalkosten berechnet werden.

35. Wie werden der Aufnahme- und Entlassungstag abrechnungsmäßig behandelt?
Der Aufnahme- und Entlassungstag werden als je ein Tag, bei einer Verweildauer von weniger als 24 Stunden jedoch als ein Tag berechnet.

36. Wie erfolgt die Festsetzung der Pflegesätze?
Die zuständige Landesbehörde setzt die Pflegesätze auf der Grundlage der Selbstkosten für jedes Krankenhaus einheitlich als Festpreis fest. An diesem Festsetzungsverfahren sind neben dem Krankenhausträger u.a. die Sozialleistungsträger beteiligt. Im übrigen können die auf Landesebene gebildeten Ausschüsse für Pflegesatzfragen gehört werden. Die Landesregierungen können durch Rechtsverordnungen Krankenhäuser gleicher Leistung zu Gruppen zusammenfassen und nach Anhörung der Beteiligten Höchstpflegesätze bestimmen.

37. Welchen Anforderungen muß das Rechnungswesen eines Krankenhauses für die Ermittlung der Selbstkosten und für den Nachweis einer sparsamen Wirtschaftsführung entsprechen?
Es ist – von einer möglichen Übergangsregelung abgesehen – die kaufmännische Buchführung und Betriebsabrechnung anzuwenden.

Krankenhausgesetze der Länder

38. Welchen Zweck verfolgen die in den Bundesländern erlassenen bzw. geplanten Landeskrankenhausgesetze?
Sie sollen der Fortentwicklung eines modernen, anpassungsfähigen Krankenhauswesens und der Ausführung des KHG dienen. (Vgl. u.a. Krankenhausgesetz des Landes NW vom 25.2.1975 – GV NW S. 210).

39. Welche Regelungen werden in der Regel durch die Landeskrankenhausgesetze getroffen?
Sie befassen sich u.a. mit der Erlaubnispflicht, einer chancengleichen Versorgung, der Melde- und Auskunftspflicht (z.B. zentraler Bettennachweis, Zusammenarbeit von Krankenhäusern, Notfallaufnahme), der Planung und Förderung sowie der Krankenhausstruktur (z.B. innere Organisation, Patientenfürsprecher).

Heimgesetz

40. Für welchen Bereich gilt das Heimgesetz?
Es gilt für Altenheime, Altenwohnheime, Pflegeheime und gleichartige Einrichtungen, die alte Menschen sowie pflegebedürftige oder behinderte Volljährige nicht nur vorübergehend aufnehmen und betreuen, soweit es sich nicht um Krankenhäuser, Tageseinrichtungen oder Einrichtungen der beruflichen Rehabilitation handelt.

41. Was ist der Zweck des Heimgesetzes?
Zweck des Gesetzes ist es
1. die Interessen und Bedürfnisse der Heimbewohner vor Beeinträchtigungen zu schützen,
2. zu verhindern, daß zwischen dem Entgelt und der Leistung der Einrichtung ein Mißverhältnis besteht,
3. die Beratung der Bewohner und Träger von Heimen zu fördern und
4. zurückzuzahlende Leistungen, die im Hinblick auf die Unterbringung in einer Einrichtung von oder zugunsten von Bewohnern oder Bewerbern erbracht werden, zu sichern.
Die Selbständigkeit der Träger der Einrichtungen in Zielsetzung und Durchführung ihrer Aufgaben bleibt jedoch unberührt.

42. Was sagt das Heimgesetz über den Abschluß des Heimvertrages?
Zwischen dem Träger und dem Bewerber muß ein Heimvertrag abgeschlossen werden. Vor Abschluß dieses Vertrages ist der Bewerber schriftlich über die zur Beurteilung des Vertrages oder der Benutzungsordnung erforderlichen Angaben (Leistungen und

Ausstattung der Einrichtung, Rechte und Pflichten der Bewohner) zu informieren.

43. Wodurch ist die Mitwirkung der Heimbewohner in Angelegenheiten des Heimbetriebes sicherzustellen?
Durch einen Heimbeirat, der sich insbesondere mit Fragen der Unterbringung, Aufenthaltsbedingungen, Heimordnung, Verpflegung und Freizeitgestaltung befaßt. In bestimmten Fällen kann sich die Mitwirkung auch auf die Verwaltung sowie die Geschäfts- und Wirtschaftsführung der Einrichtung erstrecken (vgl. auch Heimmitwirkungsverordnung vom 19.7. 1976 – BGBl. I S. 1819 –).

44. Wer darf eine Einrichtung im Sinne des Heimgesetzes betreiben?
Derjenige, der eine Erlaubnis der zuständigen Behörde besitzt. Einrichtungen von Ländern, Gemeinden, Gemeindeverbänden, anderen juristischen Personen des öffentlichen Rechts sowie von Verbänden der freien Wohlfahrtspflege können auch ohne Erlaubnis betrieben werden.
Die Erlaubnis wird für eine bestimmte Art der Einrichtung und für bestimmte Räume erteilt.
Wer den Betrieb einer Einrichtung aufnimmt, hat dies gleichzeitig der zuständigen Behörde mit näheren Angaben mitzuteilen.

45. Wann ist die Erlaubnis zum Betrieb eines Heimes insbesondere zu versagen?
Wenn
1. Tatsachen die Annahme rechtfertigen, daß der Antragsteller die für den Betrieb der Einrichtung erforderliche Zuverlässigkeit nicht besitzt,
2. die Wahrung der Interessen und Bedürfnisse der Bewohner (ärztliche oder gesundheitliche Betreuung) nicht gesichert ist,
3. die Betreuung pflegebedürftiger Bewohner in der Einrichtung selbst oder in angemessener anderer Weise nicht gewährleistet ist,
4. die Einhaltung bestimmter Mindestanforderungen für die Räume, Verkehrsflächen, sanitären Anlagen, Eignung des Leiters und der Beschäftigten nicht gewährleistet ist,
5. die Prüfung der einzureichenden Unterlagen ergibt, daß zwischen den gebotenen Leistungen und dem geforderten Entgelt ein Mißverhältnis besteht oder die Einhaltung bestimmter vermögensrechtlicher Vorschriften nicht gewährleistet ist.

46. Wie stellt das Heimgesetz die Überwachung durch die zuständigen Behörden sicher?
Der Träger einer Einrichtung ist verpflichtet, Bücher zu führen und bestimmte Meldungen (Personalbestand, Zahl der belegten Plätze, Sterbefälle, besondere Vorkommnisse) zu erstatten. Der Träger muß im übrigen die erforderlichen mündlichen und schrift-

lichen Auskünfte erteilen. Den zuständigen Behörden steht darüber hinaus ein Betretungs- und Besichtigungsrecht zu.

47. Welche Möglichkeiten stehen den zuständigen Behörden zur Verfügung, um festgestellten Mängeln zu begegnen?

Es können

1. Auflagen und Anordnungen erteilt werden,
2. Beschäftigungsverbote ausgesprochen werden,
3. Erlaubnisse zurückgenommen oder widerrufen werden,
4. Einrichtungen geschlossen werden, für die eine Erlaubnis nicht erforderlich war.

L Gesundheitsfürsorge

1. Was versteht man im allgemeinen unter Maßnahmen der Schwangerenfürsorge?

a) Auf Bestreben des Gesundheitsamtes: Die Durchführung von Kursen für werdende Mütter sowie die ständige Überwachung der Schwangeren, um Komplikationen so früh wie möglich zu erkennen.
b) Die Schwangerenvorsorgeuntersuchungen im Rahmen der gesetzlichen Krankenversicherung: Alle von der gesetzlichen Krankenversicherung betreuten Frauen erhalten einen Mütterpaß, in dem die Ergebnisse der Vorsorgeuntersuchungen (z.B. Blutgruppe, Rhesusfaktor) und später die Daten des Neugeborenen eingetragen werden. Die gesetzliche Krankenversicherung gewährt im übrigen einen Rechtsanspruch auf Krankenhausentbindung.

2. In welcher Form führen die Gesundheitsämter die Säuglings- und Kleinkinderfürsorge durch?

Durch Mütterberatungen zur Aufklärung über die Säuglingspflege, künstliche Säuglingsernährung, Verhütung von Krankheiten (z.B. Rachitis, Tbc) usw. Die Beratungen können durch Hausbesuche ergänzt werden. Das Gesundheitsamt fertigt in der Regel Aufzeichnungen u.a. über die körperliche und geistige Entwicklung und die Krankheiten der Säuglinge. Im übrigen werden außer den üblichen Schutzimpfungen (Impfungen gegen z.B. Tbc, Diphtherie, Keuchhusten, Wundstarrkrampf, übertragbare Kinderlähmung) noch Überwachungsuntersuchungen in Kindergärten, Krippen, Kinderheimen und in ähnlichen Einrichtungen durchgeführt. Dem Gesundheitsamt obliegt mit dem Jugendamt die Aufsicht über die Pflegekinderstellen.

3. Welche Maßnahmen zur Früherkennung von Krankheiten bei Kleinkindern gewährt die gesetzliche Krankenversicherung?

Kinder bis zur Vollendung des 4. Lebensjahres haben Anspruch auf insgesamt 8 Untersuchungen zur Früherkennung von Krankheiten, die eine normale körperliche oder geistige Entwicklung des Kindes in besonderem Maße gefährden. Diese Vorsorgeuntersuchungen werden in der Regel von Fachärzten für Kinderkrankheiten durchgeführt. Die Aufzeichnungen über die Untersuchungen werden in einem Untersuchungsheft eingetragen.

4. Welche Aufgaben obliegen den Gesundheitsämtern u.a. im Rahmen der Schulgesundheitspflege?

a) Reihenuntersuchungen der Schulkinder, insbesondere bei der Einschulung und bei der Entlassung (z.B. Feststellung der Schulreife, Einweisung in Sonderschule),

b) besondere Überwachung der Schüler, deren Gesundheitszustand eine fortlaufende Kontrolle erforderlich macht,
c) schulärztliche Sprechstunden für Eltern, Schüler und Lehrer,
d) Herbeiführung gesundheitsfürsorgerischer Maßnahmen für die Schüler (z.B. Kurverschickung, Orthop. Turnen, Sprachheilkurse),
e) Beratung und Belehrung der Lehrer in Fragen der Gesundheitspflege,
f) Mitarbeit bei der Bekämpfung übertragbarer Krankheiten in den Schulen (insbesondere Tbc-Bekämpfung) sowie
g) zahnärztliche Untersuchungen.

5. **In welcher Form findet eine gesundheitsfürsorgerische Betreuung der Jugendlichen statt, die in einem Ausbildungs- oder Arbeitsverhältnis stehen?**
Durch ärztliche Untersuchungen über den Gesundheits- und Entwicklungszustand und die körperliche Beschaffenheit entsprechend den Vorschriften des JASchG (freie Arztwahl).

6. **Welche Aufgaben obliegen u.a. den Gesundheitsämtern auf dem Gebiet der Tbc-Fürsorge?**
Neben der Tbc-Bekämpfung (z.B. Absonderung, Beobachtung, Weisungen) obliegen den Gesundheitsämtern insbesondere die Erfassung von Tbc-Kranken, ihre laufende ärztliche Überwachung, Beratung und Belehrung sowie die Vermittlung von zweckmäßiger Heilbehandlung. Außerdem sind die Tbc-Gefährdeten planmäßig zu untersuchen und ärztlich zu beraten. Diese Maßnahmen werden im allgemeinen in einer Tbc-Fürsorgestelle durchgeführt, die mit den erforderlichen Einrichtungen ausgestattet sein muß (z.B. Röntgengerät). Im übrigen ist das Gesundheitsamt auch bei der wirtschaftlichen Tbc-Hilfe beteiligt (z.B. Begutachtung und Beantragung von Beihilfen und sonstigen Geldleistungen). Bei Fehlen anderweitiger Ansprüche richtet sie sich nach den Vorschriften des BSHG.

7. **In welcher Weise werden psychisch Kranke und Süchtige fürsorgerisch betreut?**
Durch Einrichtung von Beratungsstellen für Trunk- und Rauschgiftsüchtige oder Beratungsstellen für Drogenabhängige durch das Gesundheitsamt oder durch freie Träger unter Mitwirkung des Gesundheitsamtes. Damit verbunden oder als selbständige Einrichtungen bestehen die Beratungsstellen für Nerven- und Gemütskranke. Die Beratungsstellen für Nerven- und Gemütskranke, die eng mit den Heilanstalten, den Gesundheitsämtern und frei praktizierenden Ärzten zusammen arbeiten, wollen u.a. in Sprechstunden durch geeignete Maßnahmen die Unterbringung und Behandlung in einer geschlossenen Anstalt vermeiden sowie den entlassenen Kranken die Wiedereingliederung in die Gemeinschaft und das Arbeitsleben

ermöglichen. Die Unterbringungsgesetze der Bundesländer bieten bei vorliegender Gefahrensituation die Möglichkeit der Einweisung eines psychisch Kranken oder Süchtigen in eine geschlossene Abteilung (z.B. in NW wird die dauernde oder vorübergehende Unterbringung von psychisch Kranken durch das Gesetz über Hilfen und Schutzmaßnahmen bei psychischen Krankheiten vom 2.12. 1969 – GV. NW S. 872 – i.d.F. vom 3.12.1974 – GV. NW S. 1504 – geregelt).

8. **Wie ist das Verfahren hinsichtlich der Unterbringung von psychisch Kranken im allgemeinen geregelt?**
Eine Unterbringung in einer abgeschlossenen Anstalt (z.B. psychiatrisches Krankenhaus) ist gegen den Willen der betroffenen Person nur zulässig, wenn und solange die Person durch ihr krankhaftes Verhalten gegen sich oder andere eine gegenwärtige Gefahr für die öffentliche Sicherheit oder Ordnung darstellt, die nicht anders abgewendet werden kann. Ein schadenstifendes Ereignis muß also unmittelbar bevorstehen oder sein Eintritt muß wegen der Unberechenbarkeit des Kranken zwar unvorhersehbar, wegen besonderer Umstände jedoch jederzeit zu erwarten sein (auch Selbstmord).
Die Unterbringung wird unter Vorlage eines ärztlichen Zeugnisses vom zuständigen Amtsgericht durch Beschluß angeordnet.
In Fällen, die eine sofortige Unterbringung notwendig machen, kann die zuständige Verwaltungsbehörde (idR: Ordnungsamt) dies ohne vorherige gerichtliche Entscheidung vornehmen, wenn ein ärztliches Zeugnis über einen Befund vorliegt, der kurz vorher erhoben wurde. Unverzüglich nach der sorfortigen Unterbringung ist beim Amtsgericht Antrag auf Unterbringung zu stellen. Ist die Unterbringung und deren sofortige Wirksamkeit nicht bis zum Ablauf des auf den Beginn der sofortigen Unterbringung folgenden Tages durch das Gericht angeordnet, so ist die betroffene Person durch den Leiter der Anstalt zu entlassen.
Gegen die gerichtliche Anordnung einer Unterbringung ist die Beschwerde statthaft.

9. **Durch welche fürsorgerische Maßnahmen wird die Bekämpfung der Geschlechtskrankheiten unterstützt?**
Durch Beratungsstellen für Geschlechtskranke, die erforderlichenfalls vom Gesundheitsamt errichtet werden. Daneben hat eine Aufklärung der Bevölkerung über Wesen und Gefahren der Geschlechtskrankheiten zu erfolgen.

10. **In welcher Form werden die Behinderten durch das Gesundheitsamt fürsorgerisch betreut?**
Sie werden in Sprechstunden – unter Beteiligung von Landesärzten – über geeignete ärztliche und sonstige Eingliederungsmaßnahmen entsprechend den Vorschriften des BSHG beraten. Bei der

Beratung wird ein amtliches Merkblatt ausgehändigt. Den Gesundheitsämtern obliegt auch die Führung einer Kartei der Behinderten.

11. **Welche sonstigen Gesundheitsfürsorgemaßnahmen können seitens der Gesundheitsämter unterstützt oder selbst durchgeführt werden?**
Krebsfürsorge, Rheumafürsorge, Diabetikerfürsorge, Familienberatung (oder Ehe- und Sexualberatung) sowie gesundheitliche Volksbelehrung (Vorträge, Ausstellungen, Veröffentlichungen u.a.).

12. **Wird in der Gesundheitsfürsorge auch behandelt?**
Es findet im allgemeinen lediglich eine unentgeltliche Begutachtung und Beratung statt. Eine ärztliche Behandlung erfolgt nicht.

13. **Inwieweit regelt das Strafvollzugsgesetz vom 16.3.1976 (BGBl. I S. 581) i.d.F. vom 18.8.1976 (BGBl. I S. 2181) Fürsorgemaßnahmen für Strafgefangene?**
Der Gefangene hat Anspruch auf alle Maßnahmen, die zur Erhaltung seiner körperlichen und geistigen Gesundheit erforderlich sind. Er ist andererseits aber auch verpflichtet, solche Maßnahmen zu unterstützen. Die Fürsorge umfaßt Maßnahmen zur Früherkennung von Krankheiten. Der Anspruch auf Krankenpflege richtet sich nach den für Kassenpatienten geltenden Bestimmungen. Zwangsuntersuchung, Zwangsbehandlung und Zwangsernährung sind zulässig bei Lebensgefahr, ebenso, wenn schwerwiegende Gefahren für die Gesundheit des Gefangenen oder anderer Gefangener (Ansteckung) drohen. Eine Behandlung des Gefangenen muß durchgeführt werden, wenn akute Lebensgefahr besteht (die freie Willensbestimmung tritt zurück).
Für Untersuchungsgefangene bestimmt sich die Gesundheitsfürsorge nach der Untersuchungshaftvollzugsordnung vom 12.2. 1953.

M Jugendschutz

Allgemeines

1. **In welchen Vorschriften hat die vom Grundgesetz anerkannte Schutzbedürftigkeit der jungen Menschen und die staatliche Mitverantwortlichkeit für die Erziehung der Kinder und Jugendlichen insbesondere ihren Niederschlag gefunden?**
JWG einschließlich der Kindergartengesetze der Länder (z.B. NW: Kindergartengesetz vom 21.12.1971 – GV.NW 1972 S. 166 –), JGG, JASchG, GVjgS, JSchG, Gesetz über die religiöse Kindererziehung vom 15.7.1921 (RGBl. I S. 939).

Kindergartenwesen

2. **Was sind Kindergärten?**
Tageseinrichtungen der Gemeinden, Ämter und Kreise oder der Träger der freien Jugendhilfe, die Kinder vom vollendeten 3. Lebensjahr an bis zum Beginn der Schulpflicht betreuen, fördern, erziehen und bilden.

3. **Worin besteht der eigenständige Bildungsauftrag des Kindergartens?**
Im wesentlichen in der Förderung der Persönlichkeitsentwicklung des Kindes und in der Beratung und Information der Erziehungsberechtigten. Der Kindergarten ergänzt und unterstützt die Erziehung des Kindes in der Familie. Das Interesse der Erziehungsberechtigten für die Kindergartenarbeit und das Zusammenwirken der verantwortlichen Kräfte wird in geeigneter Weise gefördert (z.B. Elternrat, Elternversammlung).

4. **Wie wird im allgemeinen der Bedarf an Kindergärten ermittelt?**
Die Jugendämter erstellen mit allen beteiligten Stellen einen Bedarfsplan, der in regelmäßigen Abständen fortzuschreiben ist. Sozial- und wirtschaftlich benachteiligte Bevölkerungskreise müssen mit Vorrang berücksichtigt werden.

5. **Wer hat dafür zu sorgen, daß die erforderlichen Kindergärten zur Verfügung stehen?**
Das Jugendamt.

6. **Wer kann Träger eines Kindergartens sein?**
Gemeinden, Ämter und Kreise oder Träger der freien Jugendhilfe (z.B. Arbeiterwohlfahrt, Caritas, Innere Mission).

7. **Welche Aufgaben sind dem Jugendamt hinsichtlich der Aufsicht über Kindergärten auferlegt?**
Das Jugendamt
1. unterstützt das Landesjugendamt bei der Aufsicht über die personelle und räumliche Ausstattung des Kindergartens, die Gruppengröße, die pädagogische Arbeit im Kindergarten und die Einhaltung der Öffnungszeiten,
2. soll Maßnahmen für die Fortbildung der pädagogischen Kräfte anbieten,
3. hat für die ärztliche und zahnärztliche Untersuchung der in den Kindergarten aufgenommenen Kinder zu sorgen.

8. **Inwieweit besteht in der Regel eine ärztliche Untersuchungspflicht für Kindergartenkinder?**
Jedes Kind muß vor seiner Aufnahme in den Kindergarten ärztlich untersucht werden. Jährlich sind ärztliche Vorsorgeuntersuchungen durchzuführen.

Jugendgerichtsgesetz

9. **Wann findet das JGG Anwendung?**
Wenn ein Jugendlicher oder ein Heranwachsender eine strafbare Handlung begangen hat.

10. **Wer ist nach dem JGG strafrechtlich nicht verantwortlich?**
Wer zur Zeit der Tat noch nicht 14 Jahre alt ist.

11. **Wer ist nach dem JGG Jugendlicher und wer Heranwachsender?**
Jugendlicher ist, wer zur Zeit der Tat 14, aber noch nicht 18, Heranwachsender, wer zur Zeit der Tat 18, aber noch nicht 21 Jahre alt ist.

12. **Wann ist ein Jugendlicher strafrechtlich verantwortlich?**
Wenn er zur Zeit der Tat nach seiner sittlichen und geistigen Entwicklung reif genug ist, das Unrecht der Tat einzusehen und nach dieser Einsicht zu handeln.

13. **Welche Maßnahmen können zur Erziehung eines Jugendlichen vom Richter angeordnet werden, der mangels Reife strafrechtlich nicht verantwortlich ist?**
Dieselben Maßnahmen wie der Vormundschaftsrichter.

14. **Welche Folgen kann eine Jugendstraftat nach sich ziehen?**
Anordnung von Erziehungsmaßregeln, Ahndung mit Zuchtmitteln, Jugendstrafe.

15. **Welche Arten von Erziehungsmaßregeln sieht das JGG vor?**
1. Erteilung von Weisungen (Gebote und Verbote, die die Lebensführung des Jugendlichen regeln und dadurch seine Erzie-

hung fördern und sichern). Insbesondere kommen in Betracht: Weisungen zu befolgen, die sich auf den Aufenthaltsort beziehen, bei einer Familie oder in einem Heim zu wohnen, eine Lehr- oder Arbeitsstelle anzunehmen, einer Arbeitsauflage nachzukommen, den Verkehr mit bestimmten Personen oder den Besuch von Gast- oder Vergnügungsstätten zu unterlassen, keine geistigen Getränke zu genießen oder nicht zu rauchen, bei einer Verletzung von Verkehrsvorschriften an einem polizeilichen Verkehrsunterricht teilzunehmen.
2. Erziehungsbeistandschaft und Fürsorgeerziehung nach den Vorschriften des JWG.

16. Welches sind die im JGG vorgesehenen Zuchtmittel?
1. Verwarnung (hierdurch soll dem Jugendlichen das Unrecht der Tat eindringlich vorgehalten werden);
2. Auferlegung besonderer Pflichten. In Betracht kommen: Wiedergutmachung des Schadens, persönliche Entschuldigung bei dem Verletzten, Zahlung eines Geldbetrages zugunsten einer gemeinnützigen Einrichtung;
3. Jugendarrest in Form von Freizeitarrest (für die wöchentliche Freizeit), Kurzarrest (bis zur Höchstdauer von 6 Tagen), Dauerarrest (mindestens 1 Woche und höchstens 4 Wochen).

17. Was ist eine Jugendstrafe und wann wird sie verhängt?
Die Jugendstrafe ist Freiheitsentzug in einer Jugendstrafanstalt. Sie wird verhängt, wenn wegen der schädlichen Neigungen des Jugendlichen, die in der Tat hervorgetreten sind, Erziehungsmaßregeln oder Zuchtmittel zur Erziehung nicht ausreichen oder wenn wegen der Schwere der Schuld Strafe erforderlich ist.

18. Für welche Zeit kann die Jugendstrafe verhängt werden?
Das Mindestmaß beträgt 6 Monate, das Höchstmaß 5 Jahre. Handelt es sich bei der Tat um ein Verbrechen, für das nach dem allgemeinen Strafrecht eine Höchststrafe von mehr als 10 Jahren Freiheitsstrafe angedroht ist, so ist das Höchstmaß 10 Jahre. Die Strafe ist aber so zu bemessen, daß die erforderliche erzieherische Einwirkung möglich ist.

19. Vor welchen Gerichten wird über Verfehlungen Jugendlicher entschieden?
Vor den Jugendgerichten (Amtsrichter als Jugendrichter, Jugendschöffengericht und die Jugendstrafkammer).

20. Welche Aufgabe hat die Jugendgerichtshilfe im gesamten Verfahren gegen einen Jugendlichen?
Die Vertreter der Jugendgerichtshilfe (Jugendämter im Zusammenwirken mit den Vereinigungen für Jugendhilfe) bringen die erzieherischen, sozialen und fürsorgerischen Gesichtspunkte im

Jugendstrafverfahren zur Geltung. Sie sollen so früh wie möglich herangezogen werden.

21. **Wann ist die Anwendung des Jugendstrafrechts auf Heranwachsende möglich?**
Wenn die Gesamtwürdigung der Persönlichkeit des Täters bei Berücksichtigung auch der Umweltbedingungen ergibt, daß er zur Zeit der Tat nach seiner sittlichen und geistigen Entwicklung noch einem Jugendlichen gleichstand oder es sich nach der Art, den Umständen oder den Beweggründen der Tat um eine Jugendverfehlung handelt.

Gesetz zum Schutze der Jugend in der Öffentlichkeit

22. **In welcher Form stellt das JSchG die Schutzbedürftigkeit des jungen Menschen heraus?**
Erziehungsberechtigte, Gewerbetreibende und Behörden sind verpflichtet, Kinder und Jugendliche von Orten fernzuhalten, an denen ihnen eine sittliche Gefahr oder Verwahrlosung droht. Das JSchG gilt nicht für verheiratete Jugendliche.

23. **Wer ist Kind und wer ist Jugendlicher im Sinne des JSchG?**
Kind ist, wer noch nicht 14, Jugendlicher, wer 14, aber noch nicht 18 Jahre alt ist.

24. **Inwieweit darf Kindern und Jugendlichen unter 16 Jahren der Aufenthalt in Gaststätten gestattet werden?**
Nur dann, wenn ein Erziehungsberechtigter sie begleitet, wenn sie an einer Veranstaltung teilnehmen, die der geistigen, sittlichen oder beruflichen Förderung der Jugend dient, wenn sie sich auf Reisen befinden oder wenn sie eine Mahlzeit oder ein Getränk einnehmen, solange dazu der Aufenthalt in der Gaststätte erforderlich ist.

25. **Welche Getränke dürfen Kindern und Jugendlichen nicht abgegeben werden?**
In Gaststätten und Verkaufsstellen darf ihnen weder Branntwein und überwiegend branntweinhaltige Getränke abgegeben noch ihr Genuß gestattet werden. Andere alkoholische Getränke dürfen in Gaststätten und Verkaufsstellen Kindern und Jugendlichen unter 16 Jahren, die nicht von einem Erziehungsberechtigten begleitet werden, zum eigenen Genuß nicht abgegeben werden.

26. **Was besagt das JSchG über den Besuch von Tanzveranstaltungen durch Kinder und Jugendliche?**
Kindern und Jugendlichen unter 16 Jahren darf die Anwesenheit bei öffentlichen Tanzveranstaltungen nicht gestattet werden. Ju-

gendlichen von 16 Jahren oder darüber darf die Anwesenheit bei öffentlichen Tanzveranstaltungen bis 24 Uhr gestattet werden, jedoch ab 22 Uhr nur in Begleitung eines Erziehungsberechtigten.

27. **Ist die Anwesenheit von Kindern und Jugendlichen bei Variete-, Kabarett- oder Revueveranstaltungen gestattet?**
Nein.

28. **Inwieweit ist Kindern und Jugendlichen die Anwesenheit bei öffentlichen Filmveranstaltungen gestattet?**
Kindern unter 6 Jahren ist die Anwesenheit grundsätzlich nicht gestattet. Darüber hinaus ist die Anwesenheit gestattet, soweit der vorgezeigte Film zur Vorführung vor Kindern oder Jugendlichen des jeweiligen Alters freigegeben und die Veranstaltung bis zu einem bestimmten Zeitpunkt beendet ist (6-12 Jahre: 20 Uhr, 12-15 Jahre: 22 Uhr, 16-17 Jahre: 23 Uhr).

29. **Dürfen Kinder und Jugendliche an Spielen mit Gewinnmöglichkeit teilnehmen?**
Nur dann, wenn es sich um Spiele bei Volksbelustigungen unter freiem Himmel und von vorübergehender Dauer handelt, im übrigen nur Gewinne in Form von Waren mit geringem Wert verabfolgt werden. Ansonsten ist die Teilnahme an Glücksspielen verboten.

30. **Was besagt das JSchG über den Tabakgenuß in der Öffentlichkeit?**
Er ist Kindern und Jugendlichen unter 16 Jahren nicht gestattet.

Gesetz über die Verbreitung jugendgefährdender Schriften

31. **Welcher Schutz wird Kindern und Jugendlichen durch das GVjgS gewährleistet?**
Die in einer Liste aufgeführten jugendgefährdenden Schriften (dazu gehören auch Schallaufnahmen, Abbildungen und Darstellungen), dürfen einem Kind oder Jugendlichen nicht feilgeboten oder zugänglich gemacht werden.

32. **Welche Schriften werden im allgemeinen als jugendgefährdend angesehen und damit in die Liste der jugendgefährdenden Schriften aufgenommen?**
Vor allem unsittliche, verrohend wirkende, zu Gewalttätigkeit, Verbrechen oder Rassenhaß anreizende sowie den Krieg verherrlichende Schriften.

33. **Wer führt die Aufgaben des GVjgS durch?**
Die Bundesprüfstelle für jugendgefährdende Schriften, die aus einem vom BMJFG ernannten Vorsitzenden und Beisitzern (aus

Kunst, Literatur, Buchhandel, Verlegerschaft, Jugendverbänden, Jugendwohlfahrt, Lehrerschaft und der Kirchen) besteht.

34. Was ist vornehmlich die Aufgabe der Bundesprüfstelle?
Sie entscheidet über die Aufnahme von Schriften in die Liste der jugendgefährdenden Schriften.

N Arbeits- und Arbeitsschutzrecht

Allgemeines Arbeitsrecht

1. **Was versteht man unter Arbeitsrecht?**
Es ist der Teil unserer Rechtsordnung, der die vertragliche Verpflichtung des Arbeitnehmers zur Leistung von Arbeit in einem persönlichen Abhängigkeitsverhältnis zu seinem Arbeitgeber nach Grundlage, Inhalt und Form regelt.

2. **Was ist ein Arbeitsvertrag?**
Er ist eine Unterart des Dienstvertrages. Er wird zur Festsetzung der beiderseitigen Rechte und Pflichten zwischen Arbeitgeber (z.B. Entgeltzahlung, Urlaubsgewährung, Fürsorge, Leistung von Sozialversicherungsbeiträgen) und Arbeitnehmer (z.B. Dienstpflicht, Treue- und Gehorsamspflicht, Verschwiegenheitspflicht) geschlossen.

3. **Wer kann einen Arbeitsvertrag abschließen?**
Jeder Vollgeschäftsfähige. Ein Minderjähriger kann von dem gesetzlichen Vertreter ermächtigt werden, in Dienst und Arbeit zu treten. Er ist damit unbeschränkt geschäftsfähig für alle Rechtsgeschäfte, welche die Eingehung, die Aufhebung und die Erfüllung eines Dienst- oder Arbeitsverhältnisses der gestatteten Art betreffen (gilt nicht für Ausbildungsverhältnisse).

4. **Bestehen für den Abschluß von Arbeitsverträgen Formvorschriften?**
Der Arbeitsvertrag ist grundsätzlich an keine Form gebunden. Schriftform kann jedoch durch Gesetz, Tarifvertrag oder durch Parteivereinbarung vorgeschrieben sein (z.B. BAT, BBiG).

5. **Wonach richtet sich die Höhe des Arbeitsentgelts?**
Die Höhe des Arbeitsentgelts wird in erster Linie in Tarifverträgen geregelt (Festlegung von Lohn- und Gehaltsgruppen). Besteht kein Tarifvertrag oder sind Arbeitgeber oder Arbeitnehmer nicht tarifgebunden, so sind sie in der Bestimmung der Höhe des Entgelts frei.

6. **Welchen Abzügen unterliegt Lohn oder Gehalt?**
Vom Arbeitsentgelt sind bestimmte Beträge einzubehalten und durch den Arbeitgeber an den Empfänger dieser Beträge abzuführen (Lohn- und Kirchensteuer, Beiträge zur Krankenversicherung, Rentenversicherung und Bundesanstalt für Arbeit). Dem Arbeitnehmer wird der gekürzte Betrag (Nettoentgelt) ausgezahlt.

7. **In welcher Form wird die Vermögensbildung der Arbeitnehmer gefördert?**
Durch das 3. Vermögensbildungsgesetz i.d.F. vom 15.1.1975 (BGBl. I S. 258) in Form von Steuervergünstigungen und Befreiung von Sozialversicherungsleistungen. Eine Beteiligung am Produktivvermögen der Arbeitgeber wird angestrebt.

8. **In welcher Höhe unterliegt das Arbeitsentgelt der Steuerpflicht?**
Das zu versteuernde Einkommen wird ermittelt, indem von den Einnahmen abgezogen werden:
Werbungskosten (z.B. Fahrtkosten zur Arbeitsstätte, für Körperbehinderte die tatsächlichen Aufwendungen), Sonderausgaben (z.B. Beiträge zu Bausparkassen, Ausgaben für die Sozialversicherung, Kirchensteuer), Ausbildungsfreibeträge, Körperbehindertenfreibeträge, Unterhalts-, Hausgehilfen- und Altersfreibetrag, Außergewöhnliche Belastungen (z.B. Krankheitskosten).

9. **Wie kann man zuviel gezahlte Lohn- und Kirchensteuer zurückbekommen?**
Indem man beim zuständigen Finanzamt einen Antrag auf Lohnsteuer-Jahresausgleich stellt. Die hierzu erforderlichen Formulare stellt das Finanzamt zur Verfügung.

10. **Vor welchen Gerichten werden Rechtsstreitigkeiten mit dem Finanzamt ausgetragen?**
Vor den Finanzgerichten und dem Bundesfinanzhof. Vorausgehen muß in der Regel die Einlegung eines Einspruches beim zuständigen Finanzamt.

11. **Wird dem Arbeitnehmer für die infolge eines gesetzlichen Feiertags in der Woche ausfallende Arbeitszeit Lohn einbehalten?**
Nach dem Gesetz über die Lohnzahlung an Feiertagen vom 2.8.1951 (BGBl. I S. 479) i.d.F. v. 18.12.1975 (BGBl. I S. 3091) wird der Lohn fortgezahlt (für einzelne Bereiche bestehen Sonderbestimmungen).

12. **Für welchen Zeitraum ist im Krankheitsfalle mindestens Gehalt oder Lohn fortzuzahlen?**
Wird ein Arbeitnehmer infolge Krankheit an seiner Arbeitsleistung unverschuldet gehindert, so besteht Anspruch auf Fortzahlung des Entgelts bis zur Dauer von mindestens 6 Wochen.

13. **Wann verjähren Ansprüche aus dem Arbeitsverhältnis?**
Nach 2 Jahren.

14. **Inwieweit besteht eine Schadensersatzpflicht des Arbeitgebers gegenüber dem Arbeitnehmer?**
Der Arbeitgeber hat im Rahmen der Fürsorgepflicht u.a. die betrieblichen Verhältnisse so zu gestalten, daß die Arbeitnehmer soweit gegen Gefahren für Leben und Gesundheit geschützt sind, wie dies bei der Eigenart des Betriebes möglich ist; hierzu gehört auch die Aufrechterhaltung der guten Sitten und des Anstandes (z.B. Waschräume, Umkleideräume, Toiletten). Der Arbeitgeber ist weiter verpflichtet, das von den Arbeitnehmern an die Arbeitsstätte üblicherweise mitzubringende Eigentum durch geeignete Maßnahmen im Betrieb zu sichern.

15. Inwieweit besteht eine Schadensersatzpflicht des Arbeitnehmers gegenüber dem Arbeitgeber?

Für Schäden, die dem Arbeitgeber aus einer unerlaubten Handlung des Arbeitnehmers entstehen, haftet der Arbeitnehmer. Weiter haftet der Arbeitnehmer grundsätzlich auch für Schäden, die er dem Arbeitgeber, ohne eine unerlaubte Handlung zu begehen, schuldhaft zufügt. Eine Haftung wegen leichter Fahrlässigkeit wird im allgemeinen bei gefahrengeneigter Arbeit verneint.

16. Haftet der Arbeitnehmer auch für Schäden, die er in Ausübung seiner Arbeiten Dritten (z.B. Patienten) schuldhaft zufügt?

Für diesen Schaden ist zwar unter Umständen der Arbeitgeber ersatzpflichtig (§ 278 BGB), doch kann dieser auf den Arbeitnehmer zurückgreifen.

17. Was hat man unter der Kündigung des Arbeitsverhältnisses zu verstehen?

Sie ist die Erklärung des Kündigenden, das Arbeitsverhältnis zu einem bestimmten Zeitpunkt zu beenden.

18. Bestehen für die Kündigung Formvorschriften?

Nein. Jedoch kann sich die Notwendigkeit zur Schriftform aus dem Arbeitsvertrag, Tarifvertrag usw. ergeben.

19. Kann einem Arbeitnehmer auch wegen Krankheit gekündigt werden?

Ja. Der Arbeitgeber ist jedoch aufgrund seiner Fürsorgepflicht gehalten, die Umstände des Einzelfalles zu berücksichtigen.

20. Welche Kündigungstermine und Kündigungsfristen bestehen für eine ordentliche Kündigung?

Beim Ausspruch einer ordentlichen Kündigung haben sich Arbeitgeber und Arbeitnehmer an eine bestimmte Kündigungsfrist zu halten. Man unterscheidet gesetzliche und vertraglich vereinbarte Kündigungsfristen. Das Arbeitsverhältnis eines Angestellten kann – von Sonderregelungen abgesehen – unter Einhaltung einer Frist von 6 Wochen zum Schluß eines Kalendervierteljahres gekündigt werden. Für Arbeiter sind die Kündigungsfristen in § 622 BGB festgelegt worden. Abgesehen von der Regelung für ältere Arbeiter mit längerer Betriebszugehörigkeit kann das Arbeitsverhältnis unter Einhaltung einer Frist von 2 Wochen gekündigt werden. Besondere Kündigungsfristen gelten u.a. für ältere Angestellt Auszubildende, Schwerbehinderte und Bergleute.

21. Wann kann eine außerordentliche Kündigung ausgesprochen werden?

Bei Vorlage eines wichtigen Grundes. Die Auflösung des Arbeitsverhältnisses erfolgt in der Regel fristlos.

22. Wann liegt ein wichtiger Grund für eine außerordentliche Kündigung vor?
Es müssen Tatsachen vorliegen, aufgrund derer dem Kündigenden unter Berücksichtigung aller Umstände des Einzelfalles und unter Abwägung der Interessen beider Vertragsteile die Fortsetzung des Arbeitsverhältnisses nicht zugemutet werden kann (z.B. vertragswidriges Verhalten, bei dienstlichen Verfehlungen, bei strafbaren Handlungen).

23. Kann ein Arbeitsverhältnis im beiderseitigen Einvernehmen aufgelöst werden?
Arbeitgeber und Arbeitnehmer können jederzeit die Auflösung des Arbeitsverhältnisses vereinbaren.

24. Wann endet ein befristetes Arbeitsverhältnis?
Mit Ablauf des ausgemachten Zeitraumes.

25. Was geschieht nach Beendigung des Arbeitsverhältnisses mit den Arbeitspapieren?
Die ausgefüllten Arbeitspapiere (Versicherungskarte, Arbeits- und Entlassungsbescheinigung, Steuerkarte, Krankenkassenbescheinigung, etwaige Zeugnisse usw.) sind dem Arbeitnehmer zurückzugeben.

26. Was ist bei der Erteilung von Zeugnissen und Auskünften zu beachten?
Der Arbeitnehmer kann bei Beendigung des Arbeitsverhältnisses ein einfaches oder ein qualifiziertes Zeugnis verlangen. Die Angaben des Arbeitgebers in Zeugnissen und bei Auskünften müssen wahr sein. Vor Beendigung des Arbeitsverhältnisses kann auch die Erteilung eines Zwischenzeugnisses für eine Bewerbung verlangt werden.

Tarifvertragsrecht

27. Was versteht man unter der sogenannten Koalitionsfreiheit?
Nach Artikel 9 des Grundgesetzes können sich Arbeitgeber und Arbeitnehmer zu Verbänden zusammenschließen. Diese Freiheit ist für jedermann und für alle Berufe gewährleistet.

28. Welches Recht ist in der BRD den Sozialpartnern zugestanden?
Arbeitgeber und Arbeitnehmer haben das Recht, die Arbeitsbedingungen weitgehend in eigener Verantwortlichkeit zu regeln. Nur für den Arbeitsschutz bestehen staatliche Rechtssätze (z.B. KSchG, MSchG, JASchG). Im übrigen beschränkt sich der Staat auf die Festlegung des Rahmens, innerhalb dessen die Sozialpartner ihre Beziehungen zueinander ordnen können.

29. Welche Regelung des TVG gibt den Sozialpartnern die Möglichkeit, maßgeblichen Einfluß auf die Wirtschaftspolitik zu nehmen?
Das TVG gesteht den Sozialpartnern die Tarifautonomie zu, d.h. sie handeln ohne staatliche Mitwirkung die Tarifverträge aus. Sie treffen für alle Wirtschaftszweige und Beschäftigungsarten verbindliche Vereinbarungen über Entgelte und Arbeitsbedingungen.

30. Welche sozialpolitische Spitzenorganisationen gibt es in der BRD?
Auf Unternehmerseite die Bundesvereinigung der Deutschen Arbeitgeber-Verbände. Zu ihr gehören eine Vielzahl von Fachverbänden (z.B. Industrie, Handel, Handwerk, Banken) sowie Landesverbände (Bayern, Niedersachsen u.a.). Auf Arbeitnehmerseite bestehen die Gewerkschaften. Das sind insbesondere der Deutsche Gewerkschaftsbund (DGB), die Deutsche Angestelltengewerkschaft (DAG), der Deutsche Beamtenbund (DBB) und der Christliche Gewerkschaftsbund (CGB). Die Gewerkschaften sind ebenfalls nach fachlichen Gesichtspunkten und nach Landesverbänden gegliedert.

31. Welche Angelegenheiten werden in Tarifverträgen geregelt?
Der Lohn- oder Gehaltstarif regelt meist nur die Lohn- oder Gehaltshöhe in den einzelnen Lohn- und Gehaltsgruppen sowie Ortsklassen. Im Mantel- oder Rahmentarifvertrag finden wir Regelungen der übrigen Arbeitsbedingungen (Bestimmungen über Lohnabrechnung und Lohnfortzahlung in bestimmten Fällen, Regelungen über die Arbeitszeit, die Festlegung der Zuschläge für Mehr-, Sonntags- und Feiertagsarbeit, Beschäftigungsverbote, Bestimmungen über den Urlaub, Kündigungsfristen, Form der Kündigung, Kündigungsbeschränkungen usw.).

32. Auf welche Arbeitsverhältnisse findet der Tarifvertrag Anwendung?
Ein Arbeitsverhältnis ist dann den Bestimmungen des Tarifvertrages unterworfen, wenn sowohl Arbeitnehmer als auch Arbeitgeber Mitglied der Verbände sind, die den Tarifvertrag abgeschlossen haben.

33. Wann gelten die tariflichen Regelungen auch für Nichtorganisierte?
Wenn ein Tarifvertrag von der obersten Arbeitsbehörde eines Landes oder vom Bundesarbeitsministerium für allgemeinverbindlich erklärt worden ist. Dann findet der Tarifvertrag Anwendung auf alle einschlägigen Arbeitsverhältnisse in dem betreffenden Wirtschaftszweig.

34. Wie erfährt der Arbeitnehmer, was Inhalt des für ihn geltenden Tarifvertrages ist?
Das TVG hat dem Arbeitgeber die Pflicht auferlegt, den für seinen Betrieb gültigen Tarifvertrag im Betrieb an geeigneter Stelle auszulegen.

35. Können im Einzelfall vom Tarifvertrag abweichende Regelungen vereinbart werden?
Die zwingende Wirkung der Tarifnormen schließt eine Vereinbarung zu Ungunsten des Arbeitnehmers aus. Ein Verzicht auf tarifliche Ansprüche ist unzulässig.

36. Wie können Tarifverträge geändert werden?
Nachdem nach deren Kündigung neue Vertragsbedingungen ausgehandelt werden (z.B. höhere Löhne, kürzere Arbeitszeit).

37. Welche Kampfmittel stehen den Sozialpartnern zur Durchsetzung ihrer Forderungen zur Verfügung?
Den Arbeitnehmern Streik, den Arbeitgebern Aussperrung.

38. Welche Tarifverträge gelten im allgemeinen für Angestellte in Krankenanstalten bzw. ähnliche Einrichtungen, deren Träger der Bund, ein Land, eine Gemeinde (Kreis) oder andere Hoheitsträger sind?
Der BAT mit einigen Sonderregelungen sowie die allgemeine Vergütungsordnung bzw. die Vergütungsordnung für Angestellte im Pflegedienst. Ansonsten sind die tarifvertraglichen Vorschriften für anwendbar erklärt worden (z.B. Richtlinien für Arbeitsverträge in den Einrichtungen des Deutschen Caritas-Verbandes – AVR –) oder es gelten die allgemeinen arbeitsrechtlichen Vorschriften.

39. Welche Regelungen enthält der BAT hinsichtlich der Form des Arbeitsvertrages und der Probezeit?
Der Arbeitsvertrag ist schriftlich abzuschließen; dem Angestellten ist eine Ausfertigung auszuhändigen. Die ersten 6 Monate der Beschäftigung gelten in der Regel als Probezeit.

40. Mit welchen allgemeinen Arbeitsbedingungen befaßt sich u.a. der BAT?
Mit den ärztlichen Untersuchungen, den allgemeinen Pflichten, der Schweigepflicht, mit der Annahme von Belohnungen und Geschenken, den Personalakten sowie der Haftung.

41. In welchem Umfange kann der Arbeitgeber nach dem BAT die Untersuchung des Arbeitnehmers auf seine Kosten verlangen?
Vor der Einstellung, aus gegebener Veranlassung (z.B. Feststellung der Dienstfähigkeit) oder nach Beendigung des Arbeitsverhältnisses. Angestellte, die besonderen Ansteckungsgefahren ausgesetzt oder mit der Zubereitung von Speisen beauftragt sind, sind in regelmäßigen Zeitabständen ärztlich zu untersuchen.

42. Muß der Arbeitnehmer den dienstlichen Anordnungen nachkommen?
Im allgemeinen ja. Nicht jedoch bei Verstoß gegen Strafvorschriften.

43. In welcher Weise befassen sich die Sonderregelungen des BAT mit der Teilnahme an der Anstaltsverpflegung?

Angestellte im Pflegebereich u.a. können vom Arbeitgeber verpflichtet werden, an der Anstaltsverpflegung ganz oder teilweise teilzunehmen. Diese Verpflichtung entfällt nach näheren Regelungen bei rechtzeitiger Abmeldung (z.B. freie Tage, Urlaub, Krankheit).

44. Was besagt der BAT hinsichtlich der Schweigepflicht?

Der Angestellte hat über Angelegenheiten des Betriebes, deren Geheimhaltung durch gesetzliche Vorschriften vorgesehen oder auf Weisung des Arbeitgebers angeordnet ist, Verschwiegenheit zu bewahren.

45. Darf der Arbeitnehmer ohne weiteres Belohnungen und Geschenke annehmen?

Nach dem BAT nur mit Zustimmung des Arbeitgebers.

46. Welche Rechte hat der Arbeitnehmer in bezug auf seine Personalakte?

Der BAT garantiert dem Angestellten ein Recht auf Einsicht in seine vollständigen Personalakten. Der Angestellte muß über Beschwerden und Behauptungen tatsächlicher Art, die für ihn ungünstig sind oder ihm nachteilig werden können, vor Aufnahme in die Personalakten gehört werden.

47. Wann tritt nach dem BAT die Verjährung der Schadenshaftung des Angestellten ein?

In 3 Jahren.

48. Welche Regelungen trifft der BAT u.a. hinsichtlich der regelmäßigen Arbeitszeit?

Die regelmäßige Arbeitszeit beträgt ausschließlich der Pausen durchschnittlich wöchentlich 40 Stunden (ab 1.10.1974). Angestellte, die regelmäßig an Sonn- und Feiertagen arbeiten müssen, erhalten innerhalb von 2 Wochen 2 arbeitsfreie Tage. Hiervon soll ein freier Tag auf einen Sonntag fallen. Für dienstplanmäßige Arbeit an Wochenfeiertagen wird entsprechende Freizeit innerhalb von 3 Monaten gewährt. Die Arbeitszeit beginnt und endet an der Arbeitsstelle.

49. Wann können nach dem BAT über die regelmäßige Arbeitszeit hinaus Überstunden angeordnet werden und wie sind diese Überstunden abzugelten?

Überstunden dürfen nur in dringenden Fällen angeordnet werden. Sie sind spätestens innerhalb von 3 Monaten abzufeiern oder durch Überstundenvergütung abzugelten.

50. Sind nach den Sonderregelungen zum BAT Hebammen, Pflegepersonen u.a. zum Bereitschaftsdienst verpflichtet?
Ja. Sie haben sich auf Anordnung des Arbeitgebers an einer bestimmten Stelle aufzuhalten, um im Bedarfsfall die Arbeit aufzunehmen. Bereitschaftsdienst soll für die genannten Personen in der Regel nicht mehr als zehnmal im Monat angeordnet werden. Der Bereitschaftsdienst wird nach festen Sätzen vergütet oder durch Freizeit abgegolten.

51. Was besagt der BAT über Arbeitsversäumnisse?
Der Angestellte darf nur mit vorheriger Zustimmung des Arbeitgebers von der Arbeit fernbleiben. U.U. besteht kein Anspruch auf Fortzahlung der Bezüge. Arbeitsunfähigkeit ist unverzüglich anzuzeigen. Spätestens am 4. Tag ist eine ärztliche Bescheinigung vorzulegen.

52. Wie ist der Angestellte im allgemeinen einzugruppieren?
Nach den Tätigkeitsmerkmalen, die in der Vergütungsordnung festgelegt sind, in die Vergütungsgruppe, die der von ihm auszuübenden Tätigkeit entspricht (z.B. Krankenschwester nach sechsmonatiger Berufstätigkeit nach erlangter staatlicher Erlaubnis in Verg.Gr. Kr. IV).

53. Welches sind die Bestandteile der Vergütung?
Grundvergütung (nach Lebensaltersstufen bemessen), Ortszuschlag (nach Vergütungsgruppe, Familienstand und Kinderzahl), Zuschläge nach näheren Regelungen (vgl. Übersicht auf Seite 194).

54. Wann sind die Bezüge dem Angestellten auszuzahlen?
Am 15. eines jeden Kalendermonats für den Monat.

55. Wann und für welche Zeit hat der Angestellte nach dem BAT Anspruch auf Krankenbezüge?
Krankenbezüge werden bei Arbeitsunfähigkeit infolge Krankheit oder Unfall gewährt, und zwar je nach der Dienstzeit bis zur 26. Woche, mindestens aber für 6 Wochen.

56. Welche Regelungen enthält der BAT hinsichtlich des Erholungsurlaubs?
Der Angestellte erhält in jedem Kalenderjahr Erholungsurlaub, dessen Dauer nach der Vergütungsgruppe und dem Lebensalter bemessen wird. In näher bestimmten Fällen kann Sonderurlaub (z.B. bei Kur) oder Arbeitsbefreiung (z.B. bei Umzügen, Eheschließung, schwere Erkrankung des Ehegatten) gewährt werden.

57. Was besagt der BAT über die ordentliche Kündigung?
Die Kündigung, die an bestimmte Kündigungsfristen (von der Beschäftigungszeit abhängig) gebunden ist, bedarf nach Ablauf der Probezeit der Schriftform. Das Kündigungsschreiben des Arbeit-

Vergütungen für Pflegepersonen und Hebammen in Anstalten usw. des öffentlichen Dienstes

Gültig ab 1. Februar 1977

Tabelle der Grundvergütungen
für die unter die Anlage 1 b zum BAT fallenden Angestellten nach Vollendung des 20. Lebensjahres (monatlich in DM)

Verg.-Gr.	Grundvergütungssätze in Stufe 1	2	3	4	5	6	7	8	9	10
Kr. XII	2145,45	2258,75	2372,04	2448,06	2524,04	2600,06	2676,07	2752,09	2828,07	2899,80
Kr. XI	1986,25	2095,26	2204,24	2277,39	2350,52	2423,67	2496,80	2569,95	2643,08	2710,49
Kr. X	1838,54	1938,92	2039,31	2106,73	2174,13	2241,54	2308,93	2376,34	2443,74	2509,70
Kr. IX	1702,30	1795,51	1888,72	1951,84	2014,95	2078,04	2141,15	2204,24	2267,34	2323,28
Kr. VIII	1576,11	1662,14	1748,20	1806,99	1865,79	1924,59	1983,39	2042,19	2100,99	2151,18
Kr. VII	1459,93	1540,24	1620,56	1673,63	1726,68	1779,74	1832,81	1885,87	1938,92	1991,99
Kr. VI	1364,28	1430,18	1498,65	1548,84	1599,04	1649,23	1699,43	1749,62	1799,82	1844,29
Kr. V	1277,19	1336,26	1397,88	1439,21	1481,44	1527,34	1573,23	1619,12	1665,02	1708,04
Kr. IV	1197,22	1251,35	1305,50	1342,41	1381,07	1419,84	1458,59	1500,09	1543,11	1581,83
Kr. III	1123,39	1172,60	1221,83	1255,04	1288,27	1321,49	1355,24	1390,12	1425,00	1453,43
Kr. II	1055,71	1098,77	1141,84	1171,38	1200,90	1230,43	1259,97	1289,50	1319,03	1344,90
Kr. I	992,96	1031,11	1069,25	1095,09	1120,92	1146,76	1172,60	1198,44	1224,28	1250,12

Zu den Vergütungen werden zusätzlich noch folgende Zulagen gezahlt:
Kr. I und II = 40.– DM Kr. III bis VI = 67.– DM Kr. VII bis XII = 100.–DM

Ortszuschlagstabelle

Tarifklasse	Vergütungsgruppe der Anlage 1 b BAT	Stufe 1 ledig	Stufe 2 verheiratet	Stufe 3 1 Kind	Stufe 4 2 Kinder	Stufe 5 3 Kinder	Stufe 6 4 Kinder	Stufe 7 5 Kinder	Stufe 8 6 Kinder
I c	Kr. VII–Kr. XII	467,68	567,18	652,32	733,69	771,44	842,99	914,54	1003,66
II	Kr. I–Kr. VI	440,54	535,32	620,46	701,83	739,58	811,13	882,68	971,80

Bei mehr als sechs Kindern erhöht sich der Ortszuschlag für jedes weitere zu berücksichtigende Kind um 89.12 DM

Ausbildungsgeld (wenn das Ausbildungsverhältnis bereits vor dem 1. April 1977 begonnen hat)
Das Ausbildungsgeld für Lernschwestern und Lernpfleger beträgt im

1. Ausbildungsjahr	745,88 DM
2. Ausbildungsjahr	834,67 DM
3. Ausbildungsjahr	981,48 DM

Das Ausbildungsgeld für Schülerinnen und Schüler in der Krankenpflegehilfe beträgt 650,56 DM.

Überstundenvergütungen

Vergütungsgruppe	DM
Kr. I	11,63
Kr. II	12,20
Kr. III	12,83
Kr. IV	13,49
Kr. V	14,19
Kr. VI	14,98
Kr. VII	15,46
Kr. VIII	16,37
Kr. IX	16,65
Kr. X	17,68
Kr. XI	18,80
Kr. XII	19,93

Stundenvergütungen

Vergütungsgruppe	DM
Kr. I	9,30
Kr. II	9,76
Kr. III	10,26
Kr. IV	10,79
Kr. V	11,35
Kr. VI	11,98
Kr. VII	12,88
Kr. VIII	13,64
Kr. IX	14,48
Kr. X	15,37
Kr. XI	16,35
Kr. XII	17,33

Tabelle der Gesamtvergütungen
für die unter die Anlage 1 b zum BAT fallenden Angestellten unter 18 Jahren

Alter	Gesamtvergütung in den Vergütungsgruppen Kr. I	Kr. II	Kr. III (monatlich in DM)
Vor Vollendung des 15. Lebensjahres	716,75	–	–
Nach Vollendung des 15. Lebensjahres	788,43	822,94	–
Nach Vollendung des 16. Lebensjahres	931,78	972,56	–
Nach Vollendung des 17. Lebensjahres	1075,13	1122,19	1172,95

Anmerkung: In den Dienstorten Berlin und Hamburg tritt hierzu der örtliche Sonderzuschlag nach § 32 in Verbindung mit § 30 BAT.

gebers soll die Kündigungsgründe enthalten. Nach einer Beschäftigungszeit von 15 Jahren, frühestens jedoch nach Vollendung des 40. Lebensjahres ist der Angestellte unkündbar.

58. **In welcher Weise schränkt der BAT das Recht, aus einem wichtigen Grund fristlos zu kündigen, ein?**
Die fristlose Kündigung kann nur innerhalb von 2 Wochen erfolgen. Sie bedarf der Schriftform.

59. **Welche Folge tritt ein, wenn der Angestellte das 65. Lebensjahr vollendet?**
Das Arbeitsverhältnis endet ohne Kündigung. Eine Weiterbeschäftigung ist aufgrund eines neuen Arbeitsvertrages möglich.

60. **Mit welchen Angelegenheiten (auf die hier nicht näher eingegangen wurde) befaßt sich der BAT u.a. noch?**
Jubiläumszuwendungen, Beihilfen bei Geburts-, Krankheits- und Todesfällen, Unterstützungen, Sterbegeld, Reisekostenvergütung, Umzugskostenvergütung, Trennungsentschädigung, zusätzliche Alters- und Hinterbliebenenversorgung, Übergangsgeld, Dienstwohnungen, Schutzkleidung, Dienstkleidung und Sachleistungen.

61. **Inwieweit besteht eine tarifvertragliche Regelung für Schulen der Krankenpflege?**
Es besteht ein Tarifvertrag zur Regelung der Rechtsverhältnisse der Lernschwestern und Krankenpfleger und ein Tarifvertrag zur Regelung der Rechtsverhältnisse der Schülerinnen und Schüler in der Krankenpflegehilfe. Diese Verträge sind allgemeinverbindlich für alle Schulen der Krankenpflege, deren Träger der Bund, ein Land, eine Gemeinde oder andere Hoheitsträger sind.

62. **Welche Regelungen enthalten diese Tarifverträge u.a.?**
Neben der Vereinbarung über das Ausbildungsgeld und dem Erfordernis der Schriftform des Ausbildungsvertrages auch Regelungen über die Schweigepflicht und die Fürsorgepflichten der Schule.

63. **Gelten die Tarifverträge auch für die Schulen für Krankenpflege, die von nicht öffentlichen Trägern betrieben werden (z.B. freigemeinnützige Träger)?**
Nur dann, wenn Vorschriften des Tarifvertragsrechts für anwendbar erklärt worden sind (z.B. AVR). Im übrigen sind die allgemeinen arbeitsrechtlichen Vorschriften heranzuziehen.

64. **Enthalten die Tarifverträge Ordnungsgrundsätze für das Verhalten in der Krankenpflegeschule?**
Nein. Da sich jedoch die Schüler(innen) so zu verhalten haben, daß die Schule ihre Erziehungs- und Ausbildungsaufgaben wahrnehmen kann, empfiehlt sich der Erlaß von Dienst- oder Schulordnungen bzw. Heimordnungen. Die Schülerinnen und Schüler sollten im übrigen im Rahmen einer Schülermitverantwortung zur Gestaltung der inneren Ordnung mit herangezogen werden.

Betriebsverfassungs- und Personalvertretungsrecht

65. Auf welche Betriebe ist das BetrVG (PersVG) anzuwenden?
Das BetrVG ist auf alle Betriebe und Unternehmen der privaten Wirtschaft anzuwenden. Nicht in den Geltungsbereich des BetrVG fallen Religionsgemeinschaften und die von ihnen betriebenen caritativen und erzieherischen Einrichtungen. Für den öffentlichen Dienst gelten PersVG (z.B. staatliche oder kommunale Krankenhausträger).

66. Welche Regelungen enthält in groben Zügen das BetrVG (PersVG)?
Vorschriften über Zusammensetzung, Wahl, Amtszeit, Geschäftsführung, Rechte und Pflichten des Betriebs(Personal)rates.

67. In welchen Betrieben sind Betriebs(Personal)räte zu wählen und wieviel Mitglieder haben sie?
In Betrieben mit in der Regel 5 ständigen wahlberechtigten Arbeitnehmern muß ein Betriebs(Personal)rat gewählt werden. Die Zahl der zu wählenden Mitglieder hängt von der Zahl der Arbeitnehmer ab.

68. Wann muß in einem Betrieb eine Jugendvertretung eingerichtet werden?
Wenn mindestens 5 Arbeitnehmer beschäftigt sind, die das 18. Lebensjahr noch nicht vollendet haben.

69. Welche Aufgaben hat die Betriebs(Personal)versammlung und wann ist diese einzuberufen?
Der Betriebs(Personal)rat hat in regelmäßigen Abständen Betriebs(Personal)versammlungen einzuberufen und in ihr einen Tätigkeitsbericht zu erstatten. Sie finden während der Arbeitszeit statt.

70. Welche allgemeinen Aufgaben obliegen u.a. dem Betriebs(Personal)rat?
Überwachung, daß die zugunsten der Arbeitnehmer geltenden Gesetze, Verordnungen, Unfallverhütungsvorschriften, Tarifverträge und Betriebsvereinbarungen durchgeführt werden;
Maßnahmen, die dem Betrieb und der Belegschaft dienen, beim Arbeitgeber beantragen;
Anregungen von Arbeitnehmern entgegennehmen und evtl. alles Weitere in die Wege leiten;
Eingliederung Schwerbehinderter fördern;
Beschäftigung älterer Arbeitnehmer im Betrieb fördern.

71. Was versteht man unter Mitbestimmungsrecht des Betriebs(Personal)rates?
Die gleichberechtigte Beteiligung des Betriebs(Personal)rates in dem Sinne, daß wirksame Rechtshandlungen des Arbeitgebers nur

nach Mitwirkung (u.U. Zustimmung) des Betriebs(Personal)rates zustande kommen. In Betracht kommen u.a. folgende Angelegenheiten:
Fragen der Ordnung des Betriebes und des Verhaltens der Arbeitnehmer im Betrieb, Beginn und Ende der täglichen Arbeitszeit einschließlich der Pausen, Aufstellung allgemeiner Urlaubsgrundsätze und des Urlaubsplans, Einführung und Anwendung von technischen Einrichtungen, die dazu bestimmt sind, das Verhalten oder die Leistung der Arbeitnehmer zu überwachen, Regelungen über die Verhütung von Arbeitsunfällen sowie über den Gesundheitsschutz, Form, Ausgestaltung und Verwaltung von Sozialeinrichtungen, Richtlinien über die personelle Auswahl bei Einstellungen, Versetzungen, Umgruppierungen und Kündigungen, Maßnahmen der betrieblichen Berufsbildung, Mitbestimmung bei personellen Einzelentscheidungen.

72. **Was versteht man unter der Mitbestimmung der Arbeitnehmer?**
Eine neue Form der Lenkung und Leitung der Wirtschaft. Kapital und Arbeit sollen sich gleichgewichtig zur Zusammenarbeit vereinen (vgl. Mitbestimmungsgesetz vom 4.5.1976 –BGBl. I S. 1153).

Berufsbildungsgesetz

73. **Welches Gesetz bildet die Grundlage für die Berufsausbildung?**
Das BBiG.

74. **Was ist das Ziel des BBiG?**
Eine einheitliche gesetzliche Regelung für sämtliche Ausbildungsverhältnisse herbeizuführen, Voraussetzungen für eine besser qualifizierte Ausbildung zu schaffen und eine paritätische Mitwirkung der Arbeitnehmer zu gewährleisten. Zur Sicherung eines qualitativ und quantitativ ausreichenden Angebots an Ausbildungsplätzen können finanzielle Hilfen gewährt werden (vgl. Ausbildungsplatzförderungsgesetz vom 7.9.1976 –BGBl. I S. 2658).

75. **Für welche Art der Berufsausbildung gilt das BBiG nicht?**
Für die Berufsausbildung an berufsbildenden Schulen und in einem öffentlich-rechtlichen Dienstverhältnis (u.a. Beamte). Ob das BBiG für die Berufsbildung in Heil- und Heilhilfsberufen gilt, ist umstritten. (Die öffentlichen Arbeitgeber wenden ab 1977 das BBiG auf Grund einiger Entscheidungen von Landesarbeitsgerichten auf Heil- und Heilhilfsberufe an.)

76. Inwieweit könnte jedoch eine Anwendung des BBiG für die Heil- und Heilhilfsberufe in Betracht kommen?
Es wird immer dann angewandt, wenn spezialgesetzliche Regelungen (z.B. im KrPflG) fehlen.

77. Wie wird ein Berufsausbildungsverhältnis nach dem BBiG begründet?
Durch Vertrag zwischen dem Ausbildenden und dem Auszubildenden, dessen wesentlicher Inhalt in einer Niederschrift festzuhalten ist.

78. Welche Angaben muß die Vertragsniederschrift mindestens enthalten?
Art und Ziel der Berufsausbildung, Beginn und Dauer der Berufsausbildung, Dauer der regelmäßigen täglichen Arbeitszeit, Dauer der Probezeit, Zahlung und Höhe der Vergütung, Dauer des Urlaubs, Kündigungsvoraussetzungen.

79. Welche Probezeiten gelten für Berufsausbildungsverhältnisse?
Sie muß mindestens 1 Monat betragen, höchstens jedoch nur 3 Monate betragen.

80. Wer schließt für einen Minderjährigen den Ausbildungsvertrag ab?
Der Vertrag wird von seinem gesetzlichen Vertreter und dem Arbeitgeber abgeschlossen.

81. Hat der Ausbildende ein Züchtigungsrecht?
Körperliche Züchtigung und jede die Gesundheit des Auszubildenden gefährdende Behandlung sind verboten.

82. Welche Pflichten hat der Auszubildende?
Er muß sich bemühen, die Kenntnisse und Fertigkeiten zu erwerben, die er braucht, um das Ausbildungsziel in der vorgesehenen Zeit zu erreichen. Insbesondere ist er dazu verpflichtet
1. die ihm übertragenen Verrichtungen sorgfältig auszuführen,
2. am Unterricht teilzunehmen und die vorgesehenen Prüfungen abzulegen,
3. sich an alle Anweisungen zu halten, die ihm der Ausbildende, der Ausbilder oder andere weisungsberechtigte Personen innerhalb des Rahmens der Ausbildung erteilen,
4. die für die Ausbildungsstätte geltende Ordnung zu beachten,
5. mit Werkzeugen, Maschinen und sonstigen Einrichtungen sorgsam umzugehen,
6. über alle Geschäfts- und Betriebsgeheimnisse Stillschweigen zu wahren.

83. Unter welchen Voraussetzungen kann ein Ausbildungsverhältnis aufgelöst werden?
Das Berufsausbildungsverhältnis kann gekündigt werden

1. während der Probezeit von beiden Seiten ohne Einhaltung einer Kündigungsfrist,
2. nach Ablauf der Probezeit
a) von beiden Seiten aus wichtigem Grund ohne Frist,
b) vom Auszubildenden, wenn er die Berufsausbildung ganz aufgeben oder sich für einen anderen Beruf ausbilden lassen will, unter Einhaltung einer Kündigungsfrist von 4 Wochen. Das Kündigungsrecht aus einem wichtigen Grunde erlischt, wenn dem Berechtigten die zugrunde liegenden Tatsachen länger als 2 Wochen bekannt sind. Die Kündigung muß schriftlich unter gleichzeitiger Angabe der Gründe erfolgen, sonst ist sie unwirksam.

84. Inwieweit hat der Auszubildende einen Vergütungsanspruch?
Der Ausbildende ist verpflichtet, dem Auszubildenden eine Vergütung zu zahlen. Die Höhe wird zwischen den Vertragsschließenden oder den Tarifvertragsparteien festgelegt.

85. Wer haftet bei Schadenszufügungen durch den Auszubildenden?
Der Inhaber der elterlichen Gewalt haftet neben dem Auszubildenden für alle persönlichen oder durch grobe Fahrlässigkeit vom Auszubildenden rechtswidrig verursachten Schäden, es sei denn, daß der Ausbildungsbetrieb den entstandenen Schaden durch Vernachlässigung der Aufsichts- und Ausbildungspflicht oder in sonstiger Weise schuldhaft mitverursacht hat.

86. Wann endet das Ausbildungsverhältnis?
Im allgemeinen mit der vereinbarten Ausbildungszeit. Wird die Abschlußprüfung nicht bestanden, kann sich das Ausbildungsverhältnis bis zu einem Jahr verlängern.

Arbeitgeber, die die in ihren Betrieben beschäftigten Auszubildenden nicht ordnungsgemäß ausbilden, müssen nach einer Entscheidung des Bundesarbeitsgerichts in Kassel Schadensersatz leisten (Az. 3 AZR 412/75).

Bundesurlaubsgesetz

87. Welchen Urlaubsanspruch hat der Arbeitnehmer?
Nach dem BUrlG hat jeder Arbeitnehmer einen Mindesturlaub von 15 und nach Vollendung des 35. Lebensjahres von 18 Werktagen. Durch Gesetze, Tarifverträge oder Arbeitsvertrag sind vielfach weitergehende Urlaubsansprüche (auch sog. Bildungsurlaub) begründet worden.

88. Welche Wartezeit sieht das BUrlG vor?
Sechs Monate.

89. Was muß der Arbeitgeber nach Beendigung des Arbeitsverhältnisses hinsichtlich des Urlaubs bescheinigen?
Der gewährte Urlaub muß bescheinigt werden.

90. Wie ist zu verfahren, wenn der Arbeitnehmer während des Urlaubs erkrankt?
Die durch ärztliches Zeugnis nachgewiesenen Krankheitstage werden auf den Urlaub nicht angerechnet. Der Arbeitnehmer muß zum festgesetzten Zeitpunkt oder, falls die Krankheit über diesen Zeitpunkt andauert, nach Genesung den Dienst zunächst wieder aufnehmen.

91. Werden Kuren und Schonungszeiten auf den Urlaub angerechnet?
In der Regel nicht.

92. Wann kann ein Urlaubsanspruch verfallen?
Wenn der Arbeitnehmer einen in das nächste Jahr übertragenen Urlaub schuldhaft nicht bis zum 31.3. abgewickelt hat (von langandauernden Krankheitsfällen abgesehen) bzw. bei fristloser Entlassung.

93. Wer bestimmt den Zeitpunkt des Urlaubs?
Der Arbeitgeber. Er ist jedoch verpflichtet, im Rahmen der betrieblichen Möglichkeiten sozial vorrangige Urlaubswünsche des Arbeitnehmers zu berücksichtigen.

94. Welches Entgelt erhält der Arbeitnehmer während des Erholungsurlaubs?
Für die Berechnung des Urlaubsentgelts wird das in den letzten 13 Wochen vor Urlaubsantritt erzielte Arbeitsentgelt zugrunde gelegt.

95. Ist Urlaubsabgeltung zulässig?
Grundsätzlich nicht.

96. Welche Tätigkeiten sind im Urlaub gestattet?
Der Urlaub soll der Erholung dienen. Jede dem Urlaubszweck widersprechende Erwerbstätigkeit ist daher verboten.

Kündigungsschutz

97. An welche 3 Voraussetzungen ist der Kündigungsschutz nach dem KSchG gebunden?
Der Arbeitnehmer muß das 18. Lebensjahr vollendet haben, der Arbeitnehmer muß länger als 6 Monate in demselben Betrieb oder Unternehmen tätig sein und der Betrieb muß regelmäßig mehr als 5 Arbeitnehmer beschäftigen (Lehrlinge und Aushilfskräfte zählen nicht). Fehlt eine Voraussetzung, so kann der Arbeitnehmer gekündigt werden, ohne daß es hierzu eines besonderen Grundes bedarf.

98. Wann ist die Kündigung eines Arbeitnehmers, der Kündigungsschutz genießt, unwirksam?
Wenn sie sozial ungerechtfertigt ist.

99. Wann ist eine Kündigung insbesondere sozial ungerechtfertigt?
Wenn nicht Gründe in der Person oder im Verhalten des Arbeitnehmers der Weiterbeschäftigung entgegenstehen (z.B. leichte Erkrankung für kurze Zeit ohne betriebliche Folgen). Wenn kein dringendes betriebliches Erfordernis, das der Weiterbeschäftigung des Arbeitnehmers entgegensteht, die Kündigung bedingt. Wenn der Arbeitnehmer an einem anderen Arbeitsplatz im selben Betrieb oder in einem anderen Betrieb des Unternehmens weiterbeschäftigt werden kann oder eine Weiterbeschäftigung unter geänderten Arbeitsbedingungen möglich ist und der Arbeitnehmer sein Einverständnis hiermit erklärt hat.

100. Kann eine Kündigung aufgrund eines dringenden betrieblichen Erfordernisses dennoch sozial ungerechtfertigt sein?
Ja, wenn der Arbeitnehmer soziale Gesichtspunkte nicht oder nicht ausreichend berücksichtigt hat. Soziale Gesichtspunkte sind dann nicht zu berücksichtigen, wenn betriebliche, wirtschaftliche oder sonstige berechtigte betriebliche Erfordernisse die Weiterbeschäftigung eines oder mehrerer Arbeitnehmer notwendig machen.

101. Schränkt das KSchG das Recht zur außerordentlichen Kündigung ein?
Nein.

102. Inwieweit unterliegen ältere Angestellte einem besonderen Kündigungsschutz?
Nach dem Gesetz über die Fristen für Kündigung von Angestellten vom 9.7.1926 (RGBl. I S. 33/412) stehen langjährig beschäftigten Angestellten unter bestimmten Voraussetzungen längere Kündigungsfristen zu (z.B. 12 Jahre Beschäftigung nach dem 25. Lebensjahr mindestens 6 Monate).

103. Wie kann sich der Arbeitnehmer gegen eine Kündigung zur Wehr setzen?
Er kann vor dem Arbeitsgericht Klage erheben.

Arbeitsplatzschutzgesetz

104. Wie wirkt sich die Einberufung zum Wehrdienst auf ein Arbeitsverhältnis aus?
Das Arbeitsverhältnis ruht für die Dauer des Wehrdienstes. Das Arbeitsverhältnis besteht jedoch weiter; es entfallen lediglich die Hauptpflichten aus dem Arbeitsverhältnis.

105. Kann dem zum Wehrdienst einberufenen Arbeitnehmer gekündigt werden?
Nein, das Arbeitsplatzschutzgesetz vom 30.3.1957 (BGBl. I S. 293) i.d.F. vom 8.5.1973 (BGBl. I S. 365) gewährt insoweit Schutz. Der Unterhalt des Einberufenen wird durch das Unterhaltssicherungsgesetz i.d. Neufassung vom 8.3.1975 (BGBl. I S. 661) i.d.F. vom 2.5.1975 (BGBl. I S. 1047) gewährleistet.

Arbeitszeitordnung

106. Nach welchen Vorschriften regelt sich die Arbeitszeit?
Nach der AZO sowie weitere Gesetze, Tarifverträge und Verordnungen für Spezialgebiete (z.B. JASchG).

107. Wer wird von der AZO erfaßt?
Alle Arbeitnehmer über 18 Jahre in Betrieben und Verwaltungen. Ausgenommen sind u.a.: Landwirtschaftliche Betriebe, Fischerei, Seeschiffahrt und Luftfahrt. Bestimmte Angestellte in leitender Stellung, Heimarbeiter, Beamte, tätige Ehefrauen u.a. werden von der AZO nicht erfaßt.

108. Was ist Arbeitszeit im Sinne der AZO?
Die Zeit vom Beginn bis zum Ende der Arbeit ohne Pausen. An- und Abfahrt zur Arbeitsstätte rechnen nicht zur Arbeitszeit.

109. Welche regelmäßige tägliche Arbeitszeit sieht die AZO vor?
Sie darf die Dauer von 8 Stunden nicht überschreiten. Eine Verlängerung bis zu 10 Stunden ist durch Tarifvertrag möglich.

110. Welche Bedeutung hat der Begriff Wochenarbeitszeit?
Die Wochenarbeitszeit umfaßt die Zeit von Montag bis einschließlich Sonntag. Die Arbeitszeit für Pflegepersonal und gleichgestellte Arbeitnehmer in Krankenpflegeanstalten wird auf die Woche (7 Tage) bemessen.

111. Welche Ruhepausen sind bei der Festsetzung der täglichen Arbeitszeit zu berücksichtigen?
Für männliche Arbeitnehmer ist bei einer Arbeitszeit von mehr als 6 Stunden mindestens eine halbe Stunde oder zweimal eine viertel Stunde zu gewähren. Besondere Regelungen gelten für Frauen (1. Pause nach 4 1/2 Stunden), stillende Mütter und Jugendliche.

112. Welche gesetzlichen Ruhezeiten müssen bei der Festlegung der Arbeitszeiten beachtet werden?
Dem Arbeitnehmer ist nach Beendigung der täglichen Arbeits-

zeit eine ununterbrochene Ruhezeit von mindestens 11 Stunden zu gewähren. Besondere Regelungen enthält das JASchG.

113. Kann die Arbeitszeit in außergewöhnlichen Fällen verlängert werden?
Ja, für vorübergehende Arbeiten in Notfällen und in außergewöhnlichen Fällen.

114. Welche Vorschriften hat der Arbeitgeber in seinem Betrieb auszulegen bzw. auszuhängen?
Ein Abdruck der AZO, im Einzelhandel des Ladenschlußgesetzes und der hierzu erlassenen Rechtsverordnungen, bei Beschäftigung von Frauen des MSchG und bei Beschäftigung Jugendlicher des JASchG sowie des Tarifvertrages ist in jedem Betrieb an geeigneter Stelle auszulegen bzw. auszuhängen. Weiterhin ist ein Aushang über Beginn und Ende der täglichen Arbeitszeit und der Ruhepausen an gleicher Stelle anzubringen.

115. Besteht eine Pflicht zur Leistung von Mehrarbeit?
Aufgrund seiner Treuepflicht hat der Arbeitnehmer bei besonders wichtigen und eiligen Arbeiten gelegentlich Mehrarbeit zu leisten.

116. Wieviel Stunden beträgt die Arbeitszeit der Krankenpflegepersonen in der Woche?
Durch tarifvertragliche Änderung der Verordnung vom 13.2.1924 (RGBl. I S. 66) i.d.F. vom 2.3.1974 (BGBl. I S. 469) beträgt die Wochenarbeitszeit ab dem 1.10.1974 40 Stunden.

Mutterschutzgesetz

117. Für welche Frauen gilt das MSchG?
Für Frauen, die in einem Arbeits- oder Ausbildungsverhältnis stehen. Personenstand und Alter sind ohne Bedeutung.

118. Welche Schutzvorschriften enthält u.a. das MSchG?
Es kommen nach näheren Vorschriften des MSchG insbesondere in Betracht:
1. Bei der Einrichtung und Unterhaltung des Arbeitsplatzes sind Vorkehrungen und Maßnahmen zum Schutz von Leben und Gesundheit der Mutter zu treffen (Schutzmaßnahmen, Sitzgelegenheit, Gelegenheit zur Arbeitsunterbrechung, Bereithaltung von Liegeräumen).
2. Beschäftigungsverbot, wenn nach ärztlichem Zeugnis durch den Arbeitsplatz Gefahr besteht.
3. Beschäftigungsverbot 6 Wochen vor dem erwarteten Geburtstermin (freiwillige jederzeit widerrufliche Arbeitsbereitschaft

zulässig), für gesundheitsschädigende Arbeiten oder auch in gesundheitsgefährdender Umgebung (z.B. Strahlen, Gase), für Heben von Lasten über 5 kg, für ständige stehende Arbeit (nach dem 5. Monat), für Arbeit auf Beförderungsmitteln (nach dem 3. Monat), für Akkordarbeit.

4. Beschäftigungsverbot bis 8 Wochen nach der Geburt (Früh- oder Mehrlingsgeburten 12 Wochen).

5. Gewährung von Stillzeiten, mindestens täglich zweimal eine halbe Stunde oder einmal täglich eine Stunde.

6. Keine Mehr-, Nacht- oder Sonntagsarbeit (Ausnahme für Krankenanstalten u.a.).

7. Kündigung des Arbeitgebers ist erst 4 Monate nach der Entbindung zulässig.

119. Muß die Arbeitnehmerin dem Arbeitgeber ihre Schwangerschaft mitteilen?

Werdende Mütter sollen dem Arbeitgeber ihre Schwangerschaft und den mutmaßlichen Tag der Entbindung mitteilen, sobald ihnen ihr Zustand bekannt ist. Auf Verlangen des Arbeitgebers sollen sie das Zeugnis eines Arztes oder einer Hebamme vorlegen.

120. Besteht für die werdende Mutter bei der Einstellungsverhandlung Offenbarungspflicht?

Nein, es sei denn, daß der Arbeitgeber für die Arbeitnehmerin erkennbar zum Ausdruck bringt, daß er aus berechtigten Interessen eine Arbeitnehmerin einstellen will, die nicht alsbald durch Schwangerschaft für längere Zeit ausfällt oder wenn sich die Offenbarungspflicht aus der zugewiesenen Arbeit ergibt. Wird sie befragt, muß sie wahrheitsgemäß antworten.

121. Welches Arbeitsentgelt wird in Zeiten bestehender Beschäftigungsverbote gezahlt?

Alle unter das MSchG fallenden Frauen erhalten nach den Vorschriften der RVO für die Dauer der Schutzfristen vor und nach der Entbindung ein Mutterschaftsgeld (entsprechend dem durchschnittlichen Nettoarbeitsentgelt der letzten 13 Wochen vor Beginn der Schutzfrist). Es beträgt mindestens 350 DM und höchstens 25 DM pro Kalendertag. War das Nettoarbeitsentgelt höher als 25 DM, so hat der Arbeitgeber den Unterschiedsbetrag zu tragen.

122. Wer ist für die Anwendung des MSchG verantwortlich?

Im wesentlichen der Arbeitgeber. Die Überwachung obliegt den Gewerbeaufsichtsämtern. Die Gewerbeaufsichtsämter müssen vom Arbeitgeber über eine Schwangerschaft unverzüglich unterrichtet werden.

Jugendarbeitsschutzgesetz

123. Für welchen Bereich des Arbeitsrechts gilt das JASchG?
Für die Beschäftigung von Personen, die noch nicht 18 Jahre alt sind, in einem Ausbildungs- oder Arbeitsverhältnis. Das JASchG gilt nicht für gelegentliche geringfügige Hilfeleistungen, die aus Gefälligkeit erwiesen werden bzw. für Beschäftigungen im Familienhaushalt.

124. Inwieweit ist die Beschäftigung von Kindern und Jugendlichen erlaubt?
Die Beschäftigung von Kindern (Minderjährige unter 14 Jahre) ist – von Ausnahmen abgesehen (z.B. bei Beschäftigungs- und Arbeitstherapie, für Musikaufführungen) – verboten. Kinder über 13 Jahre können mit leichten für sie geeigneten Hilfeleistungen in der Landwirtschaft, beim Zeitungsaustragen und mit Handreichungen beim Sport beschäftigt werden, jedoch u.a. nicht zwischen 18 und 8 Uhr und nicht vor dem Schulunterricht (höchstens 2 bzw. 3 Stunden). Die Beschäftigung Jungendlicher unter 15 Jahren ist verboten. Jugendliche, die der Vollzeitschulpflicht nicht mehr unterliegen, aber nicht 15 Jahre alt sind, dürfen im Berufsausbildungsverhältnis bzw. außerhalb eines Berufsausbildungsverhältnisses mit leichten und für sie geeigneten Tätigkeiten bis zu 7 Stunden täglich und 35 Stunden wöchentlich beschäftigt werden.

125. Welche Arbeitszeitregelungen gelten bei der Beschäftigung von Jugendlichen?
Jugendliche dürfen nicht mehr als 8 Stunden täglich und nicht mehr als 40 Stunden wöchentlich beschäftigt werden. Der Arbeitgeber hat den Jugendlichen für die Teilnahme am Berufsschulunterricht freizustellen.
Die Arbeitsruhepausen müssen bei einer Arbeitszeit von 4 1/2 bis 6 Stunden mindestens 30 Minuten, bei mehr als 6 Stunden mindestens 60 Minuten betragen. Bei der Beschäftigung Jugendlicher darf die Schichtzeit (Arbeitszeit zuzüglich Ruhepausen) im allgemeinen 10 Stunden nicht überschreiten. Nach Beendigung der täglichen Arbeitszeit dürfen Jugendliche nicht vor Ablauf einer ununterbrochenen Freizeit von mindestens 12 Stunden beschäftigt werden. Jugendliche dürfen nur in der Zeit von 7 bis 20 Uhr beschäftigt werden. Sonderregelungen lassen für einzelne Tätigkeiten einen anderen Einsatz zu; z.B. dürfen Jugendliche über 16 Jahre in mehrschichtigen Betrieben ab 6 Uhr und bis 23 Uhr außerhalb eines Berufsausbildungsverhältnisses beschäftigt werden. Jugendliche dürfen nur an 5 Tagen in der Woche beschäftigt werden. Eine Beschäftigung von Jugendlichen

an Samstagen bzw. Sonn- und Feiertagen ist nicht zulässig. Ausgenommen hierfür sind z.B. die Jugendlichen in Krankenanstalten sowie in Alten-, Pflege- und Kinderheimen, wenn mindestens jeder 2. Samstag bzw. Sonntag beschäftigungsfrei bleibt. Beschäftigungsverbote können außer acht gelassen werden bei der Beschäftigung von Jugendlichen mit vorübergehenden und unaufschiebbaren Arbeiten in Notfällen, soweit erwachsene Beschäftigte nicht zur Verfügung stehen.

126. Welche Urlaubsansprüche sieht das JASchG vor?
Der Urlaub beträgt in jedem Urlaubsjahr unter Fortzahlung des Entgelts mindestens:
Bei Jugendlichen unter 16 Jahren 30 Werktage,
unter 17 Jahren 27 Werktage,
unter 18 Jahren 25 Werktage.

127. Welche Beschäftigungsverbote sieht das JASchG vor?
Jugendliche dürfen insbesondere nicht mit Arbeiten, die ihre körperlichen Kräfte übersteigen oder bei denen sie sittlichen Gefahren ausgesetzt sind, beschäftigt werden. Auch ist die Beschäftigung Jugendlicher mit Akkord- und Fließbandarbeit verboten. Durch Rechtsverordnung können weitergehende Beschränkungen angeordnet werden.

128. Inwieweit ist Vorsorge getroffen, daß die Gesundheit und Arbeitskraft der Kinder und Jugendlichen erhalten bleibt?
Die Arbeitgeber sind verpflichtet, für die Erhaltung von Gesundheit und Arbeitkraft zu sorgen und die Jugendlichen vor Beginn der Beschäftigung über die Gesundheits- und Unfallgefahren, denen sie bei der Beschäftigung ausgesetzt sind, sowie über die Einrichtungen und Maßnahmen zur Abwendung dieser Gefahren zu belehren. Diese Unterweisungen sind mindestens halbjährlich zu wiederholen. Jugendliche dürfen nicht körperlich gezüchtigt werden. Jugendlichen unter 16 Jahren darf man keine alkoholischen Getränke und Tabakwaren, Jugendlichen über 16 Jahren keinen Branntwein geben.

129. Wie erfolgt die gesundheitliche Betreuung der Jugendlichen?
Durch ärztliche Untersuchungen (vor Beginn der Berufstätigkeit), die sich auf den Gesundheits- und Entwicklungszustand, die körperliche Beschaffenheit und – bei ärztlichen Nachuntersuchungen – auf die Auswirkungen der Arbeit auf Gesundheit und Entwicklung der Jugendlichen zu erstrecken haben. Die Nachuntersuchung erfolgt spätestens nach 12 Monaten. Die Aufsichtsbehörden (z.B. Gewerbeaufsichtsamt) haben eine ärztliche Untersuchung zu fordern, wenn die dem Jugendlichen übertragenen Arbeiten Gefahren für seine Gesundheit befürchten lassen. Der Arbeitgeber hat den Jugendlichen für die Durchführung

der ärztlichen Untersuchungen freizustellen. Ein Entgeltausfall darf hierdurch nicht eintreten. Die Kosten der Untersuchungen trägt das Land.

130. **Welchen Personen sind die wesentlichen ärztlichen Untersuchungsergebnisse und die Anordnung einer etwaigen Nachuntersuchung mitzuteilen?**
Den Eltern oder den sonst Sorgeberechtigten.

131. **Wie wird der Nachweis über eine stattgefundene ärztliche Untersuchung geführt?**
Der Arzt hat für den Jugendlichen Bescheinigungen auszustellen, die der Arbeitgeber aufzubewahren und der Aufsichtsbehörde sowie den Berufsgenossenschaften vorzulegen oder einzusenden hat.

132. **Was hat der Arbeitgeber im Betrieb zur Durchführung des JASchG zu veranlassen?**
Er hat Aushänge betreffend das JASchG und die Arbeitszeit vorzunehmen und ein Verzeichnis der Jugendlichen zu führen.

133. **Welchen Behörden obliegt die Aufsicht über die Ausführung des JASchG?**
Den jeweils bestimmten Behörden (z.B. Gewerbeaufsichtsämter, Bergbehörden).

Allgemeiner Betriebs- und Gefahrenschutz

134. **Welche allgemeine Pflicht obliegt dem Arbeitgeber, um den technischen und gesundheitlichen Schutz innerhalb des Betriebes zu sichern?**
Der Arbeitgeber muß die Betriebseinrichtungen, Maschinen usw. so absichern, daß das Leben der Arbeitnehmer nicht gefährdet wird. Er muß ferner Vorkehrungen zur Verhütung von Krankheiten treffen. Daneben bestehen zahlreiche Sonderschutzregelungen (vgl. u.a. Maschinenschutzgesetze vom 24.6.1968 – BGBl. I S. 717 –, Arbeitsstättenverordnung vom 20.3.1975 – BGBl. I S. 729 –). Der Arbeitnehmer ist soweit zu schützen, als das Wesen des Beschäftigungsverhältnisses es gestattet.

135. **Welche Einzelanforderungen an Betriebshallen, Werkstätten, Büros, Baustellen, Kaufhäuser und Verkaufsstände enthält u.a. die für alle Arbeitsstätten in Industrie, Handwerk und Handel geltende Arbeitsstättenverordnung?**
1. In den Arbeitsräumen muß ausreichend gesundheitlich zuträgliche Atemluft vorhanden sein. Lüftungs- und Klimaanlagen müssen jederzeit funktionsfähig sein.

2. Die Raumtemperatur muß gesundheitlich zuträglich sein. In Pausen-, Bereitschafts-, Liege-, Sanitär- und Sanitätsräumen müssen 21 °C erreichbar sein.
3. Arbeits-, Pausen-, Bereitschafts-, Liege- und Sanitätsräume müssen eine Sichtverbindung nach außen haben.
Lichtschalter müssen leicht zugänglich sein. An Verkehrswegen ist eine ausreichende Orientierungsbeleuchtung auch bei Lichtausfall erforderlich.
4. Fußböden dürfen keine Stolperstellen haben. Sie müssen eben und rutschhemmend ausgeführt und leicht zu reinigen sein. Die Oberfläche der Wände und Decken müssen leicht zu reinigen oder zu erneuern sein.
5. Türen mit Glaseinsätzen müssen mit Schutzvorkehrungen gegen Unfälle versehen werden. Lichtdurchlässige Wände im Bereich der Arbeitsplätze und Verkehrswege müssen aus bruchsicherem Glas bestehen.
6. An kraftbetätigten Türen und Toren müssen Quetsch- und Scherstellen bis zu einer Höhe von 2,50 m so gesichert sein, daß die Bewegung der Türen und Tore im Gefahrfall zum Stillstand kommt.
7. In Arbeitsräumen müssen unzuträgliche Mengen von Gasen, Dämpfen, Nebeln und Stäuben verhindert werden, erforderlichenfalls durch Absaugeeinrichtungen.
8. Zum Schutz gegen Lärm werden erstmals höchstzulässige Schallpegelwerte festgesetzt.
9. Die Arbeitsräume müssen eine Mindesthöhe haben (z.B. bis 50 qm mindestens 2,50 m). Die Mindestgrundfläche von Arbeitsräumen muß 8 qm betragen. In den Arbeitsräumen muß für jeden ständig anwesenden Arbeitnehmer ein Mindestluftraum je nach Schwere der Arbeit vorhanden sein (z.B. bei sitzender Tätigkeit mindestens 12 Kubikmeter).
10. In Pausen-, Bereitschafts- und Liegeräumen muß der Arbeitgeber für geeignete Maßnahmen zum Schutze der Nichtraucher vor Belästigungen durch Tabakrauch sorgen.
11. Räume für körperliche Ausgleichsübungen sollen bei einseitiger Beanspruchung der Arbeitnehmer zur Verfügung stehen.
12. Sanitärräume müssen in ausreichender Zahl und Größe vorhanden sein. Alle diese Einrichtungen müssen modernen hygienischen Erfordernissen gerecht werden.

136. Können die Vorschriften der Arbeitsstättenverordnung auch auf Betriebsstätten angewandt werden, für die diese nicht zwingend verbindlich gemacht worden ist (z.B. öffentliche Verwaltung, Bundespost, Bundeswehr, Landwirtschaft)?

Ja. Wenn vergleichbare Verhältnisse vorliegen, kann die Arbeitsstättenverordnung freiwillig angewandt werden oder auf Grund einer Betriebsvereinbarung für diese Betriebsstätten nutzbar gemacht werden.

137. Durch welche Vorschriften sind die gesetzlich verankerten Schutzvorschriften ergänzt worden?
Durch die Vorschriften und Anweisungen der Berufsgenossenschaften.

138. Welche Berufsgenossenschaften haben vorwiegend für die Medizinalpersonen Unfallverhütungsvorschriften erlassen?
Die Berufsgenossenschaft für Gesundheitsdienst und Wohlfahrtspflege in 2 Hamburg 6, Schäferkampsallee 24, sowie die gemeindlichen Unfallversicherungsträger.

139. Welche Vorschriften der Berufsgenossenschaft für Gesundheitsdienst und Wohlfahrtspflege (auf die hier stellvertretend auch für andere ähnliche Vorschriften näher eingegangen werden soll) kann man insbesondere unterscheiden?
Allgemeine Unfallverhütungsvorschriften, Unfallverhütungsvorschriften für die Behandlung, Pflege und sonstige Betreuung von Kranken und Siechen, für medizinische Laboratoriumsarbeiten, für die Anwendung von Röntgenstrahlen in medizinischen Betrieben, für die medizinische Anwendung radioaktiver Stoffe sowie Merkblätter und Sonderrichtlinien (z.B. zur Verhütung von Unfällen und Berufskrankheiten durch häufig vorkommende Betriebsgefahren).

140. Inwieweit ist sichergestellt, daß die Arbeitnehmer über die Unfallverhütungsvorschriften unterrichtet bzw. unterwiesen werden?
Der Arbeitgeber hat die Arbeitnehmer über die Vorschriften zu unterrichten, sie an geeigneter Stelle auszulegen und die Versicherten zur Benutzung der Schutzvorrichtungen und Schutzmittel anzuhalten.

141. Wie wirken die Arbeitnehmer bei der Unfallverhütung mit?
Bei mehr als 20 Beschäftigten hat der Arbeitgeber mindestens 1 Sicherheitsbeauftragten (in Kranken- und Kuranstalten mindestens immer 2) zu bestellen.

142. Wie haben sich die Arbeitnehmer im Betrieb zu verhalten?
Jeder Arbeitnehmer hat die Pflicht, die Unfallverhütungsvorschriften zu befolgen.

143. Was besagen die Allgemeinen Unfallverhütungsvorschriften hinsichtlich der Belehrung und Auswahl des Personals?
Die Arbeitnehmer sind auf die mit ihrer Beschäftigung verbundenen Gefahren hinzuweisen und besonders über die gefährlichen Eigenschaften und Gefahren der in ihrem Wirkungsbereich vorkommenden gesundheitsschädlichen Stoffe und über die zur Ver-

hütung von Gesundheitsschädigungen zu beobachtenden Maßnahmen zu unterrichten. Gefährliche Arbeiten dürfen nur geeigneten Personen, denen die damit verbundenen Gefahren bekannt sind, übertragen werden.

144. Was muß hinsichtlich der Arbeitnehmer, die an Ohnmachtsanfällen, Krämpfen, Schwindel, Schwerhörigkeit, Kurzsichtigkeit oder anderen Schwächen und Gebrechen leiden, beachtet werden?
Wenn sie durch ihre Behinderung bei gewissen Arbeiten einer außergewöhnlichen Gefahr ausgesetzt sind oder Mitarbeiter gefährden können, dürfen sie mit solchen Arbeiten nicht beschäftigt werden. Sie haben ihr Leiden dem Vorgesetzten gegebenenfalls mitzuteilen.

145. Welche Personen müssen sich vor Aufnahme ihrer Tätigkeit eingehend ärztlich untersuchen lassen?
Alle Personen, die in entsprechenden Einrichtungen mit der ambulanten oder stationären Behandlung, Pflege und sonstige Betreuung von Kranken beschäftigt werden sollen.

146. Welche Feststellungen müssen bei der ärztlichen Untersuchung getroffen werden?
Der Arzt muß feststellen, ob und für welche Tätigkeiten die untersuchte Person gesundheitlich geeignet ist. Außerdem ist bindend vorgeschrieben, daß eine ausreichende Lungenaufnahme gefertigt wird bzw. festgestellt werden muß, ob der Untersuchte tuberkulinpositiv ist. Personen, die Nahrungs- und Genußmittel zubereiten sollen, müssen vor Aufnahme dieser Tätigkeit daraufhin untersucht werden, ob sie Erreger meldepflichtiger Krankheiten ausscheiden, besonders solche, die durch Nahrungsmittel übertragen werden (vgl. § 17 BSeuchG).

147. Muß die Eignungsuntersuchung bei Änderung der Tätigkeit ergänzt werden?
Ja.

148. Wie müssen die ärztlichen Befunde der Eignungsuntersuchungen aktenkundig gemacht werden?
Sie sind schriftlich niederzulegen und wie Krankengeschichten zu behandeln. Außerdem ist die Durchführung der Untersuchung auf einer Untersuchungskontrollkarte nachzuweisen.

149. Was muß man bei der Auswahl der Beschäftigten besonders beachten?
Es darf niemand mit Arbeiten beschäftigt werden, für die er bei der Eignungsuntersuchung als ungeeignet erkannt worden ist. In Räumen, in welchen sich tuberkulöse oder sonstige infektiöse Patienten regelmäßig aufhalten, behandelt oder betreut werden, dürfen Personen unter 18 Jahren zu Arbeiten nicht herangezo-

gen werden. Das gleiche gilt für die Beschäftigung von Personen unter 18 Jahren mit Arbeiten an oder mit biologischen Stoffen (Sputum, Harn u.dgl.) sowie für den Umgang mit unreiner Wäsche der vorerwähnten Patienten. Personen, bei denen die Tuberkulinprobe negativ ausfällt, dürfen nur beschäftigt werden, wenn gewährleistet ist, daß erkennbar Tbc-kranke Patienten in der Einrichtung nicht aufgenommen werden.

150. Welche Personen dürfen bei der Pflege und Betreuung von Kranken und Siechen nur beschäftigt werden?
Personen, die eine staatliche Anerkennung für diese Tätigkeit besitzen oder sich in der Ausbildung hierzu befinden. Andere Personen unter Aufsicht eines Arztes oder einer staatlich anerkannten Krankenpflegeperson.

151. Was ist hinsichtlich des Einsatzes von in der Ausbildung stehendem Personal bei Infektionskranken zu beachten?
Es darf nur nach fortgeschrittener Ausbildung und nicht länger als insgesamt 18 Wochen mit der Pflege von solchen Kranken beschäftigt werden. Es darf nicht im ersten Lernjahr und nicht länger als insgesamt 8 Wochen mit der Pflege Tbc-Kranker beschäftigt werden.

152. Worüber sind die Beschäftigten zusätzlich zu belehren, wenn sie ansteckende Kranke betreuen oder ähnlich gefährliche Arbeiten übernehmen sollen?
Durch einen Arzt über die Infektionswege der in Betracht kommenden Krankheiten und über das richtige Verhalten bei diesen Tätigkeiten durch eine geeignete darin praktisch erfahrene Person. Diese Belehrungen sind in geeigneten Abständen zu wiederholen.

153. Welche Anforderungen müssen an die Unterbringung der Beschäftigten gestellt werden?
Sofern sie in der Anstalt wohnen müssen, sind hygienisch einwandfreie Wohnräume zur Verfügung zu stellen. Die in Infektionsabteilungen Beschäftigten dürfen nicht in einem Raum mit den Beschäftigten anderer Abteilungen untergebracht werden. Dem Pflegepersonal, auch dem in der Ausbildung stehenden, ist nach jeder Nachtwache Gelegenheit zum ungestörten Schlafen zu geben.

154. Welche Regelungen enthalten die Unfallverhütungsvorschriften hinsichtlich der Verpflegung?
Den Beschäftigten, die von der Anstalt verpflegt werden, muß ausreichende, gute Verpflegung gewährt werden. Den durch Infektionen gefährdeten Beschäftigten ist geeignete Zusatzkost, die nicht in Geld abgegolten werden darf, zu gewähren. Die Be-

schäftigten müssen die Mahlzeiten regelmäßig in den für sie zur Verfügung stehenden Speiseräumen einnehmen.

155. **Wann ist man zum Tragen von Schutzkleidung verpflichtet?**
Personen, die unmittelbar am Kranken beschäftigt sind oder mit infektionsverdächtigen Dingen in Berührung kommen, haben waschbare Schutzkleidung, die auf der Vorderseite stets ganz geschlossen sein muß, zu tragen. Schutzhauben sollen das Kopfhaar völlig bedecken.

156. **Wer stellt die Schutzkleidung zur Verfügung und was ist hinsichtlich der Reinigung dieser Kleidung zu beachten?**
Der Arbeitgeber stellt die Schutzkleidung zur Verfügung. Infektiös verunreinigte Schutzkleidung ist unverzüglich zu wechseln und wie Krankenwäsche zu behandeln. Die Reinigung erfolgt durch den Betrieb.

157. **Welchen Personen sind hautschonende Wasch- und Hautpflegemittel zur Verfügung zu stellen?**
Dem Personal, das sich besonders häufig die Hände waschen oder Desinfektionsmittel verwenden muß.

158. **Durch welche Maßnahmen ist die Gesundheitsüberwachung der Beschäftigten sicherzustellen?**
Durch regelmäßige Kontrolluntersuchungen (spätestens alle 12 Monate, bei Bedarf noch früher). Von den durch Tuberkulose gefährdeten Beschäftigten ist mindestens alle 6 Monate eine Röntgenaufnahme anzufertigen. Den durch ansteckende Krankheiten gefährdeten Beschäftigten ist Gelegenheit zu bieten, sich kostenlos impfen zu lassen.

159. **Muß auch beim Ausscheiden aus dem Dienst eine Untersuchung vorgenommen werden?**
Ja. Es sei denn, die letzte Untersuchung liegt nicht mehr als 3 Monate zurück.

160. **Müssen die Kontrolluntersuchungen aktenkundig gemacht werden?**
Sie sind auf der Untersuchungskontrollkarte einzutragen.

161. **Wer ist zur Meldung einer Verletzung verpflichtet?**
Der Verletzte hat dem Betrieb jede Verletzung unverzüglich zu melden. Ist er hierzu nicht imstande, hat die Meldepflicht der Betriebsangehörige, der zuerst vom Unfall erfährt.

162. **Besteht nach Betriebsunfällen eine Behandlungspflicht?**
Jeder Verletzte ist verpflichtet, bei Betriebsunfällen nicht ganz leichter Art sich sofort von der nächst erreichbaren, geeigneten Stelle Erste Hilfe leisten zu lassen. Er muß den Anordnungen des Unternehmers oder seines Beauftragten oder des Ersthelfers, besonders der Anordnung, sich in ärztliche Behandlung zu begeben, folgen.

163. Darf man nach einem Unfall aus eigenem Entschluß die Arbeit wieder aufnehmen?
Ist jemand infolge eines Unfalles ärztlich behandelt worden und länger als 3 Tage arbeitsunfähig gewesen, so darf er zur Arbeit erst wieder zugelassen werden, wenn der Arzt seine Arbeitsfähigkeit festgestellt hat.

164. Was besagen die Unfallverhütungsvorschriften über das Heben von Kranken?
Kranke sollen im allgemeinen nur von männlichen Personen gehoben werden. Wenn weibliche Personen diese Arbeiten übernehmen müssen, ist darauf zu achten, daß erwachsene Kranke von wenigstens 2 Personen gehoben werden.

165. Gibt es nähere Vorschriften über den Operationsbetrieb?
Ja, insbesondere über die Händereinigung, Fingernagelpflege, über das Weiterreichen von Instrumenten, das Tragen eines Gesichtsschutzes, über die Beseitigung von gebrauchten Tupfern und anderes verunreinigtes Material.

166. Welche Regelung ist für die Handhabung hautgefährdender Medikamente (z.B. Streptomycin) getroffen?
Es sind insbesondere Gummihandschuhe und dichtschließende Schutzbrillen anzulegen.

167. Welche Vorschriften sollen Schutz gegen Ansteckung durch Kranke sicherstellen?
Die Fußböden, Wände und Einrichtungsgegenstände in Infektionsabteilungen müssen hygienisch einwandfrei und leicht zu reinigen sein, beim Zimmerreinigen und beim Bettenmachen ist Aufwirbeln von Staub zu vermeiden. Die in den Krankenräumen der Infektionsabteilung getragene Schutzkleidung ist an der Tür des Krankenraumes abzulegen. Danach sind die Hände zu desinfizieren und unter fließendem Wasser zu reinigen.

168. Wie wird im allgemeinen eine zweckmäßige und schadlose Desinfektion erreicht?
Die Beschäftigten werden hierüber eingehend belehrt. Die Unfallverhütungsvorschriften enthalten insoweit nähere Anweisungen.

169. Welche Merkblätter der Berufsgenossenschaft verdienen eine besondere Erwähnung?
Merkblatt über die Verhütung und Ansteckung bei der Pflege und Betreuung Tbc-Kranker, Merkblatt über die Verhütung von Schädigungen durch Anwendung von Streptomycin und ähnliche Heilmittel, Merkblatt über den Versand ansteckenden und ansteckungsverdächtigen Untersuchungsmaterials und lebender Krankheitserreger.

170. Wer hat die Durchführung der Unfallverhütungsvorschriften zu überwachen?
Die Berufsgenossenschaften und die Gewerbeaufsichtsämter.

Strahlenschutz

171. Welche Strahlungsarten werden im allgemeinen unterschieden?
Ionisierende Strahlung (Kernstrahlung, Röntgenstrahlung), andere energiereiche Strahlen (z.B. Laser-Strahlen, Strahlen bei der Anwendung von Radar, Ultraschall).

172. Welche Vorschriften befassen sich insbesondere mit dem Strahlenschutz?
1. Gesetz über die friedliche Verwendung der Kernenergie und den Schutz gegen ihre Gefahren (Atomgesetz) in der Neufassung vom 31.10.1976 (BGBl. I S. 3053),
2. Verordnung über den Schutz vor Schäden durch ionisierende Strahlen (Strahlenschutzverordnung) vom 13.10.1976 (BGBl. I S. 2905), i.d.F. vom 21.1.1977 (BGBl I S. 184),
3. RöV sowie
4. Vorschriften der Berufsgenossenschaft (z.B. Vorschriften über die Anwendung von Röntgenstrahlen bzw. die medizinische Anwendung radioaktiver Stoffe).

173. Was soll mit den Strahlenschutzvorschriften erreicht werden?
Es soll der Kreis der Anwendungsberechtigten abgegrenzt und sichergestellt werden, daß die Voraussetzungen für eine sachgerechte Anwendung gegeben sind und Patient, Personal sowie Umgebung vor unnötiger Strahlenbelastung bewahrt werden.

174. Wer darf mit radioaktiven Stoffen umgehen, sie befördern, sie ein- oder ausführen?
In der Regel nur derjenige, der eine Erlaubnis der zuständigen Behörde hat.

175. Welche Schutzvorschriften haben die für den Strahlenschutz verantwortlichen Personen nach der 1. Strahlenschutzverordnung zu beachten?
Personen unter 18 Jahren, schwangere oder stillende Frauen dürfen mit offenen radioaktiven Stoffen nicht umgehen und in deren Kontrollbereichen nicht tätig werden. Sperr- und Kontrollbereiche sind zu kennzeichnen (z.B. "Vorsicht Strahlung – Kontrollbereich" oder "Sperrbereich – Kein Zutritt"). Für die beruflich strahlenexponierten Personen sind höchstzulässige Dosen festgesetzt, bei Dosisüberschreitung ist eine Anzeigepflicht bei der Aufsichtsbehörde gegeben. Bei allen Personen, die mit radioaktiven Stoffen umgehen, sind Strahlendosen zu messen. Die

Personen sind auch über die Arbeitsmethoden, die möglichen Gefahren, die anzuwendenden Schutzmaßnahmen mindestens halbjährlich zu belehren. Über die Belehrungen sind Aufzeichnungen zu fertigen.

176. Wann darf der Arbeitgeber einem Arbeitnehmer den Umgang mit offenen radioaktiven Stoffen erlauben oder in Kontrollbereichen beschäftigen?
Wenn innerhalb der letzten 2 Monate vor Beginn des Umgangs oder Beschäftigung eine Untersuchung von einem durch die zuständige Behörde ermächtigten Arzt erfolgte und eine von diesem ermächtigten Arzt ausgestellte Bescheinigung vorliegt, nach der keine gesundheitlichen Bedenken dem Umgang oder der Beschäftigung entgegenstehen.

177. Welche weiteren ärztlichen Überwachungsmaßnahmen sieht die Strahlenschutzverordnung u.a. vor?
Nach Ablauf von höchstens 12 Monaten seit der letzten Untersuchung darf der Arbeitnehmer nur weiterbeschäftigt werden, wenn er von einem ermächtigten Arzt erneut untersucht wurde und gegen die Weiterbeschäftigung nach der ausgestellten ärztlichen Bescheinigung keine gesundheitlichen Bedenken bestehen.

178. Was geschieht mit den ausgestellten ärztlichen Bescheinigungen?
Sie sind vom Arbeitgeber aufzubewahren und der Aufsichtsbehörde auf Verlangen vorzulegen.

179. Welche Verpflichtung obliegt dem Arbeitgeber, wenn ein Arbeitnehmer mit einer erhöhten Einzeldosis bestrahlt worden ist?
Er hat für eine sofortige ärztliche Untersuchung des betroffenen Arbeitnehmers zu sorgen, diesen unverzüglich einem ermächtigten Arzt vorzustellen und die Aufsichtsbehörde zu unterrichten.

180. Welche Aufgabe hat insbesondere der ermächtigte Arzt?
Die Erstuntersuchungen, die erneuten Beurteilungen oder Untersuchungen und die besonderen ärztlichen Überwachungen durchzuführen sowie die Maßnahmen vorzuschlagen, die bei erhöhter Strahlenexposition zur Vorbeugung vor gesundheitlichen Schäden und zu ihrer Abwehr erforderlich sind. Für jede der Überwachung unterliegende Person ist eine Gesundheitsakte zu führen.

181. Wie kann sich der Arbeitnehmer über Einzelheiten der 1. Strahlenschutzverordnung unterrichten?
Durch Einsicht in den vom Arbeitgeber im Betrieb auszulegenden oder auszuhängenden Text der Verordnung.

182. Was versteht man unter Röntgendurchleuchtungen?
Durchleuchtungen des lebenden menschlichen oder tierischen

Körpers oder einer Sache mit Röntgenstrahlen, um deren Beschaffenheit, Zustand oder Funktionen zum gleichzeitigen Betrachten sichtbar zu machen.

183. Was sind Röntgenaufnahmen?
Darstellungen des lebenden menschlichen oder tierischen Körpers oder einer Sache mittels Röntgenstrahlen, um deren Beschaffenheit, Zustand oder Funktionen zum späteren Betrachten sichtbar zu machen.

184. Was versteht man unter Röntgenbehandlungen?
Bestrahlungen des lebenden menschlichen oder tierischen Körpers oder einer Sache mit Röntgenstrahlen, um deren Beschaffenheit, Zustand oder Funktionen zu beeinflussen.

185. Ist der Betrieb von Röntgeneinrichtungen oder deren wesentliche Änderung genehmigungspflichtig?
Grundsätzlich ja. Bei Einrichtungen, deren Strahler nach der Bauart zugelassen ist, bedarf es keiner Genehmigung, wenn die verantwortliche Person und die sonst tätigen Personen die erforderliche Fachkunde besitzen und die Röntgeneinrichtungen von einem Sachverständigen überprüft worden sind. Die Inbetriebnahme ist aber mindestens 2 Wochen vorher der zuständigen Behörde anzuzeigen.

186. Welche allgemeinen Schutzmaßnahmen sieht die RöV vor?
Die für den Strahlenschutz Verantwortlichen haben zum Schutz vor Strahlenschäden an Leben, Gesundheit und Sachgütern durch geeignete Schutzmaßnahmen, insbesondere durch Bereitstellen geeigneter Räume, Schutzeinrichtungen, Geräte und Schutzausrüstungen für Personen, sowie durch geeignete Regelung des Betriebsablaufs und Bereitstellung ausreichenden und geeigneten Personals dafür zu sorgen, daß beim Betrieb der Röntgeneinrichtung näher beschriebene Schutzvorschriften (z.B. Messung der Dosisleistung und deren Aufzeichnung, Kennzeichnung des Kontrollbereichs mit "Kein Zutritt – Röntgen", Grundsätze bei der Röntgendurchleuchtung und -behandlung, Schutz der Keimdrüsen und der Leibesfrucht) eingehalten werden und die Strahlenbelastung von Personen oder der Allgemeinheit so gering wie möglich gehalten wird.

187. Welche Personen dürfen auf den lebenden Menschen Röntgenstrahlen anwenden?
Arzt, Zahnarzt, Personen, die zur Führung der Berufsbezeichnung "med.-techn. Radiologieassistent" oder "med.-techn. Assistent" berechtigt sind, sowie Hilfskräfte, die unter ständiger Aufsicht und Verantwortung eines Arztes oder Zahnarztes tätig sind, wenn sie für diese Tätigkeit die erforderlichen Kenntnisse im Strahlenschutz besitzen.

188. Wer darf die Anordnung, ob und in welcher Weise Röntgenstrahlen zur Untersuchung oder zur Behandlung auf den lebenden Menschen angewendet werden sollen, geben?
Nur der Arzt oder Zahnarzt.

189. Welche Grundsätze sieht die RöV bei der Röntgenuntersuchung des Kopfes und der Gliedmaßen vor?
Bei jeder Untersuchung im Bereich des Kopfes mit einem auf den Körper gerichteten Nutzstrahlenbündel sowie bei Zahn- und Kieferaufnahmen ist dem Untersuchten eine Schutzeinrichtung gegen Röntgenbestrahlung des übrigen Körpers anzulegen. Entsprechendes gilt für Röntgenuntersuchung der Gliedmaßen zum Schutz des Rumpfes.

190. Wonach ist vor Beginn der Röntgenuntersuchung oder -behandlung zu fragen?
Nach einer früheren Anwendung von ionisierenden Strahlen. Die Angaben sind aufzuzeichnen (ähnliche Regelungen enthält auch die Strahlenschutzverordnung).

191. Inwieweit besteht über die Röntgenuntersuchung oder die Röntgenbehandlung eine Aufzeichnungspflicht?
Über die Untersuchung oder Behandlung ist eine Aufzeichnung über Zeitpunkt, die Art der Untersuchung, die untersuchte Region und die Daten, aus denen die Größe der Strahlenbelastung zu entnehmen ist usw., anzufertigen. Der untersuchten oder behandelten Person ist auf deren Wunsch eine Abschrift der Aufzeichnung auszuhändigen.

192. Wie lange müssen Ärzte und Zahnärzte die Aufzeichnungen aufbewahren?
Aufzeichnungen über Röntgenbehandlungen 30 Jahre nach der letzten Behandlung, über Röntgenuntersuchungen 10 Jahre nach der letzten Untersuchung.

193. Welche Vorschriften enthält die RöV u.a. hinsichtlich der Strahlenbelastung?
Es sind im einzelnen die höchstzulässigen Dosen bestimmt, bei Dosisüberschreitungen ist eine Anzeigepflicht vorgeschrieben, darüber hinaus können Schutzmaßnahmen und Prüfungen angeordnet werden. Weitere Vorschriften sehen eine Belehrungspflicht und deren halbjährliche Wiederholung vor.

194. Inwieweit sieht die RöV eine ärztliche Überwachung der beruflich strahlenexponierten Personen vor?
Vor Beginn der Beschäftigung und jeweils nach Ablauf eines Jahres müssen ärztliche Untersuchungen vorgenommen werden. Hierüber sind Bescheinigungen auszustellen, die 30 Jahre lang

aufzubewahren sind. Darüber hinaus können ärztliche Untersuchungen behördlich angeordnet werden.

195. Welche Pflicht obliegt dem für den Strahlenschutz Verantwortlichen bei Unfällen und sonstigen Schadensfällen beim Betrieb einer Röntgeneinrichtung?
Er hat diese, soweit sie zu Strahlenschäden führen können, unverzüglich anzuzeigen.

Betriebsärztegesetz

196. Aufgrund welcher Vorschriften hat der Arbeitgeber Betriebsärzte und Fachkräfte für Arbeitssicherheit zu bestellen?
Nach dem Gesetz über Betriebsärzte, Sicherheitsingenieure und andere Fachkräfte für Arbeitssicherheit vom 12.12.1973 (BGBl. I S. 1885) i.d.F. vom 12.4.1976 (BGBl. I S. 984).

197. Worin besteht die Aufgabe der Betriebsärzte und der anderen Fachkräfte?
Sie sollen den Arbeitgeber beim Arbeitsschutz und bei der Unfallverhütung unterstützen (z.B. Verwirklichung gesicherter arbeitsmedizinischer Erkenntnisse).

198. Wann sind Betriebsärzte vom Arbeitgeber zu bestellen?
Wenn dies erforderlich ist im Hinblick auf

1. die Betriebsart und die damit für die Arbeitnehmer verbundenen Unfall- und Gesundheitsgefahren,
2. die Zahl der beschäftigten Arbeitnehmer und die Zusammensetzung der Arbeitnehmerschaft und
3. die Betriebsorganisation.

199. Welche Aufgaben haben die Betriebsärzte?
Sie haben die Aufgabe, den Arbeitgeber beim Arbeitsschutz und bei der Unfallverhütung in allen Fragen des Gesundheitsschutzes zu unterstützen (z.B. Beratung bei der Planung, Ausführung und Unterhaltung von Betriebsanlagen, Auswahl und Erprobung von Körperschutzmittel, der Organisation der "Ersten Hilfe" im Betrieb, der Eingliederung und Wiedereingliederung Behinderter in den Arbeitsprozeß; Arbeitsstättenbegehung und Anzeige der festgestellten Mängel; Untersuchung der Ursachen von arbeitsbedingten Erkrankungen). Zu den Aufgaben der Betriebsärzte gehört es nicht, Krankmeldungen der Arbeitnehmer auf ihre Berechtigung zu überprüfen.

200. Welche Anforderungen sind an Betriebsärzte zu stellen?
Es müssen Ärzte sein, die über die zur Erfüllung der ihnen übertragenen Aufgaben erforderliche arbeitsmedizinische Fachkunde verfügen.

201. **Inwieweit sind die Betriebsärzte bei der Anwendung ihrer Fachkunde unabhängig?**
Die Betriebsärzte sind bei der Anwendung ihrer arbeitsmedizinischen Fachkunde weisungsfrei. Sie sind nur ihrem ärztlichen Gewissen unterworfen und haben die Regeln der ärztlichen Schweigepflicht zu beachten.

202. **In welcher Form wirken Betriebsärzte und Betriebsrat zusammen?**
Die Betriebsärzte haben den Betriebsrat über alle wichtigen Angelegenheiten zu unterrichten und ihn zu beraten.

Gesetz zur Förderung eines freiwilligen Sozialjahres

203. **In welcher Form wird nach dem Gesetz zur Förderung eines freiwilligen Sozialjahres vom 17.8.1964 (BGBl. I S. 640) i.d.F. vom 18.12.1975 (BGBl. I S. 3155) das freiwillige soziale Jahr abgeleistet?**
Es wird ganztägig als pflegerische, erzieherische oder hauswirtschaftliche Hilfstätigkeit in Einrichtungen der Wohlfahrtspflege einschließlich der Jugendhilfe oder in Einrichtungen der Gesundheitshilfe geleistet (z.B. in Krankenanstalten, Altersheimen, Kinderheimen, Erholungsheimen, Einrichtungen für körperlich oder geistig behinderte Kinder). Die einführende und begleitende Betreuung der Helferin oder des Helfers erfolgt durch eine zentrale Stelle.

204. **Welcher Personenkreis kann das freiwillige soziale Jahr ableisten und in welcher Form kann die Hilfe abgegolten werden?**
Es kommen Personen zwischen der Vollendung des 17. (in Ausnahmefällen 16.) und 25. Lebensjahres als Helferinnen oder Helfer in Betracht, die sich für mindestens 6 Monate verpflichten müssen. Das soziale Jahr wird in der Regel bis zur Dauer von 12 zusammenhängenden Monaten geleistet. Es darf nur Unterkunft, Verpflegung und Arbeitskleidung und ein angemessenes Taschengeld gewährt sowie Aufwendungen für Beiträge zum Zwecke Höherversicherung in der RV ersetzt werden.

205. **Wer sind die Träger des freiwilligen sozialen Jahres?**
Die in der Bundesarbeitsgemeinschaft der freiwilligen Wohlfahrtspflege zusammengeschlossenen Verbände, die Kirchen, die Gebietskörperschaften sowie nach näheren Bestimmungen der Länder sonstige Körperschaften des öffentlichen Rechts.

206. **In welcher Form muß zu Beginn und nach Abschluß des freiwilligen Sozialjahres eine Bescheinigung des Trägers erstellt werden?**
Sie muß Vor- und Zuname, Anschrift und Geburtsdatum, Angaben des Zeitraumes der Verpflichtung zum freiwilligen sozialen

Jahr, Bezeichnung des Trägers und Bezeichnung der Zulassungsbehörde bzw. des Zulassungsbescheides enthalten.

207. **Finden auf die Tätigkeit im Rahmen eines freiwilligen sozialen Jahres auch die Arbeitsschutzbestimmungen und das BUrlG Anwendung?**
Ja.

Gesetz zur Förderung sozialer Hilfsdienste

208. **Mit welchen Tätigkeiten befaßt sich das Gesetz zur Förderung sozialer Hilfsdienste vom 17.4.1972 (BGBl. I S. 609) i.d.F. vom 20.12.1974 (BGBl. I S. 1974)?**
Mit pflegerischen und erzieherischen Tätigkeiten bei Einrichtungen und Anstalten der Wohlfahrtspflege oder der Gesundheits- oder Jugendhilfe, wenn das Entgelt für diese Tätigkeit monatlich 1/5 und je Arbeitsstunde 0,25% der für Monatsbezüge in den Rentenversicherungen der Arbeiter und Angestellten geltenden Beitragsbemessungsgrenzen nicht übersteigt.

209. **Was ist der Zweck dieses Gesetzes?**
Die Teilzeitarbeit pflegerischer und erzieherischer Art in Einrichtungen und Anstalten der Wohlfahrtspflege oder der Gesundheits- oder Jugendhilfe soll attraktiver gemacht werden.

210. **Mit welchen Regelungen befaßt sich das Gesetz zur Förderung sozialer Hilfsdienste?**
Es regelt die Zugehörigkeit und die Kostentragung im Rahmen der Soz. Vers. (z.B. Befreiung von der Krankenversicherungspflicht bei ausreichendem anderweitigen Versicherungsschutz, Beitragszahlung an die Soz. Vers.-Träger allein durch den Arbeitgeber). Das Gesetz tritt mit Ablauf des 31.12.1977 außer Kraft.

Arbeitsgerichtsbarkeit

211. **Für welche Streitigkeiten sind die Arbeitsgerichte insbesondere zuständig?**
Für Streitigkeiten zwischen Arbeitnehmer und Arbeitgeber aus dem Arbeitsverhältnis.

212. **Welche Gerichte gibt es in der Arbeitsgerichtsbarkeit?**
Arbeitsgerichte, Landesarbeitsgerichte, Bundesarbeitsgericht.

213. **Wo wird jeder Streitfall ohne Rücksicht auf die Höhe des Streitwertes erstinstanzlich entschieden?**
Beim Arbeitsgericht.

214. Muß bei der Erhebung einer Klage vor dem Arbeitsgericht eine Frist beachtet werden?

Im allgemeinen nicht; jedoch gibt es Ausschlußfristen (bei Kündigungen). Daher sollte jede Klage so bald wie möglich erhoben werden.

215. Was kostet die Durchführung eines Verfahrens vor den Arbeitsgerichten?

Für die erste Instanz gilt ein besonderer Gebührentarif. Das Verfahren – auch in den weiteren Instanzen – ist wesentlich billiger als das vor den ordentlichen Gerichten.

O Sozialrecht

Sozialgesetzbuch (SGB) – Allgemeiner Teil

1. **Welchen Zweck verfolgt das SGB – Allgemeiner Teil?**
Es soll ein erster großer Schritt zur Vereinheitlichung und besseren Überschaubarkeit des gesamten Sozialrechts sein. Das Sozialrecht war mehr als nötig differenziert, was nicht zuletzt darin zum Ausdruck kam, daß es in einer fast unübersehbaren Zahl von Gesetzen und Verordnungen geregelt war. Diese Komplizierung des Sozialrechts belastete Bürger, Verwaltung und Rechtsprechung. Vor allem hat der Bürger seine Rechtsposition nicht immer ausreichend erkennen können.

2. **In welcher Form verdeutlicht der § 1 SGB die Aufgaben und Zielsetzungen der einzelnen Sozialleistungsbereiche?**
Das Recht des SGB soll zur Verwirklichung sozialer Gerechtigkeit und sozialer Sicherheit Sozialleistungen einschließlich sozialer und erzieherischer Hilfen gestalten. Es soll dazu beitragen, ein menschenwürdiges Dasein zu sichern,
gleiche Voraussetzungen für die freie Entfaltung der Persönlichkeit, insbesondere auch für junge Menschen, zu schaffen,
die Familie zu schützen und zu fördern,
den Erwerb des Lebensunterhalts durch eine frei gewählte Tätigkeit zu ermöglichen und
besondere Belastungen des Lebens, auch durch Hilfe zur Selbsthilfe, abzuwenden oder auszugleichen.
Das Recht des SGB soll auch dazu beitragen, daß die zur Erfüllung dieser Aufgaben erforderlichen sozialen Dienste und Einrichtungen rechtzeitig und ausreichend zur Verfügung stehen.
Diese sozialrechtlichen Grundpositionen des Bürgers und ihre Leitlinien müssen von Verwaltung und Rechtsprechung bei der Auslegung der Vorschriften des SGB und bei Ermessensentscheidungen beachtet werden.

3. **Inwieweit haben die Sozialleistungsträger gegenüber dem Bürger eine Aufklärungs-, Auskunfts- und Beratungspflicht?**
Sämtliche Leistungsträger haben im Rahmen ihrer Zuständigkeit die Bevölkerung über die Rechte und Pflichten nach dem SGB aufzuklären.
Jeder hat darüber hinaus Anspruch auf Beratung über seine Rechte und Pflichten nach dem SGB. Zuständig für die Beratung sind die Leistungsträger, denen gegenüber die Rechte geltend zu machen oder die Pflichten zu erfüllen sind. Die Auskunftspflicht erstreckt sich auf die Benennung der für die Sozialleistungen zuständigen Leistungsträger sowie auf alle Sach- und Rechtsfragen,

die für die Auskunftsersuchen von Bedeutung sein können und zu deren Beantwortung die Auskunftsstelle imstande ist.

4. **Wo sind Anträge auf Sozialleistungen einzureichen?**
Grundsätzlich beim zuständigen Leistungsträger. Sie werden auch von allen anderen Leistungsträgern und von allen Gemeinden entgegengenommen. Anträge, die bei einem unzuständigen Leistungsträger gestellt worden sind, sind unverzüglich an die zuständige Stelle weiterzuleiten. Solche Anträge werden so behandelt, als wären sie im Zeitpunkt des Eingangs beim unzuständigen Leistungsträger bereits beim zuständigen Sozialleistungsträger eingegangen.

5. **Wie stellt das SGB den Schutz des Vertrauens des Bürgers in die Sozialverwaltung sicher?**
Jeder hat Anspruch darauf, daß seine Geheimnisse, insbesondere die zum persönlichen Lebensbereich gehörenden Geheimnisse (z. B. Angaben über Antragstellung und Leistungsansprüche, Beitragsleistung, Rentenhöhe, Gesundheitszustand, Ausbildung und Beschäftigungverhältnis) sowie die Betriebs- und Geschäftsgeheimnisse, von den Leistungsträgern, ihren Verbänden, den sonstigen im SGB genannten Vereinigungen und den Aufsichtsbehörden nicht unbefugt offenbart werden. Eine Offenbarung ist dann nicht unbefugt, wenn der Betroffene zustimmt oder eine gesetzliche Mitteilungspflicht besteht (z.B. gegenüber den Finanzämtern, der Aufsichtsbehörde).Das unbefugte Offenbaren von Geheimnissen ist nach § 203 StGB strafbar.

6. **Von welchem Alter an können Anträge auf Sozialleistungen gestellt werden?**
Vom 15. Lebensjahr an können Anträge gestellt und verfolgt sowie Leistungen entgegengenommen werden. Der Leistungsträger soll den gesetzlichen Vertreter über die Antragstellung und die erbrachten Sozialleistungen unterrichten. Die Handlungsfähigkeit der Minderjährigen kann durch schriftliche Erklärung des gesetzlichen Vertreters gegenüber dem Leistungsträger eingeschränkt werden.

7. **Wann kommen Vorschüsse bzw. vorläufige Leistungen der Sozialverwaltung in Betracht?**
Besteht ein Anspruch auf Geldleistungen dem Grunde nach und ist zur Feststellung seiner Höhe voraussichtlich längere Zeit erforderlich, kann der zuständige Leistungsträger Vorschüsse zahlen. Auf Antrag des Berechtigten müssen Vorschüsse geleistet werden. Die Vorschußzahlungen beginnen spätestens nach Ablauf eines Kalendermonats nach Eingang des entsprechenden Antrages.
Kein Bürger muß noch Nachteile dadurch erleiden, daß zwischen

mehreren Leistungsträgern streitig ist, wer von ihnen zur Leistung verpflichtet ist. Besteht ein Anspruch auf Sozialleistungen, so hat der zuerst angegangene Leistungsträger auf Antrag vorläufige Leistungen zu erbringen. Die Zahlung solcher vorläufigen Leistungen beginnt ebenfalls spätestens mit dem Ablauf eines Kalendermonats nach dem Eingang des betreffenden Antrages.

8. **Wann sind rückständige Geldleistungen zu verzinsen?**
Ansprüche auf Geldleistungen sind nach Ablauf eines Kalendermonats nach dem Eintritt ihrer Fälligkeit bis zum Ablauf des Kalendermonats vor der Zahlung mit 4% zu verzinsen. Die Verzinsung beginnt frühestens nach Ablauf von 6 Kalendermonaten nach Eingang des vollständigen Leistungsantrages beim zuständigen Leistungsträger.

9. **Wann können laufende Geldleistungen, die der Sicherung des Lebensunterhalts dienen, an den Ehegatten oder die Kinder des Leistungsberechtigten ausgezahlt werden?**
Wenn der Leistungsberechtigte ihnen gegenüber seiner gesetzlichen Unterhaltspflicht nicht nachkommt. Entsprechendes gilt, wenn der Leistungsberechtigte aufgrund richterlicher Anordnung länger als einen Kalendermonat in einer Anstalt oder Einrichtung untergebracht ist.

10. **Sind Ansprüche auf Sozialleistungen übertragbar, verpfändbar oder pfändbar?**
Ansprüche auf Dienst- und Sachleistungen grundsätzlich nicht. Ansprüche auf einmalige Geldleistungen können in bestimmten Fällen in Anspruch genommen werden.

11. **Wem stehen fällige Ansprüche auf laufende Geldleistungen beim Tode des Berechtigten zu?**
Nacheinander dem Ehegatten, den Kindern, den Eltern, dem Haushaltsführer, wenn diese mit dem Berechtigten zur Zeit seines Todes in einem gemeinsamen Haushalt gelebt haben oder von ihm wesentlich unterhalten worden sind.

12. **Inwieweit sieht das SGB eine Mitwirkung des Leistungsberechtigten bei der Beantragung oder Weitergewährung von Sozialleistungen vor?**
Der Leistungsberechtigte hat alle Tatsachen und Beweismittel anzugeben, die der Leistungsträger zur Entscheidung über die Leistung und ihre weitere Inanspruchnahme kennen muß. Unter anderem besteht die Pflicht, persönlich zu erscheinen bzw. eine ärztliche Untersuchung zu dulden.
Kommt der Leistungsberechtigte seinen Mitwirkungspflichten nicht nach, so kann der Leistungsträger ohne weitere Ermittlungen die Leistungen bis zur Nachholung der Mitwirkung ganz oder teilweise versagen oder entziehen. Die Mitwirkungspflichten ent-

fallen jedoch, wenn z.B. ihre Erfüllung dem Betroffenen aus einem wichtigen Grund nicht zugemutet werden kann (z.B. Behandlung oder Untersuchung mit erheblichen Schmerzen, erhebliche Eingriffe).

Ausbildungsförderung

13. **Was ist die Aufgabe des BAföG?**
Es stellt sicher, daß jeder den Bildungs- und Berufsweg wählen und gehen kann, der seiner Neigung und Eignung entspricht, unabhängig davon, ob er oder seine Eltern die dafür erforderlichen finanziellen Mittel selbst aufbringen können.

14. **Besteht auf Ausbildungsförderung ein Anspruch?**
Auf individuelle Förderung besteht nach Maßgabe des BAföG ein Rechtsanspruch.

15. **Für den Besuch welcher Schulen wird Ausbildungsförderung geleistet?**
1. Weiterführende allgemeinbildende Schulen und Fachoberschulen,
2. Abendhauptschulen, Berufsaufbauschulen, Abendrealschulen, Abendgymnasien, Kollegs und vergleichbare Einrichtungen,
3. Berufsfachschulen und Fachschulen,
4. Höhere Fachschulen und Akademien,
5. Hochschulen.

16. **Wird Ausbildungsförderung auch für den Besuch von Ausbildungsstätten für Heilhilfsberufe geleistet?**
Durch die Verordnung über die Ausbildungsförderung für den Besuch von Ausbildungsstätten für Heilhilfsberufe vom 2.11.1970 (BGBl. I S. 1504) i.d.F. vom 25.6.1974 (BGBl. I S. 1346) wird Ausbildungsförderung auch für bestimmte medizinische Ausbildungsstätten (z.B. Krankenpflege- und Kinderkrankenpflegeschulen, Lehranstalten für medizinisch-technische Assistenten, Lehranstalten für pharmazeutisch-technische Assistenten) gewährt.
Die Auszubildenden an diesen Ausbildungsstätten erhalten Ausbildungsförderung wie Schüler von Berufsfachschulen. Die Soziale Pflegerverordnung vom 30.8.1974 (BGBl. I S. 2157) regelt die Ausbildungsförderung für den Besuch von Ausbildungsstätten für Dorfhelfer, Familien-, Haus- und Heilerziehungspfleger.

17. **Für welche Ausbildung wird in der Regel Ausbildungsförderung geleistet?**
Für eine erste Ausbildung bis zu deren berufsqualifizierendem Abschluß. Darüber hinaus kann eine Förderung in bestimmten Fällen auch für eine weitere Ausbildung geleistet werden.

18. Welche persönliche Voraussetzung rechtfertigt u.a. eine Ausbildungsförderung?
Die Eignung. Die Leistungen des Auszubildenden müssen erwarten lassen, daß er das angestrebte Ziel erreicht.

19. In welchem Umfang wird Ausbildungsförderung gewährt?
Für den Lebensunterhalt und die Ausbildung nach festgelegten Höchstbeträgen (z.B. 235 DM für Schüler von Berufsfachschulen, 440 DM wenn sie nicht bei den Eltern wohnen). Auf den Bedarf sind nach Maßgabe des BAföG Einkommen und Vermögen des Auszubildenden, seines Ehegatten und seiner Eltern nach Berücksichtigung bestimmter Freibeträge anzurechnen.

20. Muß man Ausbildungsförderung beantragen?
Über die Leistung von Ausbildungsförderung wird auf schriftlichen Antrag durch das örtlich zuständige Amt für Ausbildungsförderung entschieden. Die Entscheidung ist dem Antragsteller schriftlich mitzuteilen.

21. In welcher Form werden Streitigkeiten aus dem BAföG ausgetragen?
Durch Klage vor den Verwaltungsgerichten. Diesem Verwaltungsstreitverfahren muß allerdings die Einlegung eines Widerspruchs vorausgehen.

Arbeitsförderung

I. Arbeitsförderungsgesetz

22. Welche Aufgaben obliegen den zuständigen Stellen der Arbeitsverwaltung nach dem AFG?
Arbeitsvermittlung, Berufsberatung, Förderung der beruflichen Bildung, Gewährung von berufsfördernden Leistungen zur Rehabilitation, Gewährung von Leistungen zur Erhaltung und Schaffung von Arbeitsplätzen, Gewährung von Arbeitslosengeld und Arbeitslosenhilfe, Konkursausfallgeld sowie Arbeitsmarkt- und Berufsforschung.

23. Wer führt die Aufgaben nach dem AFG durch?
Die Bundesanstalt für Arbeit mit den Landesarbeitsämtern und Arbeitsämtern. Die Bundesanstalt hat das Recht der Selbstverwaltung. Sie steht unter der Aufsicht des Staates.

24. Wie werden die Aufgaben nach dem AFG finanziert?
Durch Beiträge der beitragspflichtigen Arbeitnehmer und Arbeitgeber.

25. Wer ist beitragspflichtig?
Beitragspflichtig sind alle Arbeitnehmer, die gegen Entgelt be-

schäftigt werden, mit u.a. folgenden Ausnahmen:
Arbeitnehmer, die nicht krankenversicherungspflichtig sind (z.B. Beamte), die das 63. Lebensjahr vollendet haben, denen Rente wegen Erwerbsunfähigkeit aus einer gesetzlichen Rentenversicherung zuerkannt ist, die wegen einer Minderung ihrer Leistungsfähigkeit der Arbeitsvermittlung nicht zur Verfügung stehen, die eine kurzzeitige Beschäftigung ausüben.
Arbeitgeber sind beitragspflichtig, wenn sie mindestens einen beitragspflichtigen Arbeitnehmer beschäftigen.

26. **Wie hoch ist der Beitrag?**
Der Beitragssatz wird für Arbeitnehmer und Arbeitgeber nach einem Vomhundertsatz der Beitragsbemessungsgrundlage zur gesetzlichen Rentenversicherung errechnet.

27. **Was versteht man unter Arbeitsvermittlung?**
Das Zusammenführen von Arbeitssuchenden mit Arbeitgebern zur Begründung von Arbeitsverhältnissen. Die Arbeitsvermittlung hat die Aufgabe, dafür zu sorgen, daß weder Arbeitslosigkeit und unterwertige Beschäftigung noch ein Mangel an Arbeitskräften eintreten oder fortdauern.

28. **In welcher Form wird im allgemeinen die Arbeitsvermittlung getätigt?**
Durch Aushändigung eines Vermittlungsvorschlages an den Arbeitnehmer. Über die Einstellung entscheidet allein der Arbeitgeber.

29. **Was versteht man unter Berufsberatung im Sinne des AFG?**
Die Erteilung von Rat und Auskunft in Fragen der Berufswahl einschließlich des Berufswechsels. Die Berufsberatung wird durch die Berufsaufklärung, durch die Unterrichtung über die Förderung der beruflichen Bildung im Einzelfalle und durch die Vermittlung in berufliche Ausbildungsstellen ergänzt.

30. **Welche Hilfsmittel stehen der Berufsberatung zur Feststellung der Eignung zur Verfügung?**
Mit Einverständnis des Ratsuchenden ärztliche und psychologische Untersuchung und Begutachtung.

31. **Was sind berufliche Bildungsmaßnahmen?**
Förderung der beruflichen Ausbildung, der beruflichen Fortbildung, der beruflichen Umschulung und der Einarbeitung am Arbeitsplatz.

32. **In welcher Form kann die berufliche Ausbildung gefördert werden?**
Jugendlichen und Erwachsenen wird für eine betriebliche oder überbetriebliche Ausbildung in einem anerkannten Ausbildungs-

beruf Ausbildungsbeihilfe zur Bestreitung des Lebensunterhalts und der sonstigen Kosten gewährt, soweit der Auszubildende für den angestrebten Beruf geeignet ist und nicht in der Lage ist, die Kosten der Ausbildung aufzubringen. Die Beihilfe wird im allgemeinen nach feststehenden Sätzen gewährt.

33. **Inwieweit werden nach dem AFG Fortbildungs- und Umschulungsbemühungen gefördert?**
Dem Grunde nach wird die Teilnahme an allen Maßnahmen gefördert, die eine berufliche Fortbildung und Umschulung zum Ziele haben. Jeder Teilnehmer muß hinsichtlich seiner Eignung und beruflichen Neigung dem Ziel der Maßnahme entsprechen. Die Förderung muß nach Lage und Entwicklung des Arbeitsmarktes zweckmäßig erscheinen. Eine berufliche Fortbildung wird nur gefördert, wenn eine abgeschlossene Berufsausbildung oder eine angemessene Berufserfahrung vorliegt. Für die berufliche Umschulung genügt eine 3jährige berufliche Tätigkeit. Zur Bestreitung des Lebensunterhalts wird ein individuell errechnetes Unterhaltsgeld unter Anrechnung des Nettoeinkommens des Teilnehmers gezahlt.

34. **Wer kann Einarbeitungszuschüsse erhalten?**
Arbeitgeber für solche Arbeitnehmer, die eine volle Leistung am Arbeitsplatz erst nach einer Einarbeitungszeit erreichen können. Der Arbeitnehmer erhält sein volles Arbeitsentgelt.

35. **Muß man berufliche Bildungsmaßnahmen beantragen?**
Ja.

36. **In welcher Form kann die Arbeitsaufnahme gefördert werden?**
Arbeitssuchenden können u.a. folgende Leistungen (zum Teil durch Höchstsätze begrenzt) gewährt werden: Bewerbungskosten, Reisekosten, Fahrkostenbeihilfe, Umzugskosten, Arbeitsausrüstung, Trennungsbeihilfe, Überbrückungsbeihilfe.

37. **Was versteht man unter der beruflichen Rehabilitation?**
Darunter versteht man alle Maßnahmen, die das Ziel haben, körperlich, geistig oder seelisch Behinderte in die Lage zu versetzen, eine Beschäftigung aufzunehmen oder wiederaufzunehmen und sie von der Hilfe anderer weitgehend unabhängig zu machen. In Betracht kommen Maßnahmen zur
a) Ausbildung für einen geeigneten Beruf oder eine angemessene Tätigkeit,
b) Wiedergewinnung, Erhaltung, Anpassung oder Erhöhung der Kenntnisse und Fertigkeiten im bisherigen Beruf,
c) Umschulung für einen anderen Beruf oder eine andere angemessene Tätigkeit und
d) Erlangung oder Erhaltung einer Ausbildungs- oder Arbeitsstätte.

38. Wann ist die Arbeitsverwaltung für berufsfördernde Leistungen zur Rehabilitation zuständig?

Sofern nicht ein anderer Rehabilitationsträger im Sinne des Gesetzes über die Angleichung der Leistungen zur Rehabilitation vom 7.8.1974 zuständig ist. Ist ein anderer Träger zuständig, so hat sie diesem die erforderlichen berufsfördernden Maßnahmen vorzuschlagen.

39. Welche Förderungsleistungen können im Rahmen der beruflichen Rehabilitation gewährt werden?

Hilfen, die erforderlich sind, um die Erwerbsfähigkeit der körperlich, geistig oder seelisch Behinderten entsprechend ihrer Leistungsfähigkeit zu erhalten, zu bessern, herzustellen oder wiederherzustellen und die Behinderten möglichst auf Dauer beruflich einzugliedern. Dazu kommen insbesondere noch folgende Leistungen:

Übergangsgeld, Beiträge zur gesetzlichen Kranken-, Unfall- und Rentenversicherung, Ausbildungszuschüsse an Arbeitgeber, Übernahme bestimmter Kosten (z.B. Fahr-, Verpflegungs- und Übernachtungskosten), Haushaltshilfe.

40. Welche Leistungen sind zur Erhaltung und Schaffung von Arbeitsplätzen vorgesehen?

Kurzarbeitergeld, Förderung der ganzjährigen Beschäftigung in der Bauwirtschaft (produktive Winterbauförderung, Schlechtwettergeld), Maßnahmen zur Arbeitsbeschaffung.

41. Wann wird den Arbeitnehmern Kurzarbeitergeld gewährt?

Bei vorübergehendem Arbeitsausfall in Betrieben, in denen regelmäßig mindestens 1 Arbeitnehmer beschäftigt ist, wenn zu erwarten ist, daß durch Gewährung von Kurzarbeitergeld den Arbeitnehmern die Arbeitsplätze und dem Betrieb die eingearbeiteten Arbeitnehmer erhalten werden.

42. Welche Leistungen werden zur Förderung der ganzjährigen Beschäftigung in der Bauwirtschaft gewährt?

a) Für die Arbeitnehmer:

Gewährung eines Wintergeldes für Arbeitsstunden in der Zeit vom 16.12. bis 24.12. und 2.1. bis 15.3., Gewährung von Trennungsbeihilfen und Zuschüssen zu Heimfahrten infolge witterungsbedingter Arbeitsausfälle sowie Gewährung von Schlechtwettergeld in der Zeit vom 1.11. bis 31.3.

b) Für die Arbeitgeber kommen während der Schlechtwetterzeit (1.11. bis 31.3.) folgende Leistungen in Betracht:

Zuschüsse und zusätzliche Darlehen zur Beschaffung von Geräten und Einrichtungen, die es ermöglichen, Bauarbeiten bei ungünstiger Witterung durchzuführen sowie Zuschüsse zur Abgeltung der sonstigen witterungsbedingten Mehrkosten des Bauens.

43. Wann wird Wintergeld gezahlt?
Es wird Arbeitern in Betrieben des Baugewerbes gewährt, die auf einem witterungsabhängigen Arbeitsplatz beschäftigt sind und bei witterungsbedingtem Arbeitsausfall Anspruch auf Schlechtwettergeld hätten.

44. Wann wird im allgemeinen Trennungsbeihilfe gewährt?
Wenn Arbeitnehmer auf einem witterungsabhängigen Arbeitsplatz in einem zum Bezug von Schlechtwettergeld zugelassenen Betrieb tätig sind und wegen ungünstiger Witterung während der Schlechtwetterzeit einen getrennten Haushalt führen müssen.

45. Wann können Zuschüsse zu Kosten für Familienheimfahrten gezahlt werden?
Arbeitnehmer kann bei getrennter Haushaltsführung ein Zuschuß zu den Fahrkosten für Heimfahrten gewährt werden, die sie aus Anlaß von witterungsbedingten Arbeitsausfällen zusätzlich durchführen.

46. Für welche Betriebe gilt die Schlechtwettergeldregelung?
Betriebe des Baugewerbes, in denen in der Schlechtwetterzeit aus Witterungsgründen ohne Einhaltung einer Frist nicht gekündigt werden kann bzw. in denen bei Arbeitsausfall – unbeschadet des Anspruchs auf Urlaub – eine Anwartschaft auf Lohnausgleich für einen zusammenhängenden Ausgleichszeitraum der mindestens die Zeit vom 25.12. bis 1.1. umfaßt, gewährleistet ist.

47. Wer hat Anspruch auf Schlechtwettergeld?
Arbeitnehmer, die auf einem witterungsabhängigen Arbeitsplatz bei Beginn des Arbeitsausfalls als Arbeiter in einer beitragspflichtigen Beschäftigung stehen, wenn sie mit der Arbeit an einem Arbeitstag mindestens 1 Stunde der Arbeitszeit aussetzen müssen, und für die Ausfallstunden kein Arbeitsentgelt beziehen.

48. Welcher Zweck wird mit den Maßnahmen zur Arbeitsbeschaffung verfolgt?
Es sollen für langfristige Arbeitslose, insbesondere auch ältere Arbeitnehmer, wieder geeignete Arbeitsplätze geschaffen werden. Für förderungsfähige Maßnahmen werden Zuschüsse oder zusätzliche Darlehen gewährt. Arbeitgeber, die ältere Arbeitslose zusätzlich einstellen, können Zuschüsse zu den Lohnkosten sowie Darlehen oder Zuschüsse für den Aufbau, die Erweiterung und die Ausstattung von Betrieben erhalten.

49. Welche Leistungen sieht das AFG für Arbeitslose vor?
Arbeitslosengeld und Arbeitslosenhilfe.

50. Wer hat Anspruch auf Arbeitslosengeld?
Wer arbeitslos ist, wer der Arbeitsvermittlung zur Verfügung

steht, die Anwartschaft erfüllt, sich beim Arbeitsamt persönlich arbeitslos gemeldet und Arbeitslosengeld beantragt hat.

51. Wer ist arbeitslos?
Arbeitslose sind Arbeitnehmer, die vorübergehend nicht in einem Beschäftigungsverhältnis stehen oder nur eine kurzzeitige Beschäftigung ausüben.

52. Wie lange kann Arbeitslosengeld gewährt werden?
Der Umfang des Anspruchs ist nach der Dauer der beitragspflichtigen Beschäftigungen gestaffelt (höchstens für 312 Tage).

53. In welcher Höhe wird Arbeitslosengeld gezahlt?
Das Arbeitslosengeld besteht aus dem Hauptbetrag und den Familienzuschlägen. Der Hauptbetrag des Arbeitslosengeldes richtet sich nach dem Arbeitsentgelt in den letzten 20 Tagen der tariflich regelmäßigen Arbeitszeit nach Maßgabe einer dem AFG beigefügten Tabelle. Familienzuschlag wird dem Arbeitslosen für seinen Ehegatten, für jedes Kind mit Kinderfreibetrag und für ein nichteheliches Kind bei Feststellung der Vaterschaft oder Unterhaltspflicht gewährt. Hauptbetrag und Familienzuschlag dürfen zusammen 80% des Nettoentgelts eines Verheirateten mit 2 Kindern nicht übersteigen.

54. Kann Beziehern von Krankengeld oder ähnlichen Leistungen Arbeitslosengeld gewährt werden?
Der Anspruch auf Arbeitslosengeld ruht, wenn Krankengeld, Übergangsgeld aus der Unfallversicherung, Mutterschaftsgeld u.a. gezahlt werden.

55. Was muß bei der Beantragung von Arbeitslosengeld beachtet werden?
Der Arbeitslose muß sich beim zuständigen Arbeitsamt arbeitslos melden und den Antrag dort persönlich stellen. Arbeitslosengeld wird im allgemeinen erst vom Tage der Antragstellung an gewährt. Die Pflicht "zum Stempeln" besteht nicht mehr.

56. Wie können Entscheidungen des Arbeitsamtes angefochten werden?
Durch Einlegen eines Widerspruchs innerhalb einer Frist von 1 Monat.

57. Wer hat Anspruch auf Arbeitslosenhilfe?
Anspruch auf Arbeitslosenhilfe hat, wer arbeitslos ist, der Arbeitsvermittlung zur Verfügung steht, sich arbeitslos gemeldet hat und Arbeitslosenhilfe beantragt hat, keinen Anspruch auf Arbeitslosengeld hat, weil er die Anwartschaft nicht erfüllt, bedürftig ist, Arbeitslosengeld bezogen hat oder mindestens 26 Wochen oder 6 Monate in entlohnter Beschäftigung gestanden hat.

58. Wie hoch ist die Arbeitslosenhilfe?
Sie besteht ebenfalls aus dem Hauptbetrag und den Familienzuschlägen. Der Hauptbetrag richtet sich nach der dem AFG beigefügten Tabelle.

59. Wer ist bedürftig im Sinne der Arbeitslosenhilfe?
Derjenige, der seinen Lebensunterhalt und den seiner Angehörigen nicht auf andere Weise als durch Arbeitslosenhilfe bestreitet oder bestreiten kann.

II. Schwerbehindertengesetz

60. Wer ist Schwerbehinderter im Sinne des SchwbG?
Personen, die körperlich, geistig oder seelisch behindert und infolge ihrer Behinderung in ihrer Erwerbsfähigkeit nicht nur vorübergehend um wenigstens 50% gemindert sind, sofern sie rechtmäßig im Geltungsbereich des SchwbG wohnen, sich gewöhnlich aufhalten oder eine Beschäftigung als Arbeitnehmer ausüben.

61. Welche Personen können den Schwerbehinderten gleichgestellt werden?
Personen, die infolge ihrer Behinderung in ihrer Erwerbsfähigkeit nicht nur vorübergehend um weniger als 50%, aber wenigstens 30% gemindert sind, sollen aufgrund einer Feststellung durch die für die Durchführung des BVG zuständigen Behörden auf ihren Antrag vom Arbeitsamt den Schwerbehinderten gleichgestellt werden, wenn sie infolge ihrer Behinderung ohne diese Hilfe einen geeigneten Arbeitsplatz nicht erlangen oder nicht behalten können. Die Gleichstellung kann zeitlich befristet werden.

62. Inwieweit werden Schwerbehinderten durch das SchwbG Arbeitsplätze gesichert?
Private Arbeitgeber und Arbeitgeber der öffentlichen Hand, die über mindestens 16 Arbeitsplätze verfügen, haben auf wenigstens 6% der Arbeitsplätze Schwerbehinderte zu beschäftigen. Die Bundesregierung ist ermächtigt, diesen Pflichtsatz nach dem jeweiligen Bedarf zu ändern, jedoch auf höchstens 10% zu erhöhen oder bis auf 4% herabzusetzen.

63. Für welche Gruppen von Schwerbehinderten besteht eine besondere Beschäftigungspflicht?
Unter den zu beschäftigenden Schwerbehinderten müssen sich in angemessenem Umfang befinden:
1. Schwerbehinderte mit einer Minderung der Erwerbsfähigkeit um wenigstens 80 %,
2. Schwerbehinderte, die das 55. Lebensjahr vollendet haben,

3. sonstige nach Art und Schwere ihrer Behinderung besonders betroffene Schwerbehinderte.

64. **Wie ist zu verfahren, wenn ein Arbeitgeber die vorgeschriebene Zahl Schwerbehinderter nicht beschäftigt?**
Er hat für jeden unbesetzten Pflichtplatz monatlich eine Ausgleichsabgabe zu entrichten (100 DM).
Die Ausgleichsabgabe darf nur für Zwecke der Arbeits- und Berufsförderung Schwerbehinderter sowie für Leistungen zur nachgehenden Hilfe im Arbeitsleben verwendet werden.

65. **Welche Pflichten sind den Arbeitgebern sonst noch auferlegt?**
Sie haben ein Verzeichnis der bei ihnen beschäftigten Schwerbehinderten, Gleichgestellten und sonstigen anrechnungsfähigen Personen laufend zu führen und den Vertretern des Arbeitsamtes und der Hauptfürsorgestelle auf Verlangen vorzuzeigen.

66. **Welche Pflicht hat der Arbeitgeber u.a. gegenüber den Schwerbehinderten?**
Sie sind so zu beschäftigen, daß diese ihre Fähigkeiten und Kenntnisse möglichst voll verwerten und weiterentwickeln können. Sie haben die Behinderten zur Förderung ihres beruflichen Fortkommens bei innerbetrieblichen Maßnahmen der beruflichen Bildung bevorzugt zu berücksichtigen. Die Teilnahme an außerbetrieblichen Maßnahmen ist in zumutbarem Umfang zu erleichtern.

67. **Was muß hinsichtlich der Kündigung von Behinderten beachtet werden?**
Die Kündigung des Arbeitsverhältnisses eines Schwerbehinderten durch den Arbeitgeber bedarf der vorherigen Zustimmung der Hauptfürsorgestelle. Erteilt die Hauptfürsorgestelle die Zustimmung zur Kündigung, kann der Arbeitgeber die Kündigung nur innerhalb eines Monats nach Zustellung erklären.
Für die außerordentliche Kündigung gelten besondere Vorschriften.

68. **Welche Aufgaben obliegen insbesondere den Betriebs(Personal)-räten?**
Sie haben die Eingliederung Schwerbehinderter zu fördern und darauf zu achten, daß die Arbeitgeber die ihnen auferlegten Pflichten erfüllen.
In Betrieben und Dienststellen, in denen wenigstens 5 Schwerbehinderte nicht nur vorübergehend beschäftigt sind, ist ein Vertrauensmann zu wählen.

69. **Welche Aufgaben obliegen u.a. dem Vertrauensmann der Schwerbehinderten?**
Er hat die Interessen der Behinderten zu vertreten und ihnen be-

ratend und helfend zur Seite zu stehen. Er hat vor allem darüber zu wachen, daß die zugunsten der Behinderten geltenden Gesetze, Verordnungen, Tarifverträge usw. durchgeführt werden und Anregungen und Beschwerden von Behinderten entgegenzunehmen und auf eine Erledigung hinzuwirken. Dem Vertrauensmann stehen im übrigen umfassende Informationsrechte zu.

70. **Welche Aufgaben obliegen der Hauptfürsorgestelle?**
Die Erhebung und Verwendung der Ausgleichsabgabe, der Kündigungsschutz, die nachgehende Hilfe im Arbeitsleben und die zeitweilige Entziehung des Schwerbehindertenschutzes.

71. **Müssen Schwerbehinderte auch Mehrarbeit leisten?**
Sie sind auf ihr Verlangen von Mehrarbeit freizustellen.

72. **Inwieweit hat der Schwerbehinderte Anspruch auf Zusatzurlaub?**
Er hat Anspruch auf bezahlten Zusatzurlaub von 6 Arbeitstagen; als Arbeitstage gelten alle Tage, an denen im Betrieb oder in der Dienststelle regelmäßig gearbeitet wird.

73. **Wie ist nach dem SchwbG das Vergünstigungswesen für Schwerbehinderte zu gestalten?**
Es ist so zu gestalten, daß die Vergünstigungen der Art und Schwere der Behinderung Rechnung tragen, und zwar unabhängig von der Ursache der Behinderung.

74. **Welche Funktion sollen die Werkstätten für Behinderte erfüllen?**
Sie bieten denjenigen Behinderten, die wegen Art oder Schwere der Behinderung nicht, noch nicht oder noch nicht wieder auf dem allgemeinen Arbeitsmarkt tätig sein können, einen Arbeitsplatz oder Gelegenheit zur Ausübung einer geeigneten Tätigkeit. Werkstätten für Behinderte, die eine Vergünstigung im Sinne des SchwbG in Anspruch nehmen wollen, bedürfen der Anerkennung.

Sozialversicherung

I. Gemeinsame Vorschriften für die Sozialversicherung

75. **In welcher Zeitfolge wurde das System der Soz. Vers. in seinen Grundzügen geschaffen?**
In den Jahren 1883 bis 1927. Es wurde zwar vielfach erweitert und verbessert, ist aber in seinen wesentlichen Punkten bis heute unverändert geblieben. Es entstanden

am 15.6.1883	das Krankenversicherungsgesetz,
am 6.7.1884	das Unfallversicherungsgesetz,
am 22.6.1889	das Gesetz betreffend Invalidität und Altersversorgung der Arbeiter.

	Diese Gesetze wurden (nach Einbeziehung von Regelungen für Witwen und Waisen)
am 19.6.1911	in der Reichsversicherungsordnung (RVO) zusammengefaßt.
	Ergänzt wurden diese Vorschriften u.a.
am 20.12.1911	durch das am 28.5.1924 neu gefaßte Angestelltenversicherungsgesetz (Rentenversicherung der Angestellten),
am 23. 6.1927	durch das Reichsknappschaftsgesetz (Versicherung der im Bergbau Tätigen),
am 16. 7.1927	durch das Gesetz über Arbeitsvermittlung und Arbeitslosenversicherung, das durch das Arbeitsförderungsgesetz abgelöst wurde.

76. Welche Regelungen enthalten die Gemeinsamen Vorschriften für die Sozialversicherung –Soz. Vers.– vom 23.12.1976 (BGBl. I S. 3845) in groben Zügen?
Sie enthalten insbesondere grundsätzliche Ausführungen über die Soz. Vers., Begriffsbestimmungen, Erläuterungen zu den Trägern der Soz. Vers. bzw. den Versicherungsbehörden sowie Bußgeldvorschriften.

77. Für welchen Bereich gelten die Regelungen der Gemeinsamen Vorschriften für die Soz. Vers.?
Für die gesetzliche Kranken-, Unfall- und Rentenversicherung. Die Arbeitslosenversicherung ist im Arbeitsförderungsgesetz geregelt.

78. Welchen Personenkreis umfaßt die Soz. Vers.?
Personen, die kraft Gesetzes oder Satzung (Versicherungspflicht) oder auf Grund freiwilligen Beitritts oder freiwilliger Fortsetzung der Versicherung (Versicherungsberechtigung) versichert sind.

79. Welche Rechtsstellung bzw. Organe haben die Träger der Soz. Vers.?
Es sind rechtsfähige Körperschaften des öffentlichen Rechts mit dem Recht der Selbstverwaltung. Bei jedem Versicherungsträger werden nach näheren Vorschriften als Selbstverwaltungsorgane eine Vertreterversammlung und ein Vorstand gebildet. Die Vertreterversammlung beschließt die Satzung und sonstiges autonomes Recht und wählt einen Geschäftsführer.

80. Welche Amtsstellen sind die Versicherungsbehörden?
Die Versicherungsämter und das Bundesversicherungsamt in Berlin. Durch Landesrecht können weitere Versicherungsbehörden errichtet werden.

II. Krankenversicherung

81. Welche Aufgabe hat die gesetzliche Krankenversicherung?
Sie hat die Aufgabe, Maßnahmen zur Früherkennung von Krankheiten durchzuführen sowie Leistungen bei Krankheit, Arbeitsunfähigkeit, Mutterschaft, sonstige Hilfen und Tod für den Versicherten und seine Familienangehörigen zu gewähren.

82. Welches sind die Träger der Krankenversicherung?
Die Krankenkassen (Orts-, Betriebs-, Innungs-, Seekrankenkassen, landwirtschaftliche Krankenkassen), die Ersatzkassen sowie die Bundesknappschaft.

83. Wer ist in der Krankenversicherung pflichtversichert?
1. Alle Arbeiter ohne Rücksicht auf die Höhe des Jahresarbeitsverdienstes (z.B. Gesellen, Gehilfen, Hausgehilfen, Seeleute, Lehrlinge).
2. Angestellte, deren regelmäßiger Jahresarbeitsverdienst 75% der für Jahresbezüge (ohne Familienzuschläge und Mehrarbeitsvergütungen) in der Rentenversicherung der Arbeiter geltenden Beitragsbemessungsgrenze nicht übersteigt (z.B. Werkmeister, Büroangestellte, Lehrer, Erzieher, Musiker, Hebammen, Kranken-, Wochen- und Kinderpfleger).
3. Schiffsführer und Schiffsoffiziere, ferner Angestellte in knappschaftlichen Betrieben (wenn und solange sie in der knappschaftlichen Rentenversicherung pflichtversichert sind) ohne Rücksicht auf die Höhe ihres Jahreseinkommens.
4. Empfänger von Arbeitslosengeld, Arbeitslosenhilfe und Unterhaltsgeld.
5. Personen, welche die Voraussetzungen für den Bezug einer Rente aus der Rentenversicherung der Arbeiter oder der Angestellten erfüllen und diese Rente beantragt haben.
6. Alle selbständigen Landwirte, ihre mitarbeitenden Familienangehörigen und die Altenteiler (ausgenommen landwirtschaftlicher Nebenerwerb),
7. Personen, die wegen berufsfördernder Maßnahmen zur Rehabilitation Übergangsgeld beziehen, es sei denn, das Übergangsgeld ist nach Vorschriften des BVG berechnet.
8. Körperlich, geistig oder seelisch Behinderte, die in Werkstätten für Behinderte, Blindenwerkstätten, Anstalten, Heimen oder gleichartigen Einrichtungen beschäftigt werden (Entgeltzahlungen sind nicht erforderlich). Das Nähere regelt das Gesetz über die Sozialversicherung Behinderter vom 7.5.1975 (BGBl. I S. 1061) sowie die Aufwendungserstattungs-Verordnung vom 11.7.1975 (BGBl. I S. 1896).
9. Studenten und Personen, die eine in Studien- und Prüfungsordnungen vorgeschriebene praktische Tätigkeit verrichten. Das Nähere

regelt das Gesetz über die Krankenversicherung der Studenten vom 24.6.1975 (BGBl. I S. 1536)

84. Wer ist u.a. krankenversicherungsfrei?

Beamte und sonstige öffentliche Bedienstete sowie Lehrer, wenn ihnen nach beamtenrechtlichen Vorschriften Versorgungsansprüche zustehen, Verwaltungslehrlinge sowie Personen, die zu oder während ihrer wissenschaftlichen Ausbildung für den zukünftigen Beruf gegen Entgelt tätig sind. Ferner Nebentätigkeiten gegen ein geringfügiges Entgelt (im Monat 1/5 einer jährlich festzusetzenden Bezugsgröße) sowie gelegentliche Dienstleistungen (Beschränkung auf weniger als 3 Monate).

In bestimmten Fällen kann man sich von der Krankenversicherungspflicht befreien lassen (z.B. Rentner, Rentenantragsteller und Studenten, wenn sie von einem privaten Krankenversicherungsunternehmen Vertragsleistungen für sich und die Familienangehörigen erhalten, die der Art nach den Leistungen der Krankenversicherung entsprechen). Besondere Regelungen gelten für die landwirtschaftlichen Unternehmen.

85. Welche Personen sind zur freiwilligen Versicherung berechtigt?

Versicherungsfreie Beschäftigte, Familienangehörige des Arbeitgebers, die, ohne in einem eigentlichen Arbeitsverhältnis zu stehen, in seinem Betrieb unentgeltlich tätig sind, Gewerbetreibende und andere Betriebsunternehmer, Personen, die nach Beendigung ihres Dienstverhältnisses als Soldat auf Zeit oder als Polizeivollzugsbeamte im Bundesgrenzschutz auf Kosten des Bundes an einer Ausbildung oder Weiterbildung für das spätere Berufsleben teilnehmen, Schwerbehinderte.

Voraussetzung ist, daß das jährliche Gesamteinkommen 75% der für Jahresbezüge in der Rentenversicherung der Arbeiter geltenden Beitragsbemessungsgrenze nicht übersteigt.

Außerdem kann das Recht zum Beitritt von einer bestimmten Altersgrenze und von einem ärztlichen Gesundheitszeugnis abhängig gemacht werden.

Einer Ersatzkasse können nur solche Versicherungsberechtigte beitreten, für die die Satzung der einzelnen Ersatzkasse den Beitritt vorsieht. Auch der überlebende und der geschiedene Ehegatte eines Versicherten sowie Kinder eines Versicherten, für die der Anspruch auf Familienhilfe erlischt, können der Versicherung freiwillig beitreten.

86. Bei welcher Krankenkasse ist man versichert?

Grundsätzlich bei der Krankenkasse, in deren Kassenbezirk die Beschäftigung ausgeübt wird. Für bestimmte Versicherte besteht die Möglichkeit des Beitritts zu einer Ersatzkasse. In diesem Falle tritt Befreiung von der Mitgliedschaft bei der sonst zuständigen Krankenkasse ein. Die Befreiung ist dem Arbeitgeber gegenüber durch Vorlage einer Mitgliedsbescheinigung nachzuweisen. Rentner gehören im allgemeinen der Kasse an, bei der sie zuletzt versichert werden.

87. **Wann endet in der Regel die Mitgliedschaft zur Krankenversicherung?**
Mit dem Ausscheiden aus der Beschäftigung oder bei Angestellten, wenn die Jahresverdienstgrenze überschritten wird.

88. **Inwieweit ist nach Ausscheiden aus der Versicherungspflicht eine freiwillige Weiterversicherung möglich?**
Sie ist innerhalb von 3 Wochen nach Ausscheiden aus der Versicherungspflicht zulässig, wenn in den vorangegangenen 12 Monaten mindestens 26 Wochen oder unmittelbar vorher mindestens 6 Wochen eine Versicherung bestand. Der überlebende oder geschiedene Ehegatte kann die Mitgliedschaft unter denselben Voraussetzungen wie ein Mitglied fortsetzen.
Zur Vermeidung von Nachteilen sollte ein Weiterversicherungsantrag immer sofort gestellt werden.

89. **Wer hat die Mittel für die Krankenversicherung aufzubringen?**
Die Versicherten und ihre Arbeitgeber je zur Hälfte. Angestellte, die nicht versicherungspflichtig sind, erhalten von ihrem Arbeitgeber einen Zuschuß zum Beitrag der gesetzlichen Krankenkasse. Für Versicherte mit einem monatlichen Entgelt von nicht mehr als 1/10 der in der Rentenversicherung der Arbeiter für Monatsbezüge geltenden Beitragsbemessungsgrundlage zahlt nur der Arbeitgeber die Beiträge. Für einen Versicherten, der ein freiwilliges soziales Jahr leistet, trägt der Arbeitgeber den Beitrag allein. Für Rentner leisten die Träger der Rentenversicherungen die Beiträge. Die Beiträge für die Empfänger von Arbeitslosengeld trägt die Bundesanstalt für Arbeit. Für Personen, die wegen berufsfördernder Maßnahmen zur Rehabilitation Übergangsgeld beziehen, trägt der Rehabilitationsträger den Beitrag. In der Krankenversicherung der Landwirte müssen die Landwirte und ihre mitarbeitenden Familienangehörigen den Beitrag in der Regel allein aufbringen. Versicherungsberechtigte und Weiterversicherte tragen die Beiträge ebenfalls allein.

90. **Wie werden die Beiträge zur Krankenkasse berechnet?**
Nach dem Arbeitsentgelt des einzelnen Versicherten. Die Beitragssätze sind unterschiedlich hoch festgesetzt.

91. **Wer hat die Beiträge an die Krankenkasse abzuführen?**
In der Regel der Arbeitgeber, der den Beitragsanteil des Arbeitnehmers vom Arbeitsentgelt einbehält. Anders verhält es sich

bei den Mitgliedern von Ersatzkassen. Hier muß das Mitglied den Gesamtbeitrag einzahlen, wenn nicht der Arbeitgeber freiwillig die Abführung übernommen hat.

92. **Woher erfährt die Krankenkasse, wer im einzelnen bei ihr versichert und wie hoch sein Arbeitsentgelt ist?**
Durch Meldungen des Arbeitgebers. Freiwillige Mitglieder und selbständige Versicherte haben alle Meldungen selbst zu erstatten.

93. **Was geschieht, wenn der Arbeitgeber die Anmeldung zur Krankenkasse unterlassen hat?**
Auch dann bestehen Ansprüche aus der Krankenversicherung. Mit der Aufnahme einer versicherungspflichtigen Beschäftigung ist man gesetzlich gegen Krankheit versichert.

94. **Was versteht man unter Krankheit im Sinne der Krankenversicherung?**
Ein anormaler körperlicher oder geistiger Zustand, dessen Eintritt entweder lediglich die Notwendigkeit der Heilbehandlung oder zugleich Arbeitsunfähigkeit zur Folge hat (auch Dauerausscheider, Trink- und Rauschgiftsucht). Schmerzen sind nicht erforderlich, die Ursache ist unbeachtlich. Gebrechen ist ein stationärer Krankheitszustand, der keiner Behandlung, sondern nur noch der Pflege bedarf.

95. **Welche Leistungen gewährt die Krankenkasse?**
Die Krankenkasse gewährt Untersuchungen zur Früherkennung von Krankheiten, Krankenhilfe, Haushaltshilfe, Mutterschaftshilfe, Sterbegeld und Familienhilfe. Die landwirtschaftliche Krankenkasse gewährt darüber hinaus auch Betriebshilfe. Die Leistungen können auch nach Pflichtleistungen (Regelleistungen) und Mehrleistungen unterschieden werden.

96. **Wer kann Maßnahmen zur Früherkennung von Krankheiten beanspruchen?**
1. Kinder bis zur Vollendung des 4. Lebensjahres 8 Untersuchungen zur Früherkennung von Krankheiten, die eine normale körperliche oder geistige Entwicklung des Kindes in besonderem Maße gefährden. Die Sorgeberechtigten erhalten für ihre Kinder ein Untersuchungsheft, in das die Aufzeichnungen über die einzelnen Untersuchungen einzutragen sind.
2. Frauen vom Beginn des 30. Lebensjahres an einmal jährlich eine Untersuchung zur Früherkennung von Krebserkrankungen.
3. Männer vom Beginn des 45. Lebensjahres an einmal jährlich eine Untersuchung zur Früherkennung von Krebserkrankungen.
Bei Inanspruchnahme von Untersuchungen zur Früherkennung von Krankheiten ist dem Arzt ein Berechtigungsschein vorzulegen.

97. **Welche Leistungen kommen im einzelnen bei der Krankenhilfe in Betracht?**
Krankenpflege, Krankengeldzahlungen und Krankenhauspflege.

98. **Worin bestehen die Leistungen der Krankenpflege und wie lange werden sie gewährt?**
In ärztlicher und zahnärztlicher Behandlung, Versorgung mit Arznei-, Verband-, Heilmitteln und Brillen, Körperersatzstücke, orthopädische und andere Hilfsmittel, Zuschüsse zu den Kosten für Zahnersatz und Zahnkronen oder Übernahme der gesamten Kosten, Behindertensport, Behandlung in Kureinrichtungen, Belastungserprobung und Arbeitstherapie. Krankenpflege wird vom Beginn der Krankheit an zeitlich unbegrenzt gewährt.

99. **In welcher Form wird Krankenpflege beantragt?**
Dem Arzt wird vor Beginn der Behandlung ein Krankenschein ausgehändigt. Ist eine Behandlung dringend erforderlich (z.B. Unfall), kann der Krankenschein noch nachträglich vorgelegt werden (10-Tage-Frist).

100. **Welchen Arzt oder Zahnarzt kann man als Kassenmitglied in Anspruch nehmen?**
Jeden im Bundesgebiet zugelassenen bzw. beteiligten Arzt oder Zahnarzt (Kassenarzt). Wird allerdings ein entfernt wohnender Arzt in Anspruch genommen, so muß das Kassenmitglied u.U. die Mehrkosten, die daraus resultieren (Wegegebühren), selbst tragen.

101. **Woran kann man erkennen, ob ein Arzt oder Zahnarzt zur Kasse zugelassen ist?**
Es wird in der Regel dem Arztschild entnommen werden können. Ansonsten sollte der Arzt vor Beginn der Behandlung befragt werden.

102. **Kann auf Kosten der Krankenkasse auch ein Heilpraktiker in Anspruch genommen werden?**
Nein. Die Kasse übernimmt nur die Kosten einer Behandlung durch approbierte Ärzte.

103. **Wo erhält man die vom Arzt verordneten Arzneimittel?**
In der Apotheke gegen Vorlage der Verordnung (Verschreibung).

104. **Wo bekommt das Mitglied die vom Arzt verordneten Heilmittel?**
In von der Kasse näher bestimmten Abgabestellen (Apotheke, Optiker, Bandagist, Krankenkasse). In manchen Fällen bedarf die Abgabe der verordneten Heilmittel der Genehmigung der Kasse.

105. **In welcher Form muß sich das Mitglied an den Kosten für Arznei-, Verband- und Heilmittel beteiligen?**
Für jedes Verordnungsblatt sind 20% der Kosten, höchstens jedoch 2,50 DM an die abgebende Stelle zu zahlen.

106. Wer braucht den Arzneikostenanteil nicht zu zahlen?
Die Selbstbeteiligung entfällt für Rentner und Rentenantragsteller, bei Versicherten, bei denen eine nicht nur vorübergehende Minderung der Erwerbsfähigkeit um mindestens 50% amtlich festgestellt ist oder denen Krankengeld oder Übergangsgeld gewährt wird und bei Personen, die Arznei-, Verband- und Heilmittel aus der Mutterschaftshilfe erhalten. Befreit sind Ehegatten und sonstige Familienangehörige dann, wenn sie zu dem vorbezeichneten Personenkreis gehören. Auch für die unterhaltsberechtigten Kinder ist keine Selbstbeteiligung aufzubringen.

107. Inwieweit hat der Versicherte Anspruch auf Ausstattung mit Körperersatzstücken, orthopädischen und anderen Hilfsmitteln?
Soweit sie erforderlich sind, um einer drohenden Behinderung vorzubeugen, den Erfolg der Heilbehandlung zu sichern oder eine körperliche Behinderung auszugleichen. Der Anspruch umfaßt auch die notwendige Änderung, Instandsetzung und Ersatzbeschaffung sowie die Ausbildung im Gebrauch der Hilfsmittel.

108. Inwieweit übernimmt die Krankenkasse die Kosten für Zahnersatz und Zahnkronen?
Die Satzung bestimmt die Höhe der Zuschüsse; sie kann vorsehen, daß die gesamten Kosten übernommen werden.

109. Wann gewährt die Kasse Krankengeld?
1. Krankengeld wird bei Arbeitsunfähigkeit des Versicherten und gleichzeitigem Lohnausfall gewährt, wenn eine Versicherung mit Krankengeldanspruch besteht.
2. Wenn Versicherte deshalb ihrer Arbeit fernbleiben, weil sie ein erkranktes Kind, das das 8. Lebensjahr noch nicht vollendet hat, beaufsichtigen, betreuen oder pflegen müssen, weil keine andere Person im Haushalt lebt, für 5 Arbeitstage im Kalenderjahr. Den Arbeitgebern gegenüber besteht für die Dauer der Krankengeldzahlung ein Anspruch auf unbezahlte Freistellung.
3. In der Krankenversicherung der Landwirte erhalten nach näheren Vorschriften Krankengeld nur die mitarbeitenden Familienangehörigen eines Unternehmers, wenn sie das 18. Lebensjahr vollendet haben oder wenn sie als Auszubildende beschäftigt sind.

110. Was versteht man unter Arbeitsunfähigkeit im Sinn der Krankenversicherung?
Arbeitsunfähig ist derjenige, der infolge Krankheit (auch Kur) nicht mehr in der Lage ist, seine Berufsarbeit zu verrichten. Sie muß ärztlich bescheinigt werden.

111. Wird Krankengeld auch bei Weiterzahlung des Lohnes gewährt?
Solange der Versicherte Anspruch auf Weiterzahlung des Arbeitsentgelts hat, ruht die Zahlung des Krankengeldes.

112. Welche Ansprüche bestehen im Krankheitsfalle nach dem Lohnfortzahlungsgesetz vom 27.7.1969 (BGBl. I S. 946) i.d.F. vom 18.12.1975 (BGBl. I S. 3091)?
Wird ein Arbeiter durch Arbeitsunfähigkeit infolge Krankheit an seiner Arbeitsleistung verhindert, ohne daß ihn ein Verschulden trifft, so verliert er dadurch nicht den Anspruch auf Arbeitsentgelt für die Zeit der Arbeitsunfähigkeit bis zur Dauer von 6 Wochen. Bei wiederholter Arbeitsunfähigkeit infolge derselben Krankheit verliert der Arbeiter den Lohnfortzahlungsanspruch nicht, wenn er vor der erneuten Arbeitsunfähigkeit mindestens 6 Monate wegen derselben Krankheit nicht arbeitsunfähig war. Der fortzuzahlende Arbeitslohn ist in Höhe des nach der maßgebenden regelmäßigen Arbeitszeit zustehenden Arbeitsentgeltes zu bemessen.

113. Wie hoch ist das Krankengeld?
Das Krankengeld beträgt 80% des wegen der Arbeitsunfähigkeit entgangenen regelmäßigen Entgelts (Regellohn) und darf das entgangene regelmäßige Nettoarbeitsentgelt nicht übersteigen. Nach 12 Monaten wird das Krankengeld angehoben (Dynaminisierung).

114. In welchen Fällen wird der Vertrauensarzt eingeschaltet?
Wenn begründete Zweifel an der Arbeitsunfähigkeit bestehen oder die Begutachtung zur Sicherung des Heilerfolges erforderlich erscheint. Auch einzelne Verordnungen kann der Vertrauensarzt hinsichtlich ihrer Zweckmäßigkeit nachprüfen.

115. Wann endet der Anspruch auf Krankengeld?
Mit dem Ende der Arbeitsunfähigkeit oder spätestens nach Ablauf von 78 Wochen Arbeitsunfähigkeit wegen derselben Krankheit innerhalb von 3 Jahren. Für Bezieher von Erwerbsunfähigkeitsrente oder Altersruhegeld wird Krankengeld bis zur Dauer von längstens 6 Wochen gewährt.

116. Welche Leistungen kann man im Falle der Krankenhauspflegebedürftigkeit begehren?
Die Krankenkasse kann Krankenhausbehandlung gewähren. Eine Aussteuerung nach 78 Wochen findet nicht mehr statt, so daß die stationäre Behandlung im Krankenhaus genau so zeitlich unbegrenzt gewährt wird, wie die Behandlung durch einen Kassenarzt.

117. Welche Geldleistungen erhält der Versicherte neben der gewährten Krankenhauspflege?
Soweit das Arbeitsentgelt nicht weitergezahlt wird, erhält er Krankengeld.

118. Inwieweit kann die Krankenkasse anstelle von Krankenhauspflege Hauspflege gewähren?
Wenn die Krankenhausüberführung nicht möglich oder das Ver-

bleiben des Erkrankten in seinem Haushalt aus wichtigen Gründen erforderlich ist.

119. Welche Mehrleistungen kann die Krankenkasse u.U. gewähren?
Genesendenfürsorge (evtl. über den Ablauf der Krankengeldzahlung hinaus) sowie Kuraufenthalt usw., wenn solche Maßnahmen ärztlicherseits begründet sind.

120. Unter welchen Voraussetzungen gewährt die Krankenkasse Haushaltshilfe?
1. Der Versicherte oder sein Ehegatte können wegen eines Krankenhausaufenthalts oder einer Kur den Haushalt nicht weiterführen und die Weiterführung des Haushalts auch nicht durch eine andere im Haushalt lebende Person sicherstellen.
2. Im Haushalt muß ein Kind leben, das das 8. Lebensjahr noch nicht vollendet hat oder das behindert und auf Hilfe angewiesen ist.

121. Wann werden in der Krankenversicherung der Landwirte Betriebs- und Haushaltshilfe gewährt?
Betriebshilfe in der Form der Stellung einer Ersatzkraft oder der Kostenübernahme für eine selbstgewählte Kraft erhält der versicherte landwirtschaftliche Unternehmer für längstens 3 Monate, wenn er sich länger als 2 Wochen in Krankenhauspflege befindet. Voraussetzung ist allerdings, daß in dem Betrieb keine Arbeitnehmer und keine mitarbeitenden versicherten Familienangehörigen ständig beschäftigt werden. Es kann auch Haushaltshilfe geleistet werden, wenn die Weiterführung des landwirtschaftlichen Haushalts aus ähnlichen Gründen nicht gewährleistet ist.

122. Worin bestehen die Leistungen der Mutterschaftshilfe, die die Krankenkasse an weibliche Versicherte aus Anlaß von Schwangerschaft und Niederkunft gewährt?
Gewährt werden:
1. Ärztliche Betreuung und Hilfe während der Schwangerschaft, bei und nach der Entbindung,
2. Hebammenhilfe,
3. Versorgung mit Arznei-, Verband- und Heilmitteln,
4. Pauschbetrag für die im Zusammenhang mit der Entbindung entstehenden Aufwendungen (von 50 bis 100 DM),
5. Pflege in einer Entbindungs- oder Krankenanstalt für längstens 10 Tage,
6. Mutterschaftsgeld.

123. In welchem Umfange werden Hebammenhilfe und ärztliche Betreuung gewährt?
Die Hebamme kann schon vor der Entbindung in Anspruch genommen werden, wenn es zur Beratung, Bescheinigung über den

Entbindungszeitpunkt oder bei Beschwerden notwendig ist.
Zur ärztlichen Betreuung während der Schwangerschaft gehören insbesondere Untersuchungen zur Feststellung der Schwangerschaft und Vorsorgeuntersuchungen. Bei der Entbindung wird Hebammenhilfe und im erforderlichen Umfange ärztliche Hilfe gewährt. Die Fehlgeburt wird als Krankheit angesehen, so daß insoweit Leistungen der Krankenhilfe in Betracht kommen.

124. **Ist die Krankenkasse verpflichtet, die Kosten der Pflege in einer Entbindungsanstalt zu übernehmen?**
Ja, allerdings ist die Pflegezeit nach der Entbindung auf 10 Tage beschränkt.

125. **Wer erhält Mutterschaftsgeld?**
Im allgemeinen diejenigen Versicherten, die in einem Beschäftigungsverhältnis stehen für die Dauer der Schutzfristen vor und nach der Entbindung. Versicherte, die in keinem Arbeitsverhältnis stehen, erhalten Mutterschaftsgeld in Höhe des Krankengeldes. Alle anderen Versicherten erhalten Mutterschaftshilfe als einmalige Leistung in Höhe von 150 DM.

126. **In welcher Höhe wird bei Versicherten, die in einem Beschäftigungsverhältnis stehen, Mutterschaftsgeld gezahlt?**
In der Regel in Höhe des durchschnittlichen Nettoarbeitsentgelts, mindestens 3,50 DM, höchstens 25 DM kalendertäglich. War das Nettoarbeitsentgelt höher als 25 DM pro Kalendertag, so hat der Arbeitgeber den Unterschiedsbetrag zu tragen. Wird im Einzelfall Hilfe und Wartung durch eine Hauspflegerin gewährt, so kann das Mutterschaftsgeld bis zur Hälfte gekürzt werden.

127. **Welche "sonstigen Hilfen" sieht die RVO vor?**
Versicherte haben Anspruch auf ärztliche Beratung über Fragen der Empfängnisregelung; zur ärztlichen Beratung gehören auch die erforderlichen Untersuchungen und die Verordnung von empfängnisregelnden Mitteln.
Im übrigen besteht Anspruch auf Leistungen bei einer nicht rechtswidrigen Sterilisation und bei einem nicht rechtswidrigen Abbruch der Schwangerschaft durch einen Arzt.

128. **In welchem Umfange wird von der Krankenkasse Sterbegeld gezahlt?**
In Höhe des zwanzigfachen des Grundlohnes, mindestens jedoch 100 DM. Als Mehrleistung kann das Sterbegeld auch höher festgesetzt werden. In der Krankenversicherung der Landwirte wird Sterbegeld in Höhe von 1/24 der Jahresarbeitsverdienstgrenze der allgemeinen Krankenversicherung gezahlt.

129. **An wen wird das Sterbegeld ausgezahlt?**
Nach Abzug der Bestattungskosten sind nacheinander der Ehe-

gatte, die Kinder, die Eltern, die Geschwister des Verstorbenen bezugsberechtigt.

130. Was versteht man unter der Familienhilfe der Krankenkasse?
Das sind die Leistungen, die für die Angehörigen eines Versicherten gewährt werden. Die Regelleistungen umfassen: Maßnahmen zur Früherkennung von Krankheiten, ärztliche Behandlung, Zahnbehandlung, Gewährung von Arzneimitteln und Heilmittel, sonstige Hilfen, Mutterschaftshilfe sowie Krankenhauspflege (eingeschlossen sind umfassende Ansprüche auf Rehabilitationsleistungen), Mutterschaftsgeld wird als einmalige Leistung in Höhe von 35 DM bis 150 DM gewährt. Die Familienhilfe kann u.U. auf sonstige Angehörige, die mit dem Versicherten in häuslicher Gemeinschaft leben und von ihm ganz oder überwiegend unterhalten werden, ausgedehnt werden.

131. Für welche Berufszweige gelten krankenversicherungsrechtliche Sondervorschriften?
Für Beschäftigte in der Landwirtschaft, Hausgehilfen, unständig Beschäftigte, Wandergewerbetreibende, andere Selbständige und Seeleute.

III. Unfallversicherung

132. Welche Aufgaben hat die gesetzliche Unfallversicherung?
Die Verhütung von Arbeitsunfällen und Berufskrankheiten (Erlaß von Unfallverhütungsvorschriften und Überwachung deren Befolgung), die Sicherstellung einer wirksamen ersten Hilfe bei Verletzungen, die Wiederherstellung der Erwerbsfähigkeit eines Unfallverletzten (Heilbehandlung), die Wiedereingliederung in das Arbeitsleben zu unterstützen (Arbeits- und Berufsförderung) und erforderlichenfalls die Gewährung von Renten.

133. Welcher Sozialrechtsvorstellung wurde in der Unfallversicherung Geltung verschafft?
Schadensverhütung ist besser als Unfallentschädigung, und Wiedereingliederung des Unfallverletzten in das Arbeitsleben ist einer dauernden Unfallrentenleistung vorzuziehen.

134. Wer sind die Träger der Unfallversicherung?
Die Hauptträger sind die Berufsgenossenschaften (nach Gewerbezweigen gegliedert). Hinzu kommen die sog. Eigenunfallversicherungsträger (Gemeinden, Städte, Länder, Bund). Die Berufsgenossenschaften führen die ihnen übertragenen Aufgaben in eigener Verantwortung unter Aufsicht des Staates durch.

135. Wer ist in der Unfallversicherung versichert?
Alle Arbeitnehmer und bestimmte arbeitnehmerähnliche Personen,

einige Gruppen von Unternehmern, ferner Personen, die im Interesse der Allgemeinheit ehrenamtlich tätig sind, sowie einige besondere Personengruppen. Hierzu gehören u.a.:
a) Die in der Gesundheits- und Wohlfahrtspflege, im DRK, bei der Technischen Nothilfe und bei den Feuerwehren ohne eigentliches Arbeitsverhältnis tätigen Personen (z.B. auch Sonntagshelfer im Krankenhaus),
b) Personen bei Hilfeleistungen in Unglücksfällen oder gemeiner Gefahr,
c) Blutspender (Vergütung ist dabei ohne Bedeutung),
d) Personen, die Luftschutz leisten, freiwillige Helfer des Bundesluftschutzverbandes,
e) Schüler, Studenten sowie Kinder in Kindergärten.

136. Wer ist unfallversicherungsfrei?
Beamte, Soldaten, Mitglieder geistlicher Genossenschaften und DRK-Schwestern mit lebenslangen Versorgungsansprüchen, Ärzte, Heilpraktiker, Zahnärzte und Apotheker bei selbständiger Tätigkeit.

137. Können Unternehmer in der Unfallversicherung versichert sein?
Soweit sie nicht pflichtversichert sind, haben sie das Recht, sich freiwillig gegen die Folgen von Arbeitsunfällen zu versichern.

138. Wer hat die Mittel für die Unfallversicherung aufzubringen?
Die Beiträge werden im allgemeinen von den Unternehmern allein getragen. Diese Besonderheit erklärt sich aus dem Wesen der Unfallversicherung, die dem Unternehmer grundsätzlich die bürgerlich-rechtliche Haftpflicht für Unfälle in seinem Betrieb abnimmt.

139. Wie werden die Beiträge zur Unfallversicherung errechnet?
Die Beiträge werden in der Regel im Umlageverfahren erhoben, wobei als Grundlage der Bedarf des abgelaufenen Geschäftsjahres dient. Die einzelnen Beiträge richten sich nach der Zahl der versicherten Arbeitnehmer bzw. der Höhe der gezahlten Arbeitsentgelte sowie nach den besonderen Betriebsgefahren und Unfällen.

140. Welches sind die Voraussetzungen für eine Leistungsgewährung aus der Unfallversicherung?
Ein Arbeitsunfall oder eine Berufskrankheit.

141. Was versteht man unter einem Arbeitsunfall?
Ein Arbeitsunfall ist eine durch plötzliche äußere Einwirkung verursachte Schädigung der Gesundheit in Form einer Verletzung oder des Todes, die ursächlich auf die Beschäftigung oder auf eine unfallversicherte Tätigkeit zurückzuführen ist. Als Arbeitsunfall gilt auch der Unfall, der sich auf dem direkten Weg nach und von der Arbeitsstätte ereignet hat.

142. Wann liegt eine Berufskrankheit vor?
Es sind Krankheiten, die durch die berufliche Beschäftigung verursacht sind. Die für eine Anerkennung als Berufskrankheit infrage kommenden Krankheiten sind fast ausnahmslos in der Berufskrankheitsverordnung vom 16.12.1936 i.d.F. vom 8.12.1976 (BGBl. I S. 3329) aufgeführt (z.B. Infektionskrankheiten bei Krankenpflegepersonen oder Silikose bei Bergleuten).

143. Müssen Leistungen der Unfallversicherung beantragt werden?
Die Leistungen werden von Amts wegen gewährt. Voraussetzung ist lediglich, daß die Berufsgenossenschaft von dem Unfall oder der Berufskrankheit Kenntnis erlangt.

144. Wie erlangt die Berufsgenossenschaft Kenntnis von einem Arbeitsunfall?
Der Arbeitgeber ist verpflichtet, jeden Arbeitsunfall in seinem Betrieb (bei mehr als 3 Tagen Arbeitsunfähigkeit) innerhalb von 3 Tagen dem Versicherungsträger, dem Gewerbeaufsichtsamt und der Gemeindebehörde zu melden.

145. In welcher Form ist die Meldepflicht bei Berufskrankheiten geregelt?
Jeder Arzt, der den begründeten Verdacht hat, daß bei einem Versicherten eine Berufskrankheit besteht, hat dies dem zuständigen Versicherungsträger unverzüglich anzuzeigen.

146. Kann sich der Versicherte nach einem Arbeitsunfall oder bei einer Berufskrankheit selbst an den zuständigen Versicherungsträger wenden?
Der Versicherte kann seine Ansprüche auch selbst geltend machen.

147. In welcher Form werden die Leistungen aus der Unfallversicherung festgesetzt?
In der Regel durch schriftlichen Bescheid des Versicherungsträgers.

148. Welche Leistungen gewährt die gesetzliche Unfallversicherung?
Als Sachleistung Heilbehandlung, Berufshilfe und Wiederherstellung oder Erneuerung eines durch den Unfall beschädigten Körperersatzstückes oder größeren orthopädischen Hilfsmittels. Als Geldleistungen Übergangsgeld, besondere Unterstützungen sowie Verletztenrente einschließlich Schwerverletzten- und Kinderzulagen. Darüber hinaus kommen Hinterbliebenenrenten und Sterbegeldzahlungen in Betracht.

149. Für welchen Zeitraum werden Leistungen aus der Unfallversicherung erbracht?
Solange die Voraussetzungen für den Bezug von Leistungen vorliegen. Eine Aussteuerung findet nicht statt.

150. In welchen Fällen kann der Versicherungsträger eine Leistung verweigern?
Wenn der Unfall absichtlich herbeigeführt wurde. Grobe Fahrlässigkeit allerdings schließt eine Leistungsgewährung nicht aus.

151. Welche Bedeutung hat der sog. Durchgangsarzt?
Durchgangsärzte sind von den Berufsgenossenschaften bestellt und sollen sicherstellen, daß dem Verletzten so früh wie möglich bestimmte chirurgische Behandlungsmethoden zugute kommen. Namen und Anschriften dieser Ärzte sind bei den Krankenkassen und beim Arbeitgeber zu erfahren. Freie Arztwahl besteht im allgemeinen nicht.

152. Worin besteht die Heilbehandlung der Unfallversicherung?
Ärztliche und zahnärztliche Behandlung, Arznei- und Verbandmittel, Heilmittel einschließlich Krankengymnastik, Bewegungstherapie, Sprachtherapie und Beschäftigungstherapie, Ausstattung mit Körperersatzstücken, orthopädischen und anderen Hilfsmitteln einschließlich der notwendigen Änderung, Instandsetzung und Ersatzbeschaffung sowie der Ausbildung im Gebrauch der Hilfsmittel, Belastungserprobung und Arbeitstherapie, Gewährung von Pflege.

153. Was gehört zur Berufshilfe?
Sie umfaßt die geeigneten Mittel für die berufliche Ausbildung zur Wiedergewinnung oder Erhöhung der Erwerbsfähigkeit und Hilfe zur Erlangung einer Arbeitsstelle.

154. Wann steht dem Versicherten Übergangsgeld zu?
Solange wegen des Arbeitsunfalles Arbeitsunfähigkeit besteht und kein Arbeitsentgelt bezogen wird. Das Übergangsgeld wird in Höhe des Krankengeldes der Krankenversicherung gezahlt. Während der Dauer der Heilbehandlung kann dem Verletzten und seinen Angehörigen besondere Unterstützung gewährt werden (z.B. Haushaltshilfe, Familienheimfahrten).

155. Wann wird Verletztenrente gewährt?
Sie beginnt mit dem Tage nach dem Wegfall der Arbeitsunfähigkeit im Sinne der Krankenversicherung oder mit Beginn der Erwersunfähigkeit, wenn diese über die 13. Woche nach dem Arbeitsunfall andauert (MdE mindestens 20%).

156. In welcher Höhe wird die Verletztenrente gezahlt?
Die Höhe bestimmt sich nach dem Maß der eingebüßten Erwerbsfähigkeit und nach dem Verdienst des Verletzten vor dem Unfall. Man unterscheidet Voll- und Teilrenten. Bei völligem Verlust der Erwerbsfähigkeit wird Vollrente in Höhe von 2/3 des Jahresarbeitsverdienstes gezahlt, bei teilweisem Verlust Teilrente nach der Minderung der Erwerbsfähigkeit (z.B. 20%).

157. Unter welchen Voraussetzungen ist eine Kapitalisierung der Verletztenrente möglich?
Eine Rente für eine Minderung der Erwerbsfähigkeit von weniger als 30% kann kapitalisiert werden. Über 30% Minderung der Erwerbsfähigkeit kann die Rente nur zur Hälfte für die Dauer von 10 Jahren unter Beachtung weiterer Voraussetzungen kapitalisiert werden.

158. Wann kann dem Verletzten Kinderzulage gewährt werden?
Schwerverletzte (Minderung der Erwerbsfähigkeit mindestens 50%) erhalten zur Rente für jedes Kind bis zu dessen 18. Lebensjahr (gegebenenfalls bis zum 25. Lebensjahr) eine Kinderzulage in Höhe von 1/10 der Rente (mindestens 25 DM).

159. Wann bekommt ein Schwerverletzter eine Schwerverletztenzulage?
Wenn er infolge des Arbeitsunfalles einer Erwerbstätigkeit nicht mehr nachgehen kann und keine Rente aus der Rentenversicherung erhält. Sie beträgt 1/10 der Verletztenrente.

160. In welcher Höhe wird Sterbegeld gewährt?
In Höhe von 1/12 des Jahresarbeitsverdienstes, mindestens jedoch 400 DM. Erforderlichenfalls werden auch die Kosten der Überführung der Leiche an den Bestattungsort erstattet.

161. In welcher Höhe wird Witwenrente gewährt?
Für die ersten 3 Monate nach dem Tode des Versicherten erhält die Witwe eine Überbrückungshilfe in Höhe des Unterschiedsbetrages zwischen der Witwenrente und der Vollrente. Die Witwe erhält eine Witwenrente von 3/10 des Jahresarbeitsverdienstes bis zu ihrem Tode oder ihrer Wiederverheiratung. Die Witwenrente beträgt 2/5 des Jahresarbeitsverdienstes, wenn die Witwe das 45. Lebensjahr vollendet hat oder solange sie mindestens 1 waisenrentenberechtigtes Kind erzieht oder berufsunfähig oder erwerbsunfähig ist. Die Berufsunfähigkeit oder Erwerbsunfähigkeit muß mindestens 3 Monate bestanden haben.

162. In welchem Umfange werden Waisenrenten gewährt?
In Höhe von 1/5 (3/10 bei Vollwaisen) des Jahresarbeitsverdienstes für jedes Kind bis zur Vollendung des 18. oder gegebenenfalls 25 Lebensjahres.

163. Kann auch eine Witwerrente gewährt werden?
Für den Witwer wird eine Witwerrente gewährt, wenn die durch den Arbeitsunfall verstorbene Ehefrau den Unterhalt der Familie überwiegend bestritten hat und solange sie ihn bestritten haben würde.

164. In welchem Falle kann eine Witwenbeihilfe gezahlt werden?
Wenn ein Schwerverletzter nicht an den Folgen des Unfalles

stirbt, erhält die Witwe oder die Vollwaisen als einmalige Beihilfe 2/5 des Jahresarbeitsverdienstes. In Härtefällen kann auch eine laufende Beihilfe gewährt werden.

IV. Rentenversicherung

165. Welche Zweige der Rentenversicherung unterscheidet man?
Die Rentenversicherung der Arbeiter und Angestellten sowie die Knappschaftsrentenversicherung. Die betriebliche Altersversorgung regelt das Gesetz zur Verbesserung der betrieblichen Altersversorgung vom 19.12.1974 (BGBl. I S. 3610).

166. Woraus ergibt sich die Zugehörigkeit zu diesen Versicherungszweigen?
Im wesentlichen aus der Art des Beschäftigungsverhältnisses.

167. Welche Hauptaufgabe hat die Rentenversicherung?
Die Sicherung bei Berufs- oder Erwerbsunfähigkeit, Alter und Tod und die Gewährung von Renten an Versicherte und deren Hinterbliebene.

168. Kann man sagen, daß sich die Zweige der Rentenversicherung nennenswert voneinander unterscheiden?
Obwohl die einzelnen Zweige in selbständigen Gesetzen geregelt sind, unterscheiden sie sich lediglich hinsichtlich des Versichertenkreises, während Leistungsvoraussetzungen, Höhe der Leistungen und Beitragsbemessung – von bestimmten auf den Bergmann abgestellten Leistungen der Knappschaftsrentenversicherung abgesehen – im wesentlichen übereinstimmen.

169. Wo kann man Auskünfte über die Rentenversicherung erhalten?
Bei den Trägern der Rentenversicherung selbst oder in besonderen Beratungsstellen, bei den Versicherungsämtern, bei den Versicherungsältesten, bei den Gewerkschaften und Berufsverbänden sowie auch beim Rentenberater (allerdings gegen Entgelt).

170. Welches sind die Träger der Rentenversicherungen?
Für die Rentenversicherung der Arbeiter die Landesversicherungsanstalten und Sonderanstalten (Bundesbahn-Versicherungsanstalt und Seekasse), für die Rentenversicherung der Angestellten die BfA und für die Knappschaftsrentenversicherung die Bundesknappschaft mit ihren nachgeordneten Verwaltungsstellen. Die Träger der Rentenversicherungen sind Körperschaften des öffentlichen Rechts und unter Aufsicht des Staates (z.B. Länderarbeitsministerium, Bundesversicherungsamt).

171. Wer ist in der Arbeiterrentenversicherung versichert?
Alle Personen – ohne Rücksicht auf die Höhe des Verdienstes –

die als Arbeitnehmer gegen Entgelt beschäftigt sind, sofern sie nicht den Bestimmungen eines anderen Versicherungszweiges unterliegen. Der Arbeiterrentenversicherung unterliegen u.a. auch Lehrlinge, Heimarbeiter, selbständige Hausgewerbetreibende, selbständige Küstenschiffer und Küstenfischer, die in der Handwerksrolle eingetragenen Handwerker, Mitglieder geistlicher Genossenschaften, Diakonissen, auf Antrag selbständige Erwerbstätige und körperlich, geistig oder seelisch Behinderte, die in Werkstätten für Behinderte, Blindenwerkstätten, Anstalten, Heimen oder gleichartigen Einrichtungen beschäftig werden (Entgeltzahlungen sind nicht erforderlich). Das Nähere regelt das Gesetz über die Sozialversicherung Behinderter vom 7.5.1975 (BGBl. I S. 1061).

172. Wer ist in der Angestelltenversicherung versichert?
Alle Personen, die als Angestellte berufstätig sind, ohne Rücksicht auf die Höhe ihres Arbeitsverdienstes und auf ihre Stellung im Betrieb. Hierzu gehören z.B. Lehrlinge, leitende Angestellte, technische Angestellte, Büroangestellte, Handlungsgehilfen, Angestellte in Berufen der Erziehung, des Unterrichts, der Fürsorge, der Kranken- und Wohlfahrtspflege, Hebammen mit Niederlassungserlaubnis, Mitglieder geistlicher Genossenschaften, Diakonissen, auf Antrag selbständige Erwerbstätige.

173. Wer ist begrifflich Arbeiter und wer Angestellter?
Gesetzliche Definitionen gibt es hierfür nicht. Die Angestelltentätigkeit unterscheidet sich im allgemeinen von der Arbeitertätigkeit durch das Überwiegen der geistigen vor der körperlichen Tätigkeit. Ein entscheidendes Anzeichen dafür, wie bestimmte Tätigkeiten zu werten sind, ist das Ansprechen dieser Tätigkeiten in Tarifverträgen als Arbeiter- oder als Angestelltentätigkeit.

174. Wer ist in der Knappschaftsrentenversicherung versichert?
Die Arbeiter und Angestellten in Betrieben, in denen Mineralien oder ähnliche Stoffe bergmännisch gewonnen werden. Die Versicherungspflicht besteht ohne Rücksicht auf die Höhe des Entgelts.

175. Wer ist kraft Gesetzes rentenversicherungsfrei?
Versicherungsfrei sind u.a. Studenten während der Dauer des Studiums (Werkstudent), Empfänger von Altersruhegeld, Beamte, Soldaten auf Zeit, Berufssoldaten. Versicherungsfreiheit besteht auch bei Nebentätigkeiten gegen ein geringfügiges Entgelt (im Monat 1/5 einer jährlich festzusetzenden Bezugsgröße) oder bei gelegentlichen Dienstleistungen (weniger als 3 Monate).

176. Wer kann sich von der Rentenversicherungspflicht befreien lassen?
Auf Antrag Personen, denen nach beamtenrechtlichen Vorschriften oder Grundsätzen oder entsprechenden kirchenrechtlichen Regelungen eine lebenslängliche Versorgung und Hinterbliebenenversorgung gewährleistet ist.

177. Wer ist zur freiwilligen Versicherung berechtigt?
Jeder Deutsche (u.U. auch Ausländer), der nicht versicherungspflichtig ist, kann für Zeiten nach Vollendung des 16. Lebensjahres freiwillig Beiträge entrichten. Beamte oder ihnen gleichgestellte Personen sowie Personen, die auf Antrag von der Versicherungspflicht befreit worden sind, können sich nur freiwillig versichern, wenn sie für mindestens 60 Kalendermonate Beiträge entrichtet haben.

178. Bei welchem Versicherungszweig ist eine freiwillige Versicherung durchzuführen?
Bei erstmaliger Versicherung kann der Berechtigte zwischen Arbeiterrentenversicherung und Angestelltenversicherung wählen, andernfalls ist der Versicherungszweig, an den der letzte Beitrag entrichtet worden ist, zuständig. Eine freiwillige Weiterversicherung ist in der Knappschaftsrentenversicherung nicht mehr möglich.

179. Ist eine freiwillige Versicherung auch nach Erreichen der Altersgrenze möglich?
Nur dann, wenn ein Altersruhegeld noch nicht bezogen wird.

180. Können die während der Berufs- oder Erwerbsunfähigkeit geleisteten freiwilligen Beiträge rentenerhöhend wirken?
Sie können nur auf einen späteren Versicherungsfall und die Hinterbliebenenrente angerechnet werden.

181. Können freiwillige Rentenversicherungsbeiträge auch für zurückliegende Zeiten nachentrichtet werden?
Freiwillige Beiträge für die Zeit ab 1.1.1956 können u.a. Selbständige, zur freiwilligen Versicherung berechtigte Personen (u.a. Hausfrauen) entrichten. Wichtige Neuerungen hat insoweit die Rentenreform 1972/73 gebracht.

182. Wann ist der Arbeitgeber zu einer Nachversicherung eines versicherungsfrei Beschäftigten verpflichtet?
Personen, die wegen der Gewährleistung von Versorgungsansprüchen versicherungsfrei waren, jedoch ohne diese Versorgung aus der Beschäftigung ausscheiden, müssen für diese Beschäftigungszeit nachversichert werden (z.B. Beamte).

183. Können neben Pflicht- oder freiwilligen Beiträgen zur Rentenversicherung zusätzlich Beiträge zur Höherversicherung gezahlt werden?
Ja. Die Leistungen aus Höherversicherungsbeiträgen bleiben jedoch bei Rentenanpassungen außer Betracht.

184. Wer hat die Mittel für die Rentenversicherung aufzubringen?
1. Die Rentenversicherungsbeiträge sind von dem Versicherten und dem Arbeitgeber je zur Hälfte zu tragen, jedoch vom Ar-

beitgeber allein, wenn der Versicherte ein freiwilliges soziales Jahr ableistet oder wenn das monatliche Bruttoarbeitsentgelt des Versicherten 1/10 der Beitragsbemessungsgrenze für Monatsbezüge nicht übersteigt.
2. Die Beiträge allein zu tragen haben u.a. die versicherungspflichtigen Selbständigen, die Weiterversicherten und die der Versicherung freiwillig Beigetretenen.
3. Höherversicherungsbeiträge müssen vom Versicherten allein aufgebracht werden.

185. In welcher Höhe sind die Beiträge zur Rentenversicherung zu erbringen?
1. Für die versicherungspflichtigen Arbeitnehmer wird der Beitrag nach einem Vomhundertsatz des Bruttoarbeitsentgelts, soweit dieser die Beitragsbemessungsgrenze nicht überschreitet, bemessen.
2. Für Pflichtversicherte, die selbst den Beitrag zu entrichten haben, sind nach der Höhe des monatlichen Bruttoarbeitsentgelts oder Bruttoarbeitseinkommens Beiträge nach verschiedenen Beitragsklassen zu entrichten. Dem freiwillig Versicherten steht die Wahl der Beitragsklasse frei. Es brauchen nicht dem Einkommen entsprechende Beiträge entrichtet zu werden.
3. Höherversicherungsbeiträge können nach freier Wahl des Versicherten entrichtet werden.

186. In welcher Form wird der Rentenversicherungsbeitrag entrichtet?
1. Für versicherungspflichtig Beschäftigte sind die Beiträge grundsätzlich durch den Arbeitgeber im Wege des Lohnabzugsverfahrens zu entrichten. Der Arbeitgeber hat den einbehaltenen Anteil mit seinem eigenen Anteil an die Einzugsstelle (Krankenkasse) abzuführen.
2. Bei versicherungspflichtiger selbständiger Tätigkeit ist der Versicherte selbst zur Beitragsentrichtung verpflichtet. Sie werden unbar an den Versicherungsträger gezahlt.
Freiwillig Versicherte können ihre Beiträge entweder unbar an den Versicherungsträger abführen oder durch Verwendung von Beitragsmarken, die bei der Post erworben werden können, entrichten. Beitragsmarken müssen in die Versicherungskarte eingeklebt und entwertet werden.
3. Höherversicherungsbeiträge werden durch Verwendung von Beitragsmarken mit dem Aufdruck "HV" entrichtet.

187. Inwieweit hat der Arbeitgeber für versicherungspflichtig Beschäftigte einen Nachweis der Beitragsentrichtung zu führen?
Durch Eintragungen im Versicherungs-Nachweis-Heft der Rentenversicherung.

188. Wo sind die Nachweishefte erhältlich?
Bei Aufnahme der ersten versicherungspflichtigen Beschäftigung wird auf Antrag vom Versicherungsträger ein Scheckheft (mit Schecks und Versicherungsausweis sowie Antrag für ein neues Scheckheft) übergeben.

189. Welche Leistungen haben die Rentenversicherungsträger zu gewähren?
Medizinische, berufsfördernde und ergänzende Leistungen zur Rehabilitation, Renten, Witwen- und Witwerrentenabfindungen, Beitragserstattungen, Beiträge für die Krankenversicherung der Rentner.

190. In welchen Fällen werden Rehabilitationsmaßnahmen durchgeführt?
Wenn die Erwerbsfähigkeit eines Versicherten infolge Erkrankung gefährdet oder gemindert ist und diese voraussichtlich erhalten, wesentlich gebessert oder wiederhergestellt werden kann. Rehabilitationsmaßnahmen sind auch Rentnern zu gewähren, die Rente wegen Berufs- oder Erwerbsunfähigkeit beziehen.

191. Wer ist zur Durchführung der Rehabilitationsmaßnahmen verpflichtet?
Die Rentenversicherungsträger, soweit nicht andere Stellen dazu verpflichtet sind.

192. Welche Leistungen werden bei der Rehabilitation gewährt?
Heilbehandlung, Berufsförderung und soziale Betreuung.

193. Welche Leistungen umfaßt die Heilbehandlung?
Die medizinischen Leistungen zur Rehabilitation umfassen insbesondere ärztliche Behandlung, Arznei- und Verbandmittel, Heilmittel einschließlich Krankengymnastik, Bewegungstherapie, Sprachtherapie und Beschäftigungstherapie, Ausstattung mit Körperersatzstücken, orthopädischen und anderen Hilfsmitteln einschließlich der notwendigen Änderung, Instandsetzung und Ersatzbeschaffung sowie der Ausbildung im Gebrauch der Hilfsmittel, Belastungserprobung und Arbeitstherapie, vor allem in Kur- und Spezialeinrichtungen einschließlich der erforderlichen Unterkunft und Verpflegung.

194. Welche Leistungen umfaßt die Berufsförderung?
Sie umfaßt insbesondere
a) Hilfen zur Erhaltung oder Erlangung eines Arbeitsplatzes einschließlich Leistungen zur Förderung der Arbeitsaufnahme und Eingliederungshilfen an Arbeitgeber,
b) Berufsfindung und Arbeitserprobung, Berufsvorbereitung einschließlich der wegen einer Behinderung erforderlichen Grundausbildung,

c) berufliche Anpassung, Fortbildung, Ausbildung und Umschulung, einschließlich eines zur Teilnahme an diesen Maßnahmen erforderlichen schulischen Abschlusses,
d) sonstige Hilfen der Arbeits- und Berufsförderung, um dem Betreuten eine angemessene und geeignete Erwerbs- oder Berufstätigkeit auf dem allgemeinen Arbeitsmarkt oder in einer Werkstatt für Behinderte zu ermöglichen.
Die Berufsförderung wird im allgemeinen nicht länger als 2 Jahre gewährt.

195. **Welche ergänzenden Leistungen werden zu den medizinischen und berufsfördernden Leistungen zur Rehabilitation erbracht?**
Übergangsgeld, Übernahme von Kosten (z.B. Prüfungsgebühren, Lernmittel, Arbeitskleidung, Arbeitsgeräte), Reisekosten (auch für Familienheimfahrten), ärztlich verordneter Behindertensport in Gruppen unter ärztlicher Betreuung, Haushaltshilfe und sonstige Leistungen.

196. **Welche Renten können an Versicherte gezahlt werden und welche allgemeinen Voraussetzungen müssen hierfür vorliegen?**
1. Renten (Knappschaftsrenten) wegen Berufsunfähigkeit oder Erwerbsunfähigkeit und
2. Ruhegeld nach Erreichen der Altersgrenzen (Altersruhegeld, Knappschaftsruhegeld).
Voraussetzung für den Bezug einer Rente ist, daß Berufs- oder Erwerbsunfähigkeit vorliegt oder die jeweilige Altersgrenze erreicht ist. Ferner muß eine bestimmte Wartezeit erfüllt sein.

197. **Was versteht man unter Erfüllung der Wartezeit?**
Der Versicherte muß eine bestimmte Versicherungszeit erfüllt haben, bis er Ansprüche auf Leistungen erheben kann. Als Versicherungszeiten werden solche Kalendermonate angerechnet, für die Beiträge entrichtet sind (Beitragszeiten). Auf die Wartezeit werden als Ersatzzeiten u.a. angerechnet: Militärdienstzeiten, Zeiten der Gefangenenschaft, der Internierung, der Vertreibung, der Flucht.

198. **Wann werden Ersatzzeiten im allgemeinen nur anerkannt?**
Die Anerkennung erfolgt nur, wenn vorher eine Versicherung bestanden hat und während der Ersatzzeit keine Versicherungspflicht vorlag oder aber innerhalb von 3 Jahren nach dem Ende der Ersatzzeit eine versicherungspflichtige Beschäftigung aufgenommen worden ist.

199. **Werden Leistungen auch gewährt, wenn die gesetzlich vorgeschriebenen Wartezeiten nicht erfüllt sind?**
Eine fiktive Erfüllung der Wartezeit ist bei der Rente wegen Berufs- oder Erwerbsunfähigkeit möglich, wenn der Versicherte durch Arbeitsunfall, Militärdienst, Vertreibung u.a. berufsunfähig

bzw. erwerbsunfähig oder gestorben ist. Gleiches gilt, wenn der Versicherte bis zu 6 Jahren nach seiner Ausbildung infolge eines Unfalles erwerbsunfähig oder gestorben ist und er in den dem Versicherungsfall vorausgegangenen 24 Kalendermonaten mindestens für 6 Kalendermonate rentenversicherungspflichtige Beiträge entrichtet hat.

200. Welche Wartezeiten sind für die verschiedenen Rentenleistungen nachzuweisen?

Für die Rente (Knappschaftsrente) wegen Berufsunfähigkeit oder Erwerbsunfähigkeit 60 Kalendermonate, für das Altersruhegeld (Knappschaftsruhegeld) 180 Kalendermonate.

Für die Rente aus Beiträgen der Höherversicherung ist die Erfüllung einer Wartezeit nicht erforderlich.

Für die Gewährung der Bergmannsrente in der Knappschaftsversicherung ist neben verminderter bergmännischer Berufsfähigkeit eine knappschaftliche Versicherungszeit von 60 Monaten oder bei Vollendung des 50. Lebensjahres eine knappschaftliche Versicherungszeit von 300 Monaten mit ständigen Arbeiten unter Tage oder diesen gleichgestellten Arbeiten notwendig.

In Fällen des vorgezogenen Altersruhegeldes ist eine Wartezeit von 35 Versicherungsjahren erforderlich.

201. Wann liegt Berufsunfähigkeit vor?

Berufsunfähig ist ein Versicherter, dessen Erwerbsfähigkeit infolge von Krankheit (nicht erforderlich, daß Krankheit behandlungsbedürftig ist oder Arbeitsunfähigkeit bedingt) oder anderen Gebrechen oder Schwäche seiner körperlichen oder geistigen Kräfte (z.B. Altersschwäche, Verschleißerscheinungen, Vergreisungen) auf weniger als die Hälfte derjenigen eines körperlich und geistig gesunden Versicherten mit ähnlicher Ausbildung und gleichwertigen Kenntnissen und Fähigkeiten herabgesunken ist.

202. Wann liegt eine verminderte bergmännische Berufsfähigkeit vor?

Vermindert bergmännisch berufsfähig ist ein Versicherter, der infolge Krankheit oder anderer Gebrechen oder Schwäche seiner körperlichen oder geistigen Kräfte weder imstande ist, die von ihm bisher verrichtete knappschaftliche Arbeit auszuüben, noch imstande ist, andere im wesentlichen wirtschaftlich gleichwertige Arbeiten von Personen mit ähnlicher Ausbildung sowie gleichwertigen Kenntnissen und Fähigkeiten in knappschaftlich versicherten Betrieben auszuüben.

203. Wann liegt Erwerbsunfähigkeit vor?

Erwerbsunfähig ist der Versicherte, der infolge von Krankheit oder anderen Gebrechen oder von Schwäche seiner körperlichen oder geistigen Kräfte auf nicht absehbare Zeit eine Erwerbstätigkeit in gewisser Regelmäßigkeit nicht mehr ausüben oder nicht mehr als nur geringfügige Einkünfte durch Erwerbstätigkeit erzielen kann.

204. Kann die Bewilligung einer Berufs- oder Erwerbsunfähigkeitsrente auf eine bestimmte Zeit beschränkt werden?

Besteht begründete Aussicht, daß die Berufs- oder Erwerbsunfähigkeit von Versicherten in absehbarer Zeit behoben sein wird, so wird Rente für längstens 2 Jahre gewährt. Die Rente kann wiederholt gewährt werden. Bei fortlaufendem Bezug ist die Zeitrente jedoch auf eine Höchstdauer von 4 Jahren begrenzt.

205. Welche Renten kommen nach dem System der flexiblen Altersgrenze im einzelnen in Betracht?

1. Vorgezogenes Altersruhegeld vom 60. Lebensjahr für Frauen und Arbeitslose sowie Knappschaftsruhegeld,
2. flexibles Altersruhegeld (Knappschaftsruhegeld).

206. In welchen Fällen wird Altersruhegeld schon vom 60. Lebensjahr an gewährt?

Altersruhegeld vom 60. Lebensjahr an erhalten
a) weibliche Versicherte, wenn sie eine Versicherungszeit von 180 Kalendermonaten zurückgelegt und in den letzten 20 Jahren überwiegend eine rentenversicherungspflichtige Beschäftigung ausgeübt, d.h. mindestens 121 Pflichtbeiträge entrichtet haben,
b) Arbeitslose, wenn sie eine Versicherungszeit von 180 Kalendermonaten zurückgelegt und innerhalb der letzten 1 1/2 Jahre vor der Antragstellung mindestens 52 Wochen arbeitslos waren.
Knappschaftsruhegeld wird schon bei Vollendung des 60. Lebensjahres gewährt, wenn eine knappschaftliche Versicherungszeit von 300 Monaten mit Arbeiten unter Tage zurückgelegt worden ist.

207. In welchem Umfange ist bei vorgezogenem Altersruhegeld für Frauen und Arbeitslose eine Weiterarbeit zulässig?

Neben dem Altersruhegeld darf bis zur Vollendung des 65. Lebensjahres jeweils im Laufe eines Jahres seit dem erstmaligen Rentenbeginn eine Beschäftigung bis zu einem Entgelt von 1/8 der Beitragsbemessungsgrenze ausgeübt werden.

208. Wann wird Altersruhegeld (Knappschaftsruhegeld) gewährt?

Altersruhegeld wird gezahlt, sobald der Versicherte das 65. Lebensjahr vollendet hat und eine Versicherungszeit von 180 Monaten zurückgelegt hat. Im Rahmen der flexiblen Altersgrenze kann Altersruhegeld schon vom vollendeten 63. Lebensjahr (von anerkannten Schwerbeschädigten sowie von Beziehern von Berufsunfähigkeits- und Erwerbsunfähigkeitsrente schon vom 62. Lebensjahr) an bezogen werden. In diesen Fällen müssen außerdem 35 anrechnungsfähige Versicherungsjahre (einschließlich der

Ausfallzeiten) mit mindestens 180 Kalendermonaten Versicherungszeit nachgewiesen werden.

209. Inwieweit ist während des Bezugs von Altersruhegeld nach dem 62. oder 63. Lebensjahr eine Weiterarbeit zulässig?
Die Weiterarbeit ist auf höchstens 3 Monate oder 75 Arbeitstage im Kalenderjahr beschränkt. Wird die Tätigkeit dagegen laufend oder in regelmäßiger Wiederkehr ausgeübt, darf das Entgelt daraus durchschnittlich 3/10 der allgemeinen Beitragsbemessungsgrenze nicht übersteigen.

210. Welche besonderen Zuschläge sind bei vorläufigem Rentenverzicht über das 65. Lebensjahr hinaus möglich?
Für jeden Kalendermonat zwischen der Vollendung des 65. und 67. Lebensjahres, für den der Versicherte das Altersruhegeld hätte beantragen können, aber nicht in Anspruch genommen hat, wird ein Zuschlag von 0,6% des Jahresbetrages des Altersruhegeldes auf den bei Vollendung des 65. Lebensjahres Anspruch bestanden hat, gezahlt.

211. Inwieweit sieht die Knappschaftsrentenversicherung eine Knappschaftsausgleichsleistung vor?
Diese Leistung ist einem Versicherten, der seine bisherige Tätigkeit im knappschaftlichen Betrieb aufgeben mußte, nach Vollendung des 55. Lebensjahres auf Antrag zu gewähren, wenn eine Versicherungszeit von 300 Kalendermonaten zurückgelegt ist und er eine von näher bestimmten anderen Voraussetzungen erfüllt.

212. Welche Hinterbliebenenrenten können gewährt werden?
Witwenrente, Witwerrente, Rente an frühere Ehegatten des verstorbenen Versicherten, Waisenrenten. Die Hinterbliebenenrenten werden gewährt, wenn dem Verstorbenen zur Zeit seines Todes Versichertenrente zustand oder zu diesem Zeitpunkt die Wartezeit für die Berufsunfähigkeitsrente von ihm erfüllt war oder eine fiktive Erfüllung der Wartezeit vorliegt.

213. Wann kann eine Witwerrente gewährt werden?
Nur dann, wenn die Verstorbene den Unterhalt der Familie überwiegend bestritten hat.

214. In welcher Höhe wird Witwen- oder Witwerrente gezahlt?
Hat die Witwe das 45. Lebensjahr vollendet oder ist sie berufs- oder erwerbsunfähig oder erzieht sie mindestens 1 waisenrentenberechtigtes Kind, so beträgt die Witwenrente 6/10 der Versichertenrente wegen Erwerbsunfähigkeit mit Anrechnung einer etwaigen Zurechnungszeit. In den übrigen Fällen beträgt die Witwenrente 6/10 der Versichertenrente wegen Berufsunfähigkeit ohne Berücksichtigung einer Zurechnungszeit. Die Witwe

hat jedoch stets Anspruch auf 6/10 der Rente, die der Versicherte bis zu seinem Tode bezogen hat. Für die ersten 3 Monate wird der Witwe die volle Versichertenrente gewährt.

215. Wann wird Rente an frühere Ehegatten des Versicherten gezahlt?
Einer früheren Ehefrau des Versicherten, deren Ehe mit dem Versicherten geschieden, für nichtig erklärt oder aufgehoben ist, wird nach dem Tode des Versicherten Rente gewährt, wenn ihr der Versicherte zur Zeit seines Todes Unterhalt zu leisten hatte, oder wenn er im letzten Jahre vor seinem Tode Unterhalt geleistet hat. Wenn keine Witwenrente zu gewähren ist, erhält die frühere Ehefrau im übrigen auch dann eine Rente, wenn eine Unterhaltsverpflichtung wegen der Vermögens- oder Erwerbsverhältnisse des Versicherten oder wegen des Erwerbseinkommens der Geschiedenen nicht bestanden hat. Weitere Voraussetzung ist, daß die frühere Ehefrau im Zeitpunkt der Auflösung der Ehe mindestens ein waisenrentenberechtigtes Kind zu erziehen oder das 45. Lebensjahr vollendet hatte. Die Rente wird in diesen Fällen nur für die Dauer der Invalidität oder der Kindererziehung oder im Alter gewährt.

216. Wann und in welcher Höhe wird eine Waisenrente gewährt?
Nach dem Tode des Versicherten erhalten die Kinder bis zur Vollendung des 18. Lebensjahres Waisenrente. Diese wird längstens bis zur Vollendung des 25. Lebensjahres für ein Kind gewährt, das sich in Schul- oder Berufsausbildung befindet, das ein freiwilliges soziales Jahr leistet oder infolge körperlicher oder geistiger Gebrechen außerstande ist, sich selbst zu unterhalten. Die Halbwaisenrente beträgt 1/10, die Vollwaisenrente 1/5 der wegen Erwerbsunfähigkeit zu gewährenden Versichertenrente zuzüglich Kinderzuschuß.

217. Welche Personen haben Anspruch auf eine Waisenrente?
Anspruchsberechtigt sind eheliche, für ehelich erklärte, an Kindes Statt angenommene Kinder, im Haushalt aufgenommene Stiefkinder, die nichtehelichen Kinder eines männlichen Versicherten, die nichtehelichen Kinder einer Versicherten, Pflegekinder.

218. Gibt es einen Höchstbetrag für den Gesamtbetrag der Hinterbliebenenrenten?
Sie dürfen zusammen nicht höher sein als die Rente, die dem verstorbenen Versicherten einschließlich Kinderzuschüssen bei Erwerbsfähigkeit zugestanden hätte.

219. Nach welcher Formel wird die Rente errechnet?
Berechnungsgrundlage für die Rente sind
a) die allgemeine Bemessungsgrundlage des Jahres, in dem der Versicherungsfall eingetreten ist,

b) die persönliche Bemessungsgrundlage,
c) die Versicherungsdauer und
d) ein Steigerungssatz je Versicherungsjahr.

220. Was versteht man unter der allgemeinen Bemessungsgrundlage?
Sie ist das durchschnittliche Brutto-Jahresarbeitseinkommen der gesamten Versicherten ohne Lehrlinge und Anlernlinge im Mittel des dreijährigen Zeitraumes vor dem Kalenderjahr, das dem Eintritt des Versicherungsfalles vorangegangen ist.
Die allgemeine Bemessungsgrundlage wird jeweils für das folgende Kalenderjahr durch Rechtsverordnung bis zum 31.12. eines jeden Jahres bestimmt.

221. Was versteht man unter der persönlichen Bemessungsgrundlage?
Bei der persönlichen Bemessungsgrundlage wird das jährliche Brutto-Verdienstentgelt des Versicherten in Beziehung zum durchschnittlichen Brutto-Arbeitsentgelt der gesamten Versicherten gesetzt. Die sich ergebenden Hundertsätze werden addiert und durch die Anzahl der berücksichtigten Jahre dividiert, um das Mittel zu erhalten. Dieser Mittelwert stellt die persönliche Bemessungsgrundlage dar.

222. Wie wird die Rente errechnet?
Die Ausrechnung der Rente erfolgt auf der Grundlage der persönlichen Bemessungsgrundlage und der Versicherungsjahre einschließlich Ersatzzeiten, Ausfall- und Zurechnungszeiten. Für jedes Versicherungsjahr wird ein bestimmter Vomhundertsatz der Rentenbemessungsgrundlage gewährt. Dieser Steigerungssatz ist bei den einzelnen Rentenarten unterschiedlich. Er liegt zwischen 0,8 und 2%. Die Bergmannsrente, die Knappschaftsrente und das Knappschaftsruhegeld erhöhen sich bei Vorliegen bestimmter Voraussetzungen um den Leistungszuschlag.

223. Wann kann eine Rente nach Mindesteinkommen gewährt werden?
Versicherte können im Rentenfall aus ihren Pflichtbeitragszeiten bis 31.12.1972 Rentenmindestbeträge erwarten, wenn sie 25 anrechnungsfähige Versicherungsjahre zurückgelegt haben. Sie werden mindestens so gestellt, als ob die während der Pflichtbeitragszeiten stets 75% des Durchschnittsentgelts aller Versicherten verdient hätten.

224. Wie errechnet man die Versicherungsdauer?
Die Versicherungsdauer wird ermittelt anhand von Beitragszeiten, Ersatzzeiten, Ausfallzeiten und Zurechnungszeiten.

225. Was sind Ausfallzeiten?
Zeiten, in denen die Beitragszahlung infolge Krankheit (mindestens 1 Monat), Arbeitslosigkeit, Rehabilitationszeiten (ab 1.10. 1974 Beitragszeiten), Ausbildungszeiten nach Vollendung des

16. Lebensjahres, Zeiten eines Rentenbezugs, Schwangerschaft u. dgl. unterbrochen wurde.

226. Was sind Zurechnungszeiten?
Als Zurechnungszeit gilt die Zeit, die zwischen dem Eintritt der Berufs- oder Erwerbsunfähigkeit und der Vollendung des 55. Lebensjahres liegt.

227. Wie hoch sind im einzelnen die Steigerungssätze je Versicherungsjahr?
Es gelten folgende Sätze:
0,8 % für Bergmannsrente,
1,0 % für Berufsunfähigkeitsrente,
1,2 % für Knappschaftsrente wegen Berufsunfähigkeit bei Fortsetzung einer knappschaftlich versicherten Beschäftigung,
1,5 % für Rente wegen Erwerbsunfähigkeit,
1,5 % für Altersruhegeld,
1,8 % für Knappschaftsrente wegen Berufsunfähigkeit,
2,0 % für Knappschaftsrente wegen Erwerbsunfähigkeit und für das Knappschaftsruhegeld.

228. In welchen Fällen wird die Rente um den Kinderzuschuß erhöht?
Zu den Versicherten- und den Waisenrenten wird für jedes Kind ein Kinderzuschuß gezahlt. Der Zuschuß beträgt jährlich 1/10 der für die Berechnung der Rente maßgebenden allgemeinen Bemessungsgrundlage.

229. Wann beginnt die Rentenzahlung?
Die Rente ist vom Ablauf des Monats an zu zahlen, in dem ihre Voraussetzungen erfüllt sind. Wird der Antrag jedoch erst 3 Monate nach Eintritt des Versicherungsfalles gestellt, so wird die Rente erst vom Antragsmonat an gewährt.

230. Kann bei Wiederheirat der Witwe eine Abfindung gezahlt werden?
Ja. In Höhe des Fünffachen des Jahresbetrages der bisherigen Rente.

231. Wann kann aus Beiträgen für die Höherversicherung eine Kapitalabfindung gezahlt werden?
Wenn kein Anspruch auf eine Rente aus anderen Beiträgen besteht.

232. Wann werden Rentenversicherungsbeiträge erstattet?
Wenn die Versicherungspflicht entfällt, ohne daß ein Recht zur freiwilligen Weiterversicherung besteht oder wenn ein Versicherter beim Eintritt der Erwerbsunfähigkeit die Wartezeit nicht erfüllt hat und es ihm nicht möglich ist, bis zum 65. Lebensjahr die Wartezeit für das Altersruhegeld zu erfüllen.

233. Welche zusätzlichen Leistungen können die Rentenversicherungsträger gewähren?
Allgemeine Maßnahmen zur Erhaltung oder Erlangung der Erwerbsfähigkeit der Versicherten und ihrer Angehörigen oder zur Hebung der gesundheitlichen Verhältnisse der versicherten Bevölkerung. Es können Mittel für die Förderung der Erstellung von Wohnungen und Eigenheimen für die versicherte Bevölkerung zur Verfügung gestellt werden. Daneben können aber auch Mittel aufgewendet werden, um Rentenberechtigte mit ihrer Zustimmung in einem Altersheim, Kinderheim oder einer ähnlichen Anstalt unterzubringen. Für die Dauer der Unterbringung ruht die Rente; sie kann aber ganz oder teilweise belassen werden.

234. Was ist unter Anpassung der laufenden Renten zu verstehen?
Die laufenden Renten werden bei Veränderung der allgemeinen Bemessungsgrundlage durch Gesetze der Entwicklung angepaßt.

235. Wie erhält man Leistungen aus der Rentenversicherung?
Es ist immer ein Antrag erforderlich. Dieser kann gestellt werden bei den Versicherungsämtern, den Versicherungsanstalten, den Gemeindeverwaltungen, den Versicherungsältesten.

Soziales Entschädigungsrecht

I. Bundesversorgungsgesetz

236. Welche Aufgabe hat die Versorgung der Opfer des Krieges?
Versorgung wegen der gesundheitlichen und wirtschaftlichen Folgen wegen der gesundheitlichen und wirtschaftlichen Folgen einer Schädigung durch eine militärische oder militärähnliche Dienstverrichtung oder durch einen Unfall während der Ausübung des militärischen oder militärähnlichen Dienstes oder durch die diesem Dienst eigentümlichen Verhältnisse. Ein Versorgungsanspruch besteht u.a. auch bei einer Schädigung infolge Kriegsgefangenschaft, Internierung im Ausland, einer unmittelbaren Kriegseinwirkung. Die Versorgung erstreckt sich auch auf die Hinterbliebenen.

237. Welche Voraussetzung ist für die Anerkennung eines Versorgungsanspruches erforderlich?
Der Nachweis der Wahrscheinlichkeit eines ursächlichen Zusammenhangs zwischen der gesundheitlichen Schädigung bzw. des Todes infolge dieser gesundheitlichen Schädigung und dem schädigenden Ereignis in Form von Dienstverrichtungen, Unfall oder eigentümlichen Verhältnissen.

238. Wer trägt die Kosten der Versorgung und von wem wird sie durchgeführt?
Die Kosten für die Versorgung der Kriegsopfer trägt der Bund. Mit der Durchführung der Versorgung, die Angelegenheit der Länder ist, sind die Landesversorgungsämter, Versorgungsämter sowie besondere Einrichtungen für die Heil- und Krankenhausbehandlung beauftragt.

239. Welche Leistungen umfaßt die Versorgung nach dem BVG?
Die Versorgung umfaßt Heilbehandlung, Versehrtenleibesübungen und Krankenbehandlung, Übergangsgeld, Leistungen der Kriegsopferfürsorge, Beschädigtenrente und Pflegezulage, Bestattungsgeld und Sterbegeld, Hinterbliebenenrente, Bestattungsgeld beim Tode von Hinterbliebenen.

240. Welche Maßnahmen gehören insbesondere zur Heil- und Krankenbehandlung?
Ambulante ärztliche und zahnärztliche Behandlung, Versorgung mit Arznei-, Verband- und Heilmitteln, Versorgung mit Zahnersatz, stationäre Behandlung in einem Krankenhaus oder einer Tbc-Heilstätte, Hilfe und Wartung durch Krankenpfleger, Krankenschwestern oder andere Pflegekräfte, orthopädische Versorgung.

241. Welche Leistungen umfaßt vor allem die Kriegsopferfürsorge?
Hilfe zur Erlangung, Wiedererlangung oder Besserung der beruflichen Leistungsfähigkeit und Hilfe zur Befähigung, sich am Arbeitsplatz und im Wettbewerb mit Nichtbeschädigten zu behaupten (z.B. Fortbildung, Umschulung, Ausbildung), Gewährung von Erziehungsbeihilfen für Waisen und für Kinder des Beschädigten, Hilfe zum Lebensunterhalt in Anlehnung an das BSHG, Wohnungsfürsorge.

242. Welche Formen der Kriegsopferfürsorge kommen in Betracht?
Persönliche Hilfe, Geldleistungen oder Sachleistungen.

243. Wird Kriegsopferfürsorge jedem Beschädigten oder Hinterbliebenen gewährt?
Nur diejenigen, die trotz der übrigen Leistungen des BVG sowie ihres Einkommens und ihres Vermögens eine angemessene Lebensstellung nicht erlangen oder erhalten können.

244. In welcher Höhe wird den erwerbsgeminderten Beschädigten Rente gewährt?
Beschädigte erhalten nach dem Prozentsatz der Minderung der Erwerbsfähigkeit eine Grundrente, deren Höhe im BVG in einer Tabelle benannt ist. Die Minderung der Erwerbsfähigkeit ist dabei nach der körperlichen Beeinträchtigung im allgemeinen Erwerbsleben zu beurteilen. Dabei sind seelische Begleiterscheinungen

und Schmerzen zu berücksichtigen. Neben der Grundrente können in bestimmten Fällen noch eine Schwerstbeschädigtenzulage und eine Ausgleichszulage gewährt werden. Schwerbeschädigte erhalten für jedes Kind einen Kinderzuschlag.

245. **Wann kann dem Beschädigten eine Pflegezulage gewährt werden?**
Wenn er infolge der Schädigung so hilflos ist, daß er für die gewöhnlichen und regelmäßig wiederkehrenden Verrichtungen im Ablauf des täglichen Lebens in erheblichem Umfang fremder Hilfe dauernd bedarf. Die Höhe der Pflegezulage wird nach der Schwere der Beschädigung bemessen.

246. **Wann und wem kann Hinterbliebenenrente gewährt werden?**
Ist ein Beschädigter an den Folgen einer Schädigung gestorben, so haben die Witwe, die Waisen und die Verwandten der aufsteigenden Linie Anspruch auf Hinterbliebenenrente.

247. **Wann beginnt in der Regel die Beschädigtenversorgung nach dem BVG?**
Mit dem Monat, in dem ihre Voraussetzungen erfüllt sind, frühestens mit dem Antragsmonat.

248. **Kann eine Rente nach dem BVG kapitalisiert werden?**
Wenn nach Vollendung des 21. Lebensjahres der Versorgungsanspruch anerkannt ist, nicht zu erwarten ist, daß innerhalb des Abfindungszeitraumes die Rente wegfallen wird und eine nützliche Verwendung des Geldes gewährleistet ist (z.B. Erwerb von Grundbesitz). Die Kapitalabfindung kann einen Betrag bis zur Höhe der Grundrente umfassen. Sie ist auf die für einen Zeitraum von 10 Jahren zustehende Grundrente beschränkt.

II. Lastenausgleichsgesetz

249. **Welche Aufgabe hat das LAG?**
Es hat die Abgeltung von Schäden und Verlusten infolge Vertreibung, Kriegs- und Nachkriegszeitzerstörungen sowie Milderung von Härten infolge Neuordnung des Geldwesens zur Aufgabe.

250. **In welcher Form wird der Lastenausgleich durchgeführt?**
Durch Erhebung von Ausgleichsabgaben und Gewährung von Ausgleichsleistungen.

251. **Welche Ausgleichsleistungen sieht das LAG u.a. vor?**
Aufbaudarlehen, Kriegsschadenrente, Wohnraumhilfe, Mittel für Förderungsmaßnahmen und Entschädigungen nach dem Altsparergesetz.

252 Zu welchem Zweck werden Aufbaudarlehen gewährt?
Zur Schaffung einer neu gesicherten Lebensgrundlage an Stelle eines durch Schädigung erlittenen Verlustes der Lebensgrundlage.

253. Welche Leistungen umfaßt die Kriegschadenrente?
Unterhaltshilfe oder Entschädigungsrente. Die Unterhaltshilfe dient zur Sicherung der sozialen Lebensgrundlage, die Entschädigungsrente wird selbständig oder mit der Unterhaltshilfe gewährt.

254. Wann kann eine Kriegschadenrente gewährt werden?
Wenn der Geschädigte bei der Antragstellung das 65., die Geschädigte das 60. Lebensjahr vollendet hat und vor dem 1.1.1890 bzw. 1.1.1895 geboren ist oder wenn bei dem Geschädigten eine dauernde Erwerbsunfähigkeit von über 50%, d.h. mindestens 55% vorliegt und im Zweifelsfall der Grad der Minderung der Erwerbsfähigkeit durch ein Gutachten des zuständigen Gesundheitsamtes bestätigt wird.

255. Zu welchem Zweck und in welcher Form wird die Wohnraumhilfe gewährt?
Die Wohnraumhilfe wird für den durch die Schädigung verlorenen notwendigen Wohnraum in der Weise gewährt, daß den Geschädigten Gelegenheit zum Bezug einer Wohnung gegeben wird.

256. Was bezweckt die Hausratentschädigung?
Sie bezweckt die Abgeltung des durch Vertreibungs- und Kriegsschäden entstandenen Verlustes von Hausrat.

Wohngeld

257. Was ist der Zweck des WGG?
Durch ein System von Miet- und Lastenzuschüssen ist die Voraussetzung dafür geschaffen, daß auch einkommensschwache Wohnungsinhaber die Kosten für eine angemessene Wohnung, die nach Größe und Ausstattung modernen Lebensverhältnissen entspricht, tragen können.

258. Besteht auf Wohngeld ein Rechtsanspruch?
Auf Wohngeld besteht bei Vorliegen der Voraussetzungen ein Rechtsanspruch.

259. Wer kann Wohngeld erhalten?
Wohngeld als Mietzuschuß erhalten u.a. die Wohnungsmieter, Wohngeld als Lastenzuschuß erhalten die Wohnungseigentümer. Das Wohngeld ist kein Almosen für arme Leute, sondern ähnlich

wie die Sparprämie eine Zulage, mit der Empfänger kleinerer Einkommen unterstützt werden.

260. Welche Voraussetzung muß für die Bewilligung von Wohngeld nachgewiesen werden?
Es muß nachgewiesen werden, daß das Familieneinkommen eine nach der Familiengröße gestaffelte Grenze nicht übersteigt. Zum Einkommen gehören z.B. Gehälter, Löhne, Ruhegelder, von denen zur Bereinigung u.a. abgesetzt werden können:
Werbungskosten, bestimmte steuerfrei und nicht zur Deckung des Lebensunterhalts bestimmte Leistungen (z.B. aus Anlaß der Krankheit), vermögenswirksame Leistungen, Kinderfreibeträge in Höhe des gesetzlichen Kindergeldes, Freibeträge für bestimmte Personengruppen (z.B. Schwerbehinderte, Tbc-Kranke, Vertriebene), ein Pauschbetrag von 30% zur Abgeltung allgemeiner Aufwendungen (z.B. Steuern und Versicherungsbeiträge).

261. In welcher Höhe können die Wohnkosten als zuschußfähig angesehen werden?
Die Miete oder die Belastung wird nach der Familiengröße nur bis zu bestimmten Höchstbeträgen, die einer Tabelle abgelesen werden können, als zuschußfähig anerkannt. Erfordert die schwere körperliche, geistige oder seelische Behinderung oder die Dauererkrankung eines oder mehrerer zum Haushalt rechnender Familienmitglieder einen besonderen Wohnbedarf, so ist jedes dieser Familienmitglieder bei der für den Höchstbetrag maßgebenden Haushaltsgröße doppelt zu zählen.

262. Aufgrund welcher Merkmale erfolgt die Wohngeldbewilligung?
Die Wohngeldbewilligung ist abhängig von der Größe der Familie, der Höhe des maßgebenden Einkommens sowie der Höhe der zuschußfähigen Wohnkosten. Das nach diesen Merkmalen in Betracht kommende Wohngeld kann in einer Tabelle abgelesen werden.

Tabelle. Beispiele für Wohngeldbewilligungen (bei einem Verdiener je Familie)

Zahl der Familienmitglieder	Bereinigtes Familieneinkommen (Bruttoeinkommen) DM	Miete DM	Wohngeld DM
1	800 (1183)	180	10
2	1000 (1475)	280	15
3	1200 (1811) *	350	15
4	1400 (2167) *	400	16
5	1600 (2572) *	440	16

* einschließlich Kindergeld

263. Wo und in welcher Form wird Wohngeld beantragt?
Bei den örtlich zuständigen Gemeinde-, Stadt-, Amts- oder Kreisverwaltungen, die entsprechende Antragsvordrucke zur Verfügung stellen und bei der Ausfüllung behilflich sind.

264. Für wie lange wird Wohngeld bewilligt?
In der Regel für 12 Monate. Nach Ablauf dieses Zeitraumes muß das Wohngeld wieder neu beantragt werden.

265. Kann ein Antragsteller eine für ihn ungünstige Entscheidung anfechten?
Ja, entsprechend den Vorschriften der Verwaltungsgerichtsordnung (Widerspruch, Klage vor dem Verwaltungsgericht).

Kindergeld

266. Welche besondere Bedeutung hat das BKGG?
Durch die Gewährung von Kindergeld durch den Bund wird ein Beitrag zu den besonderen Mehrbelastungen erbracht, die durch das Großziehen und die Ausbildung der Kinder erwachsen.

267. Wo und in welcher Form wird Kindergeld beantragt?
Beim Arbeitsamt des Wohnortes, und zwar schriftlich unter Verwendung des Vordrucks der Kindergeldkasse und unter Beifügung der erforderlichen Unterlagen (Haushaltsbescheinigung, ärztliche Bescheinigung u.a.).

268. In welcher Höhe sieht das BKGG Kindergeldzahlungen vor?
Für das 1. Kind 50 DM, für das 2. Kind 70 DM und für jedes weitere Kind 120 DM.

269. Welche Kinder werden bei der Berechnung der Kinderzahl berücksichtigt?
Insbesondere eheliche Kinder, für ehelich erklärte Kinder, an Kindes Statt angenommene Kinder, nichteheliche Kinder, im Haushalt lebende Stiefkinder. Nicht berücksichtigt werden Kinder, denen aus einem Ausbildungsverhältnis Bruttobezüge von mind. 750 DM monatlich zustehen.

270. Bis zu welchem Alter wird Kindergeld gezahlt?
Grundsätzlich bis zur Vollendung des 18. Lebensjahres. In bestimmten Fällen (z.B. Schul- und Berufsausbildung) jedoch bis zur Vollendung des 27. Lebensjahres; evtl. auch über dieses Alter hinaus (z.B. ledige behinderte Kinder).

271. Welche Einkommensvoraussetzungen müssen nach dem BKGG erfüllt sein?
Keine. Die Zahlung von Kindergeld ist nicht mehr vom Einkommen abhängig.

272. Welche Dienststellen sind für die Beantwortung von Fragen, die mit der Kindergeldzahlung zusammenhängen, zuständig?
Die Arbeitsämter – Kindergeldkassen –.

Jugendhilfe

273. Welcher Rechtsanspruch wird durch das JWG jedem deutschen Kind eingeräumt?
Recht auf Erziehung zur leiblichen, seelischen und gesellschaftlichen Tüchtigkeit.

274. Werden durch das JWG das Recht und die Pflicht der Eltern zur Erziehung des Kindes berührt?
Nein. Gegen den Willen der Erziehungsberechtigten ist ein Eingreifen nur aufgrund einer Rechtsvorschrift erlaubt.

275. Was geschieht, wenn der Anspruch des Kindes auf Erziehung von der Familie nicht erfüllt wird?
Die öffentliche Jugendhilfe tritt ein.

276. Worin besteht die Aufgabe der öffentlichen Jugendhilfe?
Sie soll die in der Familie des Kindes begonnene Erziehung unterstützen und ergänzen.

277. Welches sind die Organe der öffentlichen Jugendhilfe?
Jugendämter (bestehend aus einem Jugendwohlfahrtsausschuß und der Verwaltung des Jugendamtes), Landesjugendämter und oberste Landesbehörden. Jede kreisfreie Stadt und jeder Landkreis errichtet ein Jugendamt.

278. Worin bestehen insbesondere die Aufgaben des Jugendamtes?
1. Schutz der Pflegekinder,
2. Mitwirkung im Vormundschaftswesen,
3. Mitwirkung bei der Erziehungsbeistandschaft, der freiwilligen Erziehungshilfe und der Fürsorgeerziehung,
4. Jugendgerichtshilfe,
5. Mitwirkung bei der Beaufsichtigung der Arbeit von Kindern und jugendlichen Arbeitern,
6. Mitwirkung bei der Fürsorge für Kriegerwaisen und Kinder von Kriegsbeschädigten,
7. Mitwirkung in der Jugendhilfe bei den Polizeibehörden,
8. Einrichtungen und Veranstaltungen der Jugendwohlfahrt anregen, fördern und gegebenenfalls schaffen (Erziehungsberatung, erzieherische Betreuung von Kleinkindern, Freizeithilfen u.a.),
9. Einrichtungen und Veranstaltungen sowie eigenverantwortliche Tätigkeit der Jugendverbände und sonstigen Jugendgemeinschaften zu fördern (z.B. Errichtung und Unterhaltung von Jugendheimen, Freizeitstätten).

279. Wann kann das Jugendamt von der Förderung der der Jugendwohlfahrt dienenden Einrichtungen und Veranstaltungen u.U. absehen?

Soweit geeignete Einrichtungen und Veranstaltungen der Träger der freien Jugendhilfe vorhanden sind.

280. Wer sind die Träger der freien Jugendhilfe?

Freie Vereinigungen der Jugendwohlfahrt, Jugendverbände und sonstige Jugendgemeinschaften, juristische Personen zur Förderung der Jugendwohlfahrt sowie die Kirchen und die sonstigen Religionsgemeinschaften öffentlichen Rechts. Diese Träger bedürfen einer öffentlichen Anerkennung.

281. Welche Aufgaben obliegen dem Landesjugendamt?

1. Aufstellung gemeinsamer Richtlinien und sonstige geeignete Maßnahmen für die zweckentsprechende und einheitliche Tätigkeit der Jugendämter,
2. Beratung der Jugendämter und Vermittlung der Erfahrungen auf dem Gebiet der Jugendwohlfahrt,
3. Schaffung gemeinsamer Veranstaltungen und Einrichtungen für die Jugendämter,
4. Mitwirkung bei der Unterbringung Minderjähriger,
5. Zusammenfassung aller Veranstaltungen und Einrichtungen, die sich auf die Fürsorge für gefährdete und verwahrloste Minderjährige beziehen,
6. Ausführung der Freiwilligen Erziehungshilfe und der Fürsorgeerziehung,
7. Vermittlung von Anregungen für die freiwillige Tätigkeit sowie Förderung der freien Vereinigungen auf allen Gebieten der Jugendwohlfahrt und des planmäßigen Zusammenarbeitens untereinander und mit den Jugendämtern,
8. Heimaufsicht.

282. Was sind Pflegekinder?

Minderjährige unter 16 Jahren, die sich dauernd oder nur für einen Teil des Tages, jedoch regelmäßig, außerhalb des Elternhauses in Familienpflege befinden. Pflegekinder sind u.a. nicht Minderjährige, die sich bei nahen Verwandten befinden, bei ihrem Lehrherrn oder Arbeitgeber untergebracht sind, die unentgeltlich für eine Zeit von nicht mehr als 6 Wochen in Pflege genommen werden.

283. Was muß derjenige beachten, der ein Pflegekind aufnehmen will?

Er bedarf hierzu einer Erlaubnis des Jugendamtes.

284. Wann darf eine Erlaubnis zur Annahme eines Pflegekindes erteilt werden?

Wenn in der Pflegestelle das leibliche, geistige und seelische Wohl des Pflegekindes gewährleistet ist.

285. Welche Behörden führen die Aufsicht über Pflegekinder?
Jugendamt und Gesundheitsamt.

286. Welche besondere Befugnis hat das Jugendamt hinsichtlich der Pflegekinder bei Gefahr im Verzuge?
Es kann das Kind sofort aus der Pflegestelle entfernen und vorläufig anderweitig unterbringen.

287. Inwieweit übt das Jugendamt Amtspflegschaften über nichteheliche Kinder aus?
Mit der Geburt eines nichtehelichen Kindes wird das Jugendamt in der Regel Pfleger. In dieser Eigenschaft ist das Jugendamt zuständig
1. für die Feststellung der Vaterschaft und alle sonstigen Angelegenheiten, die das Eltern-Kind-Verhältnis betreffen,
2. für die Geltendmachung von Unterhaltsansprüchen,
3. die Regelung von Erb- und Pflichtteilsrechten, die dem Kind im Falle des Todes des Vaters und seiner Verwandten zustehen.

288. Kann auch für ein nichteheliches Kind eine Amtsvormundschaft infrage kommen?
Ja. Wenn für das Kind keine Sorgeberechtigung einer anderen Person besteht (z.B. die Mutter verstorben ist).

289. Wer übt beim Jugendamt die Wahrnehmung der Aufgaben des Pflegers oder Vormunds aus?
Sie wird einzelnen Bediensteten des Jugendamtes übertragen.

290. Können anstelle des Jugendamtes auch andere Personen als Pfleger oder Vormund bestellt werden?
Wenn geeignete Personen vorhanden sind und das Wohl der Minderjährigen nicht entgegensteht.

291. Welche weiteren Aufgaben hat das Jugendamt im Vormundschaftswesen?
1. Vorschlag von Personen, die sich im einzelnen Falle zum Pfleger, Vormund, Beistand, Gegenvormund oder Mitglied eines Familienrates eignen,
2. Unterstützung des Vormundschaftsgerichts bei der Überwachung der Tätigkeit der Vormünder und Pfleger,
3. Beratung der Pfleger, Vormünder, Beistände und Gegenvormünder und Unterstützung bei der Ausübung ihres Amtes,
4. Unterstützung des Vormundschaftsgerichts bei allen Maßnahmen, welche die Sorge für die Person Minderjähriger betreffen.
5. Mitwirkung bei Vormundschaft und Pflegschaft über Volljährige nach näheren Vorschriften des JWG.

292. Was wird vom Jugendamt veranlaßt, wenn es von Pflichtwidrigkeiten bei der Wahrnehmung von Pflegschaften und Vormundschaften erfährt?
Es zeigt diese dem Vormundschaftsgericht an.

293. Für wen kann eine Erziehungsbeistandschaft bestellt werden?
Für einen Minderjährigen, dessen leibliche, geistige und seelische Entwicklung gefährdet oder geschädigt ist, wenn diese Maßnahme zur Abwendung der Gefahr oder zur Beseitigung des Schadens geboten und ausreichend erscheint.

294. Wer bestellt den Erziehungsbeistand?
Das Jugendamt auf Antrag der Personensorgeberechtigten oder auf Anordnung des Vormundschaftsgerichts.

295. Welche Aufgaben hat der Erziehungsbeistand?
Er unterstützt die Personensorgeberechtigten bei der Erziehung. Er steht dem Minderjährigen mit Rat und Hilfe zur Seite und berät ihn auch bei Verwendung seines Arbeitsverdienstes. Der Erziehungsbeistand hat dem Jugendamt und gegebenenfalls dem Vormundschaftsgericht auf Verlangen zu berichten.

296. Wann kann einem Minderjährigen freiwillige Erziehungshilfe gewährt werden?
Einem Minderjährigen, der das 17. Lebensjahr noch nicht vollendet hat und dessen leibliche, geistige oder seelische Entwicklung gefährdet oder geschädigt ist, ist freiwillige Erziehungshilfe zu gewähren, wenn diese Maßnahme zur Abwendung der Gefahr oder zur Beseitigung des Schadens geboten ist und die Personensorgeberechtigten bereit sind, die Durchführung der freiwilligen Erziehungshilfe zu fördern.

297. Wer ist für die Gewährung der freiwilligen Erziehungshilfe zuständig?
Das Landesjugendamt gewährt diese Hilfe auf schriftlichen Antrag der Personensorgeberechtigten. Der Antrag ist beim Jugendamt zu stellen.

298. In welchem Falle und von welcher Stelle kann Fürsorgeerziehung angeordnet werden?
Das Vormundschaftsgericht ordnet für einen Minderjährigen, der das 17. Lebensjahr noch nicht vollendet hat, Fürsorgeerziehung an, wenn sie erforderlich ist, weil der Minderjährige zu verwahrlosen droht oder verwahrlost ist.
Fürsorgeerziehung darf nur angeordnet werden, wenn keine ausreichende andere Erziehungsmaßnahme gewährt werden kann.

299. Muß die Anordnung von Fürsorgeerziehung beantragt werden?
Neben der Möglichkeit, Fürsorgeerziehung auf Antrag des Jugendamtes, des Landesjugendamtes oder der Personensorgeberechtigten

anzuordnen, kann das Vormundschaftsgericht diese auch ohne Antrag von Amts wegen anordnen.

300. Muß der Minderjährige zu der vorgesehenen Anordnung der Fürsorgeerziehung gehört werden?
Der Minderjährige und die Antragsberechtigten sind zu hören.

301. Wie kann die Anordnung von Fürsorgeerziehung angefochten werden?
Gegen den Beschluß über die Anordnung von Fürsorgeerziehung steht u.a. den Personensorgeberechtigten und dem Minderjährigen die sofortige Beschwerde zu. Diese Beschwerde hat aufschiebende Wirkung.

302. Welche Möglichkeiten sieht das JWG zur Beurteilung der Persönlichkeit des Minderjährigen vor?
Das Vormundschaftsgericht kann eine Untersuchung durch einen Sachverständigen anordnen und zur Vorbereitung des Sachverständigengutachtens die Unterbringung des Minderjährigen bis zu 6 Wochen in einer für die pädagogische, medizinische oder psychologische Beobachtung und Beurteilung geeigneten Einrichtung veranlassen. Die Unterbringungsdauer kann auf 3 Monate verlängert werden.

303. Wie hat das Vormundschaftsgericht bei Gefahr im Verzuge zu verfahren?
Es kann die vorläufige Fürsorgeerziehung anordnen. Diese kann neben der Unterbringung zur Beurteilung der Persönlichkeit des Minderjährigen angeordnet werden.

304. Welches Rechtsmittel kann bei der Anordnung der vorläufigen Fürsorgeerziehung in Anspruch genommen werden?
Den Personensorgeberechtigten, dem Minderjährigen (wenn er das 14. Lebensjahr vollendet hat) und anderen im JWG Genannten steht die sofortige Beschwerde, die allerdings keine aufschiebende Wirkung hat, zu.

305. Von welcher Stelle wird die Freiwillige Erziehungshilfe und die Fürsorgeerziehung ausgeführt?
Vom Landesjugendamt unter Beteiligung des Jugendamtes.

306. Wo wird die Freiwillige Erziehungshilfe und die Fürsorgeerziehung durchgeführt?
In der Regel in einer geeigneten Familie oder in einem Heim. Der Ort der Unterbringung wird unter Berücksichtigung des religiösen Bekenntnisses des Minderjährigen bestimmt. Die Personensorgeberechtigten sind hierüber unverzüglich zu benachrichtigen.

307. Wann enden die Erziehungsbeistandschaft, die Freiwillige Erziehungshilfe bzw. die Fürsorgeerziehung?
Sie sind aufzuheben, wenn deren Zweck erreicht oder anderwei-

tig sichergestellt sind. Sie enden spätestens mit der Volljährigkeit.

308. Wer führt die Aufsicht über Heime und andere Einrichtungen, in denen Minderjährige dauernd oder zeitweise, ganztägig oder für einen Teil des Tages, jedoch regelmäßig, betreut werden oder Unterkunft erhalten?
Das Landesjugendamt.

309. Worauf hat sich diese Heimaufsicht insbesondere zu erstrecken?
Daß in den Einrichtungen das leibliche, geistige und seelische Wohl der Minderjährigen gewährleistet ist. Die Betreuung der Minderjährigen muß durch geeignete Kräfte gesichert sein.

Sozialhilfe

310. Welches gesundheits- und sozialpolitisch wichtige Gesetz regelt die Sozialhilfe?
Das BSHG. Zu diesem Gesetz sind eine Reihe von Rechtsverordnungen und Verwaltungsvorschriften erlassen worden.

311. Welche Rechtsvorschriften hat das BSHG abgelöst?
Die Reichsfürsorgepflichtverordnung vom 13.2.1924, die Reichsgrundsätze über Voraussetzung, Art und Maß der öffentlichen Fürsorge vom 4.12.1924, das Körperbehindertengesetz vom 27.2.1957 und das Tuberkulosehilfegesetz vom 23.7.1959.

312. Welche Hilfearten unterscheidet das BSHG?
Hilfe zum Lebensunterhalt und Hilfe in besonderen Lebenslagen.

313. Was ist die Aufgabe der Sozialhilfe?
Aufgabe der Sozialhilfe ist, dem Hilfeempfänger die Führung eines Lebens zu ermöglichen, das der Würde des Menschen entspricht. Dieser dem Art. 1 des Grundgesetzes nachgebildete Leitsatz ist verbindliche Richtschnur für die Handhabung des BSHG.

314. Welches Ziel wird mit der Sozialhilfe verfolgt?
Ziel der Sozialhilfe ist es, den Hilfeempfänger zu befähigen, unabhängig von ihr zu leben. Hierbei muß der Bedürftige nach seinen Kräften mitwirken (z.B. Einsatz der Arbeitskraft).
Die Verweigerung der Selbsthilfe kann den Ausschluß von Leistungen nach sich ziehen.

315. Was besagt der Grundsatz der Nachrangigkeit der Sozialhilfe?
Der Nachrang der Sozialhilfe besteht gegenüber den Selbsthilfemöglichkeiten, den tatsächlichen Hilfeleistungen Dritter und den Leistungsverpflichtungen Dritter.

316. Welche vier Selbsthilfemöglichkeiten kommen in Betracht?
Ein Hilfesuchender kann sich selbst helfen, indem er sein Einkom-

men, sein Vermögen, seine Arbeitskraft einsetzt und vorhandene Ansprüche gegenüber Dritten selbst realisiert. In welchem Maße Selbsthilfe gefordert werden muß, ist für die einzelnen Hilfearten unterschiedlich geregelt.

317. Inwieweit ist eigenes Einkommen vorrangig einzusetzen?
Der Hilfesuchende oder dessen Ehegatte haben vor Gewährung von Hilfe zum Lebensunterhalt ihr Einkommen voll einzusetzen. Nicht zum Einkommen zählen: Leistungen nach dem BSHG, Grundrente nach dem BVG, freiwillige Zuwendungen der freien Wohlfahrtspflege u.a. Bei der Gewährung von Hilfe in besonderen Lebenslager ist das Einkommen nur in zumutbarem Maße zur Bedarfsdeckung einzusetzen. Die Einzelheiten regelt das BSHG.

318. In welchem Umfange muß das eigene Vermögen eingesetzt werden?
Vor der Gewährung von Sozialhilfe ist das Vermögen nur in zumutbarem Maße einzusetzen. Das BSHG bezeichnet Vermögensteile, von deren Verwertung die Sozialhilfe nicht abhängig gemacht werden darf. Es handelt sich hierbei u.a. um: Vermögen, das zum Aufbau oder zur Sicherung der Lebensgrundlage oder zur Gründung eines Hausstandes aus öffentlichen Mitteln gewährt wird; Vermögen zur Gründung eines angemessenen Hausstandes; angemessener Hausrat; Familien- und Erbstücke, deren Veräußerung für den Hilfesuchenden oder seine Familie eine besondere Härte bedeuten würde; ein kleines Hausgrundstück; kleinere Barbeträge (z.B. Sparbuch über 500 DM).

319. Was versteht man unter den tatsächlichen Hilfeleistungen Dritter?
Hierunter versteht man Leistungen aufgrund einer gesetzlichen, vertraglichen oder sittlichen Verpflichtung oder freiwillige Leistungen.

320. Was versteht man unter Leistungsverpflichtungen Dritter?
Hierunter versteht man Verpflichtungen, die auf gesetzliche oder vertragliche Ansprüche des Hilfesuchenden beruhen (z.B. Verpflichtungen Unterhaltspflichtiger und die der Träger anderer Sozialleistungen).

321. Muß Sozialhilfe versagt werden, wenn Ansprüche gegenüber Dritten nicht oder nicht rechtzeitig realisiert werden können?
Sozialhilfe darf in diesem Falle nicht versagt werden. Der Sozialhilfeträger kann jedoch den bestehenden Anspruch – um sich selbst schadlos zu halten – auf sich überleiten.

322. Welche Hilfeformen unterscheidet das BSHG?
Persönliche Hilfe (Beratung in sozialen Fragen), Geldleistung (Barleistungen einmaliger oder laufender Art, Darlehen und Anstalts- und Heimpflegekosten) und Sachleistung (Naturalleistung).

323. Was versteht man unter Maß der Hilfe?
Unter Maß der Hilfe ist das Ergebnis zu verstehen, das sich aus der Gegenüberstellung von Bedarf und eigenen Möglichkeiten des Hilfesuchenden als Sozialhilfeleistung schließlich ergibt.

324. Was bedeutet es, wenn das BSHG davon spricht, daß die Sozialhilfe den Besonderheiten des Einzelfalles angepaßt sein muß?
Besonderheiten des Einzelfalles sind maßgebend für Art, Form und Maß der Hilfe. Besonderheiten können
1. in der Person des Hilfeempfängers liegen (Alter, Familienstand, Krankheit u.a.),
2. in der Art seines Bedarfs (Kleidung, Hausbrand, Kur, Zahnersatz u.a.) und
3. in den örtlichen Verhältnissen (wirtschaftliche, gesellschaftliche und soziale Struktur) liegen.
Den Wünschen des Hilfeempfängers soll – soweit vertretbar – entsprochen werden.

325. Wann setzt Sozialhilfe ein?
Sobald dem Sozialhilfeträger oder den von ihm beauftragten Stellen bekannt wird, daß die Voraussetzungen hierfür vorliegen.

326. Kann Sozialhilfe ohne Antrag gewährt werden?
Ja. Jedoch wird dadurch das Festhalten von Sachverhalten in einem Formblatt nicht ausgeschlossen. Es ist jedoch nicht möglich, jemandem Sozialhilfe aufzuzwingen. Zur Aufklärung des Sachverhalts besteht u.a. durch die Unterhaltsverpflichteten und die Kostenersatzpflichtigen eine Auskunftspflicht über Einkommen und Vermögen.

327. Welche Hilfe soll nach dem BSHG außer der Hilfe in einer konkreten Notlage angeboten werden?
Vorbeugende Hilfe (vor dem Eintritt einer Bedürftigkeit im engeren Sinne einsetzende Leistung zur Vermeidung einer Notlage) und nachgehende Hilfe (nach Beseitigung einer Notlage zur Sicherung der Wirksamkeit einer zuvor gewährten Hilfe).

328. Kann der Sozialhilfeträger für die Begleichung von Schulden herangezogen werden?
Sozialhilfe kann nicht vor dem Zeitpunkt des Bekanntwerdens der Notlage einsetzen und somit auch nicht zur Erstattung früherer Aufwendungen oder zur Begleichung von Schulden des Hilfesuchenden gewährt werden.

329. Besteht auf Sozialhilfe ein Anspruch?
Auf Sozialhilfe besteht ein Rechtsanspruch.

330. Wem steht der Sozialhilfeanspruch zu?
Das BSHG geht von einem höchstpersönlichen Anspruch des einzelnen aus. Dieser Anspruch ist nicht übertragbar, pfändbar oder verpfändbar.

331. Inwieweit soll Sozialhilfe auch Deutschen im Ausland gewährt werden?
Sofern die Voraussetzungen hierfür vorliegen, soll Hilfe zum Lebensunterhalt, Krankenhilfe und Hilfe für werdende Mütter und Wöchnerinnen gewährt werden. Sonstige Sozialhilfe kann gewährt werden.

332. Welche Sozialhilfe kommt für Ausländer und Staatenlose in Betracht?
Sie haben bei Vorliegen der Voraussetzungen Anspruch auf Hilfe zum Lebensunterhalt, Krankenhilfe, Hilfe für werdende Mütter und Wöchnerinnen, Tbc-Hilfe und Hilfe zur Pflege. Sonstige Sozialhilfe kann gewährt werden.

333. Worin besteht die Aufgabe der Hilfe zum Lebensunterhalt?
Die allen Menschen eigentümlichen Grundbedürfnisse des täglichen Lebens unter Berücksichtigung der Besonderheiten des Einzelfalles zu decken.

334. Welche Leistungen umfaßt die Hilfe zum Lebensunterhalt?
Ernährung (Nahrungsmittel, Kochfeuerung, Betrieb elektrischer Geräte), Unterkunft (Miete, Belastung aus einem Eigenheim, Instandhaltung und Renovierung der Wohnung, Beleuchtung), Kleidung (Anschaffung und Instandhaltung von Wäsche, Oberbekleidung, Schuhen), Körperpflege (Reinigung, Hygiene, Friseur), Hausrat (Beschaffung von Bestecken, Geschirr, Einrichtungsgegenständen, Öfen), Heizung (Kohle, Gas, Strom, Öl zum Betrieb von Heizöfen, Heizungskosten) und persönliche Bedürfnisse des täglichen Lebens (Briefpapier, Porto, Zeitung, Rundfunk- und Fernsehgebühren, Genußmittel, Kosmetik, Besuch kultureller oder geselliger Veranstaltungen). Weiter gehören dazu: Übernahme von Krankenversicherungsbeiträgen, Übernahme der Kosten einer Alterssicherung, Übernahme von Bestattungskosten.

335. Nach welchen Prinzipien wird die Hilfe zum Lebensunterhalt gewährt?
Die Grundbedürfnisse des täglichen Lebens werden nach der Regelsatzverordnung vom 20.7.1962 (BGBl. I S. 515) i.d.F. vom 10.5.1971 (BGBl. I S. 411) durch Regelsätze abgegolten. Individuell sind zu bemessen:
Kosten der Unterkunft und Heizung, Beschaffung von Kleidung und Schuhen, Beschaffung von Wäsche und Hausrat von nicht nur geringem Anschaffungswert, Renovierung von Wohnräumen, Instandhaltung oder Instandsetzung von Kleidung, Wäsche, Schuhen und Hausrat in größerem Umfang, Zahlung von Beiträgen zur Kranken- und Alterssicherung, Zahlung von Bestattungskosten.

336. Inwiefern werden die Besonderheiten des Einzelfalles bei der Bedarfsbemessung berücksichtigt?

Der Familienstand und das Alter werden durch der Höhe nach unterschiedlich festgelegte Regelsätze berücksichtigt. Die Regelsatzverordnung unterscheidet zwischen Haushaltsvorständen (Personen, die die Generalunkosten der Haushalte tragen, indem sie das meiste Geld in die Gemeinschaftskasse einbringen), Haushaltsangehörige und Alleinstehende. In einigen Fällen wird ein Mehrbedarfszuschlag gewährt (z.B. Empfängern von Tbc- oder Blindenhilfe).

337. Welche Hilfen umfaßt die Hilfe in besonderen Lebenslagen?

1. Hilfe zum Aufbau oder zur Sicherung der Lebensgrundlage.
2. Ausbildungshilfe.
3. Vorbeugende Gesundheitshilfe.
4. Krankenhilfe.
5. Hilfe für werdende Mütter und Wöchnerinnen.
6. Eingliederungshilfe für Behinderte.
7. Tbc-Hilfe.
8. Blindenhilfe.
9. Hilfe zur Pflege.
10. Hilfe zur Weiterführung des Haushalts.
11. Hilfe zur Überwindung besonderer sozialer Schwierigkeiten.
12. Altenhilfe.
13. Sonstige Hilfen.

338. Welchen Personen kann Hilfe zum Aufbau oder zur Sicherung der Lebensgrundlage gewährt werden?

Personen, denen eine ausreichende wirtschaftliche Lebensgrundlage fehlt oder bei denen sie gefährdet ist. Im Vordergrund steht die Sorge um den Kleinstunternehmer (Zeitungskiosk, Bauchladen). Die Existenzaufbauhilfe wird zur Vermeidung von Hilfe zum Lebensunterhalt gewährt.

339. Wem kann Ausbildungshilfe gewährt werden?

Demjenigen, der noch keine angemessene Ausbildung hat, die persönlichen Qualifikationen nachweisen kann (ausreichende Fähigkeiten und Leistungen, Ausbildungsweg fachlich notwendig) und bei Beginn der Ausbildung das 25. Lebensjahr noch nicht vollendet hat.

340. Welche Ausbildungswege sind förderbar und damit auch angemessen?

1. Ausbildung für einen angemessenen Beruf oder eine sonstige angemessene Tätigkeit.
2. Besuch einer Fachschule oder Hochschule.
3. Besuch einer weiterführenden allgemeinbildenden Schule.

341. Welche Förderungsbestimmungen gehen in der Regel der Ausbildungshilfe nach dem BSHG vor?
AFG, BAföG, BVG und LAG.

342. Schließt die Ausbildungshilfe auch Hilfe zum Lebensunterhalt ein?
Ja. Der Lebensunterhalt ist Bestandteil der Ausbildungshilfe.

343. Wann kommt die Gewährung vorbeugender Gesundheitshilfe in Betracht?
Personen, bei denen nach ärztlichem Urteil eine Erkrankung oder ein sonstiger Gesundheitsschaden einzutreten droht, soll vorbeugende Gesundheitshilfe und zur Früherkennung von Krankheiten Vorsorgeuntersuchungen gewährt werden.

344. Welche Maßnahmen kommen im Rahmen der vorbeugenden Gesundheitshilfe infrage?
Vorsorgekuren, Stärkungsmittel, Erholungen für Kinder, Jugendliche, Mütter und alte Menschen sowie Vorsorgeuntersuchungen (z.B. Krebs, Zucker).

345. Was gehört alles zu den Maßnahmen der Krankenhilfe?
Ärztliche und zahnärztliche Behandlung, Versorgung mit Arzneimitteln, Verbandmitteln und Zahnersatz, Krankenhausbehandlung, sonstige zur Genesung, Besserung oder Linderung der Krankheitsfolgen erforderlichen Leistungen, Hilfe zur Familienplanung, bei Schwangerschaft und Sterilisation.

346. Haben die Krankenhilfeempfänger freie Wahl unter den Ärzten und Zahnärzten?
Sie haben freie Wahl unter den Ärzten, die für das von der gesetzlichen Krankenkasse am Praxisort festgelegte Honorar arbeiten.

347. Was versteht man eigentlich unter Krankheit?
Jeder regelwidrige Körper- oder Geisteszustand, der durch eine Heilbehandlung behoben, gelindert oder zumindest vor einer drohenden Verschlimmerung bewahrt werden kann.

348. Welche Hilfen kommen im einzelnen für werdende Mütter und Wöchnerinnen in Betracht?
Ärztliche Betreuung und Hilfe sowie Hebammenhilfe, Versorgung mit Arznei-, Verband- und Heilmitteln, Pauschbetrag für die im Zusammenhang mit der Entbindung entstehenden Aufwendungen, Pflege in einer Anstalt oder einem Heim sowie häusliche Wartung und Pflege, Mutterschaftsgeld.
Bei der Bemessung der anfällenden Honorare sind die von der gesetzlichen Krankenkasse am Praxisort festgelegten Sätze maßgebend.

349. Welche Personen haben Anspruch auf Eingliederungshilfe?
Personen, die nicht nur vorübergehend körperlich, geistig oder seelisch wesentlich behindert sind, ist Eingliederungshilfe zu gewähren. Personen mit anderen körperlichen, geistigen oder seelischen Behinderungen kann sie gewährt werden. Den Behinderten stehen im allgemeinen die von einer Behinderung Bedrohten gleich.

350. Was ist die Aufgabe der Eingliederungshilfe?
Eine drohende Behinderung zu verhüten oder eine vorhandene Behinderung oder deren Folgen zu beseitigen oder zu mildern und dabei dem Behinderten die Teilnahme am Leben in der Gemeinschaft zu ermöglichen oder zu erleichtern. Dazu gehört vor allem, dem Behinderten die Ausübung eines angemessenen Berufs oder einer sonstigen angemessenen Tätigkeit zu ermöglichen oder ihn wenigstens unabhängig von Pflege zu machen.

351. Welche Maßnahmen der Eingliederungshilfe sieht das BSHG vor allem vor?
1. Ambulante oder stationäre Behandlung oder sonstige ärztliche oder ärztlich verordnete Maßnahmen.
2. Versorgung mit Körperersatzstücken sowie orthopädischen oder anderen Hilfsmitteln.
3. Heilpädagogische Maßnahmen für Kinder, die noch nicht im schulpflichtigen Alter sind.
4. Hilfe zu einer angemessenen Schulbildung.
5. Hilfe zur Ausbildung für einen angemessenen Beruf oder eine sonstige angemessene Tätigkeit.
6. Hilfe zur Fortbildung im früheren oder einem diesem verwandten Beruf oder zur Umschulung für einen angemessenen Beruf oder eine sonstige angemessene Tätigkeit.
7. Hilfe zur Erlangung eines geeigneten Platzes im Arbeitsleben.
8. Nachgehende Hilfe zur Sicherung der Wirksamkeit der ärztlichen oder ärztlich verordneten Maßnahmen und zur Sicherung der Eingliederung des Behinderten in das Arbeitsleben.
9. Hilfe zur Teilnahme am Leben in der Gemeinschaft.
10. Der Behinderte erhält auch im erforderlichen Umfange Hilfe zum Lebensunterhalt.

352. Wie ist zu verfahren, wenn die Eingliederungshilfe für Behinderte in Konkurrenz zu anderen Vorschriften über Rehabilitation steht?
Alle sich aus diesen Rechtsvorschriften ergebenden Ansprüche des Hilfesuchenden (z.B. RVO, BVG, AFG, BSeuchG, SchwbG) gehen den Leistungen der Eingliederungshilfe vor.

353. Was geschieht, wenn nach kurzer Zeit die Klärung der Kostenträgerschaft nicht zum Erfolg führt?
Der Sozialhilfeträger hat spätestens 4 Wochen nach Bekanntwerden der Notlage vorläufige Hilfe zu leisten.

354. In welcher Weise hat der Sozialhilfeträger die Eingliederungshilfe mit dem Behinderten und anderen beteiligten Stellen vorzubereiten?

Der Sozialhilfeträger hat einen Gesamtplan zur Durchführung der einzelnen Maßnahmen aufzustellen. Dabei sind zu beteiligen: der Behinderte, die sonst im Einzelfall Beteiligten (behandelnder Arzt, Jugendamt), das Gesundheitsamt, der Landesarzt und die Dienststellen der Bundesanstalt für Arbeit.

355. Welche Verpflichtung haben Eltern und Vormünder, die bei einer ihrer Personensorge anvertrauten Person eine Behinderung wahrnehmen oder darauf hingewiesen werden?

Sie haben den Behinderten unverzüglich dem Gesundheitsamt oder einem Arzt zur Beratung über die geeigneten Eingliederungsmaßnahmen vorzustellen.

356. Welche Verpflichtung haben Hebammen, Medizinalpersonen (außer Ärzten), Lehrer, Sozialarbeiter, Jugendleiterinnen, Kindergärtnerinnen, Hortnerinnen und Heimerzieher, die bei den ihnen anvertrauten Minderjährigen eine Behinderung wahrnehmen?

Sie haben die Personensorgeberechtigten auf ihre Verpflichtung hinzuweisen. Stellen die Personensorgeberechtigten auch nach wiederholtem Hinweis auf ihre Verpflichtung den Behinderten nicht dem Gesundheitsamt oder einem Arzt vor, haben die Medizinalpersonen usw. das Gesundheitsamt zu benachrichtigen.

357. Sind auch volljährige Behinderte von Medizinalpersonen usw. dem Gesundheitsamt zu melden?

Nur mit deren ausdrücklicher Zustimmung. Ansonsten muß man sich auf den bloßen Hinweis, daß Gesundheitsamt oder einen Arzt aufzusuchen, beschränken.

358. Welche Aufgabe obliegt den Ärzten nach dem BSHG bei der Betreuung von Behinderten?

Sie haben die Behinderten bzw. die Personensorgeberechtigten über die nach Art und Schwere der Behinderung geeigneten Eingliederungsmaßnahmen zu beraten oder sie auf die Möglichkeit der Beratung durch das Gesundheitsamt hinzuweisen. Den betroffenen Personen ist gleichzeitig ein entsprechendes Merkblatt auszuhändigen.

359. Inwieweit ist den Ärzten nach dem BSHG eine Pflicht zur Meldung von Behinderten an das Gesundheitsamt auferlegt?

In allen Fällen sind die bekannt gewordenen Behinderungen und wesentliche Angaben zur Person (ohne Namensnennung) alsbald dem Gesundheitsamt anzugeben. Läßt allerdings ein Personensorgeberechtigter trotz wiederholter Aufforderung durch den Arzt die zur Eingliederung erforderlichen ärztlichen Maßnahmen nicht durchführen oder vernachlässigt er sie, so hat der Arzt alsbald das Gesundheitsamt zu benachrichtigen.

360. Welche Aufgaben hat das Gesundheitsamt im Rahmen der Betreuung von Behinderten, von der Aufstellung des Gesamtplanes einmal abgesehen?

1. Behinderte oder Personensorgeberechtigte über die nach Art und Schwere der Behinderung geeigneten ärztlichen und sonstigen Eingliederungsmaßnahmen im Benehmen mit dem behandelnden Arzt auch während und nach der Durchführung von Heil- und Eingliederungsmaßnahmen zu beraten. Bei der Beratung ist ein amtliches Merkblatt auszuhändigen. Für die Beratung sind im Einvernehmen mit den Landesärzten die erforderlichen Sprechtage durchzuführen.

2. Zur Einleitung der erforderlichen Eingliederungsmaßnahmen den zuständigen Sozialleistungsträger zu verständigen.

3. Die Unterlagen über die Behinderten auszuwerten und sie zur Planung der erforderlichen Einrichtungen und zu deren wissenschaftlichen Auswertung weiterzuleiten.

361. Welche Aufgaben haben vor allem die in den einzelnen Ländern zu bestellenden Landesärzte?

Sie verfügen über besondere Erfahrung in der Hilfe für Behinderte und haben vor allem die Gesundheitsämter bei der Einrichtung und Durchführung der erforderlichen Sprechtage zur Beratung Behinderter zu unterstützen und sich an den Sprechtagen zu beteiligen.

362. Welchen Zweck hat die durch das Gesetz über die Errichtung einer Stiftung "Hilfswerk für behinderte Kinder" vom 17.12.1971 (BGBl. I S. 131) i.d.F. vom 22.7.1976 (BGBl. I S. 1876) errichtete Stiftung?

Zweck der Stiftung ist es,

1. Leistungen an Behinderte zu erbringen, deren Fehlbildungen mit der Einnahme thalidomidhaltiger Präparate der Firma Chemie Grünenthal GmbH in Stolberg durch die Mutter während der Schwangerschaft in Verbindung gebracht werden können;

2. Behinderten, vor allem solchen unter 21 Jahren, durch Förderung von Einrichtungen, Forschungs- und Erprobungsvorhaben Hilfe zu gewähren, um ihre Eingliederung in die Gesellschaft zu fördern.

363. Wer sind die Organe der Stiftung?

Der Stiftungsrat (von der Bundesregierung berufen) und der Stiftungsvorstand, deren Tätigkeit sich u.a. nach einer Satzung vollzieht.

364. Welche Bundesbehörde kann die Stiftung bei der Erfüllung ihrer Aufgaben kostenfrei in Anspruch nehmen?
Das Bundesverwaltungsamt.

365. Wer führt die Aufsicht über die Stiftung?
Der BMJFG.

366. Welche Vergünstigungen werden im allgemeinen den Behinderten außerhalb des BSHG noch gewährt?
1. Gewährung von steuerlichen Freibeträgen nach dem Grad der Minderung der Erwerbsfähigkeit.
2. In bestimmten Fällen (u.a. erheblich Gehbehinderte) unentgeltliche Beförderung im Nahverkehr, gegebenenfalls auch eines Begleiters.
3. Befreiung von der Rundfunk- und Fernsehgebühr.

367. Worin besteht die Aufgabe der Tbc-Hilfe nach dem BSHG?
Die Heilung Tbc-Kranker zu fördern und zu sichern sowie die Umgebung der Kranken gegen die Übertragung der Tbc zu schützen.

368. Welche Leistungen umfaßt die Tbc-Hilfe?
1. Heilbehandlung (stationäre Behandlung einschließlich der Dauerbehandlung, stationäre Beobachtung, auch zur Klärung diagnostischer Fragen, ambulante Behandlung einschließlich der hierzu erforderlichen Kontrolluntersuchungen, Versorgung mit Arznei-, Heil- und Verbandmitteln, Behandlung in Kur- und Badeorten, häusliche Wartung und Pflege, Versorgung mit Körperersatzstücken sowie orthopädischen und anderen Hilfsmitteln, nachgehende Hilfe zur Sicherung der Wirksamkeit ärztlicher Maßnahmen),
2. Hilfe zur Eingliederung in das Arbeitsleben (die Maßnahmen sind im wesentlichen identisch mit den entsprechenden der Eingliederungshilfe für Behinderte),
3. Hilfe zum Lebensunterhalt (für den Kranken, für den Genesenden für die Dauer der Maßnahmen zur Eingliederung in das Arbeitsleben, den unterhaltsberechtigten Personen),
4. Sonderleistungen (Beihilfen zur Haltung von Ersatzkräften im Haushalt oder Kleinbetrieb oder zur vorübergehenden anderweitigen Unterbringung Haushaltsangehöriger sowie Mitwirkung bei der Wohnungsbeschaffung, z.B. Beihilfen oder Darlehen zur Verbesserung der Wohnungsverhältnisse),
5. vorbeugende Hilfe (für Minderjährige und ihre Mütter, wenn sie mit einem ansteckungsfähigen Tbc-Kranken in Wohngemeinschaft leben, z.B. Vorsorgeuntersuchungen, Vorsorge- und Erholungskuren, anderweitige Unterbringung).

369. Wo kann der Antrag auf Tbc-Hilfe gestellt werden?
Beim Gesundheitsamt oder bei der Gemeinde, in welcher sich der Hilfesuchende tatsächlich aufhält. Von dort gelangt der Antrag zum Sozialhilfeträger.

370. Was geschieht, wenn weder der Hilfesuchende noch Gesundheitsamt oder Gemeinde einen Hilfeantrag stellen?
Dann leitet der Sozialhilfeträger im Benehmen mit dem Gesundheitsamt die erforderlichen Maßnahmen ein.

371. Inwieweit werden Kranke oder Genesende beraten und aufgeklärt?
Der Sozialhilfeträger und das Gesundheitsamt haben den Kranken oder Genesenden, die Personen, die mit ihm in häuslicher Gemeinschaft leben oder bis zur Erkrankung gelebt haben, sowie die sonstigen Hilfeempfänger zu beraten und in geeigneter Weise aufzuklären, wie die Heilung gefördert und gesichert, die Pflege durchgeführt und die Ansteckung vermieden werden kann. Gegebenenfalls können Weisungen erteilt werden.

372. Welche Träger befassen sich außerhalb der Sozialhilfe noch mit der Tbc-Bekämpfung?
Die Träger der Sozialversicherung, die Träger der Kriegsopferversorgung, die Träger der Versorgung, die nach dem BVG durchgeführt wird, die Träger der Leistungen nach dem Unterhaltssicherungsgesetz, die Bundesanstalt für Arbeit sowie nach Sondervorschriften des BSHG die Dienstherrn und Träger der Versorgungslast im öffentlichen Dienst.

373. Wie hat sich der Sozialhilfeträger zu verhalten, wenn nicht feststeht, ob ein anderer Träger leistungsverpflichtet ist?
Der Sozialhilfeträger hat zunächst die notwendigen Maßnahmen durchzuführen und die verpflichtete Stelle unverzüglich zu unterrichten.

374. Welchem Personenkreis ist Blindenhilfe zu gewähren?
Blinden, wenn sie das 1. Lebensjahr vollendet haben.

375. In welcher Form wird Blindenhilfe in der Regel gewährt?
Dem berechtigten Personenkreis werden laufende Barleistungen zum Ausgleich der durch die Blindheit bedingten Mehraufwendungen gewährt.

376. Welchen Personen ist Hilfe zur Pflege zu gewähren?
Personen, die infolge Krankheit oder Behinderung so hilflos sind, daß sie nicht ohne Wartung und Pflege bleiben können.

377. Welche Maßnahmen kann die Hilfe zur Pflege umfassen?
1. Unterbringung und Versorgung in einem Heim usw.,
2. häusliche Pflege,
3. die Bereitstellung von Hilfsmitteln zur Erleichterung der Beschwerden (z.B. Vorrichtungen, die der besseren Bettung dienen, ein besonders konstruierter Sessel),
4. Bildungs- und kulturelle Angebote (Überlassung eines Rundfunk- oder Fernsehgerätes sowie Bücher, Tonbänder, Lesemappen, Zeitungen usw.).

378. In welcher Form ist für die häusliche Wartung und Pflege eine Sonderregelung getroffen worden?
Im Vordergrund steht die Zahlung eines pauschalierten Pflegegeldes. Damit soll die Pflegebereitschaft von Angehörigen und Nachbarn erhalten und eine Heimunterbringung vermieden werden. Reicht das pauschalierte Pflegegeld nicht aus, sind die angemessenen Kosten zu zahlen.

379. Wie ist zu verfahren, wenn Angehörige oder Nachbarn zur Wartung und Pflege nicht in der Lage sind?
In diesem Falle sind die angemessenen Kosten für eine geeignete Pflegekraft zu übernehmen.

380. Bei Vorliegen welcher Voraussetzungen soll Hilfe zur Weiterführung des Haushalts gewährt werden?
Der Hilfesuchende muß einen eigenen Haushalt führen, keiner der Haushaltsangehörigen darf in der Lage sein, den Haushalt zu führen und die Weiterführung des Haushalts muß geboten sein.

381. Welche Maßnahmen umfaßt die Hilfe zur Weiterführung des Haushalts?
Die persönliche Betreuung von Haushaltsangehörigen (z.B. Körperpflege, Sorge für regelmäßige Mahlzeiten, Schularbeitshilfe usw.), die sonstigen zur Weiterführung des Haushalts erforderlichen Tätigkeiten (planende und ausführende Einzeltätigkeiten, die die Führung eines Haushalts wesentlich bestimmen) und die anderweitige Unterbringung Haushaltsangehöriger (z.B. im Kinderheim).

382. Welche Personen haben Anspruch auf Hilfe zur Überwindung besonderer sozialer Schwierigkeiten?
Es muß sich um Personen handeln, die an einem Mangel an innerer Festigkeit leiden und außerstande sind, ein geordnetes Leben in der Gemeinschaft zu führen.

383. Welche Maßnahmen können als Hilfe zur Überwindung besonderer sozialer Schwierigkeiten angesehen werden?
Alle Maßnahmen, die notwendig sind, um die Schwierigkeiten abzuwenden, zu beseitigen, zu mildern oder ihre Verschlimmerung zu verhüten, vor allem Beratung und persönliche Betreuung des Hilfesuchenden und seiner Angehörigen.

384. Muß der Empfänger einer Hilfe wegen sozialer Schwierigkeiten auch Einkommen oder Vermögen einsetzen?
Nein, soweit persönliche Hilfe erforderlich ist. Eine Beteiligung an den Lebenshaltungskosten ist jedoch vorgesehen.

385. Was besagt das BSHG über die Altenhilfe?
Alten Menschen soll Altenhilfe gewährt werden. Sie soll dazu beitragen, Schwierigkeiten, die durch das Alter entstehen, zu verhü-

ten, zu überwinden und alten Menschen die Möglichkeit zu erhalten, am Leben in der Gemeinschaft teilzunehmen.

386. Welche Maßnahmen kommen im Rahmen der Altenhilfe in Betracht?

1. Hilfe zu einer Tätigkeit des alten Menschen, wenn sie von ihm gewünscht wird,
2. Hilfe bei der Beschaffung von Wohnungen, die den Bedürfnissen alter Menschen entsprechen, sowie zur Erhaltung bestehenden Wohnraums,
3. Hilfe zum Besuch von Veranstaltungen oder Einrichtungen, die der Geselligkeit, der Unterhaltung oder den kulturellen Bedürfnissen alter Menschen dienen (z.B. Altenzentren, Tagesstätten und Clubs, bunte Nachmittage),
4. Hilfe, die alten Menschen die Verbindung mit nahestehenden Personen ermöglicht (z.B. Telefonketten),
5. Hilfe in allen Fragen der Inanspruchnahme altersgerechter Dienste.

387. Wird bei der Altenhilfe auch auf die Anrechnung von Einkommen und Vermögen verzichtet?

Ja, soweit persönliche Hilfe erforderlich ist.

388. Kann der Sozialhilfeträger Aufwendungsersatz verlangen, wenn ein vorrangig Verpflichteter die dem Hilfesuchenden geschuldete Leistung nicht oder nicht rechtzeitig erbracht hat?

Ja. Der Sozialhilfeträger kann durch schriftliche Anzeige an den Verpflichteten die Ansprüche des Hilfeempfängers auf sich überleiten. Der Sozialhilfeträger rückt durch die Überleitungsanzeige in die privatrechtliche Gläubigerposition des Hilfeempfängers ein.

389. Sieht das BSHG eine Kostenerstattung bei schuldhaftem Verhalten vor?

Zum Ersatz der Kosten der Sozialhilfe ist verpflichtet, wer nach Vollendung des 18. Lebensjahres die Voraussetzungen für die Gewährung der Sozialhilfe an sich selbst oder an seine unterhaltsberechtigten Angehörigen durch vorsätzliches oder grobfahrlässiges Verhalten herbeigeführt hat. Die Verpflichtung zum Kostenersatz geht auf den Erben über. Der Anspruch erlischt in 3 Jahren.

390. Wie regelt das BSHG den Kostenersatz durch Erben?

Der Erbe des Hilfeempfängers oder seines Ehegatten, falls dieser vor dem Hilfeempfänger stirbt, ist mit gewissen Einschränkungen (5-Jahres-Frist, Höchstbeträge usw.) ersatzpflichtig. Der Ersatzanspruch erlischt in 3 Jahren.

391. Welche Dienststellen sind für die Gewährung von Sozialhilfe zuständig?
Nach dem BSHG wird die Sozialhilfe von örtlichen und überörtlichen Sozialhilfeträgern gewährt. Örtliche Träger sind übereinstimmend im gesamten Bundesgebiet die Kreise und kreisfreien Städte. Die überörtlichen Träger werden von jedem Bundesland selbst bestimmt (in NW: die Landschaftsverbände Rheinland und Westfalen-Lippe).

392. Welche Sozialhilfeträger ist im Regelfall örtlich zuständig?
Der Träger, in dessen Bezirk sich der Hilfesuchende tatsächlich aufhält.

393. Wann ist der örtliche und wann der überörtliche Träger der Sozialhilfe zuständig?
Sachlich zuständig ist zunächst immer der Kreis bzw. die kreisfreie Stadt, falls nicht die besondere Zuständigkeit des überörtlichen Trägers bestimmt ist (z.B. für Eingliederungshilfe, Tbc-Hilfe, Blindenhilfe). In Berlin, Bremen und Hamburg sind die Dienststellen der Stadtstaaten zuständig.

394. Was besagt das BSHG zum Verhältnis der Sozialhilfeträger zu den Verbänden der freien Wohlfahrtspflege?
Die Stellung dieser Verbände sowie der Kirchen und Religionsgemeinschaften des öffentlichen Rechts als Träger eigener sozialer Aufgaben soll durch das BSHG nicht berührt werden. Die Sozialhilfeträger sollen mit den genannten Einrichtungen partnerschaftlich zusammenarbeiten (= Arbeitsgemeinschaften).

395. Wie soll sich der Sozialhilfeträger verhalten, wenn im Einzelfall Hilfe durch die freie Wohlfahrtspflege gewährleistet ist?
Er soll von eigenen Maßnahmen absehen (ausgenommen Geldleistungen).

396. Welche freien Wohlfahrtsverbände unterscheiden wir in der BRD?
1. Caritasverband als Träger der katholischen Wohlfahrtspflege,
2. das Diakonische Werk als Träger der evangelischen Wohlfahrtspflege,
3. das Deutsche Rote Kreuz (DRK),
4. die Arbeiterwohlfahrt,
5. der Deutsche Paritätische Wohlfahrtsverband und
6. die Zentralwohlfahrtsstelle der Juden Deutschlands.

Diese Verbände haben sich zur Bundesarbeitsgemeinschaft der freien Wohlfahrtspflege zusammengeschlossen.

397. In welcher Weise leisten die freien Wohlfahrtsverbände Sozialhilfe?
Sie üben wie die Träger der öffentlichen Sozialhilfe ihre Tätigkeit in geschlossener, halboffener und offener Hilfe aus bzw. unterhal-

ten Ausbildungsstätten zur Heranbildung der Berufsgruppen, die in den verschiedenen Sozialhilfezweigen tätig sind.

398. **Was versteht man unter geschlossener, halboffener bzw. offener Hilfe?**
Die geschlossene Hilfe umfaßt Krankenhäuser, Anstalten oder Heime für Behinderte (z.B. Taubstumme, Blinde), Alters- und Siechenheime, Erziehungsheime, Mütter- und Säuglingsheime, Einrichtungen für psychisch Kranke und geistig Behinderte. Halboffene Hilfe ist die Tätigkeit in Kinderkrippen, Kindergärten, Wärmestuben, Nachtasylen und Nähstuben.
Als offene Hilfe ist die Tätigkeit des Bahnhofsdienstes, der Wohlfahrtsküchen, der Jungmädchen- oder Jungmännerheime, der Wirtschaftshilfe, der verschiedenen Beratungsstellen bzw. der Gemeindepflegestationen anzusehen.

399. **Welche freiwilligen Hilfsorganisationen stehen in der BRD u.a. für allgemeine Hilfs- und Rettungsmaßnahmen zur Verfügung?**
Deutsches Rotes Kreuz, Malteser-Hilfsdienst e.V., Johanniter-Unfall-Hilfe e.V., Arbeiter-Samariter-Bund Deutschland e.V., Deutsche Lebens-Rettungs-Gesellschaft e.V., Technisches Hilfswerk.

Rehabilitationsgesetz

400. **Was ist die Aufgabe der Rehabilitation?**
Die medizinischen, berufsfördernden und ergänzenden Maßnahmen und Leistungen zur Rehabilitation sind darauf auszurichten, körperlich, geistig oder seelisch Behinderte möglichst auf Dauer in Arbeit, Beruf und Gesellschaft einzugliedern. Den Behinderten stehen diejenigen gleich, denen eine Behinderung droht.

401. **Auf welche Bereiche ist das Gesetz über die Angleichung der Leistungen zur Rehabilitation vom 7.8.1974 (BGBl. I S. 1881) i.d.F. vom 7.5.1975 (BGBl. I S. 1066) anzuwenden?**
Das Gesetz gilt für die gesetzliche Krankenversicherung, die gesetzliche Unfallversicherung, die gesetzlichen Rentenversicherungen, die Altershilfe für Landwirte, die Kriegsopferversorgung und die Arbeitsförderung.

402. **Wer sind die Rehabilitationsträger?**
Diejenigen Körperschaften, Anstalten und Behörden der Sozialleistungsbereiche, die gesetzlich verpflichtet sind, Leistungen zur Rehabilitation zu erbringen.

403. **Inwieweit ist die Unterrichtung der Bevölkerung bzw. die Beratung der Behinderten vorgeschrieben?**
Die Rehabilitationsträger haben die Bevölkerung über die Hilfen

und Maßnahmen zur Eingliederung der Behinderten in geeigneter Weise zu unterrichten.
Den Behinderten haben sie alle sachdienlichen Auskünfte über die Möglichkeiten zur Durchführung medizinischer, berufsfördernder und ergänzender Maßnahmen und über die Leistungen zur Rehabilitation zu erteilen und sie im Rahmen ihrer Zuständigkeit rechtzeitig und umfassend zu beraten.

404. Wann sind Rehabilitationsmaßnahmen einzuleiten?
Die Rehabilitationsträger haben auf die frühzeitige Einleitung und die zügige Durchführung der gebotenen Maßnahmen hinzuwirken. Maßnahmen zur Rehabilitation bedürfen allerdings der Zustimmung des Behinderten. Er ist verpflichtet, bei ihrer Durchführung nach Kräften mitzuwirken.

405. In welchem Umfange ist eine Zusammenarbeit der Rehabilitationsträger vorgesehen?
Die Rehabilitationsträger haben im Interesse einer raschen und dauerhaften Eingliederung der Behinderten eng zusammenzuarbeiten. Die umfassende Beratung der Behinderten ist durch die Einrichtung von Auskunfts- und Beratungsstellen zu gewährleisten; gemeinschaftliche Auskunfts- und Beratungsstellen sind anzustreben.

406. Wonach richtet sich die Zuständigkeit des Rehabilitationsträgers?
Nach den für ihn geltenden gesetzlichen Vorschriften. Ist ungeklärt, welcher Träger zuständig ist, oder ist die unverzügliche Einleitung der erforderlichen Maßnahmen aus anderen Gründen gefährdet, so hat
1. in Fällen medizinischer Maßnahmen zur Rehabilitation der Träger der gesetzlichen Rentenversicherung, bei dem der Behinderte versichert ist, im übrigen die nach dem Wohnsitz des Behinderten zuständige Landesversicherungsanstalt und
2. in Fällen berufsfördernder Maßnahmen zur Rehabilitation die Bundesanstalt für Arbeit
längstens nach Ablauf einer Frist von sechs Wochen vorläufig Leistungen zu erbringen.

407. Inwieweit hat die Rehabilitation Vorrang vor Rente?
Renten wegen Minderung der Erwerbsfähigkeit oder wegen Erwerbsunfähigkeit sollen erst dann bewilligt werden, wenn zuvor Maßnahmen zur Rehabilitation durchgeführt worden sind oder wenn ein Erfolg solcher Maßnahmen nicht zu erwarten ist.

408. Nach welchen Grundsätzen richten sich die Voraussetzungen, Art und Umfang der Leistungen eines Rehabilitationsträgers und deren Sicherstellung?
Nach dem Gesetz über die Angleichung der Leistungen zur Re-

habilitation und den für den Rehabilitationsträger geltenden besonderen Rechtsvorschriften.

409. Welche Leistungen sollen die medizinische Rehabilitation umfassen?

Alle Hilfen, die erforderlich sind, um einer drohenden Behinderung vorzubeugen, eine Behinderung zu beseitigen, zu bessern oder eine Verschlimmerung zu verhüten, insbesondere

1. ärztliche und zahnärztliche Behandlung,
2. Arznei- und Verbandmittel,
3. Heilmittel einschließlich Krankengymnastik, Bewegungstherapie, Sprachtherapie und Beschäftigungstherapie,
4. Ausstattung mit Körperersatzstücken, orthopädischen und anderen Hilfsmitteln einschließlich der notwendigen Änderung, Instandsetzung und Ersatzbeschaffung sowie der Ausbildung im Gebrauch der Hilfsmittel,
5. Belastungserprobung und Arbeitstherapie,

auch in Krankenhäusern, Kur- und Spezialeinrichtungen einschließlich der erforderlichen Unterkunft und Verpflegung.

410. Welche Hilfen sollen die berufsfördernden Leistungen zur Rehabilitation umfassen?

Alle Hilfen, die erforderlich sind, um die Erwerbsfähigkeit des Behinderten entsprechend seiner Leistungsfähigkeit zu erhalten, zu bessern, herzustellen oder wiederherzustellen und ihn hierdurch möglichst auf Dauer beruflich einzugliedern. Bei Auswahl der berufsfördernden Maßnahmen sind Eignung, Neigung und bisherige Tätigkeit des Behinderten angemessen zu berücksichtigen. Berufsfördernde Leistungen sind insbesondere

1. Hilfen zur Erhaltung oder Erlangung eines Arbeitsplatzes einschließlich Leistungen zur Förderung der Arbeitsaufnahme sowie Eingliederungshilfen an Arbeitgeber,
2. Berufsfindung und Arbeitserprobung, Berufsvorbereitung einschließlich einer wegen der Behinderung erforderlichen Grundausbildung,
3. berufliche Anpassung, Fortbildung, Ausbildung und Umschulung, einschließlich eines zur Teilnahme an diesen Maßnahmen erforderlichen schulischen Abschlusses,
4. sonstige Hilfen der Arbeits- und Berufsförderung, um Behinderten eine angemessene und geeignete Erwerbs- oder Berufstätigkeit auf dem allgemeinen Arbeitsmarkt oder in einer Werkstatt für Behinderte zu ermöglichen.

Zu den Leistungen gehören auch unter Umständen die Übernahme der erforderlichen Kosten für Unterkunft und Verpflegung.

411. Welche ergänzenden Leistungen zur Rehabilitation sollen erbracht werden?

Übergangsgeld oder Krankengeld, Beiträge zur gesetzlichen Kranken-, Unfall- und Rentenversicherung sowie zur Bundesanstalt für Arbeit, Übernahme bestimmter Kosten (z.B. Prüfungsgebühren, Lernmittel, Arbeitskleidung, Arbeitsgeräte), Übernahme von Reisekosten (auch für Familienheimfahrten), Behindertensport in Gruppen unter ärztlicher Betreuung, Haushaltshilfe sowie sonstige Leistungen.

412. Wann und in welcher Höhe werden Übergangsgeld und Krankengeld gezahlt?
Während einer medizinischen oder berufsfördernden Maßnahme zur Rehabilitation erhält der Behinderte Übergangsgeld oder Krankengeld, wenn er arbeitsunfähig ist oder wegen Teilnahme an der Maßnahme keine ganztägige Erwerbstätigkeit ausüben kann. Das Übergangsgeld oder Krankengeld beträgt 80% des entgangenen regelmäßigen Entgelts (Regellohn) und darf das entgangene regelmäßige Nettoarbeitsentgelt nicht übersteigen. Das Übergangsgeld erhöht sich jeweils nach Ablauf eines Jahres seit dem Ende des Bemessungszeitraumes um den Vomhundertsatz, um den die Renten der gesetzlichen Rentenversicherungen zuletzt vor diesem Zeitpunkt nach dem jeweiligen Rentenanpassungsgesetz angepaßt worden sind.

Sozialgerichtsbarkeit

413. Für welche Streitigkeiten sind die Sozialgerichte zuständig?
Sie entscheiden u.a. über öffentlich-rechtliche Streitigkeiten in Angelegenheiten der Soz. Vers., der Arbeitslosenversicherung, der Kriegsopferversorgung, dem Kassenarztrecht, des Kindergeldrechts sowie des Lohnfortzahlungsgesetzes.

414. Welche Gerichte gibt es in der Sozialgerichtsbarkeit?
Sozialgerichte, Landessozialgerichte, Bundessozialgericht (BSG).

415. Wie ist der Rechtsweg in der Sozialgerichtsbarkeit geregelt?
Die Sozialgerichte entscheiden auf Klage, der in bestimmten Fällen ein Vorverfahren vorausgehen muß. Im Vorverfahren ist Widerspruch bei dem Versicherungsträger u.a. zu erheben, der den Verwaltungsakt erlassen hat. Zu beachten ist, daß Klage, Berufung bzw. Revision jeweils innerhalb einer Frist von 1 Monat zu erheben sind. Es besteht, abgesehen vom BSG, kein Vertretungszwang.

416. Welche Kosten verursacht ein Sozialgerichtsverfahren?
Das Sozialgerichtsverfahren ist grundsätzlich kostenfrei. Das Gericht kann den Beteiligten Kosten auferlegen, die durch Mutwillen, Verschleppung oder Irreführung entstanden sind.

P Private Versorgung

1. **Welche rechtliche Bedeutung kommt der privaten Versorgung gegen Krankheit und Tod zu?**
Während es sich bei der Sozialversicherung überwiegend um eine Pflichtversicherung handelt, umfaßt die private Versorgung den Versicherungsbereich, in dem jeder ohne Rücksicht auf ein bestehendes Arbeitsverhältnis oder sonstige Rechtsbeziehungen ein Versicherungsverhältnis durch Vertrag begründen kann. Beiträge werden in der Regel nach Risiken und Leistungen bemessen.

2. **Wer sind in der Regel die Träger der privaten Versorgung?**
Die Privatversicherung wird überwiegend getragen von auf Gewinn hin arbeitenden Unternehmen. Sie unterliegen allerdings der staatlichen Aufsicht (z.B. Bundesaufsichtsamt). Zwei Säulen der privaten Versorgung haben für die soziale Sicherung des einzelnen eine besondere Bedeutung: die private Krankenversicherung und die Lebensversicherung.

3. **Welche Versicherungsarten werden im allgemeinen in der privaten Krankenversicherung angeboten?**
Die Krankheitskostenversicherung, die Krankentagegeldversicherung und die Teilversicherung.

4. **Welche Kosten werden insbesondere von der Krankheitskostenversicherung erfaßt?**
Ärztliche Behandlung, Krankenhauskosten, Kosten für Arzneimittel und Heilmittel sowie Zuschüsse zu den Kosten für Zahnbehandlung und Zahnersatz. Die Höhe der Leistungen richtet sich nach dem vereinbarten Tarif.

5. **Welche Möglichkeiten bieten insbesondere die Krankentagegeldversicherung und die Teilversicherung?**
Sie können in Ergänzung zur gesetzlichen Krankenversicherung oder einer Krankheitskostenversicherung abgeschlossen, zu einer Erhöhung der Leistungsansprüche führen.

6. **Welche Grundformen der Lebensversicherung werden im allgemeinen unterschieden?**
Die Kapitalversicherung und Leibrentenversicherung.

7. **Wann und an wen wird das Kapital aus einer Kapitalversicherung gezahlt?**
Das vereinbarte Kapital wird im Todesfall an die Hinterbliebenen oder bei Erreichen eines bestimmten Lebensalters an den Versicherten ausgezahlt. Die reine Todesfallversicherung ist vor allem bei den zahlreichen Sterbekassen oder Sterbegeldversicherungen gegeben.

8. **Welche Ansprüche können in der Regel aus einer Leibrentenversicherung hergeleitet werden?**
   Gegen Hingabe eines Kapitals wird dem Versicherten zeitlebens eine Rente gezahlt.

9. **Unterliegen die privaten Versicherungsunternehmen einer Aufsicht?**
   Ja, und zwar werden die näheren Einzelheiten im Gesetz über die Beaufsichtigung der privaten Versicherungsunternehmungen i.d.F. vom 20.12.1974 (BGBl. I S. 3693) geregelt. Zuständig ist das Bundesaufsichtsamt für das Versicherungswesen (vgl. Errichtungsgesetz vom 31.7.1951 – BGBl. I S. 480 – i.d.F. vom 20.12.1974 – BGBl. I S. 3696 –).

Anhang

Krankenpflegegesetz

vom 20. September 1965 in der Fassung vom 4.5.1972 (BGBl. I S. 753)

1. Abschnitt

§ 1

(1) Wer die Krankenpflege unter der Bezeichnung "Krankenschwester" oder "Krankenpfleger" oder die Kinderkrankenpflege unter der Bezeichnung "Kinderkrankenschwester" ausüben will, bedarf der Erlaubnis.

(2) Die Krankenpflege im Sinne dieses Gesetzes umfaßt auch die Geisteskrankenpflege.

§ 2

(1) Die Erlaubnis nach § 1 Abs. 1 wird Personen erteilt, die nachweisen, daß sie

1. an dem Lehrgang (§§ 8 bis 11) teilgenommen und
2. die Prüfung (§ 13 bestanden haben.

(2) Die Erlaubnis ist auch Deutschen im Sinne des Artikels 116 des Grundgesetzes oder heimatlosen Ausländern im Sinne des Gesetzes über die Rechtsstellung heimatloser Ausländer im Bundesgebiet vom 25. April 1951 (Bundesgesetzblatt I S. 269) zu erteilen, die außerhalb des Geltungsbereichs dieses Gesetzes eine abgeschlossene Ausbildung erworben haben, wenn die Gleichwertigkeit des Ausbildungsstandes gegeben ist. Anderen Personen kann die Erlaubnis erteilt werden, wenn diese Voraussetzungen vorliegen.

§ 3

Die Erlaubnis ist zu versagen wenn die Bewerberin (der Bewerber)

1. sich eines Verhaltens schuldig gemacht hat, aus dem sich die Unzuverlässigkeit zur Ausübung des Berufs ergibt, oder
2. wegen eines körperlichen Gebrechens, wegen Schwäche ihrer (seiner) geistigen oder körperlichen Kräfte oder wegen einer Sucht die für die Ausübung des Berufs erforderliche Eignung nicht besitzt.

§ 4

(1) Die Erlaubnis ist zurückzunehmen, wenn

1. eine Voraussetzung für ihre Erteilung zu Unrecht als gegeben angenommen worden ist oder
2. nachträglich Tatsachen eingetreten sind, die die Versagung der Erlaubnis nach § 3 Nr. 1 rechtfertigen würden.

(2) Die Erlaubnis kann zurückgenommen werden, wenn nachträglich Tatsachen eingetreten sind, die die Versagung nach § 3 Nr. 2 rechtfertigen würden.

§ 5

In den Fällen der §§ 3 und 4 ist der Betroffene vorher zu hören. Ist der Betroffene nicht voll geschäftsfähig, so ist auch der gesetzliche Vertreter zu hören.

§ 6

Die Lehrgänge (§§ 8 bis 11) werden in Krankenpflege- und Kinderkrankenpflegeschulen durchgeführt, die als zur Ausbildung geeignet staatlich anerkannt sind (§ 7). Die praktische Ausbildung während des Lehrganges kann, sofern das Ausbildungsziel es erfordert, auch in einer Anstalt durchgeführt werden, die von der zuständigen Behörde zur Ausbildung ermächtigt ist.

§ 7

(1) Die Krankenpflege- oder Kinderkrankenpflegeschule ist zur Ausbildung geeignet, wenn

1. a) die Krankenpflegeschule mit einem Allgemeinkrankenhaus, das mindestens drei Fachabteilungen besitzt, oder einem psychiatrischen Krankenhaus oder einem sonstigen Fachkrankenhaus mit mindestens 150 Krankenbetten verbunden ist und diese Anstalten eine ausreichende theoretische und praktische Ausbildung auf den Gebieten der Inneren Medizin, der Chirurgie und der Gynäkologie oder Psychiatrie gewährleisten,
   b) die Kinderkrankenpflegeschule mit einem Kinderkrankenhaus oder einer von einem hauptamtlich angestellten Facharzt für Kinderkrankheiten geleiteten Kinderabteilung eines Allgemeinkrankenhauses verbunden ist und eine ausreichende theoretische und praktische Ausbildung gewährleistet ist,

   und sie
2. gemeinsam von einer Oberin oder leitenden Schwester oder einem leitenden Krankenpfleger und einem Arzt, von einer Oberin oder leitenden Schwester oder einem leitenden Krankenpfleger oder einem Arzt geleitet wird, und
3. über die für die vorgesehene Höchstzahl der Schülerinnen (Schüler) erforderlichen Ausbildungsmöglichkeiten verfügt, insbesondere
   a) über eine ausreichende Zahl geeigneter Lehrkräfte, darunter mindestens eine besonders vorgebildete Unterrichtsschwester (einen Unterrichtspfleger) verfügt,
   b) die erforderlichen Räume und Einrichtungen für den Unterricht und für die Unterbringung der Schülerinnen (Schüler) besitzt.

§ 8

(1) Bewerberinnen und Bewerber um die Zulassung zum Besuch der Krankenpflege- oder Kinderkrankenpflegeschule haben nachzuweisen

1. die Vollendung des 17. Lebensjahres;
2. a) eine abgeschlossene Realschulbildung, eine andere abgeschlossene zehnjährige Schulbildung oder eine der abgeschlossenen Realschulbildung entsprechende Schulbildung,
   b) eine abgeschlossene Volksschulbildung oder eine gleichwertige Schulbildung und den erfolgreichen Besuch einer dreijährigen Pflegevorschule.

In den Fällen, in denen die Volksschulbildung nach neun Jahren abgeschlossen wird, genügt der zweijährige Besuch einer Pflegevorschule. An die Stelle des Besuchs einer Pflegevorschule kann der Besuch einer Schwesternvorschule oder eine gleichwertige Ausbildung treten,

c) eine abgeschlossene Volksschulbildung und eine Berufsausbildung mit Lehrabschlußprüfung oder

d) den Besitz der Erlaubnis nach § 14a Abs. 1 und eine dreijährige Bewährung im Beruf der Krankenpflegehelferin (des Krankenpflegehelfers) nach Erwerb dieser Erlaubnis;

3. ihre körperliche Eignung zur Ausübung des Berufs durch Vorlage eines ärztlichen Zeugnisses.

Sie haben ferner ein amtliches Führungszeugnis beizubringen.

(2) Bewerberinnen müssen außerdem eine halbjährige hauswirtschaftliche Tätigkeit in eigener oder fremder Familie, in einer geeigneten Anstalt oder einer hauswirtschaftlichen Schule abgeleistet haben. Die hauswirtschaftliche Tätigkeit braucht nicht abgeleistet zu werden von Bewerberinnen, die

1. eine Pflege- oder Schwesternvorschule besucht haben,
2. eine hauswirtschaftliche Lehre mit Erfolg abgeschlossen haben,
3. eine Erlaubnis nach § 14a Abs. 1 besitzen oder
4. das freiwillige soziale Jahr nach dem Gesetz zur Förderung eines freiwilligen sozialen Jahres vom 17. August 1964 (Bundesgesetzbl. I S. 640) abgeleistet haben.

§ 9

(1) Die Lehrgänge in der Krankenpflege und Kinderkrankenpflege dauern je drei Jahre.

(2) Es werden verkürzt

1. für eine Krankenschwester der Lehrgang in der Kinderkrankenpflege um achtzehn Monate,
2. für eine Kinderkrankenschwester der Lehrgang in der Krankenpflege um achtzehn Monate,
3. für eine Hebamme der Lehrgang in der Kinderkrankenpflege oder der Lehrgang in der Krankenpflege um zwölf Monate,
4. für eine Krankenpflegehelferin (einen Krankenpflegehelfer) der Lehrgang in der Krankenpflege um sechs Monate, nach dreijähriger Bewährung im Beruf der Krankenpflegehelferin (des Krankenpflegehelfers) nach Erwerb der Erlaubnis nach § 14a Abs. 1 um zwölf Monate.

(3) Die zuständige Behörde kann eine Ausbildung in der Krankenpflege oder in der Kinderkrankenpflege, die nicht den Vorschriften dieses Gesetzes entspricht, bis zu zwei Jahren auf den Lehrgang in der Krankenpflege oder in der Kinderkrankenpflege anrechnen.

§ 10

Auf die Dauer des Lehrganges werden angerechnet

1. Unterbrechungen durch Ferien bis zu vier Wochen jährlich und
2. Unterbrechungen wegen Erkrankung oder Schwangerschaft bis zur Gesamtdauer von zwölf Wochen.

§ 11

Die Lehrgänge in der Krankenpflege und in der Kinderkrankenpflege umfassen Unterricht und eine praktische Ausbildung. Der Unterricht umfaßt mindestens 1 200 Unterrichtsstunden (Gruppenunterricht).

§ 12
(gestrichen)

§ 13

Die erfolgreiche Teilnahme an dem Lehrgang ist durch eine Prüfung vor staatlichen Prüfungsausschüssen nachzuweisen.

§ 14

Der Bundesminister für Gesundheitswesen wird ermächtigt, durch Rechtsverordnung mit Zustimmung des Bundesrates das Nähere über die Ausbildung und die Prüfungen in der Krankenpflege und in der Kinderkrankenpflege zu regeln.

2. Abschnitt

§ 14 a

(1) Wer die Krankenpflegehilfe unter der Bezeichnung "Krankenpflegehelferin" oder "Krankenpflegehelfer" ausüben will, bedarf der Erlaubnis.

(2) Die Krankenpflegehilfe im Sinne dieses Gesetzes umfaßt auch die Pflege Geisteskranker.

§ 14 b

(1) Die Erlaubnis nach § 14 a Abs. 1 wird Personen erteilt, die

1. an dem Lehrgang (§§ 14 e bis 14 g) teilgenommen und
2. die Prüfung (§ 14 h) bestanden haben.

(2) Für die Erteilung der Erlaubnis an Personen mit einer außerhalb des Geltungsbereichs dieses Gesetzes erworbenen gleichwertigen Ausbildung gilt § 2 Abs. 2 entsprechend.

§ 14 c

Für die Versagung und die Rücknahme der Erlaubnis nach § 14 a Abs. 1 gelten die §§ 3 bis 5 entsprechend.

§ 14 d

(1) Der Lehrgang (§§ 14 c bis 14 g) wird in einer Schule für Krankenpflegehilfe durchgeführt, die als zur Ausbildung geeignet staatlich anerkannt ist (Absatz 2). Die praktische Ausbildung während des Lehrganges kann, sofern das Ausbildungsziel es erfordert, auch in einer Anstalt durchgeführt werden, die von der zuständigen Behörde zur Ausbildung ermächtigt ist.

(2) Eine Schule für Krankenpflegehilfe ist zur Ausbildung geeignet, wenn sie

1. gemeinsam von einer Oberin oder leitenden Schwester oder einem leitenden Krankenpfleger und einem Arzt, von einer Oberin oder leitenden Schwester oder einem leitenden Krankenpfleger oder einem Arzt geleitet wird,
2. über die für die vorgesehene Höchstzahl der Schülerinnen (Schüler) erforderlichen Ausbildungsmöglichkeiten verfügt, insbesondere
   a) über eine ausreichende Zahl geeigneter Lehrkräfte verfügt,
   b) die erforderlichen Räume und Einrichtungen für den Unterricht und für die Unterbringung der Schülerinnen (Schüler) besitzt

   und
3. mit einer geeigneten Krankenanstalt verbunden ist.

§ 14 e

(1) Bewerberinnen und Bewerber um die Zulassung zum Besuch der Schule für Krankenpflegehilfe haben nachzuweisen

1. die Vollendung des 17. Lebensjahres,
2. eine abgeschlossene Volksschulbildung oder eine gleichwertige Schulbildung,
3. ihre körperliche Eignung zur Ausübung des Berufs durch Vorlage eines ärztlichen Zeugnisses.

Sie haben ferner ein amtliches Führungszeugnis beizubringen.

(2) § 8 Abs. 2 gilt entsprechend für Bewerberinnen (Bewerber) um die Zulassung zum Besuch der Schule für Krankenpflegehilfe.

(3) Die zuständige Behörde kann in Härtefällen Ausnahmen von dem Erfordernis des Absatzes 1 Nr. 2 zulassen.

§ 14 f

(1) Der Lehrgang in der Krankenpflegehilfe dauert ein Jahr.

(2) Auf die Dauer des Lehrgangs werden angerechnet

1. Unterbrechungen durch Ferien bis zu vier Wochen und
2. Unterbrechungen wegen Erkrankung oder Schwangerschaft bis zur Gesamtdauer von vier Wochen.

§ 14 g

Der Lehrgang in der Krankenpflegehilfe umfaßt Unterricht und eine praktische Ausbildung. Der Unterricht umfaßt mindestens 250 Unterrichtsstunden (Gruppenunterricht).

§ 14 h

Die erfolgreiche Teilnahme an dem Lehrgang ist durch eine Prüfung vor staatlichen Prüfungsausschüssen nachzuweisen.

§ 14 i

Der Bundesminister für Gesundheitswesen wird ermächtigt, durch Rechtsverordnung mit Zustimmung des Bundesrates das Nähere über die Ausbildung und die Prüfung in der Krankenpflegehilfe zu regeln.

3. Abschnitt

§ 15

(1) Die Entscheidungen nach § 2 Abs. 1, § 14 b Abs. 1 und § 19 Abs. 3 trifft die zuständige Behörde des Landes, in dem die Bewerberin (der Bewerber) die Prüfung abgelegt hat, im Falle des § 19 Abs. 2 Satz 1 die Prüfung ablegen will.

(2) Die Entscheidungen nach § 2 Abs. 2, §§ 4, 14 b Abs. 2, § 14 c in Verbindung mit § 4, § 17 Abs. 3 und § 20 Abs. 1 und 2 trifft die zuständige Behörde des Landes, in dem die Bewerberin (der Bewerber) oder die Inhaberin (der Inhaber) der Erlaubnis

1. ihren (seinen) Wohnsitz hat,
2. wenn eine Zuständigkeit nach Nummer 1 nicht gegeben ist, ihren (seinen) Wohnsitz begründen will, oder
3. wenn eine Zuständigkeit nach Nummer 1 oder 2 nicht gegeben ist, zuletzt ihren (seinen) Wohnsitz gehabt hat.

(3) Die Entscheidungen nach §§ 6 und 14 d Abs. 1 trifft die zuständige Behörde des Landes, in dem die Schule oder die Anstalt liegt.

(4) Die Entscheidungen nach § 9 Abs. 3, § 14 e Abs. 3 und § 20 Abs. 3 trifft die zuständige Behörde des Landes, in dem die Bewerberin (der Bewerber) an einem Lehrgang teilnehmen will.

(5) Die Landesregierung bestimmt die zur Durchführung dieses Gesetzes zuständigen Behörden.

§ 16

(1) Ordnungswidrig handelt, wer

1. ohne Erlaubnis nach § 1 Abs. 1 die Berufsbezeichnung “Krankenschwester”, “Krankenpfleger” oder “Kinderkrankenschwester” führt,
2. ohne Erlaubnis nach § 14 a Abs. 1 die Berufsbezeichnung “Krankenpflegehelferin” oder “Krankenpflegehelfer” führt,
3. die Berufsbezeichnung “Säuglings- und Kinderschwester” führt, ohne als solche staatlich anerkannt worden zu sein.

(2) Die Ordnungswidrigkeit kann mit einer Geldbuße geahndet werden.

§ 17

(1) Eine vor Inkrafttreten dieses Gesetzes[1)] erteilte staatliche Anerkennung als Krankenschwester oder Krankenpfleger oder Säuglings- und Kinderschwester gilt als Erlaubnis nach § 1.

(2) Wer am 1. Oktober 1965 mindestens drei Jahre an einer Krankenanstalt oder einer sonstigen Anstalt, die durch das Gesundheitsamt überwacht wird, als Pflegehilfskraft tätig gewesen ist, erhält nach der Prüfung in der Krankenpflegehilfe die Erlaubnis nach § 14 a Abs. 1, ohne daß es der Teilnahme an einem Lehrgang (§ 14 b Abs. 1 Nr. 1) bedarf.

(3) Wer am 1. Oktober 1965 mindestens zehn Jahre an einer Krankenanstalt oder einer sonstigen Anstalt, die durch das Gesundheitsamt überwacht wird, als Pflegehilfskraft tätig gewesen ist, erhält auf Antrag die Erlaubnis nach § 14 a Abs. 1, ohne daß es der Teilnahme an einem Lehrgang und der Prüfung in der Krankenpflegehilfe (§ 14 b Abs. 1) bedarf.

§ 18

Krankenpflegeschulen, die vor Inkrafttreten dieses Gesetzes[2)] die staatliche Anerkennung erhalten haben, gelten weiterhin als staatlich anerkannt nach § 6, falls die Anerkennung nicht zurückgenommen wird. Die Anerkennung ist zurückzunehmen, falls nicht bis zum 1. Juli 1970 nachgewiesen wird, daß die Voraussetzungen des § 7 erfüllt sind.

§ 19

(1) Eine vor dem 1. Oktober 1965 nach den Vorschriften des Gesetzes in der Fassung vom 15. Juli 1957 begonnene Ausbildung in der Krankenpflege- oder Kinderkrankenpflege wird nach diesen Vorschriften abgeschlossen. Nach Abschluß der Ausbildung erhält die Bewerberin (der Bewerber) eine Erlaubnis nach § 1 Abs. 1.

(2) Wer eine Ausbildung erworben hat, die der Ausbildung nach § 14 b Abs. 1 Nr. 1 gleichwertig ist, kann bis zum 30. September 1968 zur Prüfung in der Krankenpflegehilfe zugelassen werden, ohne daß es der Teilnahme an einem Lehrgang (§§ 14 e bis 14 g) bedarf. Nach der Prüfung erhält die Bewerberin (der Bewerber) eine Erlaubnis nach § 14 a Abs. 1.

(3) Wer eine Ausbildung erworben hat, die der Ausbildung nach § 14 b Abs. 1 Nr. 1 gleichwertig ist, und bis zum 30. September 1967 eine Prüfung abgelegt hat, die den Vorschriften der Rechtsverordnung nach § 14 i über die Prüfung in der Krankenpflegehilfe entspricht, erhält die Erlaubnis nach § 14 a Abs. 1.

(4) Wer bis zum 1. Oktober 1974 die Volksschule oder eine gleichwertige Schulbildung abgeschlossen hat, kann zum Besuch der Krankenpflege- oder Kinderkrankenpflegeschule zugelassen werden, ohne daß es des Nachweises der übrigen Voraussetzungen des § 8 Abs. 1 Nr. 2 Buchstabe b oder c bedarf.

---

1) Die Vorschrift bezieht sich auf das Inkrafttreten des Gesetzes in der Fassung vom 15. Juli 1957.

2) Die Vorschrift des Satzes 1 bezieht sich auf das Inkrafttreten des Gesetzes in der Fassung vom 15. Juli 1957.

§ 20

(1) Wer als Soldat im Sanitätsdienst der Bundeswehr oder als Polizeivollzugsbeamter im Sanitätsdienst des Bundesgrenzschutzes oder der Länderpolizeien eine mindestens vierjährige Dienstzeit abgeleistet hat, kann die Erlaubnis nach § 1 Abs. 1 erhalten, wenn er

1. die Sanitätsprüfung und den fachlichen Teil der Unteroffizierprüfung für Unteroffiziere im Sanitätsdienst der Bundeswehr oder
2. die Fachprüfung für die Verwendung als Sanitätsbeamter im Bundesgrenzschutz oder
3. eine vergleichbare Fachprüfung für die Verwendung im Sanitätsdienst der Länderpolizeien

bestanden hat.

(2) Wer als Soldat im Sanitätsdienst der Bundeswehr oder als Polizeivollzugsbeamter im Sanitätsdienst des Bundesgrenzschutzes oder der Länderpolizeien eine mindestens dreijährige Dienstzeit abgeleistet hat, kann die Erlaubnis nach § 14a Abs. 1 erhalten, wenn er

1. die Sanitätsprüfung im Sanitätsdienst der Bundeswehr oder
2. die Fachprüfung für die Verwendung als Hilfssanitätsbeamter im Bundesgrenzschutz oder
3. eine vergleichbare Fachprüfung für die Verwendung im Sanitätsdienst der Länderpolizeien

bestanden hat.

(3) Die zuständige Behörde kann die Ausbildung im Sanitätsdienst der Bundeswehr bei Personen, die den Grundwehrdienst im Sanitätsdienst abgeleistet und die Sanitätsprüfung bestanden haben, bis zu sechs Monaten auf den Lehrgang in der Krankenpflege oder in der Krankenpflegehilfe anrechnen.

§ 21

Dieses Gesetz gilt nach Maßgabe des § 13 Abs. 1 des Dritten Überleitungsgesetzes vom 4. Januar 1952 (Bundesgesetzbl. I S. 1) auch im Land Berlin. Verordnungen, die auf Grund dieses Gesetzes erlassen werden, gelten im Land Berlin nach § 14 des Dritten Überleitungsgesetzes.

§ 22[3)]

(1) Dieses Gesetz tritt am Tage nach seiner Verkündung in Kraft. Gleichzeitig treten, vorbehaltlich der Vorschrift des Absatzes 2 und soweit sich nicht aus § 19 etwas anderes ergibt, außer Kraft

1. das Gesetz zur Ordnung der Krankenpflege vom 28. September 1938 (Reichsgesetzbl. I S. 1309),
2. die Krankenpflegeverordnung vom 28. September 1938 (Reichsgesetzbl. I S. 1310) in der Fassung vom 8. Dezember 1942 (Reichsgesetzbl. I S. 678),

---

3) Die Vorschrift des Absatzes 1 betrifft das Inkrafttreten des Gesetzes in der Fassung vom 15. Juli 1957. Der Zeitpunkt des Inkrafttretens der späteren Änderungen ergibt sich aus den Änderungsgesetzen.

3. die Ausführungsverordnungvom 28. September 1938 (Reichsgesetzbl. I S. 1314),
4. die Ergänzungsverordnung vom 28. September 1938 (Reichsgesetzbl. I S. 1320),
5. die Verordnung zur Änderung der Ersten und Zweiten Verordnung über die berufsmäßige Ausübung der Krankenpflege und die Errichtung von Krankenpflegeschulen vom 15. September 1939 (Reichsgesetzbl. I S. 1823),
6. die Verordnung zur Ergänzung der Krankenpflegeverordnung vom 6. Januar 1943 (Reichsgesetzbl. I S. 5),
7. die Säuglings- und Kinderpflegeverordnung vom 15. November 1939 (Reichsgesetzbl. I S. 2239) in der Fassung der Verordnung vom 19. Juni 1940 (Reichsgesetzbl. I S. 941),
8. die Säuglings- und Kinderpflege-Ausführungsverordnung vom 15. November 1939 (Reichsgesetzbl. I S. 2244),
9. die Verordnung zur Änderung der Ersten und Zweiten Verordnung über die berufsmäßige Ausübung der Säuglings- und Kinderpflege und die Errichtung von Säuglings- und Kinderpflegeschulen vom 23. November 1942 (Reichsgesetzbl. I S. 661),
10. die Schleswig-Holsteinische Verordnung über die Verlängerung der Ausbildungszeit von allgemein ausgebildeten Schwestern vom 1. April 1946 (Amtsblatt für Schleswig-Holstein S. 91),
11. die Schleswig-Holsteinische Verordnung zur Änderung der Krankenpflegeverordnung vom 14. Februar 1947 (Gesetz- und Verordnungsblatt für Schleswig-Holstein S. 3),
12. die Niedersächsische Verordnung vom 29. September 1947 (Niedersächsisches Gesetz- und Verordnungsblatt S. 102) über das Inkrafttreten des § 1 Abs. 1, der §§ 17 und 18 der Krankenpflegeverordnung vom 28. September 1938 (Reichsgesetzbl. I S. 1310) in der Fassung des § 1 der Verordnung vom 15. September 1939 (Reichsgesetzbl. I S. 1823),
13. die Niedersächsische Verordnung zur Änderung der Ersten und Zweiten Verordnung über die berufsmäßige Ausübung der Krankenpflege und die Errichtung von Krankenpflegeschulen vom 4. Oktober 1948 (Niedersächsisches Gesetz- und Verordnungsblatt S. 159),
14. das Hamburgische Gesetz zur Abänderung der Krankenpflegeverordnung und der Ausführungsverordnung vom 16. Dezember 1948 (Hamburgisches Gesetz- und Verordnungsblatt S. 151),
15. das Bremische Gesetz vom 12. Mai 1949 (Gesetzblatt der Freien Hansestadt Bremen S. 90) zur Änderung der Krankenpflegeverordnung vom 28. September 1938 (Reichsgesetzbl. I S. 1310),
16. das Bremische Gesetz zur Ordnung der Krankenpflege vom 30. August 1949 (Gesetzblatt der Freien Hansestadt Bremen S. 179), sowie die Verordnung zur Durchführung des Gesetzes zur Ordnung der Krankenpflege vom 1. März 1950 (Gesetzblatt der Freien Hansestadt Bremen S. 25).

(2) § 8 Abs. 3 Satz 1 und 2 der Krankenpflegeverordnung vom 28. September 1938 (Reichsgesetzbl. I S. 1310) und § 9 Abs. 3 Satz 1 und 2 der Säuglings- und Kinderpflegeverordnung vom 15. November 1939 (Reichsgesetzbl. I S. 2239) finden weiterhin Anwendung. § 8 Abs. 3 Satz 1 und 2 der Krankenpflegeverordnung gilt entsprechend für Schüler von Schulen für Krankenpflegehilfe.

Ausbildungs- und Prüfungsordnung für Krankenschwestern, Krankenpfleger und Kinderkrankenschwestern

vom 2. August 1966 (BGBl. I S. 462)

Auf Grund des § 14 des Krankenpflegegesetzes in der Fassung der Bekanntmachung vom 20. September 1965 (Bundesgesetzbl. I S. 1443) wird mit Zustimmung des Bundesrates verordnet:

I. Ausbildungsvorschriften

§ 1

(1) Der Gruppenunterricht während des dreijährigen Lehrgangs in der Krankenpflege ist in folgenden Lehrfächern mit folgenden Mindeststundenzahlen zu erteilen:

1.	Berufskunde, Staatsbürger- und Gesetzeskunde	100
2.	Anatomie und Physiologie sowie Biologie	90
3.	Arzneimittellehre	30
4.	Ernährungslehre	30
5.	Allgemeine und persönliche Hygiene, Gesundheitserziehung und Gesundheitsfürsorge sowie Grundzüge der Mikrobiologie und Desinfektionslehre	80
6.	Grundbegriffe der Psychologie, Pädagogik und Soziologie	40
7.	Grundzüge der Physik und Chemie sowie Strahlenschutz	30
8.	Krankheitslehre auf den Gebieten der a) Inneren Medizin einschließlich Infektionskrankheiten und Alterskrankheiten b) Chirurgie, Orthopädie und Urologie c) Frauenheilkunde d) Neurologie und Psychiatrie e) Haut- und Geschlechtskrankheiten f) Hals-, Nasen- und Ohrenkrankheiten g) Augenkrankheiten h) Kinderheilkunde	420
9.	Krankenpflege einschließlich der Pflege Geisteskranker sowie Wochen-, Säuglings- und Kinderpflege	250
10.	Unfallverhütung und Erste Hilfe	30

Weitere 100 Mindeststunden müssen von der Krankenpflegeschule zusätzlich auf die unter den Nummern 1 bis 10 aufgeführten Lehrfächer verteilt werden.

(2) Der Gruppenunterricht während des dreijährigen Lehrgangs in der Kinderkrankenpflege ist in folgenden Lehrfächern mit folgenden Mindeststundenzahlen zu erteilen:

1.	Berufskunde, Staatsbürger- und Gesetzeskunde	100
2.	Anatomie und Physiologie unter besonderer Berücksichtigung der Entwicklung des Kindes sowie Biologie	90
3.	Arzneimittellehre	30
4.	Ernährungslehre unter besonderer Berücksichtigung der Ernährung des gesunden und kranken Kindes	50
5.	Allgemeine und persönliche Hygiene, Gesundheitserziehung und Gesundheitsfürsorge sowie Grundzüge der Mikrobiologie und Desinfektionslehre	80
6.	Grundbegriffe der Psychologie, Pädagogik und Soziologie	60
7.	Grundzüge der Physik und Chemie sowie Strahlenschutz	30
8.	Krankheitslehre auf den in Absatz 1 Nr. 8 Buchstaben a bis h genannten Gebieten unter besonderer Berücksichtigung der Kinderkrankheiten	350
9.	Kinderkrankenpflege einschließlich der Pflege geisteskranker und geistig behinderter Kinder sowie Wochen-, Säuglings- und Kinderpflege und Beschäftigungslehre	280
10.	Unfallverhütung und Erste Hilfe	30

Weitere 100 Mindeststunden müssen von der Kinderkrankenpflegeschule zusätzlich auf die unter den Nummern 1 bis 10 aufgeführten Lehrfächer verteilt werden.

(3) Der Gruppenunterricht umfaßt theoretische und praktische Unterweisungen.

(4) Die Leitung der Kranken- oder Kinderkrankenpflegeschule ist verpflichtet, die in den Absätzen 1 und 2 genannten Unterrichtsstunden während der üblichen Arbeitszeit des Pflegepersonals erteilen zu lassen.

§ 2

(1) Während der praktischen Ausbildung ist der Schüler in allen wesentlichen Verrichtungen der Krankenpflege oder Kinderkrankenpflege zu unterweisen. Ihm ist Gelegenheit zu geben, die im Unterricht erworbenen Kenntnisse zu vertiefen und zu lernen, sie bei der praktischen Arbeit anzuwenden. Er darf nur zu Tätigkeiten herangezogen werden, die im Zusammenhang mit dem zu erlernenden Beruf stehen und die die Erreichung des Ausbildungszieles fördern.

(2) Die praktische Ausbildung in der Krankenpflege muß die Gebiete der Inneren Medizin und der Chirurgie sowie der Gynäkologie oder der Psychiatrie umfassen und soll auf Männer- und Frauenstationen durchgeführt werden. An Stelle der praktischen Ausbildung auf dem Gebiet der Gynäkologie kann bei männlichen Schülern eine praktische Ausbildung auf dem Gebiet der Orthopädie, Neurologie oder Urologie treten. Die praktische Ausbildung auf dem Gebiet der Inneren Medizin muß mindestens 26 Wochen, auf dem Gebiet der Chirurgie mindestens 13 Wochen dauern.

(3) Während der praktischen Ausbildung in der Kinderkrankenpflege soll die Schülerin auch auf Frühgeborenen-, Säuglings- und Infektionsstationen ausgebildet werden.

§ 3

(1) Innerhalb der letzten sechs Monate des Lehrgangs ist dem Schüler für zwei Tage die selbständige Pflege eines Kranken einschließlich einer Nachtwache zu übertragen.

(2) Die Pflege ist unter Aufsicht des für den Kranken verantwortlichen Arztes oder der für die Pflege der Kranken verantwortlichen Kranken- oder Kinderkrankenschwester durchzuführen. Es ist darauf zu achten, daß dem Schüler die zur Erholung erforderliche Zeit bleibt; insbesondere muß im Anschluß an die Nachtwache eine Erholungszeit von mindestens zehn Stunden gewährt werden. Über die Pflege hat der Schüler einen kurzen, vom verantwortlichen Arzt bestätigten schriftlichen Bericht anzufertigen, der bei der mündlichen Prüfung vorzulegen ist.

II. Prüfungsvorschriften

§ 4

(1) Bei jeder Krankenpflege- und Kinderkrankenpflegeschule ist ein Prüfungsausschuß für die Prüfungen nach § 13 des Gesetzes zu bilden.

(2) Der Prüfungsausschuß besteht aus

1. einem Medizinalbeamten der zuständigen Behörde als Vorsitzendem,
2. dem der Leitung der Schule angehörenden Arzt oder, wenn der Leitung kein Arzt angehört, einem an der Schule unterrichtenden Arzt,
3. einem weiteren an der Schule unterrichtenden Arzt,
4. der Oberin oder leitenden Schwester oder dem leitenden Krankenpfleger der Schule
   und
5. einer Unterrichtsschwester oder einem Unterrichtspfleger der Schule.

(3) Dem Prüfungausschuß können weitere an der Schule tätige Lehrkräfte angehören.

(4) Die zuständige Behörde bestellt den Vorsitzenden und nach Anhörung der Leitung der Schule die übrigen Mitglieder des Prüfungsausschusses. Für den Vorsitzenden und die übrigen Mitglieder des Prüfungsausschusses sind Stellvertreter zu bestellen.

§ 5

Die Prüfung ist vor dem Prüfungsausschuß der Krankenpflege- oder Kinderkrankenpflegeschule abzulegen, an der der Schüler während der letzten sechs Monate vor Beendigung des Lehrgangs ausgebildet worden ist. Die zuständige Behörde, in deren Bereich die Prüfung abgelegt werden soll, kann aus wichtigem Grund Ausnahmen zulassen. Die Vorsitzenden der beteiligten Prüfungsausschüsse sind vorher zu hören.

§ 6

Der Schüler hat den Antrag auf Zulassung zur Prüfung an den Vorsitzenden des Prüfungsausschusses zu richten. Er soll den Antrag zwölf Wochen vor Beendigung des Lehrgangs bei der Leitung der Krankenpflege- oder Kinderkrankenpflegeschule einreichen. Die Leitung der Schule fügt dem Antrag nach Anhörung der Lehrkräfte eine Beurteilung über die Eignung des Schülers für den Beruf der Krankenschwester, des Krankenpflegers oder der Kinderkrankenschwester bei und leitet den Antrag innerhalb von zwei Wochen an den Vorsitzenden des Prüfungsausschusses weiter.

§ 7

(1) Dem Antrag auf Zulassung zur Prüfung sind beizufügen:

1. eine Geburtsurkunde,
2. der Nachweis der körperlichen Eignung zur Ausübung des Berufs durch Vorlage eines ärztlichen Zeugnisses, das nicht älter als drei Monate sein darf,
3. ein selbstverfaßter, handgeschriebener Lebenslauf und
4. eine Bescheinigung der Leitung der Krankenpflege- oder Kinderkrankenpflegeschule über die Teilnahme an dem Lehrgang.

Dem Antrag auf Zulassung zur Prüfung nach Teilnahme an einem nach § 9 Abs. 2 des Gesetzes verkürzten Lehrgang ist ferner der Nachweis beizufügen, daß die Voraussetzungen für die Verkürzung vorliegen. In den Fällen des § 9 Abs. 3 und des § 20 Abs. 3 des Gesetzes ist außerdem die Anrechnung der früheren Ausbildung nachzuweisen.

(2) Beantragt der Schüler die Zulassung zu einer Wiederholungsprüfung, so hat er nachzuweisen, daß die in § 17 Abs. 2 genannte Voraussetzung vorliegt.

§ 8

(1) Die Zulassung zur Prüfung ist zu versagen, wenn

1. der Schüler die vorgeschriebenen Unterlagen nicht oder nicht vollständig eingereicht hat,
2. Tatsachen vorliegen, die die Versagung der Erlaubnis nach § 3 des Gesetzes rechtfertigen würden,
3. im Fall der Wiederholungsprüfung die Voraussetzungen des § 17 nicht vorliegen.

(2) Die Zulassung ist zurückzunehmen, wenn ihre Voraussetzungen zu Unrecht als gegeben angenommen worden sind, und zu widerrufen, wenn nachträglich Tatsachen eingetreten sind, die die Versagung der Erlaubnis nach § 3 des Gesetzes rechtfertigen würden.

(3) Über die Zulassung zur Prüfung entscheidet der Vorsitzende des Prüfungsausschusses; über die Versagung und die Rücknahme der Zulassung aus den Gründen des Absatzes 1 Nr. 2 sowie über den Widerruf der Zulassung entscheidet die zuständige Behörde. Die Entscheidung ist dem Schüler schriftlich mitzuteilen.

§ 9

(1) Die Prüfung in der Krankenpflege und in der Kinderkrankenpflege besteht aus einem schriftlichen und einem mündlichen Teil.

(2) Der Vorsitzende des Prüfungsausschusses setzt die Termine der schriftlichen und der mündlichen Prüfung im Benehmen mit der Leitung der Krankenpflege-

oder Kinderkrankenpflegeschule fest. Die Termine sind dem Prüfling mindestens zwei Wochen im voraus mitzuteilen.

(3) Die mündliche Prüfung ist an einem oder mehreren aufeinanderfolgenden Tagen durchzuführen.

§ 10

(1) Die schriftliche Prüfung besteht aus einer Aufsichtsarbeit, bei der aus dem Stoffgebiet der in § 1 genannten Lehrfächer entweder einzelne Fragen zu beantworten oder ein oder mehrere Themen aus einer Auswahl abzuhandeln sind; beide Formen der Bearbeitung können auch miteinander verbunden werden. Die Aufgabe der Aufsichtsarbeit wird vom Vorsitzenden des Prüfungsausschusses bestimmt und der Leitung der Krankenpflege- oder Kinderkrankenpflegeschule einige Tage vor der schriftlichen Prüfung in einem versiegelten Umschlag zugeleitet. Der Umschlag darf erst unmittelbar vor Beginn der schriftlichen Prüfung vor den Prüflingen geöffnet werden. Für die Aufsichtsarbeit stehen dem Prüfling drei Stunden zur Verfügung.

(2) Als Aufsichtsführender wird vom Vorsitzenden des Prüfungsausschusses ein Mitglied des Prüfungsausschusses bestimmt. Der Aufsichtsführende fertigt eine Niederschrift an und vermerkt in ihr jede Unregelmäßigkeit. Er kann einen Prüfling, der sich eines ordnungswidrigen Verhaltens, insbesondere eines Täuschungsversuchs schuldig macht, von der Fortsetzung der Arbeit ausschließen.

(3) Der Prüfling hat die schriftliche Arbeit spätestens bei Ablauf der Bearbeitungsfrist mit seiner Unterschrift versehen an den Aufsichtsführenden abzugeben.

(4) Prüflinge, die die schriftliche Arbeit nicht bei Ablauf der Bearbeitungsfrist abgegeben haben oder die wegen ordnungswidrigen Verhaltens von der Fortsetzung der Arbeit ausgeschlossen worden sind, haben in einem neu zu bestimmenden Termin eine Aufsichtsarbeit anzufertigen. Die Prüfung gilt als nicht bestanden, wenn in diesem Termin erneut einer der in Satz 1 genannten Tatbestände eintritt.

(5) Die Aufsichtsarbeit ist vor Beginn der mündlichen Prüfung von einem Fachprüfer und einem weiteren Mitglied des Prüfungsausschusses, die vom Vorsitzenden des Prüfungsausschusses bestimmt werden, unabhängig voneinander zu beurteilen.

§ 11

(1) Die mündliche Prüfung wird vor dem Prüfungsausschuß abgelegt. Der Vorsitzende des Prüfungsausschusses leitet die mündliche Prüfung und weist den einzelnen Prüfern die von ihnen zu prüfenden Fächer zu. Er ist berechtigt, sich in allen Fächern an der Prüfung zu beteiligen und kann auch selbst Prüfer in einem Fach sein.

(2) Die mündliche Prüfung besteht aus einem theoretischen und einem praktischen Teil. Geprüft werden muß mindestens

1. bei Prüfungen in der Krankenpflege theoretisch in den in § 1 Abs. 1 Nr. 1; 2, 6, 8 und 9, praktisch in den in § 1 Abs. 1 Nr. 9 genannten Lehrfächern;
2. bei Prüfungen in der Kinderkrankenpflege theoretisch in den in § 1 Abs. 2 Nr. 1, 2, 6, 8 und 9, praktisch in den in § 1 Abs. 2 Nr. 9 genannten Lehrfächern.

Die praktische Prüfung in den in § 1 Abs. 1 Nr. 9 und § 1 Abs. 2 Nr. 9 genannten Lehrfächern wird von dem Prüfungsausschuß angehörenden Krankenschwestern, Krankenpflegern oder Kinderkrankenschwestern abgenommen.

(3) Über die Folgen eines in der mündlichen Prüfung festgestellten ordnungswidrigen Verhaltens entscheidet der Prüfungsausschuß.

§ 12

Jeder Prüfer gibt über die Prüfungsleistungen jedes einzelnen Prüflings eine Gesamtbeurteilung unter Verwendung der Noten "sehr gut" (1), "gut" (2), "befriedigend" (3), "ausreichend" (4), "mangelhaft" (5), "ungenügend" (6) ab.

§ 13

Der Vorsitzende des Prüfungsausschusses ermittelt unter Verwendung der in § 12 bezeichneten Noten und unter Berücksichtigung der Bewährung des Prüflings während der Ausbildung das Gesamtergebnis der Prüfung.

§ 14

(1) Die Prüfung ist bestanden, wenn der Prüfling als Gesamtergebnis mindestens die Note "ausreichend" erhalten hat.

(2) Die Prüfung gilt als nicht bestanden, wenn der Prüfling ohne ausreichende Entschuldigung an der schriftlichen oder mündlichen Prüfung nicht teilnimmt, es sei denn, daß er vor ihrem Beginn zurücktritt. Die Entscheidung, ob eine Entschuldigung ausreichend ist, trifft der Vorsitzende des Prüfungsausschusses.

§ 15

Über die Prüfung eines jeden Prüflings ist eine Niederschrift aufzunehmen, in der die Namen der Prüfer, die Prüfungsfächer, die Prüfungstage, die Beurteilungen der einzelnen Prüfer sowie das Gesamtergebnis anzugeben sind. Die Niederschrift ist von dem Vorsitzenden und den übrigen Mitgliedern des Prüfungsausschusses zu unterzeichnen. Die schriftliche Arbeit sowie der Pflegebericht (§ 3 Abs. 2) sind der Niederschrift beizufügen.

§ 16

(1) Der Vorsitzende des Prüfungsausschusses erteilt dem Prüfling über die bestandene Prüfung und ihr Gesamtergebnis ein Zeugnis.

(2) Ist die Prüfung nicht bestanden, so hat der Vorsitzende dies dem Prüfling schriftlich mitzuteilen.

(3) Die eingereichten Unterlagen sind dem Prüfling nach bestandener Prüfung oder nicht bestandener Wiederholungsprüfung zurückzugeben.

§ 17

(1) Hat der Prüfling die Prüfung nicht bestanden, so darf er sie einmal wiederholen.

(2) Der Prüfling kann nur innerhalb eines Jahres und frühestens nach erneutem mindestens sechsmonatigem Besuch der Kranken- oder Kinderkrankenpflegeschule zur Wiederholungsprüfung zugelassen werden. Die zuständige Behörde kann die Frist aus wichtigem Grund verlängern.

(3) Die Prüfung kann nur von dem Prüfungsausschuß derselben Krankenpflegeschule oder Kinderkrankenpflegeschule wiederholt werden. Die zuständige Behörde, in deren Bereich die Prüfung wiederholt werden soll, kann aus wichtigem Grund Ausnahmen zulassen. Die Vorsitzenden der beteiligten Prüfungsausschüsse sind vorher zu hören.

III. Schlußbestimmungen

§ 18

Diese Verordnung gilt nach § 14 des Dritten Überleitungsgesetzes vom 4. Januar 1952 (Bundesgesetzbl. I S. 1) in Verbindung mit § 21 des Krankenpflegegesetzes auch im Land Berlin.

§ 19

Diese Verordnung tritt am Tage nach ihrer Verkündung in Kraft. Gleichzeitig tritt die Prüfungsordnung für Krankenschwestern (Krankenpfleger) und Kinderkrankenschwestern vom 22. April 1959 (Bundesgesetzbl. I S. 236) außer Kraft, soweit sie nicht nach § 19 Abs. 1 des Krankenpflegegesetzes weiter anzuwenden ist.

Bonn, den 2. August 1966

Der Bundesminister für Gesundheitswesen

Ausbildungs- und Prüfungsordnung für Krankenpflegehelferinnen und Krankenpflegehelfer

vom 2. August 1966 (BGBl. I S. 466)

Auf Grund des § 14 i des Krankenpflegegesetzes in der Fassung der Bekanntmachung vom 20. September 1965 (Bundesgesetzbl. I S. 1443) wird mit Zustimmung des Bundesrates verordnet:

I. Ausbildungsvorschriften

§ 1

(1) Der Gruppenunterricht während des Lehrgangs ist in folgenden Lehrfächern mit folgenden Mindeststundenzahlen zu erteilen:

1.	Berufskunde, Staatsbürger- und Gesetzeskunde	20
2.	Grundbegriffe der Anatomie und Physiologie	20
3.	Einführung in die Arzneimittellehre, insbesondere Umgang mit Arzneimitteln	15

4. Grundbegriffe der Ernährungslehre 15
5. Allgemeine und persönliche Hygiene sowie Gesundheitserziehung und Desinfektionslehre 25
6. Grundbegriffe der Krankheitslehre 50
7. Grundlagen der Krankenpflege und Umgang mit kranken Menschen 95
8. Erste Hilfe und Unfallverhütung 10

(2) Der Gruppenunterricht umfaßt theoretische und praktische Unterweisungen.

(3) Die Leitung der Schule für Krankenpflegehilfe ist verpflichtet, die in Absatz 1 genannten Unterrichtsstunden während der üblichen Arbeitszeit des Pflegepersonals erteilen zu lassen.

§ 2

Während der praktischen Ausbildung ist der Schüler in allen pflegerischen Hilfstätigkeiten zu unterweisen. Ihm ist Gelegenheit zu geben, die im Unterricht erworbenen Kenntnisse zu vertiefen und zu lernen, sie bei der praktischen Arbeit anzuwenden. Er darf nur zu Tätigkeiten herangezogen werden, die in Zusammenhang mit dem zu erlernenden Beruf stehen und die Erreichung des Ausbildungszieles fördern. Die praktische Ausbildung soll auf Männer- und Frauenstationen durchgeführt werden.

II. Prüfungsvorschriften

§ 3

(1) Bei jeder Schule für Krankenpflegehilfe ist ein Prüfungsausschuß für die Prüfungen nach § 14 h des Gesetzes zu bilden.

(2) Der Prüfungsausschuß besteht aus
1. einem Medizinalbeamten der zuständigen Behörde als Vorsitzendem,
2. dem der Leitung der Schule angehörenden Arzt oder, wenn der Leitung der Schule kein Arzt angehört, einem an der Schule unterrichtenden Arzt,
3. der Oberin oder leitenden Schwester oder dem leitenden Krankenpfleger der Schule und
4. einer an der Schule unterrichtenden Krankenschwester oder Kinderkrankenschwester oder einem an der Schule unterrichtenden Krankenpfleger.

(3) Die zuständige Behörde bestellt den Vorsitzenden und nach Anhörung der Leitung der Schule die übrigen Mitglieder des Prüfungsausschusses. Für den Vorsitzenden und die übrigen Mitglieder des Prüfungsausschusses sind Stellvertreter zu bestellen.

§ 4

(1) Die Prüfung ist vor dem Prüfungsausschuß der Schule für Krankenpflegehilfe abzulegen, an der der Lehrgang beendet worden ist.

(2) In den Fällen des § 17 Abs. 2 und des § 19 Abs. 2 des Gesetzes ist die Prüfung vor dem Prüfungsausschuß der dem Wohnsitz des Prüflings nächstgelegenen Schule für Krankenpflegehilfe abzulegen.

(3) Die zuständige Behörde, in deren Bereich die Prüfung abgelegt werden soll, kann aus wichtigem Grund Ausnahmen zulassen. Die Vorsitzenden der beteiligten Prüfungsausschüsse sind vorher zu hören.

§ 5

Der Schüler hat den Antrag auf Zulassung zur Prüfung an den Vorsitzenden des Prüfungsausschusses zu richten. Er soll den Antrag acht Wochen vor Beendigung des Lehrgangs bei der Leitung der Schule für Krankenpflegehilfe einreichen. Die Leitung der Schule fügt dem Antrag nach Anhörung der Lehrkräfte eine Beurteilung über die Eignung des Schülers für den Beruf der Krankenpflegehelferin oder des Krankenpflegehelfers bei und leitet den Antrag innerhalb von zwei Wochen an den Vorsitzenden des Prüfungsausschusses weiter.

§ 6

(1) Dem Antrag auf Zulassung zur Prüfung sind beizufügen:

1. eine Geburtsurkunde,
2. ein selbstverfaßter, handgeschriebener Lebenslauf,
3. der Nachweis der körperlichen Eignung zur Ausübung des Berufs durch Vorlage eines ärztlichen Zeugnisses, das nicht älter als drei Monate sein darf, und
4. eine Bescheinigung der Leitung der Schule für Krankenpflegehilfe über die Teilnahme an dem Lehrgang.

Im Falle des § 20 Abs. 3 des Gesetzes ist ferner die Anrechnung der früheren Ausbildung nachzuweisen.

(2) Wird die Zulassung zur Prüfung nach § 17 Abs. 2 oder § 19 Abs. 2 des Gesetzes ohne Teilnahme an einem Lehrgang beantragt, so sind dem Antrag beizufügen:

1. der Nachweis, daß die in diesen Vorschriften genannten Voraussetzungen vorliegen,
2. die in Absatz 1 Nr. 1 und 2 genannten Unterlagen,
3. ein amtliches Führungszeugnis und
4. der Nachweis der körperlichen Eignung zur Ausübung des Berufs durch Vorlage eines ärztlichen Zeugnisses, das nicht älter als drei Monate sein darf.

(3) Beantragt der Schüler die Zulassung zu einer Wiederholungsprüfung, so hat er nachzuweisen, daß die in § 15 Abs. 2 genannte Voraussetzung vorliegt.

§ 7

(1) Die Zulassung zur Prüfung ist zu versagen, wenn

1. der Bewerber die vorgeschriebenen Unterlagen nicht oder nicht vollständig eingereicht hat,
2. Tatsachen vorliegen, die die Versagung der Erlaubnis nach § 14 c in Verbindung mit § 3 des Gesetzes rechtfertigen würden,
3. im Falle der Wiederholungsprüfung die Voraussetzungen des § 15 nicht vorliegen.

(2) Die Zulassung ist zurückzunehmen, wenn ihre Voraussetzungen zu Unrecht als gegeben angenommen worden sind, und zu widerrufen, wenn nachträglich Tatsachen eingetreten sind, die die Versagung der Erlaubnis nach § 14 c in Verbindung mit § 3 des Gesetzes rechtfertigen würden.

(3) Über die Zulassung zur Prüfung entscheidet der Vorsitzende des Prüfungsausschusses; über die Versagung und die Rücknahme der Zulassung aus den Gründen des Absatzes 1 Nr. 2 sowie über den Widerruf der Zulassung entscheidet die zuständige Behörde. Die Entscheidung ist dem Schüler schriftlich mitzuteilen.

§ 8

(1) Die Prüfung in der Krankenpflegehilfe ist mündlich.

(2) Der Vorsitzende des Prüfungsausschusses setzt den Termin der Prüfung im Benehmen mit der Leitung der Schule für Krankenpflegehilfe fest. Der Termin ist dem Prüfling mindestens zwei Wochen im voraus mitzuteilen.

(3) Die Prüfung ist an einem oder mehreren aufeinanderfolgenden Tagen durchzuführen.

§ 9

(1) Die Prüfung wird vor dem Prüfungsausschuß abgelegt. Der Vorsitzende des Prüfungsausschusses leitet die Prüfung und weist den einzelnen Prüfern die von ihnen zu prüfenden Fächer zu. Er ist berechtigt, sich in allen Fächern an der Prüfung zu beteiligen und kann auch selbst Prüfer in einem Fach sein.

(2) Die Prüfung besteht aus einem theoretischen und einem praktischen Teil. Theoretisch muß mindestens in den in § 1 Nr. 1, 2, 6 und 7 genannten Lehrfächern, praktisch mindestens in dem in § 1 Nr. 7 genannten Lehrfach geprüft werden.

(3) Über die Folgen eines in der Prüfung festgestellten ordnungswidrigen Verhaltens entscheidet der Prüfungsausschuß.

§ 10

Jeder Prüfer gibt über die Prüfungsleistungen jedes einzelnen Prüflings eine Gesamtbeurteilung unter Verwendung der Noten “sehr gut” (1), “gut” (2), “befriedigend” (3), “ausreichend” (4), “mangelhaft” (5), “ungenügend” (6) ab.

§ 11

Der Vorsitzende des Prüfungsausschusses ermittelt unter Verwendung der in § 10 bezeichneten Noten und unter Berücksichtigung der Bewährung des Prüflings während der Ausbildung das Gesamtergebnis der Prüfung.

§ 12

(1) Die Prüfung ist bestanden, wenn der Prüfling als Gesamtergebnis mindestens die Note “ausreichend” erhalten hat.

(2) Die Prüfung gilt als nicht bestanden, wenn der Prüfling ohne ausreichende Entschuldigung an der Prüfung nicht teilnimmt, es sei denn, daß er vor Beginn der Prüfung zurücktritt. Die Entscheidung, ob eine Entschuldigung ausreichend ist, trifft der Vorsitzende des Prüfungsausschusses.

§ 13

Über die Prüfung eines jeden Prüflings ist eine Niederschrift aufzunehmen, in der die Namen der Prüfer, die Prüfungsfächer, die Prüfungstage, die Beurteilungen der einzelnen Prüfer sowie das Gesamtergebnis anzugeben sind. Die Niederschrift ist von dem Vorsitzenden und den übrigen Mitgliedern des Prüfungsausschusses zu unterzeichnen.

§ 14

(1) Der Vorsitzende des Prüfungsausschusses erteilt dem Prüfling über die bestandene Prüfung und ihr Gesamtergebnis ein Zeugnis.

(2) Ist die Prüfung nicht bestanden, so hat der Vorsitzende dies dem Prüfling schriftlich mitzuteilen.

(3) Die eingereichten Unterlagen sind dem Prüfling nach bestandener Prüfung oder nichtbestandener Wiederholungsprüfung zurückzugeben.

§ 15

(1) Hat der Prüfling die Prüfung nicht bestanden, so darf er sie einmal wiederholen.

(2) Der Prüfling kann nur innerhalb eines halben Jahres und frühestens nach erneutem mindestens dreimonatigem Besuch der Schule für Krankenpflegehilfe zur Wiederholungsprüfung zugelassen werden. Die zuständige Behörde kann die Frist aus wichtigem Grund verlängern. Von dem erneuten Besuch der Schule sind Prüflinge befreit, die nach § 17 Abs. 2 oder § 19 Abs. 2 des Gesetzes ohne Teilnahme an einem Lehrgang zur Prüfung zugelassen worden sind.

(3) Die Prüfung kann nur vor dem Prüfungsausschuß derselben Schule für Krankenpflegehilfe wiederholt werden. Die zuständige Behörde, in deren Bereich die Prüfung wiederholt werden soll, kann aus wichtigem Grund Ausnahmen zulassen. Die Vorsitzenden der beteiligten Prüfungsausschüsse sind vorher zu hören.

III. Schlußbestimmungen

§ 16

Diese Verordnung gilt nach § 14 des Dritten Überleitungsgesetzes vom 4. Januar 1952 (Bundesgesetzbl. I S. 1) in Verbindung mit § 21 des Krankenpflegegesetzes auch im Land Berlin.

§ 17

Diese Verordnung tritt am Tage nach ihrer Verkündung in Kraft.

Bonn, den 2. August 1966

Der Bundesminister für Gesundheitswesen

Literatur

Amann-Kellner: Person, Staat, Politik. Winklers Verlag Gebrüder Grimm, Darmstadt 1976

Amann-Kellner-Pauly: Im Spannungsfeld der Politik. Winklers Verlag Gebrüder Grimm, Darmstadt 1974

Arbab-Zadeh, Prokop, Reimann: Rechtsmedizin. Fischer, Stuttgart 1977

Arbeitswohlfahrt: Gesetzessammlung für die Sozialarbeit. Arbeiterwohlfahrt Bundesverband e.V. Bonn 1976

Attenberger, G., H. Eiden–Jaegers: Das Bundesministerium für Jugend, Familie und Gesundheit. Boldt, Bonn 1970

Berg, S.P.: Grundriß der Rechtsmedizin. Müller & Steinicke, München 1976

Berufsgenossenschaft für Gesundheitsdienst und Wohlfahrtspflege: Unfallverhütungsvorschriften, Richtlinien, Merkblätter

Beske, F.: Lehrbuch für Krankenschwestern und Krankenpfleger, Band I. Thieme, Stuttgart 1974

Blaß, G., F. Lammert: Gesetzessammlung für den rechtskundlichen Unterricht an Schulen. Wingen, Essen 1975

Bockelmann, P.: Strafrecht des Arztes. Thieme, Stuttgart 1968

Borneff, J.: Hygiene. Thieme, Stuttgart 1974

Braun, B.: Berufskunde der Krankenpflege. Urban & Schwarzenberg, München 1972

Brück, D.: Die Arzthelferin. Schlütersche Verlagsanstalt, Hannover 1976

Bundesversicherungsanstalt für Angestellte: Unsere Sozialversicherung. Heenemann, Berlin 1975

Bundeszentrale für gesundheitliche Aufklärung: Als Verbraucher muß ich wissen. Bonn 1976

Bundeszentrale für politische Bildung: Grundgesetz für die BRD

Dohm/Raps: Gesetz über den Beruf des Diätassistenten (Kommentar). Rehabilitationsverlag, Bonn-Bad Godesberg 1974

Dröll, D.: Der Arbeitnehmer hat das Recht – Arbeitsrechtskunde für jedermann. Societäts-Verlag, Frankfurt 1973

Eichholz, W., R. Bernhardt: Krankenpflegegesetz mit Ausbildungs- und Prüfungsordnungen (Kommentar). Kohlhammer, Stuttgart 1975

Empen, Th., O. Haase, H. Winter: Handbuch für Gesetzeskunde im Krankenhaus. Baumann, Kulmbach 1976

Engelhardt-Wirth-Kindermann: Kranke im Krankenhaus. Enke, Stuttgart 1973

Ewen-Hoppe: Strahlenschutz in Frage und Antwort. Hoffmann, Berlin 1976

Fachvereinigung der Verwaltungsleiter deutscher Krankenanstalten e.V., 491 Detmold, Hardenbergstr. 34: Rahmenlehrplan über Berufs-, Gesetzes- und Staatsbürgerkunde sowie Krankenhausbetriebslehre einschließlich Krankenhausbau für den Unterricht in Ausbildungsstätten für Pflegeberufe 1973

Fischer, K.G.: Gesellschaft und Politik. Metzlersche Verlagsbuchhandlung, Stuttgart 1974

Forster, B., Ropohl D.: Rechtsmedizin. Enke, Stuttgart 1976

Freudenthal, H.H.: Sozialhilferecht. Maximilian-Verlag, Herford 1973

Friedrich, W.J.: Allgemeine Rechtskunde. Deutscher Taschenbuchverlag, München 1976

Gedicke, K.: Sozialhygiene, 4 Bände. Luchterhand, Neuwied 1972–1975

Gehrmann, K., S. Heine, U. Richter: Der Staatsbürger und sein Recht. Winklers Verlag Gebrüder Grimm, Darmstadt 1975

Gellrich L.: Rechtskunde. Winklers Verlag Gebrüder Grimm, Darmstadt 1977
Gensior, W., V. Krieg: Kleine Wahlrechtsfibel. Heggen, Opladen 1974
Haaf, L., E. Engelmann, M. Heyn: Krankenpflegehilfe, Thieme, Stuttgart 1976
Heesen, W., D. Brück: Krankenpflegehelferin und -helfer. Schütersche Verlagsanstalt, Hannover 1976
Helfer, O.: Kleine Gesetzeskunde für Medizinalhilfspersonen. De Gruyter, Berlin 1974
König, K., O. Plischke: Deutsche Rechtsfibel. Walhalla u. Praetoria, Regensburg 1971
Kohlhaas, M.: Medizin und Recht. Urban & Schwarzenberg, München 1969
Langmann, R.: Gesetzeskunde, Kohlhammer, Stuttgart 1974
Läpple, F.: Profit durch Krankheit? Das Gesundheitswesen aus Arbeitnehmersicht. Verlag Neue Gesellschaft, Bonn 1975
Mausolf-Zens: Mitdenken-Mithandeln. Politik. Dähmlow, Neuss 1975
Mergler/Zink: Bundessozialhilfegesetz. (Kommentar). Kohlhammer, Stuttgart 1975
Mikuteit, R.: Staatsbürgerkunde – Ein Leitfaden. Kohlhammer, Stuttgart 1973
Model, O., C. Creifelds: Staatsbürger-Taschenbuch. Beck, München 1977
Müller, K.: Deutsches Staatsrecht. Heymann Verlag, Köln 1974
Nienhaus, F., G. Vogt: Praxisfibel – Berufs- und Gesetzeskunde für die Arzthelferin. Deutscher Ärzteverlag, Köln 1974
ÖTV: Bundesangestelltentarifvertrag (BAT) sowie BAT-Vergütungsordnung Bund/Länder einschließlich Pflegedienst. Verlagsanstalt Courier, Stuttgart
Ostermann, W.: Sozialhilfe. Heymann, Köln 1974
Presse- und Informationsamt der Bundesregierung: Bonner Almanach 1976
Presse- und Informationsamt der Bundesregierung: Frag mal – Tips für junge Leute, Bonn 1976
Pütz, J.: Allgemeines Staatsrecht und Bundesstaatsrecht. Schmidt, Berlin 1973
Rachold-Raps: Krankenpflegegesetz. Heymanns Verlag, Köln 1975
Reichsbund: Leitfaden für Behinderte. Schriftenreihe des Reichsbundes, Bonn 1975
Reichsbund: Sozialgesetzbuch – Allgemeiner Teil –, Bonn 1976
Schiedermair, R.: Gesetzeskunde für Apotheker. Govi, Frankfurt 1973
Schimanski, W.: Sozialrecht – Kranken-, Unfall- und Rentenversicherung. Schweitzer, Berlin 1975
Schleifer, B., O. Pribilla: Unterlassung ärztlicher Hilfeleistung. Kriminalistik Verlag, Hamburg 1973
Schöndube, C.: Europa-Taschenbuch. Europa Union, Bonn 1970
Schunck, E., H. De Clerck: Allgemeines Staatsrecht und Staatsrecht des Bundes und der Länder. Reckinger, Sieburg 1973
Schwerd W.: Rechtsmedizin. Deutscher Ärzte-Verlag, Köln 1976
Sieber, G.: Krankenpflegereport – Betten in Reih und Glied. Wissenschaft und Politik, Köln 1974
Spann, W.: Ärztliche Rechts- und Standeskunde. Lehmanns, München 1962
Stralau, J.: Krankenschwestern in der Ausbildung (eine empirische Untersuchung). Thieme, Stuttgart 1972
Theisel, H., H. Eiden-Jaegers: Zentrale Einrichtungen des Gesundheitswesens. Athenäum, Frankfurt 1968
Theobald/Erdle: Das Recht der Heilfhilfsberufe, Hebammen und Heilpraktiker. Verlag für Verwaltungspraxis Franz Rehm, München 1973

Thürk W.: Recht im Gesundheitswesen, Carl Heymanns Verlag, Köln 1975/1976

Trüb, P., H. J. Femmer, J. Posch: Grundriß der Gesetzes- und Verwaltungskunde zum Gebrauch an Medizinal-Lehranstalten und für Studierende der Medizin. Bertelsmann, Bielefeld 1976

Weimar, W.: Arzt – Krankenhaus – Patient. Deutscher Taschenbuch Verlag, München 1976

Wichmann H.: Recht und Gesetz. Fröhlich, Frankfurt 1976

Sachverzeichnis